大学语文
(第3版)

王艳玲 主 编
李艳华 杨巧云 副主编
孙峻旭 耿静静 钟德玲 参 编

清华大学出版社
北 京

内 容 简 介

本书根据高职高专教育教学的特点和实际要求，以教人知识、启人心智、育人品格为目的，系统地选取了古今中外的优秀文学篇章。全书内容按体裁分为四个单元：诗歌单元、散文单元、小说单元、戏剧单元。选文既以经典名家名作为主，又注入了新的时代元素。每篇文章既有注释，也有题解，并附有启示性的思考题。这些都突出了本书的时代性、开放性和实践性等特点。

本书的编撰者都是从事高职教学的一线教师，他们既了解当今社会的实际需求，又有比较扎实的专业知识。因此本书既适合作为高职高专院校的大学语文课程教材，也可作为其他专业和文学爱好者的参考书。

本书封面贴有清华大学出版社防伪标签，无标签者不得销售。
版权所有，侵权必究。举报：010-62782989，beiqinquan@tup.tsinghua.edu.cn。

图书在版编目(CIP)数据

大学语文/王艳玲主编. —3版. —北京：清华大学出版社，2021.8 (2025.7重印)
ISBN 978-7-302-58808-5

Ⅰ.①大… Ⅱ.①王… Ⅲ.①大学语文课—高等职业教育—教材 Ⅳ.①H193.9

中国版本图书馆CIP数据核字(2021)第157516号

责任编辑：桑任松
装帧设计：刘孝琼
责任校对：王明明
责任印制：刘 菲
出版发行：清华大学出版社
    网　　址：https://www.tup.com.cn, https://www.wqxuetang.com
    地　　址：北京清华大学学研大厦A座　**邮　　编**：100084
    社 总 机：010-83470000　**邮　　购**：010-62786544
    投稿与读者服务：010-62776969, c-service@tup.tsinghua.edu.cn
    质量反馈：010-62772015, zhiliang@tup.tsinghua.edu.cn
    课件下载：https://www.tup.com.cn, 010-62791865
印 装 者：三河市龙大印装有限公司
经　　销：全国新华书店
开　　本：185mm×260mm　**印 张**：19　**字　数**：457千字
版　　次：2010年4月第1版　2021年9月第3版　**印　次**：2025年7月第5次印刷
定　　价：59.00元

产品编号：088670-01

Preface 前言

　　《大学语文》是高职院校开设的一门公共人文素质课程，对高职学生的思想道德水平、人文素质的提高和对传统文化中人文精神的传承有着不可或缺的重要作用。新时代，国家对职业教育提出了新的更高要求，职业教育必须创新发展。大学语文教育要在时代发展中不断前行，发挥自身优势，积极倡导人文精神的传承，切实提高大学生的思想文化素质和审美情趣，同时满足社会对人才的需要。

　　文以载道，中华文明五千年的沧桑历史汇聚成中华民族的文化精髓。优秀的文学篇章不仅能培养学生汉语言文学方面的阅读、欣赏、理解和表达能力，还能对学生进行德育和美育教育，关系到高职学生精神文明的建设、理想人格的塑造。

　　基于以上原因，编者对教材进行了修订：一是修正了教材中存在的字、词、句错误；二是对部分章节内容作了增减，对全书进行了完善。

　　本书编写分工如下：诗歌单元由王艳玲负责编写；散文单元由王艳玲负责编写；小说单元由王艳玲和李艳华负责编写；戏剧单元由李艳华负责编写。耿静静、钟德玲、孙峻旭也参与了本书的编写。最后由王艳玲统稿。

　　本书编写过程中，借鉴了有关专家的著作和资料，在选文后已注明，在此表示深深的感谢！

　　由于编者的水平有限，书中难免有纰漏或者错误之处，恳请各位专家、读者批评指正，以便于我们及时修改和完善。

编　者

目 录

第一单元 诗歌 1

- 蒹葭 1
- 十五从军征 2
- 行行重行行 3
- 归园田居其一 4
- 西洲曲 6
- 春江花月夜 7
- 终南山 8
- 宣州谢朓楼饯别校书叔云 9
- 秋兴八首其一 10
- 长恨歌 12
- 安定城楼 16
- 浪淘沙 17
- 八声甘州 18
- 定风波 19
- 永遇乐 20
- 沈园二首 21
- [南吕]一枝花·不伏老 22
- 天狗 24
- 也许——葬歌 26
- 雪花的快乐 27
- 我用残损的手掌 28
- 盐 30
- 相信未来 31
- 一棵开花的树 32
- 神女峰 33
- 一无所有 35
- 致杜鹃 36
- 普罗米修斯 38
- 假如生活欺骗了你 40
- 啊，人应当像人 41
- 飞鸟集(节选) 43

第二单元 散文 45

- 子路、曾皙、冉有、公西华侍坐 45
- 佝偻承蜩 47
- 渔父 48
- 谏逐客书 50
- 货殖列传序 53
- 送李愿归盘谷序 56
- 始得西山宴游记 58
- 朋党论 60
- 故乡的野菜 62
- 又是一年芳草绿 64
- 鲁迅先生记一 66
- 亡人逸事 67
- 我的四个假想敌 70
- 读书示小妹十八生日书 74
- 远处的青山 76
- 乡村 79
- 巴尔扎克之死 80
- 像山那样思考 84
- 我有一个梦想 86

第三单元 小说 88

- 俞伯牙摔琴谢知音 88
- 宝玉挨打 94
- 劳山道士 101
- 伤逝 103

目录 Contents

围城(节选) 114

金锁记(节选) 129

萧萧 135

春桃 143

永远的尹雪艳 155

受戒 163

人生(节选) 175

命若琴弦 180

少女小渔 193

简·爱(节选) 204

老人与海(节选) 212

米龙老爹 231

一个陌生女人的来信(节选) 236

一个文官的死 239

伊豆的舞女 241

第四单元　戏剧 257

游园(节选) 257

原野(节选) 259

名优之死(节选) 269

绝对信号(节选) 278

奥狄浦斯王(节选) 283

玩偶之家(节选) 289

第一单元 诗 歌

蒹 葭[1]

《诗经》

《诗经》是我国第一部诗歌总集，收录了自西周初年至春秋中叶五百多年间的诗歌，现存305篇。《诗经》在先秦称为《诗》，到汉代被儒家奉为经典，称为《诗经》。

《诗经》按音乐和内容体裁的不同分为"风""雅""颂"三部分。其诗以四言为主，主要采用赋、比、兴的艺术手法，语言朴素优美，韵律和谐，写景、抒情都富有艺术感染力，对后代文学产生了深远的影响。

蒹葭苍苍[2]，白露为霜。所谓伊人，在水一方。
溯洄从之[3]，道阻且长；溯游从之，宛在水中央。
蒹葭凄凄，白露未晞[4]。所谓伊人，在水之湄[5]。
溯洄从之，道阻且跻[6]；溯游从之，宛在水中坻[7]。
蒹葭采采[8]，白露未已。所谓伊人，在水之涘[9]。
溯洄从之，道阻且右[10]；溯游从之，宛在水中沚[11]。

【注释】

[1] 本文选自北京大学出版社2002年版《中国古代文学作品选注》，葛晓音、周先慎主编。

[2] 蒹葭(jiān jiā)：泛指芦苇。蒹，尚未吐穗的芦苇；葭，初生的芦苇。苍苍：茂盛的样子，这里是老青色的意思。

[3] 溯洄(sù huí)从之：意思是沿着河道走向上游去寻找她。溯洄，逆流而上。从，追，追求。

[4] 晞(xī)：干。

[5] 湄(méi)：水和草交接的地方，指岸边。

[6] 跻(jī)：升，高。

[7] 坻(chí)：水中的小洲或小岛。

[8] 采采：茂盛鲜明的样子。

[9] 涘(sì)：水边。

[10] 右：迂回曲折。

[111] 沚(zhǐ)：水中的陆地。

【题解】

《蒹葭》出自《诗经·国风·秦风》。这是一篇含蓄朦胧、意味深长的抒情之作。关于这首诗的内容，历来存在分歧，归纳起来，主要有以下三种说法：一是"刺襄公"说。《毛诗序》云："《蒹葭》，刺襄公也。未能用周礼，将无以固其国焉。"二是"招贤"说。姚际恒的《诗经通论》和方玉润的《诗经原始》都说这是一首招贤诗，"伊人"即"贤才"："贤人隐居水滨，而人慕而思见之。"或谓："征求逸隐不以其道，隐者避而不见。"三是"爱情"说。今人蓝菊有、杨任之、樊树云、高亨、吕恢文等均认为《蒹葭》是一首爱情"恋歌"。

【思考练习题】

1. 以《蒹葭》为例，谈谈你对诗歌朦胧美的认识。
2. 《诗经》在形式上讲究节奏和用韵，《蒹葭》通过哪些手法形成了一唱三叹的艺术效果？

十五从军征[1]

汉乐府

乐府是汉王朝建立的一个管理音乐的宫廷官署，其任务是收集编纂各地民间音乐、整理改编与创作音乐、进行演唱及演奏等。后来，人们把这一机构收集并制谱的诗歌称为乐府诗，或简称乐府。

宋人郭茂倩所编《乐府诗集》共100卷，分12类著录，是收罗汉迄五代乐府最为完备的一部诗集。《乐府诗集》现存汉乐府民歌40余篇，多为东汉时期作品，反映当时的社会现实与人民生活，用犀利的言辞表现爱憎情感，较为倾向于现实主义风格。

十五从军征，八十始得归。
道逢乡里人[2]："家中有阿[3]谁？"
"遥看是君家，松柏冢累累[4]。"
兔从狗窦入[5]，雉从梁上飞[6]；
中庭生旅谷[7]，井上生旅葵[8]。
舂谷持作饭，采葵持作羹。
羹饭一时熟，不知贻[9]阿谁。
出门东向望，泪落沾我衣。

【注释】

[1] 本文选自北京大学出版社2002年版《中国古代文学作品选注》，葛晓音、周先慎主编。

[2] 乡里人：同乡同里的人。

[3] 阿：方言语气词。

[4] "遥看"二句：遥望松柏之下的一片坟地，那就是你家。冢，高坟。累累，一个接着一个。

第一单元　诗歌

[5] "兔从"句：野兔从狗洞里钻进来。可见家屋已经残破，家里已经没有人了。

[6] "雉从"句：野鸡飞到屋脊上。

[7] 中庭：堂前院子。旅谷：野生的谷子。旅，意指蔬谷等不经播种而生。

[8] 井上：井台周围。葵，葵菜，又名冬葵，嫩叶可食。

[9] 贻：给。

【题解】

《十五从军征》在《古今乐录》《古诗源》等文献中均作古诗。郭茂倩《乐府诗集》第 25 卷将其列入"梁鼓角横吹曲"，题为《紫骝马歌辞》，在"十五从军征"前多出"烧火烧野田"等 8 句。这里我们依从《乐府诗集》，将此诗视为汉乐府，并依照通行本，保留其"十五从军征"以下的诗句。本诗写的是一位从军 60 多年的老兵退伍回乡后所看到的悲惨境况。

【思考练习题】

结合《十五从军征》，谈谈汉乐府民歌的叙事艺术。

行行重行行[1]

《古诗十九首》

《古诗十九首》最早见载于南朝梁代萧统编的《文选》，作者可能是中下层文人，创作时代为东汉末年。其思想内容呈现出复杂的时代特点，或是抒发仕途的失意和不满，或是感慨岁月的流逝，或是表现及时建功立业的壮志，更多的是表现游子、思妇相思离别之苦，都带有生命意识觉醒后的感伤色彩。其艺术形式浑然天成，语言含蓄蕴藉，善用比兴寄托，言近旨远，语短情长，耐人寻味。

《古诗十九首》在历代都受到高度评价，刘勰称它为"五言之冠冕"，是汉代文人五言诗进入成熟阶段的标志。

行行重行行[2]，与君生别离[3]。
相去[4]万余里，各在天一涯[5]。
道路阻[6]且长，会面安可知？
胡马依北风，越鸟巢南枝[7]。
相去日已远[8]，衣带日已缓[9]。
浮云蔽白日[10]，游子不顾反[11]。
思君令人老，岁月忽已晚[12]。
弃捐勿复道[13]，努力加餐饭。

【注释】

[1] 本文选自北京大学出版社 2002 年版《中国古代文学作品选注》，葛晓音、周先慎主编。

[2] 行行：走啊走啊，不停地走。重行行：走了又走，越走越远。

[3] 生别离：活生生地分开。这里是用屈原《九歌·少司命》"悲莫悲兮生别离"的语意。

[4] 相去：相隔。

[5] 各在天一涯：天各一方。

[6] 阻：艰险。

[7] "胡马"二句：北方边地的马无论到哪里都依恋北方吹来的风。胡，古代对北方少数民族的称呼，后泛指北方。依，依恋。越鸟，南方的鸟。越，即百越，古代对南方少数民族的称呼，后泛指南方。巢南枝，在向南的枝条上筑巢。巢，用作动词，筑巢。

[8] 日已远：一天比一天远。

[9] 缓：宽。

[10] "浮云"句：秦汉诗文中常见的比喻。汉乐府《古杨柳行》："谗邪害公正，浮云蔽白日。"以浮云遮日比喻奸邪蔽贤，这里用其成句，写游子不回来的原因。

[11] 反：通"返"，回来。

[12] 晚：指年终，岁末。

[13] 弃捐：抛弃。勿复道：不要再说了。

【题解】

《行行重行行》作于东汉末年桓、灵之时，抒发了思妇对远行丈夫的思念之情，反映了汉末动乱给百姓带来的生离死别的痛苦遭遇。

【思考练习题】

1. 本诗在语言表达上有什么特点？
2. 谈谈《古诗十九首》在中国诗歌发展史上的地位和意义。

归园田居 其一[1]

陶 渊 明

陶渊明(365?—427)，一名潜，字元亮，浔阳柴桑(今江西省九江市西南)人。他早年曾做过几任小官，41岁时任彭泽县令，后因厌恶官场污浊，放弃官职，此后一直过着躬耕隐居的生活，死后被尊为"靖节先生"。

陶渊明现存的作品大多作于归隐之后，有诗160多首，辞赋散文等超过15篇。在这些作品中，作者写农耕劳动，写与农民的交往，写农村恬静优美的景色，着力表现了自己田园生活的怡然自得之乐，情意真切，格调清新，简洁含蓄，富有韵味，与当时颇为泛滥的玄言诗、山水诗大不相同。此外陶渊明有部分诗文，抒发了对污浊现实的不满，表现出愤世嫉俗之情。著有《陶渊明集》。

少无适俗韵[2],性本爱丘山。
误落尘网[3]中,一去三十年[4]。
羁鸟恋旧林[5],池鱼思故渊[6]。
开荒南野际[7],守拙[8]归园田。
方宅[9]十余亩,草屋八九间。
榆柳荫后檐,桃李罗[10]堂前。
暧暧[11]远人村,依依墟里烟[12]。
狗吠深巷中,鸡鸣桑树颠。
户庭无尘杂,虚室有余闲[13]。
久在樊笼[14]里,复得返自然。

【注释】

[1] 本文选自北京大学出版社 2002 年版《中国古代文学作品选注》,葛晓音、周先慎主编。

[2] 适俗韵:合于世俗的性情。

[3] 尘网:尘世的罗网,此指仕宦。

[4] 三十年:一说应为"十三年",从作者任江州祭酒到辞彭泽县令,恰好十三年。

[5] 羁鸟:被束缚于笼中的鸟。

[6] 故渊:鱼儿原来生活的水潭。

[7] 南野:一作"南亩"。际,间。

[8] 守拙:自谦之词。不善于做官称作"拙",与做官要逢迎取巧相对。

[9] 方宅:住宅四周。方,旁。

[10] 罗:排列。

[11] 暧暧(ài):依稀不明,日光迷蒙的样子。

[12] 依依:轻柔上升的样子。墟里:村落。 烟:炊烟。

[13] "户庭"二句:意思是归隐后没有尘俗杂事相扰,因而有很多闲暇。虚室,空虚的房屋,引申为内心寂静。

[14] 樊笼:关鸟兽的笼子,比喻仕宦。

【题解】

《归园田居》是晋宋(南朝宋)时期文学家陶渊明的组诗作品,共五首(一本作六首)。这组诗大约写于陶渊明辞去彭泽令、弃官归隐后的第二年。脱离仕途的轻松之感,返回自然的欣悦之情,使得这组诗成为杰出的田园诗章,也集中体现了陶渊明真朴、旷达、宁静淡泊的风格。本诗是组诗的第一首,诗中以极大的热情赞美了平和静穆的田园风光,表现了诗人对于官场的厌恶及其不与世俗同流合污的高洁情趣。

【思考练习题】

1. 本诗运用了哪些艺术手法?
2. 结合《归园田居》组诗,谈谈陶渊明田园诗歌的特点。

西　洲　曲[1]

南朝民歌

　　南朝乐府民歌多保存在郭茂倩所编的《乐府诗集》中，主要有吴歌、西曲两类。吴歌和西曲多出自市民之口，以描写城市中小家庭或社会底层女子的爱情生活最具特色。在吴歌和西曲之外，另有神弦歌一类，是民间祭神的巫歌，数量少，内容也比较简单。

　　南朝乐府民歌情感缠绵，语调清丽，风格柔媚，对后世诗歌创作颇有影响。《西洲曲》历来被视为南朝乐府民歌的代表之作。

忆梅下西洲[2]，折梅寄江北。
单衫杏子红，双鬓鸦雏[3]色。
西洲在何处？两桨桥头渡。
日暮伯劳[4]飞，风吹乌臼树[5]。
树下即门前，门中露翠钿[6]。
开门郎不至，出门采红莲。
采莲南塘秋，莲花过人头。
低头弄莲子，莲子青如水。
置莲怀袖中，莲心彻底红[7]。
忆郎郎不至，仰首望飞鸿[8]。
鸿飞满西洲，望郎上青楼[9]。
楼高望不见，尽日栏杆头。
栏杆十二曲，垂手明如玉[10]。
卷帘天自高，海水摇空绿[11]。
海水梦悠悠[12]，君[13]愁我亦愁。
南风知我意，吹梦到西洲。

【注释】

　　[1] 本文选自上海古籍出版社 1979 年版《中国历代文学作品选》(上编·第二册)，朱东润主编。

　　[2] 下：往。西洲：女子住处附近。

　　[3] 鸦雏：小乌鸦，羽毛柔软而黑。

　　[4] 伯劳：鸟名，仲夏时开始鸣叫。

　　[5] 乌臼树：即乌桕树，落叶乔木，夏日开花。

　　[6] 翠钿(diàn)：用翠玉嵌镶的妇女的头饰。

　　[7] 莲心："怜心"的谐音隐语，即相爱之心。彻底：意谓通透到底，此亦双关语。

　　[8] 望飞鸿：意谓望江北来信。相传鸿雁可以传书，故云。

　　[9] 青楼：青色的楼，唐以前对女子居处的通称。

[10]"垂手"句：手垂下来白净得像玉一样。

[11]"卷帘"二句：意思是天空像大海，卷帘一望只见碧天高远，仿佛海水摇荡。

[12]"海水"句：意思是大海辽阔无边，梦也如海水一般悠远。

[13]君：指在江北的情人。

【题解】

《西洲曲》最早录于徐陵所编《玉台新咏》，后被郭茂倩的《乐府诗集》收录"杂曲歌辞"类，认为是"古辞"。全篇通过季节变化的描写，表达了一个女子对所爱男子的思念之情，语言委婉动人，呈现出成熟的艺术技巧。

【思考练习题】

1. 《西洲曲》运用了哪些抒情手法？有何艺术特色？
2. 结合《木兰诗》，谈谈南北朝民歌在内容与艺术上的区别。

春江花月夜[1]

张若虚

张若虚(生卒年不详)，扬州(今属江苏)人，曾官为兖州兵曹，与贺知章、包融、张旭以文辞俊秀齐名，号称"吴中四士"。其所赋诗以《春江花月夜》最为著名，《全唐诗》仅存录其诗2首。

春江潮水连海平，海上明月共潮生。
滟滟[2]随波千万里，何处春江无月明？
江流宛转绕芳甸[3]，月照花林皆似霰[4]。
空里流霜不觉飞，汀[5]上白沙看不见。
江天一色无纤尘，皎皎空中孤月轮。
江畔何人初见月？江月何年初照人？
人生代代无穷已，江月年年只相似。
不知江月待何人，但见长江送流水。
白云一片去悠悠，青枫浦[6]上不胜愁。
谁家今夜扁舟子[7]？何处相思明月楼[8]？
可怜楼上月徘徊，应照离人妆镜台。
玉户帘中卷不去[9]，捣衣砧上拂还来[10]。
此时相望不相闻，愿逐月华流照君[11]。
鸿雁长飞光不度[12]，鱼龙潜跃水成文[13]。
昨夜闲潭梦落花[14]，可怜春半不还家。
江水流春去欲尽，江潭落月复西斜。
斜月沉沉藏海雾，碣石潇湘无限路[15]。
不知乘月几人归，落月摇情满江树[16]。

【注释】

[1] 本文选自北京大学出版社 2002 年版《中国古代文学作品选注》，葛晓音、周先慎主编。

[2] 滟滟(yàn)：微波荡漾、波光粼粼的样子。

[3] 芳甸：花草丛生的原野。

[4] 霰(xiàn)：雪珠。

[5] 汀(tīng)：水边的平地。

[6] 青枫浦：在今湖南省浏阳县境内。此处指分别的地点。

[7] 扁(piān)舟子：乘小船漂泊在外的游子。

[8] 明月楼：月光下思妇所居之楼。

[9] 玉户：指思妇的居室。卷不去：此指月光。

[10] 捣衣砧(zhēn)：捣衣用的垫石。古代妇女缝制衣服前，先要将衣料捣过。为赶制寒衣，妇女每于秋夜捣衣，故古诗常以捣衣声寄思妇念远之情。拂还来：指月光。

[11] 逐：追逐，跟随。月华：月光。

[12] "鸿雁"句：意思是鸿雁怎么也飞不出这片月光。

[13] "鱼龙"句：意思是鱼在深水里游动，只能激起阵阵波纹。

[14] 闲潭：幽静的水潭。梦落花：意谓春天将逝。

[15] 碣石：山名，在今河北省乐亭县西南。潇湘：水名，潇水和湘水在湖南省零陵县合流后称为潇湘。碣石、潇湘分居北方和南方，相距遥远，喻游子和思妇难以相见。

[16] "落月"句：意思是月光和思念之情一起洒落在江水之中、岸边树上。

【题解】

张若虚在诗中，以"月"为线索，将景、情、理融为一体，创造出情景交融、绮丽优美的诗境，在这优美的诗境中，又融入了一层淡淡的忧伤。此诗语言清丽，抒情婉畅，洗尽六朝宫体诗的铅华，成为初唐、盛唐过渡期间最负盛名的一首七言歌行。

【思考练习题】

1. 《春江花月夜》是如何做到诗情、画意、哲理相互融会的？
2. 有人认为"月"是本诗的灵魂，你认为呢？

终 南 山[1]

王 维

王维(701—761)，字摩诘，祖籍太原祁县(今山西祁县)，其父徙居蒲州(今山西永济)。少有才名，开元九年(721)中进士，任太乐丞，不久因事贬济州司仓参军。张九龄执政后，擢为右拾遗。开元二十五年(737)秋，以监察御史身份出使凉州，后迁殿中侍御史，开元二十九年(741)春，辞官归隐终南山，"安史之乱"中被俘，迫受伪职，官给事中，乱平后降为太子中允，后官至尚书右丞，故世称"王右丞"。

王维多才多艺，精于诗文、书画、音乐。其诗诸体兼善，尤擅长山水田园诗，诗风清新秀雅，诗中有画，气韵生动，熔诗情、画意、禅理于一炉，被清代神韵派奉为主臬。著有《王右丞集》。

太乙近天都[2]，连山到海隅[3]。
白云回望合，青霭入看无[4]。
分野中峰变[5]，阴晴众壑殊。
欲投人处宿[6]，隔水问樵夫。

【注释】

[1] 本文选自上海古籍出版社 1980 年版《中国历代文学作品选》(中编·第一册)，朱东润主编。

[2] 太乙：终南山的主峰，也是终南山的别名，在唐都长安城南约 40 里处，西起甘肃天水，东至河南陕县，绵延 800 余里。天都：天帝所居之处，即天；一说指唐都长安。

[3] "连山"句：山山相连，直到海角。海隅(yú)：海边，海角。

[4] "白云"两句：这两句诗为互文，即"白云入看无，回望合；青霭入看无，回望合"。白云：白茫茫的雾气。青霭(ǎi)：青色的云气，也是雾气，比白云淡。

[5] "分野"句：中峰南北，属于不同的分野。古代天文学家将天空十二星辰的位置与地上州郡区域相对应，称某地为某星之分野。

[6] 人处：人家、村子。

【题解】

王维在开元二十九年(741)曾隐于终南山，《终南山》大约作于此时。这是王维山水诗中的名篇，描写终南山的宏伟气势和变化万千的韵致，表现出一种隐逸情怀。

【思考练习题】

1. 如何理解王维诗歌的"诗中有画"的特点？
2. 《终南山》与王维其他山水诗相比，在风格上有何不同？

宣州谢朓楼饯别校书叔云[1]

李 白

李白(701—762)，字太白，号青莲居士，祖籍陇西成纪(今甘肃天水附近)，隋末其先人移居碎叶(在今吉尔吉斯斯坦境内)。

李白是盛唐最杰出的诗人，也是我国文学史上继屈原之后又一伟大的浪漫主义诗人，素有"诗仙"之称。他的思想兼有儒、道、侠、纵横等多家成分，而以儒、道为主。李白的诗歌既反映了他自己的主观情感，又多方面反映了所处时代的现实和精神风貌，具有丰富的思想内涵。李白成功地、创造性地运用浪漫主义的表现手法，其诗风雄奇奔放、俊逸清新，达到了内容与艺术的完美统一；在形式上能够驾驭多种诗体，而以歌行和五言、七

言绝句最为出色。今存诗一千余首,有《李太白集》。

弃我去者,昨日之日不可留;
乱我心者,今日之日多烦忧。
长风万里送秋雁,对此可以酣[2]高楼。
蓬莱文章建安骨,中间小谢又清发[3]。
俱怀逸兴[4]壮思飞,欲上青天览[5]明月。
抽刀断水水更流,举杯销愁愁更愁。
人生在世不称意,明朝散发弄扁舟[6]。

【注释】

[1] 本文选自上海古籍出版社1980年版《中国历代文学作品选》(中编·第一册),朱东润主编。宣州:是今安徽省宣城市。谢朓楼:一名北楼,又称谢公楼,南齐谢朓为宣城太守时所建,唐末改建,易名为叠嶂楼。校书:秘书省校书郎的省称。叔云:李白族叔李云。

[2] 酣:尽情畅饮。

[3] "蓬莱"二句:意思是李云的文章有建安风骨,自己的诗歌像小谢一样清新秀发。蓬莱,海上神山,为仙府。汉代官家著述和藏书之所称为东观,学者又称之为"老氏藏书室,道家蓬莱山"。唐人多以蓬山、蓬阁指秘书省,李云是秘书省校书郎,故用蓬莱文章借指李云的文章。建安骨:建安风骨,指刚健遒劲的诗文风格。小谢:谢朓。

[4] 逸兴:超脱世俗的意兴。

[5] 览:通"揽",摘取。

[6] 散发弄扁(piān)舟:意思是避世隐居。古人束发戴冠,散发即脱去簪缨,不受约束之意。弄扁舟,驾小舟泛游于江湖之上。《史记·货殖列传》:"范蠡既雪会稽之耻……乃乘扁舟,浮于江湖。"

【题解】

此诗题一作为《陪侍御叔华登楼歌》。此诗于天宝末年诗人游宣州时所作,抒发了诗人怀才不遇的苦闷心情及对理想境界的追求,也流露出诗人傲岸磊落的胸怀。

【思考练习题】

1. 这首诗抒发了作者怎样的情感?
2. 结合《宣州谢朓楼饯别校书叔云》谈谈李白浪漫诗风的特点。

秋兴八首 其一[1]

杜 甫

杜甫(712—770),字子美,自称少陵野老,祖籍襄阳(今属湖北),自其曾祖时迁居巩县(今属河南)。

第一单元 诗歌

杜甫在中国古典诗歌中的影响非常深远，被后人称为"诗圣"。他的诗作内容广泛深刻，真实地反映了他所生活时代的政局变化和各阶层的社会生活以及诗人忧国忧民的情怀，深刻地再现了唐代由开元、天宝盛世转向分裂衰微的历史过程，故被誉为"诗史"。在艺术上，他善于运用各种诗歌形式，尤其是律诗、五古，风格多样，而以"沉郁顿挫"为主，语言精练，具有高度的表现力。杜甫的诗歌继承和发展了《诗经》反映现实的优良传统，成为我国古代诗歌的现实主义高峰，并对后世产生了巨大而深远的影响。有《杜工部集》传世。

玉露凋伤[2]枫树林，巫山巫峡气萧森[3]。
江间[4]波浪兼天涌，塞上风云接地阴[5]。
丛菊两开他日泪[6]，孤舟一系故园心[7]。
寒衣处处催刀尺[8]，白帝城高急暮砧[9]。

【注释】

[1] 本文选自北京大学出版社 2002 年版《中国古代文学作品选注》，葛晓音、周先慎主编。

[2] 玉露：白露。凋伤：使草木衰败。

[3] 巫山巫峡：指夔州一带长江和两岸山峦。巫山，在今重庆巫山县东南。巫峡，因巫山而得名，是长江三峡中最长的峡谷，两岸重峦叠嶂，遮天蔽日，江水湍急。气萧森：气象萧瑟阴森。

[4] 江间：指峡中江水。

[5] 塞上：指夔州。接地阴：因风云笼罩，天昏地暗，故云。

[6] 丛菊两开：菊已开过两次，指自己在漂泊中已度过两个秋天。杜甫离开成都后漂泊不定，第一年秋在云安(今重庆云阳县)，第二年秋在夔州。他日泪：即往日泪，意思是见丛菊又开，感慨如昔，往日流过的泪禁不住又流了下来。

[7] "孤舟"句：意思是孤舟系在夔州江岸，如同系住了自己急于出峡归乡的心。故园，指长安。

[8] 催刀尺：催人裁剪寒衣。刀，剪刀。

[9] 白帝城：在夔州城东，坐落在山头上，西南临长江，是公孙述据蜀称白帝时所建，因以为名。急暮砧(zhēn)：黄昏时捣衣声更加急促。砧，捣衣石。

【题解】

《秋兴八首》作于大历元年(766)秋，杜甫流寓夔州(今重庆奉节县)之时。诗人因秋以发兴，抒发了自己感时伤事、不胜今昔的慨叹。这里选的是第一首，为组诗的序曲，通过对巫山巫峡萧瑟秋景的描绘，抒发了诗人忧国思乡之情和孤独寂寞之感。

【思考练习题】

1. 为什么杜甫的诗歌被称为"诗史"？
2. 杜甫诗歌"沉郁顿挫"的艺术风格在这首诗中是如何体现出来的？

长 恨 歌[1]

白 居 易

白居易(772—846)，字乐天，晚号香山居士，又号醉吟先生，原籍太原，后迁下邽(今陕西渭南市)。

白居易与元稹相友善，皆以诗名，时号"元白"；又与刘禹锡齐名，并称"刘白"。白居易是新乐府诗歌的主要倡导者，主张"文章合为时而著，歌诗合为事而作"，强调诗歌的现实内容和社会作用。其诗平易通俗，明白晓畅，广为流传，今存诗近3000首，是唐代拥有诗歌数量最多的诗人。有《白氏长庆集》。

汉皇重色思倾国[2]，御宇[3]多年求不得。
杨家有女[4]初长成，养在深闺人未识[5]。
天生丽质难自弃，一朝选在君王侧。
回眸[6]一笑百媚生，六宫粉黛无颜色[7]。
春寒赐浴华清池[8]，温泉水滑洗凝脂[9]。
侍儿扶起娇无力，始是新承恩泽时[10]。
云鬓花颜金步摇[11]，芙蓉帐暖度春宵。
春宵苦短日高起，从此君王不早朝。
承欢侍宴无闲暇，春从春游夜专夜。
后宫佳丽三千人，三千宠爱在一身。
金屋妆成娇侍夜，玉楼宴罢醉和春。
姊妹弟兄皆列土[12]，可怜[13]光彩生门户。
遂令天下父母心，不重生男重生女[14]。
骊宫高处入青云，仙乐风飘处处闻。
缓歌慢舞凝丝竹，尽日君王看不足。
渔阳鼙鼓动地来[15]，惊破《霓裳羽衣曲》[16]。
九重城阙烟尘生[17]，千乘万骑西南行。
翠华摇摇行复止[18]，西出都门百余里。
六军不发无奈何[19]，宛转蛾眉马前死[20]。
花钿委地无人收[21]，翠翘金雀玉搔头[22]。
君王掩面救不得，回看血泪相和流。
黄埃散漫风萧索，云栈萦纡登剑阁[23]。
峨嵋山[24]下少人行，旌旗无光日色薄。
蜀江水碧蜀山青，圣主朝朝暮暮情。
行宫[25]见月伤心色，夜雨闻铃肠断声。
天旋地转回龙驭[26]，到此踌躇不能去。

马嵬坡下泥土中，不见玉颜空死处。
君臣相顾尽沾衣，东望都门信马归。
归来池苑皆依旧，太液芙蓉未央柳[27]。
芙蓉如面柳如眉，对此如何不泪垂？
春风桃李花开日，秋雨梧桐叶落时。
西宫南内多秋草[28]，落叶满阶红不扫。
梨园弟子[29]白发新，椒房阿监青娥老[30]。
夕殿萤飞思悄然，孤灯挑尽未成眠。
迟迟钟鼓初长夜，耿耿星河欲曙天。
鸳鸯瓦[31]冷霜华重，翡翠衾寒谁与共？
悠悠生死别经年，魂魄不曾来入梦。
临邛道士鸿都客[32]，能以精诚致魂魄。
为感君王辗转思[33]，遂教方士殷勤觅。
排空驭气奔如电，升天入地求之遍。
上穷碧落下黄泉[34]，两处茫茫皆不见。
忽闻海上有仙山，山在虚无缥缈间。
楼阁玲珑五云[35]起，其中绰约多仙子[36]。
中有一人字太真，雪肤花貌参差是[37]。
金阙西厢叩玉扃[38]，转教小玉报双成[39]。
闻道汉家天子使，九华帐[40]里梦魂惊。
揽衣推枕起徘徊，珠箔银屏迤逦开[41]。
云鬓半偏新[42]睡觉，花冠不整下堂来。
风吹仙袂[43]飘飘举，犹似霓裳羽衣舞。
玉容寂寞泪阑干[44]，梨花一枝春带雨。
含情凝睇谢君王，一别音容两渺茫。
昭阳殿[45]里恩爱绝，蓬莱宫[46]中日月长。
回头下望人寰处，不见长安见尘雾。
唯将旧物表深情，钿合[47]金钗寄将去。
钗留一股合一扇[48]，钗擘黄金合分钿[49]。
但教心似金钿坚，天上人间会相见。
临别殷勤重寄词，词中有誓两心知。
七月七日长生殿[50]，夜半无人私语时。
在天愿作比[51]翼鸟，在地愿为连理枝[52]。
天长地久有时尽，此恨绵绵[53]无绝期！

【注释】

[1] 本文选自上海古籍出版社1980年版《中国历代文学作品选》(中编·第一册)，朱

东润主编。

[2] 汉皇：本指汉武帝刘彻，这里借指唐玄宗。色：美色。倾国：绝代佳人的代称。源出于《汉书·外戚传》李延年歌："北方有佳人，绝世而独立。一顾倾人城，再顾倾人国。"

[3] 御宇：统治天下。

[4] 杨家有女：指杨贵妃。妃乳名玉环，弘农华阴人，徙居蒲州永乐县。其父杨玄琰早逝，养于叔父家。开元二十三年(735)册封为寿王(玄宗之子瑁)妃。开元二十八年(740)玄宗使她为道士，住太真宫，因号太真。天宝四年(745)七月，诏还俗，立为贵妃。

[5] "养在"句：故意为唐玄宗的行为隐讳。

[6] 眸(móu)：眼中瞳仁，泛指眼睛。

[7] 六宫：后妃住处。粉黛：这里代指妃嫔。无颜色：指与杨贵妃相比黯然失色。

[8] 华清池：开元十一年(723)建温泉宫于骊山，天宝六年(747)改名华清宫，温泉池也改名华清池。

[9] 凝脂：形容皮肤白嫩而柔滑。

[10] 新：刚刚。承恩泽：指得到皇帝的宠爱。

[11] 金步摇：首饰名，用金银丝婉转屈曲制成花枝形状，上缀珠玉，插在发髻上，随人步行而摇，故名。

[12] 姊妹弟兄：指杨氏一家。杨玉环受封后，其大姐封韩国夫人，三姐封虢国夫人，八姐封秦国夫人。伯叔兄弟杨铦官鸿胪卿，杨锜官侍御史，杨钊赐名国忠，天宝十一年(752)为右丞相，故云"皆列土"(分封土地)。

[13] 可怜：可爱。

[14] "遂令"二句：意思是遂使传统的重男轻女的社会风气都改变了。据陈鸿《长恨歌传》记载，当时民间有歌谣说："生女勿悲酸，生男勿喜欢！""男不封侯女作妃，看女却为门上楣。"

[15] 渔阳：渔阳郡，郡治在今天津蓟县，当时属范阳节度使管辖。天宝十四年(755)，安禄山于范阳起兵造反。鼙(pí)鼓：古代军中用的小鼓，即骑鼓。

[16] 《霓裳羽衣曲》：唐代著名舞曲。据说杨贵妃善舞此曲。

[17] 九重城阙：指京城。烟尘生：指发生战祸。

[18] 翠华：天子之旗，或云天子乘舆上所竖的华盖，以翠鸟羽为饰，这里指皇帝的车驾。摇摇：道路坎坷、行役匆匆的样子。

[19] 六军：古指皇帝的羽林军。不发：不再前进，暗指哗变。无奈何：无可奈何。

[20] 宛转：凄楚的样子。蛾眉：美女的代称，此处指杨贵妃。

[21] 花钿(diàn)：古代妇人所用的一种嵌金花的首饰。委地：丢弃在地上。

[22] "翠翘"句：指丢弃地上的各种头饰。翠翘，形似翠羽的首饰。金雀，以黄金为凤形的金钗。玉搔头：指玉簪。

[23] 云栈：高入云端的栈道。剑阁：在今四川剑阁县北，也叫剑门，即相对而立的大小剑山。

[24] 峨嵋山：由长安到成都并不经过峨眉山，这里泛指蜀中的山。

[25] 行宫：皇帝外出时的住所。

[26] 天旋地转：指郭子仪等收复西京，时局好转。回龙驭：迎玄宗回长安。龙驭，皇帝车驾。

[27] 太液：指太液池，在大明宫北。未央：未央宫，在今陕西西安西北，唐时曾就汉宫原址加以修缮。

[28] 西宫：即太极宫，唐人称为西内，即隋之大兴宫，旧址在今陕西西安城北故宫城内，是唐朝最大的宫殿。上元二年(761)，唐肃宗听信宦官李辅国之谗言，将玄宗迁到西内甘露殿居住，等于将他软禁起来。南内：指兴庆宫，旧址在西安城东南兴庆公园内。

[29] 梨园弟子：指唐玄宗过去所训练的一批艺人。

[30] 椒房：后妃所住的宫殿，以椒粉涂壁取其温暖，且辟恶气。阿监：宫内女官。青娥：青春的美好容貌。《方言》卷二："秦晋之间，美貌谓之娥。"

[31] 鸳鸯瓦：两片嵌合在一起的瓦。

[32] 临邛(qióng)：今四川邛崃县。鸿都：原来是东汉洛阳宫门名，这里指长安。

[33] 辗转思：反复思念。

[34] 穷：找遍的意思。碧落：道家称天界为碧落。黄泉：指地下。

[35] 五云：五彩之云。

[36] 绰约：柔婉优美。仙子：仙女。

[37] 参差(cēn cī)：仿佛。

[38] 金阙：金碧辉煌的神仙宫阙。扃(jiǒng)：门户。道教相传，天堂之一上清宫，左金阙，右玉扃。

[39] 小玉：传说是吴王夫差小女儿的名字，殉情而死。双成：董双成，相传是西王母的侍女。此处借喻太真的侍女。

[40] 九华帐：绣着各种图案的帷帐。

[41] 珠箔(bó)：珠帘。迤逦(yǐ lǐ)：连接不断。

[42] 新：刚刚。

[43] 袂(mèi)：袖。

[44] 泪阑干：泪下纵横的样子。

[45] 昭阳殿：汉宫殿名，赵飞燕居住过的地方，这里借指唐宫。

[46] 蓬莱宫：传说中海上仙山的宫殿，这里借指杨太真所住的仙境。

[47] 钿合：用珠宝和金丝镶嵌的盒子。合，通"盒"。

[48] "钗留"句：古代钗形皆双股折腰，故折之则成两股。盒有底盖，故分之则成两扇。

[49] "钗擘(bò)"句：意思是镶嵌有珠宝金丝的盒子各得一半。擘，用手分开的意思。

[50] 长生殿：天宝元年(742)建造在华清宫内的祀神的斋宫。这里指华清宫内贵妃的寝殿。

[51] 比：并。

[52] 连理枝：两树的枝叶连生在一起。理，纹理。

[53] 绵绵：长久不绝的样子。

【题解】

此诗是元和元年(806)，诗人与友人陈鸿、王质夫同游仙游寺时，因感于唐玄宗与杨贵妃的故事，陈鸿作《长恨歌传》，白居易则写了这首饱含激情的长篇叙事诗。关于这首诗的主题思想，历来存在着不同的看法：有人认为，诗人重在讽喻，借李、杨的悲剧以劝诫君主勿为尤物所惑；也有人认为，作者侧重歌颂两人从一而终的爱情，对他们的遭际充满了同情。这些说法都有一定的道理。诗人后来自编诗集时，将这首诗列在"感伤"一类，可见是同情、感叹多于讽刺了。不过诗人对作品中男女主人公的谴责仍是明显的，尤其是诗的前半部分，对唐玄宗的批评十分尖锐，较之"红颜祸水"的传统看法略胜一筹。

【思考练习题】

1. 你是如何理解《长恨歌》的主旨的？
2. 白居易为什么把《长恨歌》归入感伤诗？

安定城楼[1]

李商隐

李商隐(813—858)，字义山，号玉溪生，又号樊南生，怀州河内(今河南沁阳市)人。

李商隐是晚唐重要诗人，与杜牧齐名，并称"小李杜"；又与温庭筠齐名，称"温李"。李商隐诗歌中七律成就最高，其他五言、绝句、七古、五古等也多有名篇警句。他的诗秾艳绮丽，幽微含蓄，深情绵邈，寄托遥深，善于用典故和神话传说，通过想象、联想和象征，构成丰富多彩的艺术形象。他的散文峭直刚劲，直抒胸臆；工本章奏典丽工整，才情赡富，善于表情达意，对后世影响也很大，被奉为四六文的金科玉律。有《李义山诗集》。

迢递[2]高城百尺楼，绿杨枝外尽汀洲[3]。
贾生年少虚垂涕[4]，王粲[5]春来更远游。
永忆江湖归白发，欲回天地入扁舟[6]。
不知腐鼠成滋味，猜意鹓雏竟未休[7]。

【注释】

[1] 本文选自上海古籍出版社 1980 年版《中国历代文学作品选》(中编·第一册)，朱东润主编。

[2] 迢递(tiáo dì)：此处形容楼高。

[3] 汀洲：指泾水岸边沙地和水中洲渚。汀，水边平地。

[4] 贾生：即贾谊。《汉书·贾谊传》：贾谊曾给汉文帝上《治安策》，开头三句说"臣窃惟今之事势，可为痛哭者一，可为流涕者二，可为长太息者六"。忧时念国，而无

可奈何,故云"虚垂涕"。这句的"贾生"和下句的"王粲",是作者自比。

[5] 王粲:字仲宣,山阳高平(今山东邹城)人,"建安七子"之一,东汉末年,北方大乱,流浪荆州依刘表。他曾登当阳城作《登楼赋》。

[6] "永忆"二句:意思是自己希望能够在为国家做出一番扭转天地的大事业之后,等到功成年老,乘一叶扁舟归隐江湖。回天地,扭转乾坤。

[7] "不知"二句:意思是自己怀有为国建功的抱负,却被那些追名逐利之徒无端猜忌,以为是要与他们争权夺势。鹓(yuān)雏:凤一类的鸟。《庄子·秋水篇》:惠施在梁任相国,庄子要去探望他,有人对惠施说,庄子来,是想接替你的,于是惠施大为惊慌,在城里搜查了三天三夜。庄子主动去见他,对他说:南方有一种鸟,名叫鹓雏,你知道吗?它非梧桐不栖,非竹实不食,非醴泉不饮。鸱(猫头鹰)弄到一只死老鼠,鹓雏恰好从它面前过,鸱竟以为鹓雏要抢它的死鼠,于是发出"吓"的怒吼声。今天你难道是想用你的梁国来吓我吗?

【题解】

此诗写于开成三年(838)的春天,是年李商隐应博学宏词科落选,入泾原节度使王茂元幕中。本诗乃诗人登楼感怀之作,表现了他郁郁不得志的惆怅心怀。安定:郡名,即泾州,唐泾原节度使治所。

【思考练习题】

谈谈《安定城楼》都运用了哪些典故,体现了李商隐诗歌的什么特点。

浪　淘　沙[1]

李　煜

李煜(937—978),字重光,继其父李璟为南唐主,是南唐的最后一代君主,世称李后主。

李煜善解音律,擅书画,尤工于词。其前期词作风格绮丽柔靡,不脱"花间"习气;国亡后词作转而抒发亡国之痛,突破晚唐五代的传统,语言浅白洗练,直抒胸臆,凄凉悲壮,意境深远。现存词34首,收入《南唐二主词》中。

帘外雨潺潺[2],春意阑珊[3]。
罗衾不耐五更寒[4]。
梦里不知身是客,一晌贪欢[5]。

独自莫凭阑[6],无限江山。
别时容易见时难。
流水落花春去也,天上人间[7]!

【注释】

[1] 本文选自上海古籍出版社1980年版《中国历代文学作品选》(中编·第一册)，朱东润主编。

[2] 潺潺(chán)：雨声。

[3] 阑珊：衰落，消残。

[4] 罗衾(qīn)：丝绸做的被子。不耐：受不住。

[5] "梦里"二句：意思是在梦中不知自己身居异地(暗指做了俘虏)，竟然贪恋着片刻的欢乐。一晌(shǎng)：片刻。

[6] 凭阑：靠着栏杆。

[7] "天上"句：意思是与故国的离别，诚如天上与人间的间隔，永远没有再见面的机缘了。

【题解】

《浪淘沙》原为唐教坊曲，又名《浪淘沙令》《卖花声》等。唐人多用七言绝句入曲，李煜始演为长短句。这首词写于李煜被俘到汴京后，从生活实感出发，抒写了心底的深哀剧痛。

【思考练习题】

结合《浪淘沙》谈谈李煜词的艺术特色。

八声甘州[1]

柳 永

柳永(约987—约1053)，原名三变，字耆卿，福建崇安(今福建武夷山)人，因排行第七，人称柳七，又曾任屯田员外郎，世称柳屯田。柳永早期生活放荡，多出入歌楼妓院，为歌妓填词，屡试不第，宋仁宗景祐元年(1034)考中进士，官至屯田员外郎，但最终潦倒而死。

柳永一生在仕途上郁郁不得志，独以词著称于世。他精通音律，善于铺叙，长于运用俗语入词，创作了大量的慢词，对宋词的发展作出了重要贡献。有《乐章集》。

对潇潇[2]暮雨洒江天，一番洗清秋。
渐霜风凄紧，关河[3]冷落，残照当[4]楼。
是处红衰翠减[5]，苒苒物华休[6]。
惟有长江水，无语东流。

不忍登高临远，望故乡渺邈[7]，归思难收。
叹年来踪迹，何事苦淹留[8]？
想佳人妆楼颙望[9]，误几回、天际识归舟[10]。
争[11]知我，倚阑干处，正恁凝愁[12]！

第一单元　诗歌

【注释】

[1] 本文选自上海古籍出版社 1980 年版《中国历代文学作品选》(中编·第二册)，朱东润主编。

[2] 潇潇：形容雨势急骤。

[3] 关河：关口和河流。这里泛指山河。

[4] 当：对。

[5] 是处：处处，到处。红衰翠减：花落叶少。

[6] 苒苒：同"荏苒"，指光阴流逝。物华：美好的景物。

[7] 渺邈(miǎo)：遥远。

[8] 淹留：久留。

[9] 颙(yóng)望：凝望，呆望。

[10] 天际识归舟：语出谢朓《之宣城郡出新林浦向板桥》："天际识归舟，云中辨江树。"

[11] 争：怎。

[12] 恁(nèn)：如此，这样。凝愁：愁情满怀。

【题解】

《八声甘州》，词牌名，又名《甘州》《潇潇雨》等。《词谱》卷二十五："按此调前后段八韵，故名八声，乃慢词也。"此词抒发了作者思乡怀人之情。

【思考练习题】

1. 《八声甘州》主要运用了哪些写作手法？
2. 柳永为词的发展作出了哪些贡献？

定 风 波[1]

苏 轼

苏轼(1037—1101)，字子瞻，号东坡居士，四川眉山(今属四川省眉山市)人。与父苏洵、弟苏辙在当时极负文名，文学史上合称"三苏"。

苏轼是我国历史上罕见的全才，在诗、词、文、书、画等方面均有创造性贡献。其文汪洋恣肆，明白畅达，为"唐宋八大家"之一；其诗清新豪健，善用夸张比喻，在艺术表现上独具风格，与黄庭坚并称"苏黄"；其词"无意不可入，无事不可言"，突破了"词为艳科"的藩篱，开创了豪放词风，对后世文学影响深远，与辛弃疾并称"苏辛"。有《苏东坡集》《东坡乐府》。

三月七日，沙湖[2]道中遇雨，雨具先去，同行皆狼狈，余独不觉。已而遂晴。故作此。

莫听穿林打叶声，何妨吟啸且徐行[3]。
竹杖芒鞋[4]轻胜马，谁怕？一蓑烟雨任平生。

19

料峭[5]春风吹酒醒，微冷，山头斜照却相迎。
回首向来萧瑟处[6]，归去，也无风雨也无晴。

【注释】

[1] 本文选自上海古籍出版社 1980 年版《中国历代文学作品选》(中编·第一册)，朱东润主编。

[2] 沙湖：地名，亦名螺师店，在黄州东南 30 里。

[3] 吟啸：吟唱长啸。徐：慢。

[4] 芒鞋：草鞋。

[5] 料峭：微寒。

[6] 向来：刚才，前一会儿。萧瑟处：指遭受风雨袭击之处。

【题解】

《定风波》，词牌名，本是唐代教坊的曲名，后用为词调。敦煌曲子词《定风波》中有"问儒士，谁人敢去定风波"语，可见此调取名的本意为平定变乱。此词为宋神宗元丰五年(1082)苏轼在黄州所作，借途中遇雨之事，写自身贬谪黄州后的心境。

【思考练习题】

1. 《定风波》中表达了词人怎样的人生态度？
2. 试比较柳永词与苏轼词的不同之处。

永 遇 乐[1]

李 清 照

李清照(1084—约1155)，号易安居士，历城(今属山东)人，父亲李格非是当时著名的学者。

李清照多才多艺，能书善画，工诗能文，其词最为著名。她前期的词多写悠闲生活，后期之作则多悲叹身世，情调感伤。其词善用白描手法，语言清丽。有《漱玉词》。

落日熔金[2]，暮云合璧[3]，人在何处？
染柳烟浓，吹梅[4]笛怨，春意知几许！
元宵佳节，融和[5]天气，次第[6]岂无风雨？
来相召，香车宝马，谢[7]他酒朋诗侣。

中州[8]盛日，闺门多暇，记得偏重三五[9]。
铺翠冠儿[10]，捻金雪柳[11]，簇带争济楚[12]。
如今憔悴，风鬟雾鬓[13]，怕见[14]夜间出去。
不如向、帘儿底下，听人笑语。

【注释】

[1] 本文选自上海古籍出版社 1980 年版《中国历代文学作品选》(中编·第二册),朱东润主编。

[2] 熔金:形容落日的颜色如同熔解的金子一样灿烂。

[3] 合璧:意思是暮云弥漫,如同合璧一样。璧,玉。

[4] 梅:指的是《梅花落》的曲子。

[5] 融和:暖和。

[6] 次第:转眼,表示很快。

[7] 谢:辞谢。

[8] 中州:古代对河南一带的称呼,这里指北宋都城汴京。

[9] 偏:最。三五:这里指元宵节,宋朝元宵节是盛大的节日。

[10] 铺翠冠儿:帽子上装饰着翠玉。

[11] 捻(niǎn)金雪柳:捻金、雪柳都是指妇女头上的金首饰。

[12] 簇带:插戴满头的意思。宋代方言。济楚,整齐、漂亮。

[13] 风鬟雾鬓:指头发散乱,不加修饰。

[14] 怕见:懒得。

【题解】

《永遇乐》是宋词调名,有平韵、仄韵二体。张端义《贵耳集》说李清照"南渡以来,常怀念京、洛旧事。晚年赋《永遇乐》词"。全词流露出词人国破家亡的落寞心绪。南宋刘辰翁说:"诵李易安《永遇乐》,为之涕下,每闻此词,辄不自堪。"

【思考练习题】

1. 结合《永遇乐》,谈谈李清照晚期词的艺术特色。
2. 何谓"易安体"?

沈园 二首[1]

陆 游

陆游(1125—1210),字务观,号放翁,越州山阴(今浙江绍兴)人。

陆游是南宋时期著名的爱国诗人,词和散文的成就也很高。生平所作诗近万首,题材异常广泛,其中涉及时事政治的作品,激昂慷慨,表达了广大人民收复中原的愿望,和辛弃疾的词一样,成为时代的最强音。他早年受到江西诗派的影响,后悟到诗歌和现实的关系,才挣脱旧习,自成风格。有《剑南诗稿》《渭南文集》。

其一

城上斜阳画角[2]哀,沈园非复旧池台。
伤心桥下春波绿,曾是惊鸿[3]照影来。

其二

梦断香消四十年[4]，沈园柳老不吹绵[5]。
此身行作稽山土[6]，犹吊遗踪一泫然[7]。

【注释】

[1] 本文选自上海古籍出版社 1980 年版《中国历代文学作品选》(中编·第二册)，朱东润主编。沈园：故址在今浙江绍兴。

[2] 画角：刻有花纹的号角。

[3] 惊鸿：比喻美人体态优美轻盈。曹植《洛神赋》："翩若惊鸿。"

[4] 四十年：会见时是宋高宗绍兴二十五年(1155)，作诗时是宋宁宗庆元五年(1199)，相距 44 年，这里说是"四十年"，是举其整数。

[5] 不吹绵：不飞絮。绵，柳絮。

[6] 行：将。稽山：即会稽山，在今浙江绍兴市东南。

[7] 泫然：黯然神伤、泪流满面的样子。

【题解】

这两首诗是宋宁宗庆元五年(1199)陆游重游沈园，感伤往事之作。

【思考练习题】

1. 这两首诗表现了陆游怎样的感情？
2. 分析反衬手法在这两首诗中的作用。

[南吕]一枝花·不伏老[1]

关 汉 卿

关汉卿(1229？—1307？)，号已斋，大都人。其生平事迹已无法详考，只知他"生而倜傥，博学能文，滑稽多智，蕴藉风流，为一时之冠"(《析津志》，熊梦祥撰)，在当时的"玉京书会"及表演场所非常活跃。他是中国古典戏剧的奠基人，一生创作了大量剧作，现存《窦娥冤》《救风尘》等18种。

关汉卿的剧作大都反映了元代黑暗的现实生活，歌颂了人民的反抗精神，有很强的现实性和战斗性。除剧作外，他也创作散曲，今存小令57首，套曲14套。

【一枝花】攀出墙朵朵花，折临路枝枝柳[2]。花攀红蕊嫩，柳折翠条柔。浪子风流，凭着我折柳攀花手，直煞[3]得花残柳败休。半生来折柳攀花，一世里眠花卧柳。

【梁州第七】我是个普天下郎君[4]领袖，盖世界浪子班头[5]。愿朱颜不改常依旧，花中消遣，酒内忘忧；分茶攧竹[6]，打马藏阄[7]，通五音六律[8]滑熟，甚闲愁到我心头。伴的是银筝女银台前理银筝笑倚银屏，伴的是玉天仙携玉手并玉肩同登玉楼，伴的是金钗客歌金缕[9]捧金樽满泛金瓯。你道我老也暂休，占排场[10]风月功名首，更玲珑又剔透[11]。我是个锦阵花营都帅头[12]，曾玩府游州。

【隔尾】子弟每[13]是个茅草岗，沙土窝，初生的兔羔儿，乍向围场[14]上走，我是个经笼罩，受索网，苍翎毛老野鸡，踏踏的阵马儿熟[15]。经了些窝弓冷箭镴枪头[16]，不曾落人后。恰不道"人到中年万事休"，我怎肯虚度了春秋？

【尾】我是个蒸不烂、煮不熟、捶不扁、炒不爆、响珰珰一粒铜豌豆[17]，恁子弟每，谁教你钻入他锄不断、斫不下、解不开、顿不脱、慢腾腾千层锦套头[18]。我玩的是梁园月，饮的是东京酒，赏的是洛阳花，攀的是章台柳[19]。我也会围棋、会蹴鞠、会打围、会插科、会歌舞、会吹弹、会嚥作、会吟诗、会双陆[20]。你便是落了我牙，歪了我嘴，瘸了我腿，折了我手，天赐与我这几般儿歹症候[21]，尚兀自[22]不肯休！则除是[23]阎王亲自唤，神鬼自来勾，三魂归地府，七魄丧冥幽[24]，天哪！那其间才不向烟花路儿[25]上走！

【注释】

[1] 本文选自人民文学出版社 2000 年版《中国古代文学作品选》，袁世硕主编。不伏老：即不服老，指风月场中不服老。

[2] 花、柳：皆指妓女。

[3] 煞：通"杀"，有斗的意思。

[4] 郎君：元曲中常指风流放浪的子弟。

[5] 盖世界：全世界。班头：同一群人的头领。

[6] 分茶：茶汤的一种制作方法，煎茶用姜盐，分茶则不用姜盐。宋·杨万里《观显上人分茶》诗："分茶何似煎茶好，煎茶不似分茶巧。"攧(diān)竹：古时带有赌博性质的抽签。

[7] 打马藏阄：古代的两种游戏。打马，即打双陆，古代博戏。藏阄，即藏钩，是一种猜别人手中藏物的游戏。

[8] 五音六律：指音乐。五音：宫、商、角、徵、羽；六律：黄钟、太簇、姑洗、蕤宾、夷则、无射。古代以长短不一的十二竹管定音律，称为律吕，又称十二律。其中阳(单数)为律，阴(双数)为吕，都是六个。

[9] 金缕：唐曲调名，即《金缕衣》。

[10] 排场：宋元时称演戏或其他技艺的表演为"做场""做排场"。

[11] 玲珑又剔透：心思聪明，各方面事务应对自如。

[12] 锦阵花营：风月场所，青楼行院。都帅头：指领头为首的人。

[13] 子弟每：妓院中年轻的狎客。每，通"们"。

[14] 围场：皇帝、贵族打猎之所，这里指妓院。

[15] 踏(chǎ)踏：踩踏，行走。 阵马儿熟：战场经验丰富。

[16] 窝弓：猎人藏在草丛内射杀猎物的弓弩。镴枪头：即"银样镴枪头"，比喻中看不中用。

[17] 铜豌豆：据说是元代青楼勾栏中对饱经风月的老狎客的昵称，亦比喻难以收拾、不好对付、既精且硬的东西。此处有性格坚强之意，暗指自己经得起一切磨难。

[18] 恁(nín)：通"您"。子弟：嫖客。每：通"们"，用于名词或人称代词后表示复数。他：指风月场中的艺人、妓女。锦套头：网套，用来比喻妓女笼络嫖客的手段。

[19] 梁园：汉代梁孝王刘武所建的园囿，在今河南开封附近，也称"兔园"。这里代指名胜之地。东京：汉时以洛阳为东京；五代至宋，皆以汴州(今开封市)为东京。这里指汴州。洛阳花：指牡丹，古人谓洛阳牡丹甲天下，隐喻美妓。章台柳：谓妓女。章台，本为汉时长安街道名，为娼妓所居之处，旧时用为妓院的代称。据传，唐韩翃与妓女柳氏有婚姻之约，后从本官之淄青掌节度使书记，置柳氏于长安，一别三年。韩翃因思念赋词《寄柳氏》："章台柳，章台柳，昔日青青今在否？纵使长条似旧垂，亦应攀折他人手。"后柳氏为番将沙叱利所夺，淄青诸将中有虞侯许俊，颇具侠肠，乘间劫柳氏以归韩。事见唐许尧佐撰《柳氏传》，载《太平广记》。

[20] 蹴鞠(cù jū)：古人一种踢球游戏。打围：古代打猎时的合围，后泛称打猎。插科：古代戏剧演出中插入滑稽动作或诙谐语言逗趣助兴的表演，一称"插科打诨"，杂剧演出中常用之。嚥(yàn)作：指歌唱。嚥，通"咽"。朱有燉《桃源景》楔子[仙吕·赏花时]曲："你道我嚥作的吞子忒献斗，你道我撒末的场中无对手。"吞子指嗓子，献斗指出色。双陆：一种赌博。以木盘上置黑白两色木棋子(又称"马")各十五枚，盘上左右各画十二路，谓之"梁"。二人对局，掷骰按点色行走，白马自右而左，黑马自左而右，先出完者获胜。若掷得双六，必操胜券，故称"双陆"。

[21] 歹症候：犹云"恶疾"，是指对前面才艺的癖好之深。

[22] 尚兀自：尚、兀都是犹、还的意思，同义词连用加强语气。自，语助词。

[23] 则除是：即"只除是"，犹言今之"除非是"。

[24] 冥幽：即上句的地府。迷信说法中人死后灵魂的去处，俗称阴间。

[25] 烟花路儿：指狎妓生活。

【题解】

"南吕"是宫调名，"一枝花"是南吕宫调中常用的套数，一般由《一枝花》《梁州第七》《尾声》三支曲子组成。本套因为加了一支曲子，故《尾声》改为《隔尾》。这一套数以首曲《一枝花》命名，称《一枝花》套。这是关汉卿中年以后带有自述心志的作品。

【思考练习题】

1. 在本曲中，关汉卿是如何表现他放浪不羁的性格的？
2. 谈谈元散曲的特点。

天　狗[1]

郭沫若

郭沫若(1892—1978)，原名郭开贞，字鼎堂，号尚武，笔名沫若，四川乐山人。1914年春赴日本留学，留学期间接触了泰戈尔、歌德、莎士比亚、惠特曼等外国作家的作品。

第一单元 诗歌

由于"五四"运动的冲击,郭沫若怀着改造社会和振兴民族的热情,开始从事文学活动,写出了《凤凰涅槃》《地球,我的母亲》《炉中煤》等诗篇。1924年到1927年间,他创作了历史剧《王昭君》《聂嫈》《卓文君》。1938年,郭沫若任中华全国文艺界抗敌协会理事,这一时期创作了以《屈原》为代表的6部历史剧。中华人民共和国成立后,曾任国务院副总理兼文化教育委员会主任、中国科学院院长等职。

1921年出版的《女神》是郭沫若的第一部新诗集,在我国现代文学史上具有突出成就和巨大影响。《天狗》即选自《女神》。

一

我是一条天狗呀!
我把月来吞了,
我把日来吞了,
我把一切的星球来吞了,
我把全宇宙来吞了。
我便是我了!

二

我是月底光,
我是日底光,
我是一切星球底光,
我是X光线底光,
我是全宇宙底Energy底总量!

三

我飞奔,
我狂叫,
我燃烧。
我如烈火一样地燃烧!
我如大海一样地狂叫!
我如电气一样地飞跑!
我飞跑,
我飞跑,
我飞跑,
我剥我的皮,
我食我的肉,
我嚼我的血,
我啮我的心肝,
我在我神经上飞跑,
我在我脊髓上飞跑,

我在我脑筋上飞跑。

四
我便是我呀！
我的我要爆了！

【注释】

[1] 本文选自人民文学出版社 1988 年版《中国新诗萃》，谢冕、杨匡汉主编。

【题解】

《天狗》最初发表于 1920 年 7 月上海《时事新报》副刊《学灯》上。诗人借无所不能的"天狗"形象来比喻自我生命的蓬勃绽放，写出了面对风云际会的新的历史时代，一个生命个体对于现代性的高峰体验。

【思考练习题】

1. 你怎么理解天狗这个形象？
2. 这首诗体现了郭沫若怎样的思想感情？

也　许[1]

——葬歌

闻一多

闻一多(1899—1946)，原名闻家骅，又名多、亦多、一多，字友三、友山，出生于湖北省黄冈市浠水县。

闻一多是我国现代文学史上集诗人、学者和民主斗士于一身的重要作家。他不但致力于新诗艺术美的探索，提出了音乐美、绘画美、建筑美的"三美"的新格律诗理论主张，还努力进行创作实践，写出了许多精美诗篇。其诗沉郁奇丽，具有强烈而深沉的民族意识和民族气质。著有《红烛》《死水》等诗集。

也许你真是哭得太累，
也许，也许你要睡一睡，
那么叫夜鹰不要咳嗽，
蛙不要号，蝙蝠不要飞。

不许阳光拨你的眼帘，
不许清风刷上你的眉，
无论谁都不能惊醒你，
撑一伞松荫庇护你睡。

也许你听这蚯蚓翻泥,
听这小草的根须吸水,
也许你听这般的音乐,
比那咒骂的人声更美。

那你先把眼皮闭紧,
我就让你睡,我让你睡,
我把黄土轻轻盖着你,
我叫纸钱儿缓缓的飞。

【注释】

[1] 本文选自北岳文艺出版社 2000 年版《七子之歌——闻一多诗歌精选》,闻一多著。

【题解】

闻一多的《也许》是写给女儿立瑛的一首葬歌。1926 年秋,闻一多离开家乡湖北浠水县,到上海吴淞国立政治大学任教。不久,远在家乡的女儿患了重病,当他得知消息匆匆赶回家时,女儿已经病逝,悲痛之余闻一多写下了这首诗。

【思考练习题】

1. 闻一多的"三美"主张是怎样在《也许》中体现的呢?
2. 与《死水》比较,《也许》有何特点?

雪花的快乐[1]

徐 志 摩

徐志摩(1897—1931),名章垿,笔名南湖、云中鹤等,浙江海宁人。

徐志摩诗字句清新,韵律和谐,比喻新奇,想象丰富,意境优美,神思飘逸,富于变化,并追求艺术形式的整饬、华美,具有鲜明的艺术个性,为新月派的代表诗人。他的散文也自成一格,取得了不亚于诗歌的成就,其中《自剖》《想飞》《我所知道的康桥》《翡冷翠山居闲话》等都是传世名篇。著有诗集《志摩的诗》《翡冷翠的一夜》《猛虎集》《云游》,散文集《落叶》《巴黎的鳞爪》《自剖》《秋》,译著有《曼殊斐尔小说集》等。

假如我是一朵雪花,
翩翩的在半空里潇洒,
　　我一定认清我的方向——
　　飞扬,飞扬,飞扬——
这地面上有我的方向。

不去那冷寞的幽谷,
不去那凄清的山麓,
　　也不上荒街去惆怅——
　　　飞扬,飞扬,飞扬——
你看,我有我的方向!

在半空里娟娟的飞舞,
认明了那清幽的住处,
　　等着她来花园里探望——
　　　飞扬,飞扬,飞扬——
啊,她身上有朱砂梅的清香!

那时我凭借我的身轻,
盈盈的,沾住了她的衣襟,
　　贴近她柔波似的心胸——
　　　消溶,消溶,消溶——
溶入了她柔波似的心胸!

【注释】

[1] 本文选自作家出版社 2000 年版《志摩的诗》,徐志摩著。

【题解】

此诗写于 1924 年 12 月 30 日,发表于 1925 年 1 月 17 日《现代评论》第 1 卷第 6 期。在《雪花的快乐》中,诗人营造了飞动飘逸的轻柔氛围,表达了他对爱与美的真挚追求。本诗韵律和谐,意境优美,语言清丽脱俗。

【思考练习题】

结合《再别康桥》与《雪花的快乐》,谈谈徐志摩的诗歌追求与理想追求。

我用残损的手掌[1]

戴望舒

戴望舒(1905—1950),原名承,字朝安,后曾用笔名梦鸥、梦鸥生、信芳等,浙江杭州人。

作为 20 世纪 30 年代"现代派"诗歌的代表诗人,无论是创作理论还是创作实践,戴望舒都对中国新诗的发展产生过相当大的影响。其早年诗歌多写个人的孤寂心境,感伤气息较重,因受西方象征派的影响,意象朦胧、含蓄;后期诗歌表现了热爱祖国、憎恨侵略者的强烈感情。诗集有《我底记忆》《望舒草》《望舒诗稿》和《灾难的岁月》。

第一单元 诗歌

我用残损的手掌
摸索这广大的土地：
这一角已变成灰烬，
那一角只是血和泥；
这一片湖该是我的家乡，
(春天，堤上繁花如锦幛，
嫩柳枝折断有奇异的芬芳)
我触到荇藻和水的微凉；
这长白山的雪峰冷到彻骨，
这黄河的水夹泥沙在指间滑出；
江南的水田，你当年新生的禾草
是那么细，那么软……现在只有蓬蒿；
岭南的荔枝花寂寞地憔悴，
尽那边，我蘸着南海没有渔船的苦水……

无形的手掌掠过无限的江山，
手指沾了血和灰，手掌沾了阴暗，
只有那辽远的一角依然完整，
温暖，明朗，坚固而蓬勃生春。
在那上面，我用残损的手掌轻抚，
像恋人的柔发，婴孩手中乳。
我把全部的力量运在手掌
贴在上面，寄与爱和一切希望，
因为只有那里是太阳，是春，
将驱逐阴暗，带来苏生，
因为只有那里我们不像牲口一样活，
蝼蚁一样死……
那里，永恒的中国！

一九四二年七月三日

【注释】

[1] 本文选自复旦大学出版社 2001 年版《中国新诗(1916—2000)》，张新颖选编。

【题解】

　　1942 年，诗人戴望舒因为在报纸上编发宣传抗战的诗歌被日本宪兵队逮捕。在狱中，他受尽折磨，但始终没有屈服。《我用残损的手掌》就写作于是时。这首诗是诗人在侵略者的铁窗下献给祖国母亲的歌。

【思考练习题】

1. 本诗前后两部分的感情色彩和描写手法有什么不同？
2. 本诗描写的对象很多，而我们读起来却不觉得芜杂，这是为什么？

盐[1]

痖 弦

痖弦(1932—)，原名王庆麟，河南南阳人。他在大陆接受小学和中学教育，1949 年 8 月在湖南参加国民党军队，随之迁往台湾，目前定居在加拿大温哥华。

痖弦从 20 世纪 50 年代开始写诗，1954 年他与两位背景相仿的诗人张默、洛夫一起创办了《创世纪》诗刊。其诗歌多方面展示对基层生活者的痛苦反思，表现出一种茫然若失的幻灭感与失落感。著有《痖弦诗抄》《深渊》《盐》等诗集及诗论集《聚散花序》。

二嬷嬷压根儿也没见过托斯妥也夫斯基。
春天她只叫着一句话：
盐呀，盐呀，给我一把盐呀！
天使们就在榆树上歌唱。
那年豌豆差不多完全没有开花。

盐务大臣的驼队在七百里以外的海湄走着。
二嬷嬷的盲瞳里一束藻草也没有过。
她只叫着一句话：
盐呀，盐呀，给我一把盐呀！
天使们嬉笑着把雪摇给她。

一九一一年党人们到了武昌。
而二嬷嬷却从吊在榆树上的裹脚带上，
走进了野狗的呼吸中，秃鹫的翅膀里；
且很多声音伤逝在风中，
盐呀，盐呀，给我一把盐呀！
那年豌豆差不多完全开了白花。
托斯妥也夫斯基压根儿也没见过二嬷嬷。

【注释】

[1] 本文选自四川文艺出版社 1987 年版《痖弦诗选》，痖弦著，周良沛选编。

【题解】

此诗写于1958年1月,写的是19世纪末期中国农民在饥寒交迫的日子里痛苦无告的悲惨命运,是一首蕴藉无穷、感人至深的戏剧化的现代诗。

【思考练习题】

理解"二嬷嬷"和"托斯妥也夫斯基"在诗中的深刻含义。诗人是怎样把他们联系在一起的?

相 信 未 来[1]

食 指

食指(1948—　),本名郭路生,山东鱼台人。

食指15岁开始诗歌创作,20岁时,其作品《相信未来》《海洋三部曲》《这是四点零八分的北京》等以手抄本的形式在社会上广泛流传。2001年5月28日,他与已故诗人海子共同获得第三届人民文学奖诗歌奖。著有诗集《相信未来》《食指 黑大春现代抒情诗合集》《诗探索金库·食指卷》《食指的诗》。

当蜘蛛网无情地查封了我的炉台,
当灰烬的余烟叹息着贫困的悲哀,
我依然固执地铺平失望的灰烬,
用美丽的雪花写下:相信未来。

当我的紫葡萄化为深秋的露水,
当我的鲜花依偎在别人的情怀,
我依然固执地用凝霜的枯藤,
在凄凉的大地上写下:相信未来。

我要用手指那涌向天边的排浪,
我要用手撑那托住太阳的大海,
摇曳着曙光那支温暖漂亮的笔杆,
用孩子的笔体写下:相信未来。

我之所以坚定地相信未来,
是我相信未来人们的眼睛——
她有拨开历史风尘的睫毛,
她有看透岁月篇章的瞳孔。

不管人们对于我们腐烂的皮肉，
那些迷途的惆怅，失败的苦痛，
是寄予感动的热泪，深切的同情，
还是给以轻蔑的微笑，辛辣的嘲讽。

我坚信人们对于我们的脊骨，
那无数次的探索、迷途、失败和成功，
一定会给予热情、客观、公正的评定。
是的，我焦急地等待着他们的评定。

朋友，坚定地相信未来吧，
相信不屈不挠的努力，
相信战胜死亡的年轻，
相信未来，热爱生命。

【注释】

[1] 本文选自人民文学出版社2000年版《食指的诗》，食指著。

【题解】

1968年初春，食指写出了《相信未来》。它虽然作于"文化大革命"时期，但属于朦胧诗范畴，诗歌连续运用多个意象，表达了诗人的苦难和坚定的信念。这首诗不仅是诗人自己的心声，也传达了那个时代人们的心愿，为一代人"照亮了沉郁之中前途未卜的命运"。

【思考练习题】

1. 诗人为什么相信未来？
2. 本诗在意象选取上有什么独特性？

一棵开花的树[1]

席 慕 蓉

席慕蓉(1943—)，蒙古族，原籍内蒙古察哈尔盟明安旗(今锡林郭勒盟正镶白旗)，出生于四川。13岁起在日记中写诗，14岁入台北师范艺术科，后又入台湾师范大学艺术系，1964年入比利时布鲁塞尔皇家艺术学院专攻油画。1981年，台湾大地出版社出版席慕蓉的第一本诗集《七里香》，一年之内再版7次。

席慕蓉的诗多写爱情、人生、乡愁，淡雅剔透，饱含着对生命的挚爱。出版的诗集有《七里香》《无怨的青春》《时光九篇》等。

如何让你遇见我
在我最美丽的时刻
为这
我已在佛前求了五百年
求它让我们结一段尘缘

佛于是把我化作一棵树
长在你必经的路旁
阳光下慎重地开满了花
朵朵都是我前世的盼望

当你走近
请你细听
那颤抖的叶是我等待的热情
而当你终于无视地走过
在你身后落了一地的
朋友啊　那不是花瓣
是我凋零的心

【注释】

[1] 本文选自人民文学出版社 2001 年版《中国新诗萃》(台港澳卷)，谢冕、杨匡汉主编。

【题解】

本诗写于 1980 年 10 月。这是一首精致感人的诗歌，有很多人认为它饱含了真挚热切的爱恋之情，但席慕蓉却说："这是我写给自然界的一首情诗。我在生命现场遇见了一棵开花的树，我在替它发声。"

【思考练习题】

1. 细读本诗，你认为诗的主旨是什么？
2. 阅读席慕蓉的其他诗歌，谈谈其诗歌的艺术特色。

神　女　峰[1]

舒　婷

舒婷(1952—)，原名龚佩瑜，生于福建龙海石码镇，1969 年下乡插队，1972 年返城当工人，1979 年开始发表诗歌作品，自 1980 年起在福建省文联工作，从事专业写作。主要著作有诗集《双桅船》《会唱歌的鸢尾花》《始祖鸟》，散文集《心烟》等。

舒婷是朦胧诗派的代表作家之一，与北岛、顾城齐名。她的诗于温柔中透着坚强，徘徊中含着执着，朦胧中透着清新，透射出女性心灵特有的细腻、敏锐、坚韧的特质。

在向你挥舞的各色花帕中
是谁的手突然收回
紧紧捂住了自己的眼睛
当人们四散离去，谁
还站在船尾
衣裙漫飞，如翻涌不息的云
江涛
　　高一声
　　　　低一声

美丽的梦留下美丽的忧伤
人间天上，代代相传
但是，心
真能变成石头吗
为盼望远天的杳鹤
而错过无数次春江月明

沿着江岸
金光菊和女贞子的洪流
正煽动新的背叛
与其在悬崖上展览千年
不如在爱人肩头痛哭一晚

【注释】

[1] 本文选自山东文艺出版社1997年版《中国百年诗歌选》，谢冕主编。

【题解】

《神女峰》是舒婷于1981年在长江之上所作。诗人以女性的慈悲和仁爱看到了"风景"背后的痛苦和残忍，对此发生了深刻的怀疑："心真能变成石头吗？"传达出当代女性对于生命本真的向往和呼唤。

【思考练习题】

1. 为什么"美丽的梦"却留下"美丽的忧伤"？请结合全诗主旨阐述其含义。
2. 怎样理解诗中的神女意象？

第一单元 诗歌

一无所有[1]

崔 健

崔健(1961—)，朝鲜族，生于北京，14岁随父亲学小号，1981年进入北京歌舞团任小号演奏员，1984年参与组建"七合板"乐队，1986年写出第一首摇滚说唱歌曲《不是我不明白》，1986年5月以《一无所有》唱红世界和平年演唱会。

崔健的音乐创作大胆，富有创造性，将民族乐器如唢呐、古筝、笛子、箫等与吉他、萨克斯管、电子琴以及西方的打击乐器融为一体，音乐极富弹性，其间所融的朋克、爵士、非洲流行音乐、说唱、摇滚的特点和节奏，使他的演唱具有感染力和煽动性。

我曾经问个不休
你何时跟我走
可你却总是笑我
一无所有
我要给你我的追求
还有我的自由
可你却总是笑我
一无所有
噢，你何时跟我走

脚下这地在走
身边那水在流
可你却总是笑我
一无所有
为何你总笑个没够
为何我总要追求
难道在你面前我永远
是一无所有
噢，你何时跟我走

告诉你我等了很久
告诉你我最后的要求
我要抓起你的双手
你这就跟我走
这时你的手在颤抖
这时你的泪在流

莫非你是正在告诉我
你爱我一无所有
噢，你这就跟我走

【注释】

[1] 本文选自山东文艺出版社1997年版《中国百年诗歌选》，谢冕主编。

【题解】

1986年，当崔健穿一件颇像大清帝国时期的长褂，身背一把破吉他，两个裤脚一高一低地蹦上北京工人体育馆的舞台时，台下观众还不明白发生了什么事情。音乐响起，崔健唱出了"我曾经问个不休／你何时跟我走……"，表达出一个时代青年纯洁、自我的爱情理念。崔健用他的《一无所有》惊醒了一代人，中国的摇滚乐也由此诞生。

【思考练习题】

1. 从《一无所有》中，你读到了什么？
2. 配上音乐，听听崔健的歌，你有何感受？

致 杜 鹃[1]

华兹华斯

华兹华斯(1770—1850)，英国浪漫派诗人。他生于律师家庭，曾就读于剑桥大学圣约翰学院，毕业后到欧洲旅行，在法国亲身领略了大革命的风暴，1795年移居乡间，与诗人柯勒律治相识，共同出版诗集《抒情歌谣集》，1800年诗集再版，华兹华斯为之写了序言，成为英国浪漫主义文学的宣言，后思想渐趋保守，晚年被封为"桂冠诗人"。

华兹华斯的诗歌描写湖光山色和田园生活，歌咏大自然的美，是"湖畔派"诗人的主要代表。他的诗风格淳朴，清新自然，故享有"自然诗人"的美称。其重要作品有《序曲》《远游》《露西》《咏水仙》《丁登寺》和《不朽的征兆》等。

啊，欢乐的客人，我听见了
听见了你的歌声，我真欢欣。
啊，杜鹃，我该称你做鸟儿呢，
还只称你为飘荡的声音？

当我躺在草场上，
听到你那重叠的声音，
似乎从这山传过那山，
一会儿远，一会儿近。

对着充满阳光和鲜花的山谷，

你细语频频,
你向我倾诉着
一个梦幻中的事情。

十二分的欢迎你,春天的宠儿,
对于我你不是鸟儿,
你只是一个看不见的东西,
一个声音,一个谜。

这声音,我听过,
那时我还是学童,
这声音,曾使我到处寻觅,
在林中,在天空。

为了找你,我到处游荡,
穿过树林和草场;
你仍是一个憧憬,一种爱恋,
引入悬念,却无法看见。

我却能听见你的歌声,
我能躺在草地上倾听,
我听着,直到那黄金的时光,
重新回到我的身旁。

啊,幸福的鸟儿,
我们漫游的大地上
似乎再现缥缈的仙境,
那正是你向往的地方。

(邵劈西译)

【注释】

[1] 本文选自北京出版社 1985 年版《欧洲名诗人抒情诗选析》,徐自强编。

【题解】

1802 年开始,华兹华斯写出了一系列回忆童年经历的诗篇。《致杜鹃》写于 1802 年 3 月,是华兹华斯的代表作,当时诗人定居于苏格兰北部的湖区格拉斯米尔的鸽庐。诗人用质朴的语言和深远的意境,表现了童心的淳朴和对大自然的向往。

【思考练习题】

1. 本诗在构思上有何独特之处？
2. 诗人说杜鹃"不是鸟儿"，而是"一个声音，一个谜"，并为此而寻觅；又说他到处寻觅，而杜鹃仍是"一个憧憬，一种爱恋"，对此你怎样理解？

普罗米修斯[1]

拜 伦

拜伦(1788—1824)，英国著名诗人。

拜伦从学生时代开始写诗，1812 年发表的《恰尔德·哈罗尔德游记》(第一、二章)是他的成名作。这部抒情叙事长诗和未完成的巨著《唐璜》是他的代表作。拜伦还写了一系列长篇叙事诗(如《异教徒》《海盗》)、7 部诗剧(如《曼弗雷德》《该隐》)以及许多抒情诗和讽刺诗(如《审判的幻景》)。1823 年年初，希腊抗土斗争高涨，拜伦放下正在写作的《唐璜》，毅然前往希腊，参加希腊志士争取自由、独立的武装斗争，1824 年 4 月 19 日死于希腊军中。

一
巨人！在你不朽的眼睛看来
　　人寰所受的苦痛
　　是种种可悲的实情，
并不该为诸神蔑视、不睬；
但你的悲悯得到什么报酬？
是默默的痛楚，凝聚心头；
是面对着岩石，饿鹰和枷锁，
是骄傲的人才感到的痛苦；
还有他不愿透露的心酸，
那郁积胸中的苦情一段，
　　它只能在孤寂时吐露，
而就在吐露时，也得提防万一
天上有谁听见，更不能叹息，
除非它没有回音答复。

二
巨人呵！你被注定了要辗转
在痛苦和你的意志之间，
不能致死，却要历尽磨难；
而那木然无情的上天，
那"命运"的耳聋的王座，

那至高的"憎恨"的原则
(它为了游戏创造出一切,
然后又把造物一一毁灭),
甚至不给你死的幸福;
"永恒"——这最不幸的天赋
是你的;而你却善于忍受
司雷的大神[2]逼出了你什么?
除了你给他的一句诅咒;
你要报复被系身的折磨。
你能够推知未来的命运,
但却不肯说出求得和解;
你的沉默成了他的判决,
他的灵魂正枉然地悔恨;
呵,他怎能掩饰那邪恶的惊悸,
他手中的电闪一直在战栗。

三
你神圣的罪恶是怀有仁心,
　　你要以你的教训
　　　减轻人间的不幸,
并且振奋起人自立的精神;
尽管上天和你蓄意为敌,
但你那抗拒强暴的毅力,
你那百折不挠的灵魂——
　　天上和人间的暴风雨
怎能摧毁你的果敢和坚忍!
　　你给了我们有力的教训:
你是一个标记,一个征象,
　　标志着人的命运和力量;
和你相同,人也有神的一半,
　　是浊流来自圣洁的源泉;
人也能够一半儿预见
他自己的阴惨的归宿;
他那不幸,他的不肯屈服,
和他那生存的孤立无援:
但这一切反而使他振奋,
逆境会唤起顽抗的精神

使他与灾难力敌相持，
　　坚定的意志，深刻的认识；
即使在痛苦中，他能看到
　　痛苦就是它本身的酬报；
他骄傲地敢于反抗到底，
呵，他会把死亡变为胜利。

(梁真译)

【注释】

[1] 本文选自北京出版社 1985 年版《欧洲名诗人抒情诗选析》，徐自强编。

[2] 司雷的大神：指宙斯。

【题解】

《普罗米修斯》写于 1816 年 7 月，此前，拜伦因婚姻事件遭到恶毒的围攻和陷害，被迫离开英国。本诗借普罗米修斯之口吐露了诗人内心的痛苦和愤懑。

【思考练习题】

1. 诗中塑造了一个怎样的普罗米修斯形象？
2. 《普罗米修斯》表达了诗人怎样的情感？

假如生活欺骗了你[1]

普 希 金

普希金(1799—1837)，俄国浪漫主义文学的杰出代表，现实主义文学的奠基人，现代标准俄语的创始人。

普希金抒情诗内容广泛，既有政治抒情诗《致恰达耶夫》《自由颂》《致西伯利亚的囚徒》等，也有大量爱情诗和田园诗，如《我记得那美妙的一瞬》和《我又重新造访》等，另有《青铜骑士》等 12 部叙事长诗、历史剧《鲍里斯·戈都诺夫》、诗体小说《叶甫盖尼·奥涅金》、散文体小说《别尔金小说集》及关于普加乔夫起义的长篇小说《上尉的女儿》等。普希金的作品达到了内容美与形式美的高度统一：他的抒情诗内容丰富，感情深挚，形式灵活，结构精巧，韵律优美；他的散文及小说情节集中，结构严整，描写生动简练。普希金的创作对俄国现实主义文学及世界文学的发展都有重要影响，高尔基称之为"一切开端的开端"。

假如生活欺骗了你，
　不要忧郁，也不要愤慨！
不顺心时暂且克制自己，
　相信吧，快乐之日就会到来。

我们的心儿憧憬着未来，

现今总是令人悲哀:
一切都是暂时的,转瞬即逝,
而那逝去的将变得可爱。

(查良铮译)

【注释】

[1] 本文选自北京出版社1985年版《欧洲名诗人抒情诗选析》,徐自强编。

【题解】

这首诗写于普希金被流放的日子,是以赠诗的形式写在他的邻居奥希泊娃的女儿叶甫勃拉克西亚·尼古拉耶夫娜·伏里夫的纪念册上的。时值俄国革命如火如荼,诗人却被迫与世隔绝。但诗人并没有丧失希望与斗志,《假如生活欺骗了你》正是他热爱生活,执着地追求理想的宣言。

【思考练习题】

1. 怎样理解"那逝去的将变得可爱"?
2. 《假如生活欺骗了你》体现了怎样的人生哲理?

啊,人应当像人[1]

裴多菲

裴多菲·山陀尔(1823—1849),匈牙利伟大的革命诗人,也是匈牙利民族文学的奠基人。

裴多菲15岁开始写诗,在短暂而光辉的一生中,共写了800多首抒情诗和9首长篇叙事诗。最著名的抒情诗有《民族之歌》《我的歌》《一个念头在烦恼着我》《自由与爱情》《我愿意是急流》《把国王吊上绞架》等;著名的叙事诗有《农村的大锤》《雅诺什勇士》(一译《勇敢的约翰》)和《使徒》。此外他还写过小说、戏剧和政论。

啊,人应当像人,
不要成为傀儡,
尽受反复无常的
命运的支配。
命运是一只胆小的狗;
勇敢的人一反抗,
它就马上逃跑⋯⋯
所以不必怕!

啊,人应当像人,
不在于用你的嘴,

比任何狄摩西尼[2],
事实是说得更美。
建设或是破坏,
而后需要的是沉默,
暴风雨做完了工,
也就在那里隐匿。

啊,人应当像人,
实行自己的信仰,
勇敢地、正当地声明,
连流血也无妨,
坚持你的主义,
主义重于生命,
宁愿生命消失,
只要声誉能够留存。

啊,人应当像人,
不要一味依赖,
不要为世界的财富,
把你的独立出卖。
为一口饭出卖自己,
谁都可以轻视。
这是可贵的格言:
"劳苦而独立!"

啊,人应当像人,
力量和勇敢,
使你能够对人们,
对命运作战。
你要像一棵槲树,
大风将树根吹折,
然而巨大的树干,
却永远挺直。

(孙用译)

【注释】

[1] 本文选自北京出版社 1985 年版《欧洲名诗人抒情诗选析》,徐自强编。

[2] 狄摩西尼:古希腊著名的演说家、政治家。他的演说现存 61 篇,是古代雄辩术的典范。

第一单元 诗歌

【题解】

在裴多菲的 800 多首抒情诗中,许多诗都具有情感激越、一泻千里的气势。本诗同样具有上述风格。诗歌从人道主义和个性主义出发,提出了人应当具有独立的宝贵品格,并认为如果我们确信自己是个人,就有责任做堂堂正正的人!

【思考练习题】

1. 熟读本诗,谈谈人应该做什么样的人。
2. 体会本诗运用民歌形式造成的反复咏唱、一唱三叹的艺术魅力。

飞鸟集[1](节选)

泰 戈 尔

拉宾德拉纳特·泰戈尔(1861—1941),印度著名诗人、作家、艺术家和社会活动家,生于加尔各答市的一个富有哲学和文学艺术修养的家庭。13 岁即能创作长诗和颂歌体诗集,曾赴英国学习文学和音乐,十余次周游世界各国,与罗曼·罗兰、爱因斯坦等大批世界名人有交往,毕生致力于东西方文明的交流。

泰戈尔以诗人著称,创作了《吉檀迦利》等 50 多部诗集,被称为"诗圣"。他又是著名的小说家、剧作家、作曲家和画家,先后完成了 12 部中长篇小说、100 多篇短篇小说、20 多部剧本、1500 多幅画和 2000 多首歌曲。他的作品反映了印度人民在帝国主义和封建种姓制度的压迫下要求改变自己命运的强烈愿望,描写了他们不屈不挠的反抗斗争,充满了鲜明的爱国主义和民主主义精神,同时又富有民族特色,具有很高的艺术价值,深受人民群众喜爱。1913 年,泰戈尔以诗歌集《吉檀迦利》荣获诺贝尔文学奖。1915 年,陈独秀在《青年杂志》(《新青年》)第 2 期上发表了他译的泰戈尔的《赞歌》4 首,作品中"信爱、童心、母爱"的思想、博大仁慈的胸怀、独具魅力的人格,赢得了无数中国读者的敬仰。其重要诗集有《吉檀迦利》《新月集》《飞鸟集》《园丁集》等。

一

夏天的飞鸟,飞到我的窗前唱歌,又飞去了。

秋天的黄叶,它们没有什么可唱,只叹息一声,飞落在那里。

六

如果你因失去了太阳而流泪,那么你也将失去群星了。

十二

"海水呀,你说的是什么?"

"是永恒的疑问。"

"天空呀,你回答的话是什么?"

"是永恒的沉默。"

十四

创造的神秘,有如夜间的黑暗——是伟大的。而知识的幻影却不过如晨间之雾。

三十五

鸟儿愿为一朵云。
云儿愿为一只鸟。

九十三

权势对世界说道:"你是我的。"
世界便把权势囚禁在她的宝座下面。
爱情对世界说道:"我是你的。"
世界便给予爱情以在它屋内来往的自由。

一九〇

静静地坐着吧,我的心,不要扬起你的尘土。
让世界自己寻路向你走来。

二三一

鸟翼上系上了黄金,这鸟便永不能再在天上翱翔了。

二六七

死亡隶属于生命,正与生一样。
举足是走路,正如落足也是走路。

(郑振铎译)

【注释】

[1] 本文选自北京十月文艺出版社 2009 年版《新月集·飞鸟集》,郑振铎译。

【题解】

《飞鸟集》由两部分组成:一部分是选自 1899 年的《碎玉集》中的小诗,原作大部分是具有寓言性的哲理诗,泰戈尔从中选择了一些短小精悍的译成英文;另一部分诗是泰戈尔的即兴之作。这两部分结成英文诗集《飞鸟集》于 1916 年出版。泰戈尔从日本"俳句"得到灵感,精短的格言小诗将自然与人性完美地结合在一起,成为世界文学经典。

【思考练习题】

1. 阅读《飞鸟集》,选择你喜欢的诗句,体会其中的人生哲理。
2. 结合冰心的《繁星》,谈谈你对小诗的理解。

第二单元　散　　文

子路、曾皙、冉有、公西华侍坐[1]

《论语》

《论语》是孔子的弟子和再传弟子所辑录的有关孔子及其弟子言行的著作,是一部语录体散文集。它生动地反映了孔子的哲学、政治、文化和教育思想,是关于儒家思想的最重要的著作。

《论语》共 20 篇。其内容言简意赅,含蓄凝练,包含了孔子渊博的学识和丰富的生活经验,在记言的同时传达了人物的神情态度,在某些章节的记述中还生动地反映了人物的性格特点,其中有不少精辟的言论成为人们习惯沿用的格言和成语,对后世文学有很大影响。宋儒把《论语》《大学》《中庸》《孟子》合称为"四书"。

　　子路、曾皙、冉有、公西华侍坐[2]。
　　子曰:"以吾一日长乎尔,毋吾以也[3]。居则曰:'不吾知也[4]!'如或知尔,则何以哉[5]?"
　　子路率尔[6]而对曰:"千乘之国[7],摄[8]乎大国之间,加之以师旅[9],因之以饥馑[10];由也为[11]之,比[12]及三年,可使有勇,且知方[13]也。"
　　夫子哂[14]之。
　　"求,尔何如[15]?"
　　对曰:"方六七十[16],如[17]五六十,求也为之,比及三年,可使足民[18]。如其礼乐,以俟君子[19]。"
　　"赤,尔何如?"
　　对曰:"非曰能之,愿学焉。宗庙之事[20],如会同[21],端章甫[22],愿为小相[23]焉。"
　　"点,尔何如?"
　　鼓瑟希,铿尔,舍瑟而作[24],对曰:"异乎三子者之撰[25]。"
　　子曰:"何伤乎[26]?亦各言其志也!"
　　曰:"莫春者[27],春服既成,冠者[28]五六人,童子六七人,浴乎沂[29],风乎舞雩[30],咏而归。"
　　夫子喟然叹曰:"吾与点也[31]。"
　　三子者出,曾皙后[32]。曾皙曰:"夫三子者之言何如?"
　　子曰:"亦各言其志也已矣!"
　　曰:"夫子何哂由也?"
　　曰:"为国以礼,其言不让,是故哂之。唯求则非邦也与[33]?安见方六七十,如五六十而非邦也者？唯赤则非邦也与？宗庙会同，非诸侯而何？赤也为之小[34]，孰能为之大！"

【注释】

[1] 本文选自上海古籍出版社1979年版《中国历代文学作品选》(上编·第一册)，朱东润主编。

[2] 子路：仲氏，名由，字子路。曾晳(xī)：名点，字子晳，曾参的父亲。冉有：名求，字子有。公西华：名赤，字子华，公西是复姓。四人皆孔子弟子。侍坐：陪孔子坐着。

[3] "以吾"两句：大意说，你们不要因为我年龄比你们长一些受拘束而不言。下句的"吾以"二字是倒用。

[4] "居则曰"两句：你们平日闲居时常说："人家不了解我啊！"则，作"辄"解，常常的意思。

[5] "如或"两句：如果有人了解你们，你们将以什么来为治呢？

[6] 率尔：急遽貌。

[7] 千乘之国：古代按土地出兵车，能出一千辆兵车的是一个拥有一百平方里面积的诸侯之国。

[8] 摄：逼迫。

[9] 师旅：古代军队的编制单位，五百人为一旅，二千五百人为一师。此处指战争。

[10] 因：继。饥馑：灾荒。《尔雅·释天》："谷不熟为饥，蔬不熟为馑。"

[11] 为：治理。

[12] 比：近。

[13] 方：义。

[14] 夫子：古代的一种尊称。哂(shěn)：微笑。

[15] "求，尔何如"，与下文的"赤，尔何如""点，尔何如"，皆孔子之问，略去"子曰"二字。

[16] 方六七十：指六七十平方里的国家。

[17] 如：或。

[18] 足民：使人民衣食富足。

[19] "如其"两句：意思是说，至于兴礼乐教化，则不是自己所能，须待其他君子。这是自谦的话。俟，等待。

[20] 宗庙之事：指祭祀之事。宗庙，是君主祭祀自己祖先的地方。

[21] 会同：诸侯会盟之事。

[22] 端：玄端，一种礼服。章甫：一种礼帽。此言自己愿意穿着礼服，戴着礼帽。

[23] 相：祭祀、会同时赞礼、司仪的职位，有不同的等级。称"愿为小相"，表示谦虚。

[24] "鼓瑟"三句：记述曾晳承孔子询问及作答时的动作。鼓，作动词用，弹的意思。希，同"稀"。铿(kēng)尔：放瑟时的声音。一说指曲终的余音。作：起。

[25] 撰：述。

[26] 何伤：有什么妨害。

[27] 莫：通"暮"。莫春：夏历三月。

[28] 冠者：成年人。古代男子到20岁时举行冠礼，表示已经成年。

[29] 沂：沂水，在今曲阜市南。

[30] 风：作动词用，在舞雩台上迎风乘凉。舞雩(yú)：古代求雨时举行的一种伴有乐舞的祭祀。此处指鲁国祭天求雨的场所舞雩台。

[31] 喟(kuì)然：叹气的样子。然，语气助词。与：赞同。

[32] 后：最后出。

[33] "唯求"句：与下文"唯赤"句同为孔子先从反面发问之词，然后加以说明。意思说，难道冉求所说的不是邦国之事吗？邦：国。与：通"欤"。

[34] "赤也"句：指上文公西华自称"愿为小相"的话，意思是说如果公西华只能做小相，那谁还能做大相呢？

【题解】

本文选自《论语·先进》，题目是后加的。本文记述了孔子与四位弟子的一次谈话。文中既表现了弟子们各自的志向和不同的性格，也表现了孔子对一些问题的看法和态度，从中可以看出孔子教育学生的目的和方法。

【思考练习题】

1. 孔子为什么赞同曾晳的话？
2. 结合本文及《论语》的其他篇章，谈谈孔子教育学生的方法。

佝 偻 承 蜩[1]

庄 子

庄子(约前369—约前286)，名周，战国时期宋国蒙(今河南省商丘市东北)人，著名的思想家、哲学家、文学家，道家学派的代表人物，老子哲学思想的继承者和发展者，先秦庄子学派的创始人。

庄子的文章，想象力很强，文笔变化多端，具有浓厚的浪漫主义色彩，并采用寓言故事的形式，富有幽默讽刺的意味，对后世文学有很大影响。庄周和他的门人以及后学者著有《庄子》一书。《汉书·艺文志》著录《庄子》52篇，但现存的只有33篇。

仲尼适楚[2]，出于林中，见佝偻者承蜩[3]，犹掇[4]之也。

仲尼曰："子巧乎！有道[5]邪？"

曰："我有道也。五六月累丸[6]二而不坠，则失者锱铢[7]；累三而不坠，则失者十一；累五而不坠，犹掇之也。吾处身[8]也，若厥株拘[9]；吾执臂也，若槁木[10]之枝。虽天地之大，万物之多，而唯蜩翼之知。吾不反不侧[11]，不以万物易蜩之翼，何为而不得！"

孔子顾[12]谓弟子曰："用志不分，乃凝于神，其佝偻丈人之谓乎[13]！"

【注释】

[1] 本文选自中华书局1983年版《庄子今注今译》，陈鼓应注释。

[2] 仲尼：即孔子。楚：春秋时国名。

[3] 佝(gōu)偻：驼背的人。承蜩(tiáo)：用竹竿拴上线套或用糨糊粘住蝉的翼。蜩，蝉。

[4] 掇：拾取。

[5] 道：方法。

[6] 累丸：在竹竿顶端堆上圆形的东西，使其不掉下来。这是训练手不颤抖的一种办法。

[7] 锱铢(zī zhū)：古代重量单位，此言极少。

[8] 处身：此指身体站立。

[9] 厥：同"橛"，小木桩，也有解释为"竖"。株拘：也作"株枸"，残折的木桩。

[10] 槁木：干枯的树。

[11] 不反不侧：指不转动身体。

[12] 顾：回头。

[13] 其佝偻丈人之谓乎：大概就是说的佝偻老人吧！丈人，古时对老年男子的尊称。

【题解】

本文选自《庄子·外篇·达生》。庄子在《达生》中提出：养生须兼顾形、神两个方面。他以大量的篇幅，借故事中人物之口讨论了这一问题。本文所选的是《达生》的第4段，庄子借"佝偻承蜩"的故事，说明神思高度凝聚专一是养生的基本方法之一。

【思考练习题】

1. 庄子借"佝偻承蜩"的故事讲述了怎样的养生方法？
2. 文末孔子对弟子讲了3句话，请谈谈你是怎么理解的。

渔 父[1]

《楚辞》

"楚辞"一名最早见于《史记》，又称"楚词"，原是指战国时期楚国文人运用楚国方言的特有词汇、音律来记述楚地的事物，并借以抒发感情、思想的诗歌，是一种富有地方色彩的文学作品，以屈原、宋玉等为代表。汉成帝时，刘向搜集屈原、宋玉等楚人的作品以及汉人的仿作，编辑成书，名为《楚辞》。由于屈原的《离骚》是楚辞的代表作，所以楚辞又被称为"骚"或"骚体诗"。

屈原既放，游于江潭[2]，行吟泽畔[3]，颜色憔悴，形容枯槁[4]。

渔父见而问之曰："子非三闾大夫[5]与！何故至于斯[6]？"

屈原曰："举世皆浊我独清，众人皆醉我独醒，是以见放[7]。"

渔父曰："圣人不凝滞于物[8]，而能与世推移。世人皆浊，何不淈[9]其泥而扬其波？众人皆醉，何不哺其糟而歠其醨[10]？何故深思高举，自令放为[11]？"

屈原曰："吾闻之，新沐者必弹冠，新浴者必振衣[12]；安能以身之察察，受物之汶汶者乎[13]？宁赴湘流，葬于江鱼之腹中。安能以皓皓之白，而蒙世俗之尘埃乎！"

渔父莞尔而笑，鼓枻而去[14]，乃歌曰："沧浪之水清兮，可以濯吾缨[15]；沧浪之水浊兮，可以濯吾足。"遂去，不复与言。

【注释】

[1] 本文选自商务印书馆 2004 年版《楚辞新注》，聂石樵注。渔父：渔翁。父(fǔ)：这里指从事某种行业的老年男子。

[2] 江：这里指沅江。潭：深渊。江潭：这里泛指江湖之间。

[3] 泽畔：水边。

[4] 颜色：脸色。形：身形。容：容貌。槁：干枯。

[5] 三闾大夫：楚国官名，掌管楚国王族屈、景、昭三姓事务，屈原曾任此职。

[6] 何故至于斯：为什么弄到这个地步。

[7] 是以：因此。见：被。

[8] 凝滞：拘泥执着。物：指社会和客观环境。全句的意思是：圣人的思想不会为外界环境所束缚。

[9] 淈(gǔ)：搅浑。

[10] 哺：吃。糟：酒糟。歠(chuò)：通"啜"，饮。醨(lí)：薄酒。

[11] 深思：想得很多。高举：高于世俗的操行，即所谓"独清"。自令放：自己招致放逐。为：句末语气词，表示疑问。

[12] 沐：洗头。弹冠：掸去帽子上面的灰尘。浴：洗澡。

[13] 察察：洁白的样子。汶汶(mén)：玷辱。

[14] 莞(wǎn)尔：微笑的样子。鼓：拍打。枻(yì)：楫。

[15] 沧浪：水名。濯(zhuó)：洗涤。缨：帽带子。

【题解】

《渔父》出自《楚辞》。大多数学者认为《渔父》不是屈原的作品，但都认为文中对屈原的思想和形象并未加以歪曲，可以作为研究屈原的一个依据。本文以简短而凝练的文字塑造了屈原和渔父两个人物形象。渔父是一个懂得与世推移、随遇而安、乐天知命的隐士形象。屈原是作为渔父的对立面而存在的，面对社会的黑暗、污浊，屈原显得执着、决绝，他始终坚守着人格的高标，至死不渝。

【思考练习题】

1. 你是如何看待渔父这个人物形象的？
2. 与渔父相比，屈原是一个怎样的人？

谏逐客书[1]

李 斯

李斯(？—前208)，战国时楚上蔡(今河南省上蔡县)人，初为郡吏，后学于荀子，战国末入秦，为客卿，后为廷尉，秦统一六国后，官至丞相，秦二世时，被赵高诬陷，以谋反罪被诛。

李斯是秦代散文的代表作家，现存《谏逐客书》《泰山刻石文》《琅琊台刻石文》等文章，以《谏逐客书》最为著名。

  臣闻吏议逐客，窃[2]以为过矣！

  昔缪公[3]求士，西取由余于戎[4]，东得百里奚于宛[5]，迎蹇叔于宋[6]，来丕豹、公孙支于晋[7]。此五子者，不产于秦，而缪公用之，并国二十，遂霸西戎。孝公用商鞅之法[8]，移风易俗，民以殷盛，国以富强，百姓乐用，诸侯亲服，获楚、魏之师，举[9]地千里，至今治强。惠王用张仪之计[10]，拔三川之地[11]，西并巴、蜀[12]，北收上郡[13]，南取汉中[14]，包九夷[15]，制鄢、郢[16]，东据成皋[17]之险，割膏腴之壤，遂散六国之从[18]，使之西面事秦，功施[19]至今。昭王得范雎[20]，废穰侯，逐华阳，强公室，杜私门[21]，蚕食[22]诸侯，使秦成帝业。此四君者，皆以客之功。由此观之，客何负[23]于秦哉？向使四君却客而不内[24]，疏士[25]而不用，是使国无富利之实，而秦无强大之名也。

  今陛下致昆山之玉[26]，有随、和之宝[27]，垂明月之珠[28]，服太阿之剑[29]，乘纤离[30]之马，建翠凤之旗[31]，树灵鼍之鼓[32]。此数宝者，秦不生一焉，而陛下说[33]之，何也？必秦国之所生然后可，则是夜光之璧不饰朝廷[34]，犀象之器[35]不为玩好，郑、卫之女[36]不充后宫，而骏良駃騠不实外厩[37]，江南金锡不为用，西蜀丹青不为采[38]。所以饰后宫，充下陈[39]，娱心意，说耳目者，必出于秦然后可，则是宛珠之簪，傅玑之珥，阿缟之衣，锦绣之饰不进于前[40]，而随俗雅化[41]、佳冶窈窕[42]赵女不立于侧也。夫击瓮叩缶[43]弹筝搏髀[44]，而歌呼呜呜快耳目者，真秦之声也；郑、卫、桑间[45]，韶、虞、武、象者[46]，异国之乐也。今弃击瓮叩缶而就郑、卫，退弹筝而取韶、虞，若是者何也？快意当前，适观[47]而已矣。今取人则不然，不问可否，不论曲直，非秦者去，为客者逐。然则是所重者在乎色乐珠玉，而所轻者在乎人民也。此非所以跨海内制诸侯之术也[48]。

  臣闻地广者粟多，国大者人众，兵强[49]则士勇。是以太山不让土壤[50]，故能成其大；河海不择细流，故能就[51]其深；王者不却众庶[52]，故能明其德[53]。是以地无四方，民无异国，四时充美，鬼神降福[54]，此五帝三王之所以无敌也[55]。今乃弃黔首以资敌国[56]，却宾客以业诸侯[57]，使天下之士退而不敢西向，裹足不入秦，此所谓藉寇兵而赍盗粮者也[58]。

  夫物不产于秦，可宝者多；士不产于秦，而愿忠[59]者众。今逐客以资敌国，损民以益仇，内自虚而外树怨于诸侯[60]，求国无危，不可得也。

【注释】

[1] 本文选自上海古籍出版社1979年版《中国历代文学作品选》(上编·第二册)，朱东润主编。客：指客卿，这里指当时在秦国做官的别国人员。书：上书，古代臣子向君王陈述意见的一种文体。

[2] 窃：私下，表示自谦的意思。

[3] 缪公：即秦穆公，名任好，春秋时五霸之一。缪，通"穆"。

[4] 由余：原为晋国人，后逃到西戎，为戎王之臣，穆公用计使他投奔秦国，他辅佐穆公，伐戎，拓地千里。戎：西戎，我国西北少数民族的总称。

[5] 百里奚：原为虞国大夫，晋灭虞被俘，后来晋献公嫁女于穆公，把他作为陪嫁的奴仆送到秦国。不久他逃到楚国宛地，穆公知其贤，用五张黑羊皮把他赎回，任为大夫。宛(yuān)：楚地，在今河南省南阳市。

[6] 蹇(jiǎn)叔：岐(今属陕西)人，游于宋，百里奚的好友，经百里奚推荐，穆公将他从宋国迎来，聘为上大夫。

[7] 丕(pī)豹：晋人大丕郑之子，因其父被晋惠公杀死，奔秦为穆公所用。公孙支：字子桑，原为岐人，游于晋，由晋入秦，为穆公谋臣。

[8] 孝公：即渠梁，秦穆公第14代孙，公元前361—前338年在位。商鞅：即公孙鞅，卫国人，孝公求贤，他入秦为相，佐孝公变法，使秦国很快富强起来，因有功，封于於(wū)、商之地，故号商君，惠王时，被车裂而死。

[9] 举：攻取。

[10] 惠王：秦惠王嬴驷，秦孝公之子，公元前337—前311年在位，初号惠文君，公元前325年改称惠王，秦称王自此始。张仪(?—前309)：魏国人，主张连横，惠王用为国相，瓦解了六国合纵联盟。

[11] 三川：原属韩国，在今河南省黄河以南、灵宝以东的地带。

[12] 巴、蜀：皆古国名，在今重庆市和四川省境内。

[13] 上郡：在今陕西省西北部，郡治在今陕西榆林东南，原为魏国属地，魏屡被秦击败，公元前328年被迫将上郡15县献给秦国。

[14] 汉中：在今陕西省南部、湖北省西北部和河南省西南部，原为楚地，秦军在丹阳大败楚军，取汉中地600里，置汉中郡。

[15] 包：这里是吞并的意思。九夷：指巴蜀和楚国南阳一带的少数民族。

[16] 制：控制。鄢(yān)：在今湖北省宜城，楚国曾在此建都。郢(yǐng)：在今湖北省江陵北，当时楚国都城。

[17] 成皋(gāo)：又名虎牢，在今河南省荥阳市汜水镇，为古代军事重地。

[18] 从：通"纵"，指韩、魏、赵、齐、楚、燕六国组成的抗秦同盟。

[19] 施(yì)：延续。

[20] 昭王：即秦昭襄王，公元前306—前251年在位。范雎(jū)：魏人，逃秦受到秦昭王信任，用为丞相，建议昭王收回以宣太后为首的贵族集团的权力，对外实行远交近攻的策略。后文的穰(ráng)侯、华阳君，均为昭王母宣太后的弟弟。穰侯等擅权，范雎说服秦

昭王免穰侯相国，与华阳君等并逐出国。

[21] 杜：杜绝，制伏。私门：指私家贵族。

[22] 蚕食：形容逐步攻取各诸侯国领土。

[23] 负：辜负，对不起。

[24] 向使：假使。却：拒绝。内：通"纳"。

[25] 疏士：疏远客卿。士，客卿。

[26] 致：获致。昆山：即昆仑山，古时以生产美玉闻名。

[27] 随、和之宝：指随侯珠与和氏璧，都是著名的珍宝，前者为随侯之物，后者是楚出之宝。

[28] 垂：悬挂。明月之珠：光如明月的宝珠。

[29] 服：佩带。太阿：宝剑名，相传为古代吴国工匠干将所铸。

[30] 纤离：古代骏马名，产于北方。

[31] 建：设置，竖立。翠凤之旗：用翠鸟羽毛装饰成图案的旗子。

[32] 灵鼍(tuó)之鼓：用灵鼍皮所做的鼓。灵鼍，鳄鱼类，俗名"猪婆龙"，可制鼓，声洪大。

[33] 说：通"悦"。

[34] 夜光之璧：夜间发光的玉璧，产于楚地。

[35] 犀象之器：犀牛角和象牙制成的器具。

[36] 郑、卫之女：当时人认为郑、卫两地产美女。

[37] 駃(jué)騠(tí)：良马名。厩(jiù)：马棚。

[38] 丹青：即丹砂，可用作绘画颜料。采：彩饰。

[39] 下陈：后列，侍奉君主的嫔妃宫女，处于后列。

[40] 宛珠之簪：宛地出产的珍珠所装饰的簪子。傅：通"附"，附着。玑：非圆形的珠子。珥：耳饰。阿：齐国东阿(今属山东阳谷县阿城镇一带)。缟(gǎo)：白色精细的丝织品。

[41] 随俗雅化：随着流行的式样打扮自己。

[42] 佳冶：艳丽。窈窕：形容女子体态美好的样子。

[43] 瓮(wèng)：汲水的瓦器。缶(fǒu)：小口大腹的瓦罐。古代秦国把这两种瓦器用作打击乐器。

[44] 筝：古代秦地的一种弦乐器，有弦13至16根。搏髀(bì)：拍大腿打拍子。

[45] 郑、卫：春秋末年流行郑国、卫国的民间音乐，以悦耳闻名。桑间：地名，在濮水之滨(今河南省境)，为卫国男女聚会唱歌的地方。

[46] 韶、虞：也称箫韶，相传虞舜时的乐曲。武、象：周朝音乐。

[47] 适观：适合观赏，即观赏起来感到舒适。

[48] 跨：凌驾、横跨，这里是统一的意思。海内：天下。

[49] 兵强：兵器精良。

[50] 太山：即泰山。让：辞让、拒绝。

[51] 就：成就。

[52] 却：拒绝。众庶：民众。

[53] 明其德：昭示自己的恩德。

[54] 鬼神降福：鬼神降福人间，这是迷信的说法。

[55] 五帝：上古传说中的五位帝王，通常指黄帝、颛顼、帝喾、尧、舜。三王：指三代开国之王夏禹、商汤和周文王、周武王。

[56] 黔首：秦时对百姓的称呼。资：帮助，资助。

[57] 却：拒绝，排斥。业诸侯：成就诸侯的功业。业，用作动词，使……成就功业。

[58] 藉寇兵：借给贼寇武器。藉，借。赍盗粮：送给强盗粮食。赍，赠与。

[59] 忠：效忠。

[60] 内自虚：对内使自己国家陷于虚弱。外树怨于诸侯：对外又与诸侯国结下仇怨。

【题解】

据《史记·李斯列传》载：李斯拜为秦客卿。时值韩人郑国来做间谍，被秦发觉，秦宗室大臣皆言秦王曰："诸侯人来事秦者，大抵为其主游间于秦耳，请一切逐客。"李斯也在被逐之列，乃上此书。上书围绕秦统一六国这个战略问题的利害关系，从正、反两方面反复论证，批驳"非秦者去，为客者逐"的错误观点，对比鲜明，文辞铺陈排比，清丽整饬，是秦散文的代表作。

【思考练习题】

1. 李斯认为逐客错误的理由有哪些？
2. 本文运用了哪些手法增强文章的感染力？

货殖列传序[1]

司 马 迁

司马迁(约公元前145—？)，字子长，左冯翊夏阳(今陕西韩城)人。父司马谈，学问广博，汉武帝建元、元封年间，任太史令。司马迁35岁时，司马谈去世，3年后，司马迁继任太史令，开始在国家藏书处"金匮石室"阅读、整理历史资料，太初元年(前104)开始着手编写《史记》。武帝天汉二年(前99)，司马迁因李陵事件触怒武帝，致罪下狱，受宫刑。司马迁为完成《史记》，隐忍苟活，出狱后任中书令，继续发愤著书，终于完成了我国最早的纪传体通史《史记》，人称《太史公书》。

老子曰："至治之极[2]，邻国相望，鸡狗之声相闻，民各甘其食，美其服，安其俗，乐其业，至老死不相往来。"必用此为务[3]，挽近世[4]涂[5]民耳目，则几无行矣[6]。

太史公曰：夫神农[7]以前，吾不知已。至若《诗》《书》所述虞、夏以来，耳目欲极声色之好，口欲穷刍豢[8]之味，身安逸乐，而心夸矜势能之荣[9]。使俗之渐民久矣[10]，虽户说以眇[11]论，终不能化。故善者因[12]之，其次利道[13]之，其次教诲[14]之，其次整齐[15]

之，最下者与之争[16]。

夫山西饶材、竹、旄、玉石[17]；山东多鱼、盐、漆、丝、声色[18]；江南出楠、梓、姜、桂、金、锡、连、丹沙、犀、玳瑁、珠玑、齿革[19]；龙门、碣石北多马、牛、羊、旃裘、筋角[20]；铜、铁则千里往往山出棋置[21]；此其大较[22]也。皆中国人民所喜好，谣俗被服饮食奉生送死之具也[23]。故待农而食之，虞[24]而出之，工而成之，商而通之。此宁有政教发征期会哉[25]？人各任其能，竭其力，以得所欲。故物贱之征[26]贵，贵之征贱，各劝[27]其业，乐其事，若水之趋下，日夜无休时，不召而自来[28]，不求而民出之[29]。岂非道之所符[30]，而自然之验邪[31]？

《周书》曰："农不出[32]则乏其食，工不出则乏其事[33]，商不出则三宝绝[34]，虞不出则财匮少。"财匮少而山泽不辟矣[35]。此四者，民所衣食之原也[36]。原大则饶，原小则鲜。上则富国，下则富家。贫富之道，莫之夺予[37]，而巧者有余，拙者不足。故太公望封于营丘[38]，地潟卤[39]，人民寡，于是太公劝[40]其女功，极[41]技巧，通[42]鱼盐，则人物归之，繦至而辐凑[43]。故齐冠带衣履天下[44]，海岱之间敛袂而往朝焉[45]。其后齐中衰，管子修之[46]，设轻重九府[47]，则桓公以霸，九合诸侯，一匡[48]天下；而管氏亦有三归[49]，位在陪臣[50]，富于列国之君。是以齐富强至于威、宣也[51]。

故曰："仓廪实而知礼节，衣食足而知荣辱。"礼生于有而废于无。故君子富，好行其德；小人富，以适其力。渊深而鱼生之，山深而兽往之，人富而仁义附焉。富者得执益彰，失执则客无所之，以而不乐。夷狄益甚[52]。谚曰："千金之子，不死于市[53]。"此非空言也。故曰："天下熙熙，皆为利来；天下攘攘[54]，皆为利往。"夫千乘之王，万家之侯，百室之君，尚犹患贫，而况匹夫编户[55]之民乎！

【注释】

[1] 本文选自山东教育出版社1989年版《史记选注讲》，张大可主编。

[2] 至治之极：达到社会管理得极好的顶点。治，与"乱"相对，指政治清明。

[3] 务：追求的目标。

[4] 挽近世：即近世、近代。挽，通"晚"。

[5] 涂：堵塞。

[6] 无行矣：行不通了。

[7] 神农：传说中的上古人物，他教民种庄稼，故称神农氏。

[8] 刍豢：牛羊犬猪之类。用草饲养的叫"刍"，如牛、羊；用粮食饲养的叫"豢"，如猪、狗。

[9] 夸矜：夸耀。势能：经济力量和才能。

[10] 使：让、放任。俗：指"耳目欲极声色之好……心夸矜势能之荣"这样的风俗。浙：影响。

[11] 眇：通"妙"。

[12] 因：顺应自然。

[13] 利道：因势利导。道，通"导"。

[14] 教诲：指导人民节制私欲的追求。

[15] 整齐：限制、约束。

[16] 最下者与之争：最劣等的统治者则同老百姓争夺财富。隐指汉武帝打击商人的政策。

[17] 山西：崤山以西，今陕、甘、川等地。旄：旄牛，其尾有长毛，可供旗帜装饰之用。

[18] 声色：音乐和女色。

[19] 梓：一种名贵的药材。连：同"链"，铅矿石。丹沙：同"丹砂"，矿物名，俗称朱砂。玳瑁：龟类，其甲为名贵的装饰品。珠玑：珍珠。齿革：象牙和经过加工的兽皮。

[20] 龙门：山名，在今山西稷山县和陕西韩城市之间。碣石：山名，在今河北昌黎县西北。旃：同"毡"，毛织物。筋角：兽筋、兽角，可用于制造弓弩。

[21] 棋置：如棋子之散布。

[22] 人跡：人唱、人概。

[23] 谣俗：风俗。被服：住的、穿的。被，覆盖。

[24] 虞：掌管山林川泽出产的官，此指开发山林川泽的人。

[25] 政教发征：政府的号召、调遣。期会：规定时间聚会。

[26] 征：象征着。

[27] 劝：勤勉。

[28] 来：行动。

[29] 出：生产。

[30] 道之所符：客观规律存在的根据。道，客观规律。符，凭信。

[31] 自然：本来就是这样的。验：证明。

[32] 不出：不工作。

[33] 事：手工业品。

[34] 三宝：有多种说法，这里指农工虞之生产物，即食、事、财。

[35] 山泽不辟：资源得不到开发。

[36] 原：源泉、根本。

[37] 莫之夺予：谁也不能改变。夺，强取。予，给予。

[38] 太公望：姜太公吕望，西周开国功臣，封于齐。营丘：齐国都城。

[39] 潟(xì)卤：指盐碱地。

[40] 劝：鼓励。

[41] 极：尽力于。

[42] 通：贩运。

[43] 繦至而辐凑：比喻四方之人踊跃投奔而来。繦，通"襁"，即襁褓。辐凑：如辐之聚集于毂。

[44] 齐冠带衣履天下：齐国生产的冠带衣履行销天下。

[45] 岱：泰山。敛衽：恭敬之貌。朝：会。

[46] 管子：管仲，齐桓公相。修之：继续执行这一政策。

[47] 设：置。轻重：古代的一种经济理论。九府：九个掌管财务的官府。

[48] 匡：安定。

[49] 三归：管仲的封邑。

[50] 陪臣：诸侯之大夫对天子自称陪臣。

[51] 威、宣：威，齐威王，名因齐，齐桓公之子，公元前356—前320年在位。宣，齐宣王，名辟疆，威王之子，公元前319—前301年在位。

[52] 夷狄益甚：这种尊富羞贫的情况在少数民族中更突出。

[53] 市：指弃市。古代对处以极刑的人暴尸于闹市叫弃市。

[54] 熙熙、攘攘：形容拥挤热闹的样子。

[55] 编户：编入户口册。

【题解】

《货殖列传序》是《货殖列传》的序文。《货殖列传》是论述春秋末年到汉武帝年间的社会经济史的专章。在序文中，司马迁驳斥了老子的"小国寡民"的历史倒退论，肯定了人们追求物质财富的合理欲望，并试图以此来说明社会问题和社会意识问题。

【思考练习题】

本文传达了司马迁怎样的经济观点？对当代社会有何意义？

送李愿归盘谷序[1]

韩 愈

韩愈(768—824)，字退之，河南河阳(今河南孟州市)人，祖籍河北昌黎，自称"昌黎韩愈"，人称"韩昌黎"；因官吏部侍郎，又称"韩吏部"；谥号"文"，又称"韩文公"。

韩愈在文学上反对魏晋以来的骈文，提倡古文，主张文以载道。他的古文众体兼备，大致可概括为论说与记叙两类：论说文气势雄浑，结构严谨，逻辑性强，名篇如《谏迎佛骨表》《原道》《原毁》《争臣论》《师说》等；记叙文则爱憎分明，抒情性强，名篇如《送李愿归盘谷序》《送董邵南序》《张中丞传后叙》《祭十二郎文》《柳子厚墓志铭》等。韩文雄奇奔放，风格鲜明，语言上亦独具特色，尤善锤炼词句，推陈出新，许多精辟词语已转为成语，至今仍保存在文学语言和人们的口语中。韩诗成就虽不如其散文，但在中唐亦占有重要地位，对宋诗影响颇大。后人对韩愈评价颇高，尊他为"唐宋八大家"之首。著有《韩昌黎集》40卷、《外集》10卷等。

太行之阳有盘谷[2]。盘谷之间，泉甘而土肥，草木丛茂，居民鲜少。或曰："谓其环两山之间，故曰'盘'。"或曰："是谷也，宅幽而势阻，隐者之所盘旋[3]。"友人李愿居之。

愿之言曰："人之称大丈夫者，我知之矣！利泽施于人，名声昭于时，坐于庙朝[4]，进退[5]百官，而佐天子出令；其在外，则树旗旄[6]，罗弓矢，武夫前呵，从者塞途，供给之人，各执其物，夹道而疾驰。喜有赏，怒有刑。才畯[7]满前，道古今而誉盛德，入耳而不烦。曲眉丰颊，清声而便体[8]，秀外而惠中[9]，飘轻裾[10]，翳[11]长袖，粉白黛[12]绿者，列屋而闲居，妒宠而负恃[13]，争妍而取怜[14]。大丈夫之遇知于天子，用力于当世者之所为也。吾非恶[15]此而逃之，是有命焉，不可幸而致也。

穷居而野处，升高而望远，坐茂树以终日，濯清泉以自洁；采于山，美可茹[16]，钓于水，鲜可食，起居无时，惟适之安。与其有誉于前，孰若无毁于其后，与其有乐于身，孰若无忧于其心。车服[17]不维，刀锯[18]不加，理[19]乱不知，黜陟[20]不闻。大丈夫不遇于时者之所为也，我则行之。伺候于公卿之门，奔走于形势[21]之途，足将进而趑趄[22]，口将言而嗫嚅[23]，处污秽而不羞，触刑辟[24]而诛戮，侥幸于万一，老死而后止者，其于为人，贤不肖何如也？"

昌黎韩愈闻其言而壮之，与之酒而为之歌曰："盘之中，维子之宫；盘之土，维子之稼[25]；盘之泉，可濯可沿；盘之阻，谁争子所？窈[26]而深，廓其有容[27]；缭[28]而曲，如往而复。嗟盘之乐兮，乐且无央；虎豹远迹兮，蛟龙遁藏；鬼神守护兮，呵禁不祥；饮且食兮寿而康，无不足兮奚所望！膏吾车兮秣吾马，从子于盘兮，终吾生以徜徉[29]！"

【注释】

[1] 本文选自人民文学出版社 2002 年版《中国古代文学作品选》，袁世硕主编。

[2] 阳：山的南面叫阳。盘谷：在今河南济源北 20 里。

[3] 盘旋：流连、逗留。

[4] 庙朝：宗庙和朝廷。

[5] 进退：这里指任免升降。

[6] 旗旄(máo)：旗帜。旄，旗杆上用牦牛尾做的装饰。

[7] 才畯：才能出众的人，这里指幕客。畯，同"俊"。

[8] 便(pián)体：轻盈、美好的体态。

[9] 惠中：聪慧的资质。惠，同"慧"。

[10] 裾(jū)：衣襟。

[11] 翳(yì)：掩映。

[12] 黛：青黑色颜料。古代女子用于画眉。

[13] 负恃：倚仗，这里指自恃貌美。

[14] 争妍：比赛美丽。取怜：求得爱怜。

[15] 恶(wù)：厌恶。

[16] 茹：食。

[17] 车服：代指官职。古代以官职的品级高下，确定其所用的车子和服饰。

[18] 刀锯：指刑具。

[19] 理：治。唐代避高宗李治的名讳，以"理"代"治"。
[20] 黜陟(chù zhì)：指官吏的进退或升降。黜，贬官。陟，升官。
[21] 形势：地位和威势，权势的意思。
[22] 趑趄(zī jū)：踟蹰不前。
[23] 嗫嚅(niè rú)：欲言又止的样子。
[24] 刑辟(pì)：刑法。
[25] 稼：播种五谷曰稼，这里指种谷之处。
[26] 窈(yǎo)：幽深。
[27] 廓其有容：广阔而有所容。其，犹"而"。
[28] 缭(liáo)：屈曲。
[29] 徜徉(cháng yáng)：自由自在地来来往往。

【题解】

李愿是韩愈的好友，生平不详。唐德宗贞元十七年(801)冬，韩愈在长安等候调官，因仕途不顺，心情抑郁，故借李愿归隐盘谷之事，吐露心中抑郁不平之情。

【思考练习题】

1. 怎样理解韩愈"不平则鸣"的观点？
2. 本文在说理时有什么特点？

始得西山宴游记[1]

柳 宗 元

柳宗元(773—819)，字子厚，生于长安，祖籍河东(今山西永济)，后世称"柳河东"。

柳宗元是中唐时期进步的思想家和政治改革家，也是著名的文学家。他和韩愈并称"韩柳"，是"唐宋八大家"之一。他的文学创作十分丰富，一生留有诗文作品达600余篇，其文的成就大于诗。其散文著作以政论、寓言和山水游记最有成就，立意新颖，语言精美，独具特色。其诗清新俊爽，尤以山水诗为佳。有《柳河东集》。

自余为僇人[2]，居是州，恒惴栗[3]。其隟也[4]，则施施而行[5]，漫漫[6]而游。日与其徒上高山，入深林，穷回谿[7]，幽泉怪石，无远不到。到则披草而坐，倾壶而醉。醉则更[8]相枕以卧，卧而梦。意有所极，梦亦同趣[9]。觉而起，起而归。以为凡是州之山水有异态者，皆我有也[10]。而未始知西山之怪特。

今年九月二十八日，因坐法华西亭[11]，望西山，始指异之[12]。遂命仆人过湘江，缘染溪[13]，斫榛莽[14]，焚茅茷[15]，穷山之高而止。攀援而登，箕踞而遨[16]，则凡数州之土壤，皆在衽席之下[17]。其高下之势，岈然洼然[18]，若垤若穴[19]。尺寸千里[20]，攒蹙累积[21]，莫得遁隐[22]。萦青缭白[23]，外与天际[24]，四望如一。然后知是山之特立，不与培塿为类[25]。悠悠乎与颢气俱[26]，而莫得其涯；洋洋乎与造物者游[27]，而不知其所穷。引觞满酌[28],颓然就醉,不知日之入。苍然暮色,自远而至,至无所见,而犹不欲归。心凝形释[29],与万化冥合[30]。然后知吾向之未始游[31],游于是乎始。故为之文以志。是岁,元和四年也。

【注释】

[1] 本文选自上海古籍出版社1980年版《中国历代文学作品选》(中编·第一册),朱东润主编。西山:在今湖南省零陵县西湘江外2里,俗称娘子岭。

[2] 僇(lù):同"戮",指犯罪受刑。僇人:罪人。唐宪宗即位后,作者因在唐顺宗时参与王叔文集团而被贬谪为永州司马。

[3] 惴栗:忧惧不安的样子。

[4] 隟:同"隙",闲暇。

[5] 施施(yí)而行:从容徐行的样子。

[6] 漫漫:舒适放松、毫无拘束的样子。

[7] 回谿:萦回曲折的溪涧。谿,一作"溪"。

[8] 夷(mǐn)而:相близ。

[9] "意有"二句:心里想什么,梦中也就见到什么,意趣相同。极,至。趣,同"趋",往,赴。

[10] "以为"二句:我认为,凡是永州所有的奇形异态的山水都被我发现了。异态:一作"胜态"。有:占有,指别人不知道,只有他发现。

[11] 法华:寺名,在永州地势最高处。西亭:在法华寺西面,为作者所筑,常与朋友在亭中宴游赋诗,有《永州法华寺新作西亭记》《法华寺西亭夜饮赋诗序》等记其事。

[12] 指异:指点并称异。

[13] 缘:沿着。染溪:一作"冉溪",潇水支流,在零陵县西南。元和五年(810),柳宗元命名"愚溪",见《愚溪诗序》。

[14] 斫(zhuó):砍伐。榛莽:泛指灌木杂草。

[15] 茅茷(fá):泛指茅草之类。

[16] 箕踞:席地而坐,两脚伸直岔开,形似簸箕,曰箕踞。遨:随意游玩。

[17] 衽(rèn)席:古时的睡席。这句是说,从西山上看四野,都在身下,十分渺小。

[18] 岈(xiā)然:山谷空阔的样子。洼然:溪谷低凹的样子。

[19] 垤(dié):蚁穴外的小土堆。

[20] 尺寸千里:登高远望,看似尺寸之间,实则有千里之大。

[21] 攒蹙(cuán cù):簇居,密集。这句是说,地面的山水,看起来都像紧凑重叠在一起。

[22] 遁隐:隐藏不见。

[23] 萦、缭:缠绕之意。青:山。白:水。

[24] 际:合。

[25] 培塿(péi lóu):小土堆。

[26] 悠悠乎:渺远的样子。颢(hào)气:浩气,指天地间的浩然之气。

[27] 洋洋：形容极其广阔。造物者：即天、自然。

[28] 引：举起。觞：酒杯。满酌：灌满酒。

[29] "心凝"句：心平静得像凝结似的，躯体的一切束缚都解脱了，仿佛与天地万物融合为一，达到忘我的境界，这是形容游西山所得的最大乐趣。凝：凝聚、专一。形：形体。释：解除一切束缚。

[30] 万化：万物。冥合：浑然一体。

[31] 向：从前。未始：未曾。

【题解】

唐德宗贞元二十一年(805)，柳宗元参加了以王叔文为首的政治集团，升任礼部员外郎，但为时不久，就在其政敌的联合反击下而失败，先是被贬为永州(今湖南省零陵县)司马，10 年之后又改任柳州刺史。柳宗元被贬为永州司马后，10 年内到处搜奇觅胜，写出了一系列刻画入微又托意深远的山水游记，其中最著名的是《永州八记》。《始得西山宴游记》是《永州八记》的第一篇，作者寄情山水，写偶识西山的欣喜，写西山形势的高峻，写宴饮之乐，写与自然的融合，表露出自己的傲世情怀。

【思考练习题】

1. 以《始得西山宴游记》为例，谈谈柳宗元游记散文的艺术特色。
2. 文中两次写满酌而醉，有何用意？

朋 党 论[1]

欧 阳 修

欧阳修(1007—1072)，字永叔，自号醉翁，晚年号"六一居士"，谥号"文忠"，世称欧阳文忠公，吉安永丰(今属江西)人。

欧阳修创作实绩粲然可观，诗、词、散文均为一时之冠。散文说理畅达，抒情委婉；诗风与散文近似，重气势而流畅自然；其词深婉清丽，承袭南唐余风。欧阳修曾与宋祁合修《新唐书》，并独撰《新五代史》。欧阳修又喜收集金石文字，编为《集古录》。有《欧阳文忠公文集》。

臣闻朋党之说，自古有之，惟幸人君辨其君子、小人而已[2]。大凡君子与君子，以同道为朋；小人与小人，以同利为朋。此自然之理也。

然臣谓小人无朋，惟君子则有之，其故何哉？小人之所好者，禄利也；所贪者，财货也。当其同利之时，暂相党引[3]以为朋者，伪也；及其见利而争先，或利尽而交疏，则反相贼害[4]，虽其兄弟亲戚不能相保。故臣谓小人无朋，其暂为朋者，伪也。君子则不然，所守者道义，所行者忠信，所惜者名节。以之修身，则同道而相益；以之事国，则同心而共济，始终如一，此君子之朋也。故为人君者，但当退小人之伪朋，用君子之真朋，则天下治矣。

尧之时，小人共工、驩兜等四人为一朋[5]，君子八元、八恺十六人为一朋[6]。舜佐尧，退四凶小人之朋，而进元、恺君子之朋，尧之天下大治。及舜自为天子，而皋、夔、稷、契等二十二人并列于朝[7]，更相称美，更相[8]推让，凡二十二人为一朋，而舜皆用之，天下亦大治。《书》[9]曰："纣有臣亿万，惟亿万心；周有臣三千，惟一心。"纣之时，亿万人各异心，可谓不为朋矣，然纣以亡国。周武王之臣，三千人为一大朋，而周用[10]以兴。后汉献帝[11]时，尽取天下名士囚禁之[12]，目[13]为党人。及黄巾贼起[14]，汉室大乱，后方悔悟，尽解党人而释之，然已无救矣。唐之晚年，渐起朋党之论[15]。及昭宗时[16]，尽杀朝之名士，或投之黄河，曰："此辈清流，可投浊流[17]。"而唐遂亡矣。

夫前世之主，能使人人异心不为朋，莫如纣；能禁绝善人为朋，莫如汉献帝；能诛戮清流之朋，莫如唐昭宗之世，然皆乱亡其国。更相称美推让而不自疑，莫如舜之二十二臣，舜亦不疑而皆用之。然而后世不诮[18]舜为二十二人朋党所欺，而称舜为聪明之圣者，以能辨君子与小人也。周武之世，举其国之臣三千人共为一朋，自古为朋之多且大莫如周，然周用此以兴者，善人虽多而不厌[19]也。

嗟呼！兴亡治乱之迹[20]，为人君者，可以鉴矣！

【注释】

[1] 本文选自上海古籍出版社1980年版《中国历代文学作品选》(中编·第二册)，朱东润主编。

[2] 惟：只。幸：希望。

[3] 党引：结为私党，互相援引。

[4] 贼害：残害。

[5] 共(gōng)工、驩兜(huān dōu)等四人：指共工、驩兜、鲧(gǔn)、三苗，即后文被舜放逐的"四凶"。

[6] 八元：传说中上古高辛氏的八个才子。八恺：传说中上古高阳氏的八个才子。

[7] 皋、夔、稷、契：传说他们都是舜时的贤臣，皋掌管刑法，夔掌管音乐，稷掌管农业，契掌管教育。《史记·五帝本纪》载："舜曰：'嗟！(汝)二十有二人，敬哉，惟时相天事。'"

[8] 更相：互相。

[9] 《书》：《尚书》，也称《书经》。

[10] 用：因此。

[11] 后汉献帝：东汉最后一个皇帝刘协。

[12] 尽取天下名士囚禁之：东汉桓帝时，宦官专权，一些名士如李膺等二百多人因反对宦官，被加上"诽讪朝廷"的罪名，逮捕囚禁。到灵帝时，李膺等一百多人被杀，六七百人受到株连，历史上称为"党锢之祸"。

[13] 目：作动词用，看作。

[14] 黄巾贼：此指张角领导的黄巾军。贼：是对农民起义军的蔑称。

[15] 朋党之论：唐穆宗至宣宗年间(821—859)，统治集团内形成了以牛僧孺为首的牛党和以李德裕为首的李党，朋党之间互相争斗，历时40余年，史称"牛李党争"。

[16] 昭宗：唐朝将要灭亡时的一个皇帝。杀名士投之黄河本发生于唐哀帝天祐二年(905)，哀帝是唐代最后一个皇帝。

[17] "此辈清流"两句：这是权臣朱温的谋士李振向朱温提出的建议。朱温在白马驿(今河南洛阳附近)杀大臣裴枢等 7 人，并将他们的尸体投入黄河。清流：指品行高洁的人。浊流：指品格卑污的人，此处指黄河。

[18] 不诮：不责备。

[19] 不厌：不满足。

[20] 迹：事迹，引申为道理。

【题解】

宋仁宗时，以范仲淹为首的欧阳修、尹洙、余靖等人推行改革新政，被政敌诬为"党人""仲淹朋党"。这一时期，"朋党"之论甚嚣尘上。当时"仲淹朋党"正遭贬谪，欧阳修写了《朋党论》送给仁宗赵祯。他以臣子的身份向皇帝进谏，是非曲直，一目了然，说理透彻，一针见血。通篇以对比法进行论证，劝导人君"退小人之伪朋，用君子之真朋"。

【思考练习题】

1. 试析作者对朋党的独到见解以及这一观点的历史意义和现实意义。
2. 体会文章语言的特点及其表达效果。

故乡的野菜[1]

周 作 人

周作人(1885—1967)，原名櫆寿，又名奎绶，字星杓，又名启孟、启明(又作岂明)、知堂等，浙江绍兴人，现代散文家、诗人、文学翻译家，中国新文化运动的代表人物之一，其散文成就最高。

新文学运动发轫时期，周作人在《新青年》《每周评论》等刊物上先后发表《人的文学》《平民文学》《思想革命》等新文学运动理论建设的重要文章，产生过广泛影响。1924 年 11 月他发起组织语丝社，并成为《语丝》的实际主编，后来的创作逐渐转为恬淡、闲寄韵味的随笔小品，风格平和冲淡，清隽幽雅，自成一家。主要著作有散文集《自己的园地》《雨天的书》《泽泻集》《谈龙集》《谈虎集》等，译著《俄罗斯民间故事》《日本狂言选》《希腊拟曲》《伊索寓言》等，论著《艺术与生活》《中国新文学的源流》《欧洲文学史》等。

我的故乡不止一个，凡我住过的地方都是故乡。故乡对于我并没有什么特别的情分，只因钓于斯游于斯的关系，朝夕会面，遂成相识，正如乡村里的邻舍一样，虽然不是亲属，别后有时也要想念到他。我在浙东住过十几年，南京东京都住过六年，这都是我的故乡，现在住在北京，于是北京就成了我的家乡了。

第二单元 散文

日前我的妻往西单市场买菜回来，说起有荠菜在那里卖着，我便想起浙东的事来。荠菜是浙东人春天常吃的野菜，乡间不必说，就是城里只要有后园的人家都可以随时采食，妇女小儿各拿一把剪刀一只"苗篮"，蹲在地上搜寻，是一种有趣味的游戏的工作。那时小孩们唱道："荠菜马兰头，姊姊嫁在后门头。"后来马兰头有乡人拿来进城售卖了，但荠菜还是一种野菜，须得自家去采。关于荠菜向来颇有风雅的传说，不过这似乎以吴地为主。《西湖游览志》云："三月三日男女皆戴荠菜花。谚云：三春戴荠花，桃李羞繁华。"顾禄的《清嘉录》上亦说："荠菜花俗呼野菜花，因谚有三月三蚂蚁上灶山之语，三日人家皆以野菜花置灶陉上，以厌虫蚁。侵晨村童叫卖不绝。或妇女簪髻上以祈清目，俗号眼亮花。"但浙东人却不很理会这些事情，只是挑来做菜或炒年糕吃罢了。

黄花麦果通称鼠曲草，系菊科植物，叶小微圆互生，表面有白毛，花黄色，簇生梢头。春天采嫩叶，捣烂去汁，和粉作糕，称黄花麦果糕。小孩们有歌赞美之云：

黄花麦果韧结结，
关得大门自要吃，
半块拿弗出，一块自要吃。

清明前后扫墓时，有些人家——大约是保存古风的人家——用黄花麦果作供，但不作饼状，做成小颗如指顶大，或细条如小指，以五六个作一攒，名曰茧果，不知是什么意思，或因蚕上山时设祭，也用这种食品，故有是称，亦未可知。自从十二三岁时外出不参与外祖家扫墓以后，不复见过茧果，近来住在北京，也不再见黄花麦果的影子了。日本称作"御形"，与荠菜同为春天的七草之一，也采来做点心用，状如艾饺，名曰"草饼"，春分前后多食之，在北京也有，但是吃去总是日本风味，不复是儿时的黄花麦果糕了。

扫墓时候所常吃的还有一种野菜，俗称草紫，通称紫云英。农人在收获后，播种田内，用作肥料，是一种很被贱视的植物，但采取嫩茎瀹食，味颇鲜美，似豌豆苗。花紫红色，数十亩接连不断，一片锦绣，如铺着华美的地毯，非常好看，而且花朵状若蝴蝶，又如鸡雏，尤为小孩所喜，间有白色的花，相传可以治痢。很是珍重，但不易得。日本《俳句大辞典》云："此草与蒲公英同是习见的东西，从幼年时代便已熟识。在女人里边，不曾采过紫云英的人，恐未必有罢。"中国古来没有花环，但紫云英的花球却是小孩常玩的东西，这一层我还替那些小人们欣幸的。浙东扫墓用鼓吹，所以少年常随了乐音去看"上坟船里的姣姣"；没有钱的人家虽没有鼓吹，但是船头上篷窗下总露出些紫云英和杜鹃的花束，这也就是上坟船的确实的证据了。

【注释】

[1] 本文选自人民文学出版社2005年版《周作人散文》，周作人著。

【题解】

《故乡的野菜》是周作人的名作之一，作于1924年2月，发表于同年4月5日的《晨报副镌》。这篇散文仅一千余字，记述了故乡的三种野菜，言简意深，体现了周作人散文的特点，成为散文大师最初的"言志"经典之作。

【思考练习题】

结合《故乡的野菜》，体会周作人散文平和冲淡、隽永幽雅的艺术风格。

又是一年芳草绿[1]

老舍

老舍(1899—1966)，原名舒庆春，字舍予，满族，著名作家、人民艺术家，杰出的语言大师。1924年赴英国，在伦敦大学讲授中文，其间先后以市民生活为题材创作了3部长篇小说，即《老张的哲学》《赵子曰》《二马》。1930年回国，先后任教于济南齐鲁大学、青岛山东大学。1937年著名长篇小说《骆驼祥子》问世。1946年赴美国讲学并创作。1944—1947年完成了百万字的长篇小说《四世同堂》。新中国成立后，其主要作品有剧本《方珍珠》《龙须沟》《春华秋实》《西望长安》《茶馆》等。共创作剧本23部。

悲观有一样好处，它能叫人把事情都看轻了一些。这个可也就是我的坏处，它不起劲，不积极。您看我挺爱笑不是？因为我悲观。悲观，所以我不能板起面孔，大喊："孤——刘备！"我不能这样。一想到这样，我就要把自己笑毛咕了。看着别人吹胡子瞪眼睛，我从脊梁沟上发麻，非笑不可。我笑别人，因为我看不起自己。别人笑我，我觉得应该；说得天好，我不过是脸上平润一点的猴子。我笑别人，往往招人不愿意；不是别人的量小，而是不像我这样稀松，这样悲观。

我打不起精神去积极的干，这是我的大毛病。可是我不懒，凡是我该作的我总想把它作了，总算得点报酬养活自己与家里的人——往好了说，尽我的本分。我的悲观还没到想自杀的程度，不能不找点事作。有朝一日非死不可呢，那只好死喽，我有什么法儿呢？

这样，你瞧，我是无大志的人。我不想当皇上。最乐观的人才敢作皇上，我没这份胆气。

有人说我很幽默，不敢当。我不懂什么是幽默。假如一定问我，我只能说我觉得自己可笑，别人也可笑；我不比别人高，别人也不比我高。谁都有缺欠，谁都有可笑的地方。我跟谁都说得来，可是他得愿意跟我说；他一定说他是圣人，叫我三跪九叩报门而进，我没这个瘾。我不教训别人，也不听别人的教训。幽默，据我这么想，不是嬉皮笑脸，死不要鼻子。

也不是怎股子劲儿，我成了个写家。我的朋友德成粮店的写账先生也是写家，我跟他同等，并且管他叫二哥。既是个写家，当然得写了。"风格即人"——还是"风格即驴"？——我是怎个人自然写怎样的文章了。于是有人管我叫幽默的写家。我不以这为荣，也不以这为辱。我写我的。卖得出去呢，多得个三块五块的，买什么吃不香呢。卖不出去呢，拉倒，我早知道指着写文章吃饭是不易的事。

稿子寄出去，有时候是肉包子打狗，一去不回头；连个回信也没有。这，咱只好幽默；多咱见着那个骗子再说，见着他，大概我们俩总有一个笑着去见阎王的，不过，这是不很多见的，要不怎么我还没想自杀呢。常见的事是这个，稿子登出去，酬金就睡着了，

第二单元 散文

睡得还是挺香甜。直到我也睡着了，它忽然来了，仿佛故意吓人玩。数目也惊人，它能使我觉得自己不过值一毛五一斤，比猪肉还便宜呢。这个咱也不说什么，国难期间，大家都得受点苦，人家开铺子的也不容易，掌柜的吃肉，给咱点汤喝，就得念佛。是的，我是不能当皇上，焚书坑掌柜的，咱没那个狠心，你看这个劲儿！不过，有人想坑他们呢，我也不便拦着。

这么一来，可就有许多人看不起我。连好朋友都说："伙计，你也硬正着点，说你是为人类而写作，说你是中国的高尔基；你太泄气了！"真的，我是泄气，我看高尔基的胡子可笑。他老人家那股子自卖自夸的劲儿，打死我也学不来。人类要等着我写文章才变体面了，那恐怕太晚了吧？我老觉得文学是有用的，拉长了说，它比任何东西都有用，都高明。可是在眼前说，它不如一尊高射炮，或一锅饭有用。找个能吃喝找的作品是"人类改造丸"，我也不相信把文学杀死便天下太平。我写就是了。

别人的批评呢？批评是有益处的。我爱批评，它多少给我点益处；即使完全不对，不是还让我笑一笑吗？自己写的时候仿佛是蒸馒头呢，热气腾腾，莫名其妙。及至冷眼人一看，定看出许多错儿来。我感谢这种相帮。说的不对呢，那是他的错儿，不干我的事。我永不驳辩，这似乎是胆儿小；可是也许是我的宽宏大量。我不便往自己脸上贴金。一件事总得由两面瞧，是不是？

对于我自己的作品，我不拿它们当作宝贝。是呀，当写作的时候，我是卖了力气，我想往好了写。可是一个人的天才与经验是有限的，谁也不敢保了老写的好，连荷马也有打盹儿的时候。有的人呢，每一拿笔便想到自己是但丁，是莎士比亚。这没有什么不可以的，天才须有自信的心。我可不敢这样，我的悲观使我看轻自己。我常想客观的估量估量自己的才力；这不易作到，我究竟不能像别人看我看得那样清楚；好吧，既不能十分看清楚了自己，也就不用装蒜，谦虚是必要的，可是装蒜也大可以不必。

对做人，我也是这样。我不希望自己是个完人，也不故意的招人家的骂。该求朋友的呢，就求；该给朋友作的呢，就作。作的好不好，咱们大家凭良心。所以我很和气，见着谁都能扯一套。可是，初次见面的人，我可是不大爱说话；特别是见着女人，我简直张不开口，我怕说错了话。在家里，我倒不十分怕太太，可是对别的女人老觉着恐慌，我不大明白妇女的心理；要是信口开河的说，我不定说出什么来呢，而妇女又爱挑眼。男人也有许多爱挑眼的，所以初次见面，我不大愿开口。我最喜辩论，因为红着脖子粗着筋的太不幽默。我最不喜欢好吹腾的人，可并不拒绝与这样的人谈话；我不爱这样的人，但喜欢听他的吹。最好是听着他吹，吹着吹着连他自己也忘了吹到什么地方去，那才有趣。

可喜的是有好几位生朋友都这么说："没见着阁下的时候，总以为阁下有八十多岁了。敢情阁下并不老。"是的，虽然将奔四十的人，我倒还不老。因为对事轻淡，我心中不大藏着计划，做事也无须耍手段，所以我能笑，爱笑；天真的笑多少显着年轻一些。我悲观，但是不愿老声老气的悲观，那近乎"虎事"。我愿意老年轻轻的，死的时候像朵春花将残似的那样哀而不伤。我就怕什么"权威"咧，"大家"咧，"大师"咧，等等老气横秋的字眼儿。我爱小孩，花草，小猫，小狗，小鱼；这些都不"虎事"。偶尔看见个穿小马褂的"小大人"，我能难受半天，特别是那种所谓聪明的孩子，让我难过。比如说，

一群小孩都在那儿看变戏法儿，我也在那儿，单会有那么一两个七八岁的小老头说："这都是假的！"这叫我立刻走开，心里堵上一大块。世界确是更"文明"了，小孩也懂事懂得早了，可是我还愿意大家傻一点，特别是小孩。假若小猫刚生下来就会捕鼠，我就不再养猫，虽然它也许是个神猫。

我不大爱说自己，这多少近乎"吹"。人是不容易看清楚自己的。不过，刚过完了年，心中还慌着，叫我写"人生于世"，实在写不出，所以就近的拿自己当材料。万一将来我不得已而做了皇上呢，这篇东西也许成为史料，等着瞧吧。

【注释】

[1] 本文选自人民文学出版社 2008 年版《老舍散文》，老舍著。

【题解】

本文是 1935 年新年过后，老舍应报社有关"人生于世"话题的约稿而写的，原载于 1935 年 3 月 6 日《益世报》。

【思考练习题】

1. 作者为什么在文章一开始说自己"悲观"？从文章看，老舍是一个怎样的人？
2. 这篇文章在写作上有何突出特点？

鲁迅先生记一[1]

萧 红

萧红(1911—1942)，中国现代女作家，原名张廼莹，曾用笔名悄吟，黑龙江呼兰县人。1933 年写了《跋涉》《旋风》等短篇。1935 年她的代表作中篇小说《生死场》出版，引起文坛重视，鲁迅为之作序，并给予热情鼓励。1936 年她去日本养病，写了短篇小说《牛车上》《家族以外的人》《孤独的生活》等。抗日战争爆发后，她回国投入抗日救亡运动，写了散文集《旷野的呼喊》。1940 年去香港，抱病勤奋写作，完成长篇小说《呼兰河传》等作品。1942 年因患肺病在香港去世。

鲁迅先生家里的花瓶，好像画上所见的西洋女子用以取水的瓶子，灰蓝色，有点从瓷釉而自然堆起的纹痕，瓶口的两边，还有两个瓶耳，瓶里种的是几棵万年青。

我第一次看到这花的时候，我就问过："这叫什么名字？屋里不生火炉，也不冻死？"

第一次，走进鲁迅家里去，那是近黄昏的时节，而且是个冬天，所以那楼下室稍微有一点暗，同时鲁迅先生的纸烟，当它离开嘴边而停在桌角的地方，那烟纹的卷痕一直升腾到他有一些白丝的发梢那么高。而且再升腾就看不见了。

"这花，叫'万年青'，永久这样！"他在花瓶旁边的烟灰盒中，抖掉了纸烟上的灰烬，那红的烟火，就越红了，好像一朵小红花似的和他的袖口相距离着。

"这花不怕冻？"以后，我又问过，记不得是在什么时候了。

许先生说:"不怕的,最耐久!"而且她还拿着瓶口给我摇着。

我还看到了那花瓶的底边是一些圆石子,以后,因为熟识了的缘故,我就自己动手看过一两次,又加上这花瓶是常常摆在客厅的黑色长桌上;又加上自己是来在寒带的北方,对于这在四季里都不凋零的植物,总带着一点惊奇。

而现在这"万年青"依旧活着,每次到许先生家去,看到那花,有时仍站在那黑色的长桌子上,有时站在鲁迅先生照像的前面。

花瓶是换了,用一个玻璃瓶装着,看得到淡黄色的须根,站在瓶底。

有时候许先生一面和我们谈论着,一面检查着房中所有的花草。看一看叶子是不是黄了?该剪掉的剪掉,该洒水的洒水。因为不停地动作是她的习惯。有时候就检查着这"万年青",有时候就谈鲁迅先生,就在他的照像前面谈着,但那感觉,却像谈着古人那么悠远了。

至于那花瓶呢?站在墓地的青草上面去了,而且瓶底已经丢失,虽然丢失了也就让它空空地站在墓边。我所看到的是从春天一直站到秋天;它一直站到邻旁墓头的石榴树开了花而后结成了石榴。

从开炮以后,只有许先生绕道去过一次,别人就没有去过。当然那墓草是长得很高了,而且荒了,还说什么花瓶,恐怕鲁迅先生的瓷半身像也要被荒了的草埋没到他的胸口。

我们在这边,只能写纪念鲁迅先生的文章,而谁去努力剪齐墓上的荒草?我们是越去越远了,但无论多少远,那荒草是总要记在心上的。

【注释】

[1] 本文选自北岳文艺出版社 2008 年版《萧红散文》,王怡然选编。

【题解】

鲁迅是萧红最初步入文坛的引导者,正因为如此,他们结下了不解的师徒之缘。鲁迅的早逝对萧红而言是一个沉重的打击,她把心中的怀念和痛楚写成一篇篇文章,如《回忆鲁迅先生一》《回忆鲁迅先生二》《鲁迅先生记》等。本文忆写了鲁迅生活片段中的点滴印象,尊爱之情犹如温暖、深沉之泉从记忆中涌出。

【思考练习题】

1. 你所熟悉的鲁迅和萧红笔下的鲁迅有何不同之处?
2. "万年青"在文中有什么独特的寓意?

亡 人 逸 事[1]

孙 犁

孙犁(1913—2002),原名孙树勋,曾用笔名芸夫,河北安平人。孙犁一生笔耕不辍。新中国成立之前,他以众多经典的作品,描绘了抗日战争、解放战争的一幅幅壮丽、清新的文学画卷。新中国成立后,孙犁在文学创作方面取得了长足的进展,成为新中国文

学史上极负盛名的小说、散文大家,被认为是著名文学流派"荷花淀派"的创立者。在改革开放的新时期,孙犁的文学创作迎来了第二个高峰,他的作品以思想的深邃、文体的创新、艺术风格的鲜明和炉火纯青,在国内外产生了广泛的影响。著有长篇小说《风云初记》,小说、散文集《白洋淀纪事》,中篇小说《铁木前传》《村歌》,文学评论集《文学短论》,诗集《白洋淀之曲》,散文集《津门小集》《晚华集》《秀露集》《澹定集》《尺泽集》等。

一

旧式婚姻,过去叫作"天作之合",是非常偶然的。据亡妻言,她十九岁那年,夏季一个下雨天,她父亲在临街的梢门洞里闲坐,从东面来了两个妇女,是说媒为业的,被雨淋湿了衣服。她父亲认识其中的一个,就让她们到梢门下避避雨再走,随便问道:

"给谁家说亲去来?"

"东头崔家。"

"给哪村说的?"

"东辽城。崔家的姑娘不大般配,恐怕成不了。"

"男方是怎么个人家?"

媒人简单介绍了一下,就笑着问:"你家二姑娘怎样?不愿意寻吧?"

"怎么不愿意。你们就去给说说吧,我也打听打听。"她父亲回答得很爽快。

就这样,经过媒人来回跑了几趟,亲事竟然说成了。结婚以后,她跟我学认字,我们的洞房喜联横批,就是"天作之合"四个字。她点头笑着说:"真不假,什么事都是天定的。假如不是下雨,我就到不了你家里来!"

二

虽然是封建婚姻,第一次见面却是在结婚之前。定婚后,她们村里唱大戏,我正好放假在家里。她们村有我的一个远房姑姑,特意来叫我去看戏,说是可以相相媳妇。开戏的那天,我去了,姑姑在戏台下等我。她拉着我的手,走到一条长板凳跟前。板凳上,并排站着三个大姑娘,都穿得花枝招展,留着大辫子。姑姑叫着我的名字,说:"你就在这里看吧,散了戏,我来叫你家去吃饭。"

姑姑的话还没有说完,我看见站在板凳中间的那个姑娘,用力盯了我一眼,从板凳上跳下来,走到照棚外面,钻进了一辆轿车。那时姑娘们出来看戏,虽在本村,也是套车送到台下,然后再搬着带来的板凳,到照棚下面看戏的。

结婚以后,姑姑总是拿这件事和她开玩笑,她也总是说姑姑会出坏道儿。

她礼教观念很重。结婚已经好多年,有一次我路过她家,想叫她跟我一同回家去。她严肃地说:"你明天叫车来接我吧,我不能这样跟着你走。"我只好一个人走了。

三

她在娘家,因为是小闺女,娇惯一些,从小只会做些针线活;没有下场下地劳动过。

到了我们家,我母亲好下地劳动,尤其好打早起,麦秋两季,听见鸡叫,就叫起她来做饭。

又没个钟表,有时饭做熟了,天还不亮。她颇以为苦。回到娘家,曾向她父亲哭诉。她父亲问:"婆婆叫你早起,她也起来吗?"

"她比我起得更早。还说心疼我,让我多睡了会儿哩!"

"那你还哭什么呢?"

我母亲知道她没有力气,常对她说:

"人的力气是使出来的,要伸懒筋。"

有一天,母亲带她到场院去摘北瓜,摘了满满一大筐。母亲问她:"试试,看你背得动吗?"

她弯下腰,挎好筐系猛一立,因为北瓜太重,把她弄了个后仰,沾了满身土,北瓜也滚了满地。她站起来哭了。母亲倒笑了,自己把北瓜一个个拣起来,背到家里去了。

我们那村庄,自古以来兴织布,她不会。后来孩子多了,穿衣困难,她就下决心学。从纺线到织布,都学会了。我从外面回来,看到她两个大拇指,都因为推机杼,而变了形,又粗、又短,指甲也短了。

后来,因为闹日本,家境越来越不好,我又不在家,她带着孩子们下场下地。到了集日,自己去卖线卖布。有时和大女儿轮换着背上二斗高,走三里路,到集上去粜卖。从来没有对我叫过苦。

几个孩子,也都是她在战争的年月里,一手拉扯成人长大的。农村少医药,我们十二岁的长子,竟以盲肠炎不治死亡。每逢孩子发烧,她总是整夜抱着,来回在炕上走。在她生前,我曾对孩子们说:"我对你们,没负什么责任。母亲把你们弄大,可不容易,你们应该记着。"

四

一位老朋友、老邻居,近几年来,屡次建议我写写"大嫂"。因为他觉得她待我太好,帮助太大了。老朋友说:"她在生活上,对你的照顾,自不待言。在文字工作上的帮助,我看也不小。可以看出,你曾多次借用她的形象,写进你的小说。至于语言,你自己承认,她是你的第二源泉。当然,她瞑目之时,冰连地结,人事皆非,言念必不及此,别人也不会作此要求。但目前情况不同,文章一事,除重大题材外,也允许记些私事。你年事已高,如果仓促有所不讳,你不觉得是个遗憾吗?"

我唯唯,但一直拖延着没有写。这是因为,虽然我们结婚很早,但正像古人常说的:相聚之日少,分离之日多;欢乐之时少,相对愁叹之时多耳。我们的青春,在战争年代中抛掷了。以后,家庭及我,又多遭变故,直到最后她的死亡。

我衰年多病,实在不愿再去回顾这些。但目前也出现一些异象:过去,青春两地,一别数年,求一梦而不可得。今老年孤处,四壁生寒,却几乎每晚梦见她,想摆脱也做不到。按照迷信的说法,这可能是地下相会之期,已经不远了。因此,选择一些不太使人感伤的片断,记述如上。已散见于其他文字中者,不再重复。就是这样的文字,我也写不下去了。

我们结婚四十年,我有许多事情,对不起她,可以说她没有一件事情是对不起我的。在夫妻的情分上,我做得很差。

正因为如此,她对我们之间的恩爱,记忆很深。我在北平当小职员时,曾经买过两丈花布,直接寄至她家。临终之前,她还向我提起这一件小事,问道:"你那时为什么把布寄到我娘家去啊?"

我说:"为的是叫你做衣服方便呀!"

她闭上眼睛,久病的脸上,展现了一丝幸福的笑容。

1982 年 2 月 12 日晚

【注释】

[1] 本文选自人民文学出版社 2005 年版《孙犁散文》,孙犁著。

【题解】

《亡人逸事》写于 1982 年,是孙犁悼念亡妻的一篇叙事抒情散文,文小而情深。

【思考练习题】

1. 在孙犁笔下,亡妻是一个怎样的人?
2. 以《亡人逸事》为例,体会孙梨散文"真中求美""美中显真"的艺术特色。

我的四个假想敌[1]

余 光 中

余光中(1928—2017),祖籍福建永春,生于江苏南京,1947 年入金陵大学外文系(后转入厦门大学),1949 年随父母迁香港,次年赴台,就读于台湾大学外文系,后赴美进修,获爱荷华大学艺术硕士学位,毕业后曾任台湾师范大学、台湾大学、香港中文大学等大学教授。

余光中驰骋文坛逾半个世纪,从事诗歌、散文、评论、翻译等工作,自称是"艺术的多妻主义者"。其人"右手写诗,左手为文",著有诗集《舟子的悲歌》《白玉苦瓜》,散文集《左手的缪思》等,另外还有评论集《掌上雨》。

二女幼珊在港参加侨生联考,以第一志愿分发台大外文系。听到这消息,我松了一口气,从此不必担心四个女儿通通嫁给广东男孩了。

我对广东男孩当然并无偏见,在港六年,我班上也有好些可爱的广东少年,颇讨老师的欢心,但是要我把四个女儿全都让那些"靓仔""叻仔"掳掠了去,却舍不得。不过,女儿要嫁谁,说得洒脱些,是她们的自由意志,说得玄妙些呢,是因缘,做父亲的又何必患得患失呢?何况在这件事上,做母亲的往往位居要冲,自然而然成了女儿的亲密顾问,甚至亲密战友,作战的对象不是男友,却是父亲。等到做父亲的惊醒过来,早已腹背受敌,难挽大势了。

第二单元 散文

在父亲的眼里,女儿最可爱的时候是在十岁以前,因为那时她完全属于自己。在男友的眼里,她最可爱的时候却在十七岁以后,因为这时她正像毕业班的学生,已经一心向外了。

父亲和男友,先天上就有矛盾。对父亲来说,世界上没有东西比稚龄的女儿更完美的了,唯一的缺点就是会长大,除非你用急冻术把她久藏,不过这恐怕是违法的,而且她的男友迟早会骑了骏马或摩托车来,把她吻醒。

我未用太空舱的冻眠术,一任时光催迫,日月轮转,再揉眼时,怎么四个女儿都已依次长大,昔日的童话之门"砰"地一关,再也回不去了。四个女儿,依次是珊珊、幼珊、佩珊、季珊,简直可以排成一条珊瑚礁。珊珊十二岁的那年,有一次,未满九岁的佩珊忽然对来访的客人说:"喂,告诉你,我姐姐是一个少女了!"在座的大人全笑了起来。

曾几何时,惹笑的佩珊自己,甚至最幼稚的季珊,也都在时光的魔杖下,点化成"少女"了。冥冥之中,有四个"少男"正偷偷袭来,虽然蹑手蹑足,屏声止息,我却感到背后有四双眼睛,像所有的坏男孩那样,目光灼灼,心存不轨,只等时机一到,便会站到亮处,装出伪善的笑容,叫我岳父。

我当然不会应他。哪有这么容易的事!我像一棵果树,天长地久在这里立了多年,风霜雨露,样样有份,换来果实累累,不胜负荷。而你,偶尔过路的小子,竟然一伸手就来摘果子,活该蟠地的树根绊你一跤!

而最可恼的,却是树上的果子,竟有自动落入行人手中的样子。树怪行人不该擅自来摘果子,行人却说是果子刚好掉下来,给他接着罢了。这种事,总是里应外合才成功的。当初我自己结婚,不也是有一位少女开门揖盗吗?"堡垒最容易从内部攻破",说得真是不错。

不过彼一时也,此一时也。同一个人,过街时讨厌汽车,开车时却讨厌行人。现在是轮到我来开车。

好多年来,我已经习于和五个女人为伍,浴室里弥漫着香皂和香水气味,沙发上散置皮包和发卷,餐桌上没有人和我争酒,都是天经地义的事。戏称吾庐为"女生宿舍",也已经很久了。做了"女生宿舍"的舍监,自然不欢迎陌生的男客,尤其是别有用心的一类。但自己辖下的女生,尤其是前面的三位,已有"不稳"的现象,却令我想起叶慈的一句诗:一切已崩溃,失去重心。

我的四个假想敌,不论是高是矮,是胖是瘦,是学医还是学文,迟早会从我疑惧的迷雾里显出原形,一一走上前来,或迂回曲折,嗫嚅其词,或开门见山,大言不惭,总之要把他的情人,也就是我的女儿,对不起,从此领去。无形的敌人最可怕,何况我在亮处,他在暗里,又有我家的"内奸"接应,真是防不胜防。只怪当初没有把四个女儿及时冷藏,使时间不能拐骗,社会也无由污染。现在她们都已大了,回不了头。我那四个假想敌,那四个鬼鬼祟祟的地下工作者,也都已羽毛丰满,什么力量都阻止不了他们了。先下手为强,这件事,该乘那四个假想敌还在襁褓的时候,就予以解决的。至少美国诗人纳许(Ogden Nash, 1902—1971)劝我们如此。

他在一首妙诗《由女婴之父来唱的歌》(*Song to Be sung by the Father of Infant Female*

Children)之中，说他生了女儿吉儿之后，惴惴不安，感到不知什么地方正有个男婴也在长大，现在虽然还浑浑噩噩，口吐白沫，却注定将来会抢走他的吉儿。于是做父亲的每次在公园里看见婴儿车中的男婴，都不由神色一变，暗暗想："会不会是这家伙？"

想着想着，他"杀机陡萌"，便要解开那男婴身上的别针，朝他的爽身粉里撒胡椒粉，把盐撒进他的奶瓶，把沙撒进他的菠菜汁，再扔头优游的鳄鱼到他的婴儿车里陪他游戏，逼他在水深火热之中挣扎而去，去娶别人的女儿。足见诗人以未来的女婿为假想敌，早已有了前例。

不过一切都太迟了。当初没有当机立断，采取非常措施，像纳许诗中所说的那样，真是一大失策。如今的局面，套一句史书上常见的话，已经是"寇入深矣"！女儿的墙上和书桌的玻璃垫下，以前的海报和剪报之类，还是披头、拜丝、大卫·凯西弟的形象，现在纷纷都换上男友了。至少，滩头阵地已经被入侵的军队占领了去，这一仗是必败的了。记得我们小时，这一类的照片仍被列为机密要件，不是藏在枕头套里，贴着梦境，便是夹在书堆深处，偶尔翻出来神往一番，哪有这么二十四小时眼前供奉的？

这一批形迹可疑的假想敌，究竟是哪年哪月开始入侵厦门街余宅的，已经不可考了。只记得六年前迁港之后，攻城的军事便换了一批口操粤语少年来接手。至于交战的细节，就得问名义上是守城的那几个女将，我这位"昏君"是再也搞不清的了。只知道敌方的炮火，起先是瞄准我家的信箱，那些歪歪斜斜的笔迹，久了也能猜个七分；继而是集中在我家的电话，"落弹点"就在我书桌的背后，我的文苑就是他们的沙场，一夜之间，总有十几次脑震荡。那些粤音平上去入，有九声之多，也令我难以研判敌情。现在我带幼珊回了厦门街，那头的广东部队轮到我太太去抵挡，我在这头，只要留意台湾健儿，任务就轻松多了。

信箱被袭，只如战争的默片，还不打紧。其实我宁可多情的少年勤写情书，那样至少可以练习作文，不致在视听教育的时代荒废了中文。可怕的还是电话中弹，那一串串警告的铃声，把战场从门外的信箱扩至书房的腹地，默片变成了身历声，假想敌在实弹射击了。更可怕的，却是假想敌真的闯进了城来，成了有血有肉的真敌人，不再是假想了好玩的了，就像军事演习到中途，忽然真的打起来了一样。真敌人是看得出来的。在某一女儿的接应之下，他占领了沙发的一角，从此两人呢喃细语、嗫嚅密谈，即使脉脉相对的时候，那气氛也浓得化不开，窒得全家人都透不过气来。这时几个姐妹早已回避得远远的了，任谁都看得出情况有异。万一敌人留下来吃饭，那空气就更为紧张，好像摆好姿势，面对照相机一般。平时鸭塘一般的餐桌，四姐妹这时像在演哑剧，连筷子和调羹都似乎得到了消息，忽然小心翼翼起来。明知这僭越的小子未必就是真命女婿(谁晓得宝贝女儿现在是十八变中的第几变呢？)，心里却不由自主升起一股淡淡的敌意。也明知女儿正如将熟之瓜，终有一天会蒂落而去，却希望不是随眼前这自负的小子。

当然，四个女儿也自有不乖的时候，在恼怒的心情下，我就恨不得四个假想敌赶快出现，把她们统统带走。但是那一天真要来到时，我一定又会懊悔不已。我能够想象，人生的两大寂寞，一是退休之日，一是最小的孩子终于也结婚之后。宋淇有一天对我说："真羡慕你的女儿全在身边！"真的吗？至少目前我并不觉得，自己有什么可羡之处。也许真

第二单元 散文

要等到最小的季珊也跟着假想敌度蜜月去了,才会和我存并坐在空空的长沙发上,翻阅她们小时相簿,追忆从前,六人一车长途壮游的盛况,或是晚餐桌上,热气蒸腾,大家共享的灿烂灯光。人生有许多事情,正如船后的波纹,总要过后才觉得美的。这么一想,又希望那四个假想敌,那四个生手笨脚的小伙子,还是多吃几口闭门羹,慢一点出现吧。

袁枚写诗,把生女儿说成"情疑中副车",这书袋掉得很有意思,却也流露了重男轻女的封建意识。照袁枚的说法,我是连中了四次副车,命中率够高的了。余宅的四个小女孩现在变成了四个小妇人,在假想敌环伺之下,若问我择婿有何条件,一时倒恐怕答不上来。沉吟半晌,我也许会说:"这件事情,上有月下老人的婚姻谱,谁也不能窜改,包括韦固,下有两个海誓山盟的情人,'二人同心,其利断金',我凭什么要逆天拂人,梗在中间?何况终身大事,神秘莫测,事先无法推算,事后不能悔棋,就算交给 21 世纪的电脑,恐怕也算不出什么或然率来。倒不如故示慷慨,伪作轻松,博一个开明父亲的美名,到时候带颗私章,去做主婚人就是了。"

问的人笑了起来,指着我说:"什么叫做'伪作轻松'?可见你心里并不轻松。"

我当然不很轻松,否则就不是她们的父亲了。例如人种的问题,就很令人烦恼。万一女儿发痴,爱上一个耸肩摊手口香糖嚼个不停的小怪人,该怎么办呢?在理性上,我愿意"有婿无类",做一个大大方方的世界公民。但是在感情上,还没有大方到让一个臂毛如猿的小伙子把我的女儿抱过门槛。

现在当然不再是"严夷夏之防"的时代,但是一任单纯的家庭扩充成一个小型的联合国,也大可不必。问的人又笑了,问我可曾听说混血儿的聪明超乎常人。我说:"听过,但是我不希罕抱一个天才的'混血孙'。我不要一个天才儿童叫我 Grandpa,我要他叫我外公。"问的人不肯罢休:"那么省籍呢?"

"省籍无所谓,"我说,"我就是苏闽联姻的结果,还不坏吧?当初我母亲从福建写信回武进,说当地有人向她求婚。娘家大惊小怪,说'那么远!怎么就嫁给南蛮!'后来娘家发现,除了言语不通之外,这位闽南姑爷并无可疑之处。这几年,广东男孩锲而不舍,对我家的压力很大,有一天闽粤结成了秦晋,我也不会感到意外。如果有个台湾少年特别巴结我,其志又不在跟我谈文论诗,我也不会怎么为难他的。至于其他各省,从黑龙江直到云南,口操各种方言的少年,只要我女儿不嫌他,我自然也欢迎。"

"那么学识呢?"

"学什么都可以。也不一定要是学者,学者往往不是好女婿,更不是好丈夫。只有一点:中文必须精通。中文不通,将祸延吾孙!"

客又笑了。"相貌重不重要?"他再问。

"你真是迂阔之至!"这次轮到我发笑了,"这种事,我女儿自己会注意,怎么会要我来操心?"

笨客还想问下去,忽然门铃响起。我起身去开大门,发现长发乱处,又一个假想敌来掠余宅。

【注释】

[1] 本文选自浙江文艺出版社 2008 年版《余光中散文》,余光中著。

【题解】

余光中和四个女儿的关系,是云淡风轻的。看着她们逐渐成长,童话变成了现实,余光中似乎不知所措,不知道该拿这几个大女孩怎么办。于是,他以诙谐的笔调写了《我的四个假想敌》。本文淋漓尽致地叙写了为父者的微妙心态:目睹爱女长到婚嫁年龄,不忍割舍,却无法阻拦,于是转移目标,将她们的男友一律视作"假想敌"。

【思考练习题】

1. 分析本文中"我"的矛盾心理。
2. 举例说明本文中作者对人生况味的细致体察。
3. 作者的幽默风趣表现在哪些地方?
4. 分析本文语言上的特点。

读书示小妹十八生日书[1]

贾平凹

贾平凹(1952—),原名贾平娃,陕西丹凤人,1975 年毕业于西北大学中文系,全国政协委员,陕西省作家协会副主席,西安市人大代表,西安市作家协会主席,1974 年开始发表作品。著有小说集《贾平凹获奖中篇小说集》《贾平凹自选集》,长篇小说《商州》《白夜》,自传体长篇小说《我是农民》等。《腊月·正月》获中国作协第三届全国优秀中篇小说奖;《满月儿》获 1978 年全国优秀短篇小说奖;《浮躁》获 1987 年美国美孚飞马文学奖;《废都》获 1997 年法国费米娜文学奖。

七月十七日,是你十八生日,辞旧迎新,咱们家又有一个大人了。贾家在乡里是大户,父辈那代兄弟四人,传到咱们这代,兄弟十个,姊妹七个;我是男儿老八,你是女儿最小。分家后,众兄众姐都英英武武有用于社会,只是可怜了咱俩。我那时体单力羸,面又丑陋,十三岁看去老气犹如二十,村人笑为痴傻,你又三岁不能言语,哇哇只会啼哭,父母年纪尚老,恨无人接力,常怨咱这一门人丁不达。从那时起,我就羞于在人前走动,背着你在角落玩耍;有话无人述说,言于你你又不能回答,就喜欢起书来。书中的人对我最好,每每读到欢心处,我就在地上翻着跟头,你就乐得直叫,读到伤心处,我便哭了,你见我哭了,也便趴在我身上哭。但是,更多的是在沙地上,我筑好一个沙城让你玩,自个儿躺在一边读书,结果总是让你尿湿在裤子上,你又是哭,我不知如何哄你,就给你念书听,你竟不哭了,我感激得抱住你,说:"我小妹也是爱书人啊!"东村的二旦家,其父是老先生,家有好多藏书,我背着你去借,人家不肯,说要帮着推磨子。我便将你放在磨盘顶上,教你拨着磨眼,我就抱着磨棍推起磨盘转,一个上午,给人家磨了三升包谷,借了三本书,我乐得去亲你,把你的脸蛋都咬出了一个红牙印儿。你还记得那本《红楼梦》吗?那是你到了四岁,刚刚学会说话,咱们到县城姨家去,我发现柜里有一本书,就蹲在那里看起来,虽然并不全懂,但觉得很有味道。天快黑了,书只看了五分之一,要回

去，我就偷偷将书藏在怀里。三天后，姨家人来找，说我是贼，我不服，两厢骂起来，被娘打过一个耳光，我哭了，你也哭了，娘也抱住咱们哭，你那时说："哥哥，我长大了，一定给你买书！"小妹，你那一句话，给了兄多大安慰，如今我一坐在书房，看着满架书籍，我就记想那时的可怜了。

咱们不是书香门第，家里一直不曾富绰，即使现在，父母和你还在乡下，地分了，粮是不短缺了，钱却有出没入，兄虽每月寄点，也只能顾住油盐酱醋，比不得会做生意的人家。

但是，穷不是咱们的错，书却会使咱们位低而人品不微，贫困而志向不贱。这个社会，天下在振兴，民族在发奋，咱们不企图做官，以仕图之路报效于国家，但作为凡人百姓，咱们却只有读书习文才能有益于社会啊。你也立志与作，兄很高兴，你就要把书看重，什么都不要眼红，眼红读书，什么朋友都可抛弃，但书之友不能一日不交。贫困倒是当作家的准备条件，书是忌富，人富则思惰，你目下处境正好逼你静心地读书，深知书中的精义。这道理人往往以为不信，走过来了方才醒悟，小妹可将我的话记住，免得以后"悔之不及"。

兄在外已经十年，自不敢忘了读书，所作一、二篇文章，尽属肤浅习作，愈使读书不已。过了二月二十一日，已到了而立之年，才更知立身难，立德难，立文难。夜读《西游记》，悟出"取经唯诚，伏怪以力"，不觉怀多感激，临风而叹息。兄在你这般年纪，读书目过能记，每每是借来之书，读得也十分注重，而今桌上、几上、案上、床上，满是书籍，却常常读过十不能记下四五，这全是年龄所致也，我至今只有以抄写辅助强记，但你一定要珍惜现在年纪，多多读书啊。

既有条件，读书万万不能狭窄。文学书要读，政治书要读，哲学、历史、美学、天文、地理、医药、建筑、美术、乐理……凡能找到的书，都要读读，若读书面窄，借鉴就不多，思路就不广，触一而不能通三。但是，切切又不要忘了精读，真正的本事掌握，全在于精读。世上好书，浩如烟海，一生不可能读完，且又有的书虽好，但不能全为之喜爱，如我一生不喜食肉，但肉确实是世上好东西。你若喜欢上一本书了，不妨多读：第一遍可囫囵吞枣读，这叫享受；第二遍就静心坐下来读，这叫吟味；第三遍便要一句一句想着读，这叫深究。三遍读过，放上几天，再去读读，常又会有再新再悟的地方。你真真正正爱上这本书了，就在一个时期多找些这位作家的书来读，读他的长篇，读他的中篇，读他的短篇，或者散文，或者诗歌，或者理论，再读外人对他的评论、所写的传记，也可再读读和他同期作家的一些作品。这样，你知道他的文了，更知道他的人了，明白当时是什么社会，如何的文坛，他的经历、性格、人品、爱好等等是怎样促使他的风格的形成？大凡世上，一个作家都有自己一套写法，都是有迹而可觅寻，当然有的天分太高了，便不是一时一阵便可理得清的。兄读中国的庄子、太白、东坡诗文，读外国的泰戈尔、川端康成、海明威之文，便至今于起灭转接之间不可测识。说来，还是兄读书太少，悟觉浅薄啊！如此这番读过，你就不要理他了，将他丢开，重新进攻另一个大家。文学是在突破中前进，你要时时注意，前人走到了什么地方，同辈人走到了什么地方？任何一个大家，你只能继承，不能重复，你要在读他的作品时，就将他拉到你的脚下来读。这不是狂妄，这正是知其长，晓其短，师精神而弃皮毛啊。虚无主义可笑，但全然跪倒来读，他可以使你得益，也可能使你受损，永远在他的屁股后了。这你要好好记住。

在家时，逢小妹生日，兄总为你梳那一双细辫，亲手要为你剥娘煮熟的鸡蛋。一走十年，竟总是忘了你生日的具体时间，这你是该骂我的了。今年一入夏，我便时时提醒自己，要到时一定祝贺你成人。邻居妇人要我送你一笔大钱，说我写书，稿费易如就地俯拾，我反驳，又说我"肥猪也哼哼"，咳，邻人只知是钱！人活着不能没钱，但只要有一碗吃，钱又算个什么呢？如今稿费低贱，家岂是以稿费发得？！读书要读精品，写书要立之于身，功于天下，哪里是邻居妇人之见啊！这么多年，兄并不敢奢侈，只是简朴，唯恐忘了往昔困顿，也是不忘了往昔，方将所得数钱尽买了书籍。所以，小妹生日，兄什么也不送，仅买一套名著十册给你寄来，乞妹快活。

【注释】

[1] 本文选自漓江出版社1993年版《贾平凹散文大系》(第二卷)，贾平凹著。

【题解】

贾平凹从小在农村长大，历经苦难，同时也培养了他们姊妹兄弟之间真挚的感情。在小妹十八岁生日的当天他写了这篇感人肺腑、催人泪下的《读书示小妹十八生日书》，劝小妹珍惜光阴，好好读书。

【思考练习题】

1. 阅读本文，你最感动的是什么？
2. 贾平凹在信中对妹妹讲述了怎样的人生经验？
3. 通过本文具体体会贾平凹散文的特色。

远处的青山[1]

高尔斯华绥

约翰·高尔斯华绥(1867—1933)，英国小说家、剧作家。高尔斯华绥的作品以19世纪后期和20世纪初期的英国社会为背景，描写了英国资产阶级的社会和家庭生活以及盛极而衰的历史。他的作品语言简练，形象生动，讽刺辛辣。其主要作品有长篇小说《福尔赛世家》三部曲(《有产业的人》《骑虎》《出租》)、《现代喜剧》三部曲(《白猿》《银匙》《天鹅之歌》)、《尾声》三部曲(《女侍》《开花的荒野》《河那边》)，剧本《银匣》《斗争》《群众》等。

不仅仅是在这刚刚过去的三月里(但已恍如隔世)，在一个充满痛苦的日子——德国发动它最后一次总攻后的那个星期天，我还登上过这座青山吗？正是那个阳光和煦的美好天气，南坡上的野茴香浓郁扑鼻，远处的海面一片金黄。我俯身草上，暖着面颊，一边因为那新的恐怖而寻找安慰。这进攻发生在连续四年的战祸之后，益发显得酷烈出奇。

"但愿这一切快些结束吧！"我自言自语道，"那时我就又能到这里来，到一切我熟悉的可爱的地方来，而不致这么伤神揪心，不致随着我的表针的每下嘀嗒，就又有一批生灵惨遭涂炭。啊，但愿我又能——难道这事便永无完结了吗？"

现在总算有了完结，于是我又一次登上了这座青山，头顶上沐浴着十二月的阳光，远处的海面一片金黄。这时心头不再感到痉挛，身上也不再有毒氛侵袭。和平了！仍然有些难以相信。不过再不用过度紧张地去谛听那永无休止的隆隆炮火，或去观看那倒下的人们，张裂的伤口与死亡。和平了，真的和平了！战争持续了这么久，我们不少人似乎已经忘记了 1914 年 8 月战争全面爆发之初的那种盛怒与惊愕之感。但是我却没有，而且永远不会。

在我们一些人中——我以为实际上在相当多的人中，只不过他们表达不出罢了——这场战争主要会给他们留下这种感觉："但愿我能找到这样一个国家，那里人们所关心的不再是我们一向所关心的那些，而是美，是自然，是彼此仁爱相待。但愿我能找到那座远处的青山！"关于忒俄克里特斯[2]的诗篇，关于圣弗兰西斯[3]的高风，在当今的各个国家里，正如东风里草上的露珠那样，早已渺不可见。可能过去我们的想法不同，现在我们的幻想也已破灭。不过和平既归已经到来，那些新近被屠杀的人们的幽魂从那里无可阻拦我们的呼吸而充塞在我们的胸间。

和平之感在我们头脑中正一天天变得愈益真实和愈益与幸福相连。此刻我已能在这座青山之上为自己还能活在这样一个美好的世界里而赞美造物主。我能在这温暖阳光的覆盖之下安然睡去，而不会醒后又是过去的那种怵怵欲绝。我甚至能心情欢快地去做梦，不致醒后好梦打破，而且即使做了噩梦，睁开眼睛后一切也就消失了。我可以抬头仰望那碧蓝的晴空，而不会突然瞥见那里拖曳着一长串狰狞可怖的幻象，或者人对人所干出的种种伤天害理的惨景。我终于能够一动不动地凝注着那么澄澈而蔚蓝的晴空，而不会时刻受着悲愁的拘牵，或者俯视那潋滟的远海，而不致担心波面上再会浮起屠杀的血污。

天空中各种禽鸟的飞翔，海鸥、白嘴鸭以及那往来徘徊于白垩坑边的棕色小东西让我很是欣慰，它们是那样自由自在，不受拘束。一只画眉正鸣啭在黑莓丛中，那里叶间的晨露还未干。轻如蝉翼的新月依然隐浮在天际，远方不时传来熟悉的声音，而阳光正暖着我的脸颊。这一切都是多么令人愉快！这里见不到凶猛可怕的苍鹰飞扑而下，把那快乐的小鸟攫去，这里不再有歉疚不安的良心把我从这逸乐之中唤走。到处都充满着欢欣，一切都完美无瑕。这时举目四望，不管你是看看眼前的蜗牛甲壳，雕镂刻画得那般精致，恍如童话里小精灵头上的细角，而且角端作蔷薇色，还是俯瞰从此处至海上的一带平芜，它浮游于午后阳光的微笑之下，几乎活了起来。没有树篱，一片空旷，但有许多"炯炯有神"的树木，还有那银白的海鸥，翱翔在色如蘑菇的耕地或青葱翠绿的田野之间；不管你是凝视这株小小的粉红雏菊，还是注目那棕红灰褐的满谷林木，上面乳白色的流云低低悬垂，暗影浮动——你觉得一切都是那么美好。这是只有大自然在一个风和日丽的天气，而且那观赏大自然的人的心情也分外悠闲的时候，才能见得到的。

在这座青山之上，我对战争与和平的区别也认识得比往常更加透彻。在我们的一般生活当中，一切几乎没有发生多大改变——我们并没有领得更多的奶油或更多的汽油，战争的愁云还笼罩着我们，报纸杂志上还充溢着敌意和仇恨；但是在精神情绪上我们确已感到

巨大差别,那久病之后是逐渐死去还是逐渐恢复的巨大差别。

据说,此次战争爆发之初,曾有一位艺术家闭门不出,把自己关在家中和花园里,不订报纸,不会宾客,耳不闻杀伐之声,目不睹战争之形,每日唯以作画赏花自娱——只是不知他这样继续了多久。难道他这种做法便是聪明,还是他所感受到的痛苦比那些不知躲避的人更加厉害?难道一个人连自己头顶上的苍穹也能躲得开吗?连自己同类的普遍灾难也能无动于衷吗?

整个世界的逐渐恢复——生命这株伟大的花朵慢慢重放——在人的感觉与印象上的确是再美不过的事了。我把手掌狠狠地压在草叶上面,然后把手挪开,再看那草叶慢慢直了过来,脱去它的损伤。我们自己的情形也正是如此,而且永远如此。战争的创伤已深深侵入我们的身心,正如严霜侵入土地那样。在为了杀人流血这桩事情而在战斗、护理、宣传、作文、筑工事以及不计其数的其他各个方面竭尽努力的人们当中,很少有人是出于对战争的真正热忱才去做的。但是,说来奇怪,这四年来写得最优美的一篇诗歌,亦即朱利安·克伦菲尔[4]的《投入战斗》,竟是纵情讴歌战争之作!但是如果我们能把自那第一声战斗号角吹响之后一切男女对战争所发出的深切诅咒全部聚集起来,那些哀歌之多恐怕连笼罩地面的高空也盛装不下。

然而美与仁爱所在的"青山"离我们还很遥远。什么时候它会更近一些?人们甚至在我所偃卧的这座青山里也打过仗。根据这里白垩与草地上的工事的痕迹推测,这里还曾宿过士兵。白昼与夜晚的美好,云雀的欢歌,香花与芳草,健美的欢畅,空气的新鲜,星辰的庄严,阳光的和煦,还有那轻歌与曼舞,淳朴的友情,这一切都是人们渴求不餍的。但是我们却偏偏要去追逐那浊流一般的命运,这样战争能永远终止吗?

这是四年零四个月以来我从没有领略过的快乐,现在我躺在草上,听任思想自由飞翔,那安详如海面上轻轻袭来的和风,那幸福如这座青山上的晴光。

(高健译)

【注释】

[1] 本文选自山东文艺出版社1995年版《外国散文传世之作》,张秋红主编。

[2] 忒俄克里特托斯:古希腊诗人(约前310—前245)。

[3] 圣弗兰西斯:意大利高僧。

[4] 朱利安·克伦菲尔:英国第一次世界大战期间著名诗人。

【题解】

《远处的青山》写于第一次世界大战之后。作者以远处的一座青山为落笔点展开自己的想象,抒写了重登青山的见闻和感受,表达了憎恶战争、热爱和平的感情。本文是作者的代表作之一,是一篇具有浓厚人道主义精神的优美散文。

【思考练习题】

如何理解"远处的青山"的含义?

第二单元 散文

乡　村[1]

屠格涅夫

伊凡·谢尔盖耶维奇·屠格涅夫(1818—1883)，19 世纪俄国现实主义小说家、诗人和剧作家。

1843 年他发表了长诗《巴拉莎》，开始文学生涯。19 世纪五六十年代是屠格涅夫创作的高潮期，先后完成了长篇小说《罗亭》《贵族之家》《前夜》《父与子》《烟》，中篇小说《多余人日记》《僻静的角落》《阿霞》《初恋》等。这些作品成功地塑造了一批"多余人"和"新人"形象。他的小说语言纯净优美，结构简洁严密，擅长描写自然风景，常用隐蔽手法描写人物心理。其作品充满诗意的氛围和淡淡的哀愁，给人无尽的回味。

六月里的最后一天。周围是俄罗斯千里幅员——亲爱的家乡。

整个天穹一片蔚蓝。天上只有一朵云彩，似乎是在飘动，似乎是在消散。没有风，天气暖和……空气里仿佛弥漫着鲜牛奶似的东西！

云雀在鸣啭，大脖子鸽群咕咕叫着，燕子无声地飞翔，马儿打着响鼻、嚼着草，狗儿没有吠叫，温驯地摇尾站着。

空气里蒸腾着一种烟味，还有草香，并且混杂一点儿松焦油和皮革的气味。大麻已经长得很茂盛，散发出它那浓郁的、好闻的气味。

一条坡度和缓的深谷。山谷两侧各栽植数行柳树，它们的树冠连成一片，下面的树干已经龟裂。一条小溪在山谷中流淌。透过清澈的涟漪，溪底的碎石子仿佛在颤动。远处，天地相交的地方，依稀可见一条大河的碧波。

沿着山谷，一侧是整齐的小粮库、紧闭门户的小仓房；另一侧，散落着五六家薄板屋顶的松木农舍。家家屋顶上，竖着一根装上椋鸟巢的长竿子；家家门檐上，饰着个铁铸的扬鬃奔马。粗糙不平的窗玻璃，辉映出彩虹的颜色。护窗板上，涂画着插有花束的陶罐。家家农舍前，端端正正摆着一条结实的长凳。猫儿警惕地竖起透明的耳朵，在土台上蜷缩成一团。高高的门槛后面，清凉的前室里一片幽暗。

我把毛毯铺开，躺在山谷的边缘。周围是整堆整堆刚刚割下、香得使人困倦的干草。机灵的农民，把干草铺散在木屋前面：只要再稍稍晒干一点，就藏到草棚里去。这样，将来睡在上面有多舒服！

孩子们长着卷发的小脑袋，从每一堆干草后面钻出来。母鸡晃动着鸡冠，在干草里寻觅种种小虫。白唇的小狗，在乱草堆里翻滚。

留着淡褐色卷发的小伙子们，穿着下摆束上腰带的干净衬衣，蹬着沉重的镶边皮靴，胸脯靠在卸掉了牲口的牛车上，彼此兴致勃勃地谈天、逗笑。

圆脸的少妇从窗子里探出身来，不知是由于听到了小伙子们说的话，还是因为看到了干草堆上孩子们的嬉闹，她笑了。

另一个少妇伸出粗壮的胳膊，从井里提上一只湿淋淋的大木桶……水桶在绳子上抖动

着、摇晃着,滴下一滴滴闪光的水珠。

我面前站着个年老的农妇,她穿着新的方格子布裙子,蹬着新鞋子。

在她黝黑、精瘦的脖子上,绕着三圈空心的大串珠。花白头发上系着一条带红点的黄头巾,头巾一直遮到已失去神采的眼睛上面。

但老人的眼睛有礼貌地笑着,布满皱纹的脸上也堆满笑意。也许已有六十多岁年纪了……就是现在也可以看出来:当年她可是个美人啊!

她张开晒黑的右手五指,托着一罐刚从地窖里拿出来的、没有脱脂的冷牛奶,罐壁上蒙着许多玻璃珠子似的水汽;左手掌心里,老妇拿给我一大块冒着热气的包子。她说:"为了健康,吃吧,远方来的客人!"

雄鸡忽然啼鸣起来,忙碌地拍打着翅膀;拴在圈里的小牛犊和它呼应着,不慌不忙地发出哞哞的叫声。

"瞧这片燕麦!"传来我马车夫的声音。

啊,俄罗斯自由之乡的满足,安逸,富饶!啊,宁静和美好!

于是我想到:皇城里圣索菲娅教堂圆顶上的十字架以及我们城里人正孜孜以求的一切,算得了什么呢?

(张守仁译)

【注释】

[1] 本文选自百花文艺出版社2005年版《屠格涅夫散文选》,张守仁译。

【题解】

1872年2月,屠格涅夫创作了著名的散文诗《乡村》,他把自己深切的思乡之情和浓浓的爱国热情,用生动的形象显现出来,为我们描绘了一幅和谐宁静的俄国乡村风情画。

【思考练习题】

1. 在屠格涅夫笔下,俄国的乡村具有怎样的特点?体现了作者怎样的感情?
2. "皇城里圣索菲娅教堂圆顶上的十字架以及我们城里人正孜孜以求的一切,算得了什么呢?"这句话在文章中有什么作用?

巴尔扎克之死[1]

雨 果

维克多·雨果(1802—1885),19世纪法国浪漫主义文学运动领袖,人道主义的代表人物,被人们称为"法兰西的莎士比亚",20岁时发表《颂诗集》,一举成名。雨果的创作生涯超过60年,作品包括26卷诗歌、20卷小说、12卷剧本、21卷哲理论著,合计79卷之多,给法国文学和人类文化宝库增添了一份十分辉煌的文化遗产。其主要作品有长篇小说《巴黎圣母院》《悲惨世界》《海上劳工》《笑面人》《九三年》,短篇小说《"诺曼底"号遇难记》,诗集《光与影》《秋叶集》等。

第二单元 散文

1850年8月18日,我的夫人去看望巴尔扎克夫人,她回来后对我说,巴尔扎克先生快死了。我急忙赶去看他。

巴尔扎克先生一年半以来一直患心脏肥大症。二月革命[2]之后,他去了俄国,在那里结了婚。在他去俄国之前,我在大街上遇见他,他哼哼着,喘着粗气。1850年5月,他回到法国。结婚后他有钱了,但身体异常虚弱。回到法国时,他的双腿已经浮肿,四位医生看了他的病,其中的路易医生7月6日对我说:"他最多再活六个星期。"他患的是和弗雷德里克·苏利埃[3]一样的病。

8月18日,我的叔叔路易·雨果将军在我家吃晚饭。我匆匆吃罢,离开叔叔,乘出租马车赶往巴尔扎克先生住的博戎区福蒂内大街14号。这是博戎先生府邸中侥幸未被拆毁的几幢房子,房子不高,巴尔扎克把它买了下来,经过豪华的装修,使它成为一座迷人的私宅,宅子的可以走马车的大门开向福蒂内大街,宅子没有花园,铺着石板的狭长的庭院点缀着几个花坛。我按了门铃。月光被云彩遮住,街上静悄悄的。没有人来开门,我又按了一次铃。门开了,一名女仆人手持蜡烛出现在我面前。

"先生有事吗?"女仆问,她正在哭泣。

我通报姓名后被领进一楼的客厅。客厅壁炉对面的一个托架上,放着大卫[4]雕刻的巴尔扎克硕大的半身像。客厅中央,一张华贵的椭圆形桌子上点着一支蜡烛,摆着六个精美的金色小雕像。这时,另一个女仆哭着走过来对我说:

"他快死了。夫人已经回去了。医生们从昨天起就不管他了。他左腿上的伤口已经坏死,医生们不知道该怎么办,他们说先生的水肿像猪肉皮似的,已经浸润,这是他们的说法。他们还说先生腿上的皮和肉像猪膘,已经不可能再做穿刺术。事情是这样的:上个月先生上床睡觉时碰在一个饰有人像的家具上,左腿上磕了一个口子,他身上的脓水都流了出来。医生们看后都惊叫起来,并开始给他做穿刺手术。他们说:咱们顺其自然吧。但先生腿上又出现了脓肿,是卢克斯先生给他做的手术。昨天,医生把器械取走了。先生的伤口没有化脓,但颜色发红、干巴巴的发烫。医生们说先生没有救了,都不再来看他。我们去找过四五个医生,但没有用,医生们都说他们已经无能为力。昨天晚上,先生的情况很糟,今天上午九点,他再也说不出话来了。夫人派人请来了神父,神父给先生施了临终涂油礼。先生示意他明白是怎么回事。一小时之后,他握住了他妹妹絮维尔夫人的手。从十一点起,他不断地喘着粗气,两眼再也看不见东西。他不会活过今天晚上的。先生,如果您愿意,我去请絮维尔先生,他还没有睡。"

女仆离开了,我等了一会儿。烛光暗淡,微弱的光线照着客厅富丽堂皇的陈设,照着墙上挂的波比斯[5]和霍勒拜因[6]的几幅杰作。在昏暗的烛光中,那尊大理石半身雕像显得模模糊糊,恰似这个垂死之人的幽灵。房子里充满死尸散发的气味。

絮维尔先生走进客厅,他说的和女仆说的完全一样。我要求看看巴尔扎克先生。

我们穿过一条走廊,登上一个铺着红地毯的楼梯,楼梯两旁堆满花瓶、雕像、画、上了釉的餐具橱等艺术品。在穿过另一条走廊后,我看见一扇门敞开着,听见一个人喘着粗气,给人以不祥的感觉。

我走进了巴尔扎克的房间。

房间中央放着一张床,床是桃花心木做的,床头和床脚的横挡及皮带构成一种悬挂器械,用以帮助病人活动。巴尔扎克先生躺在床上,头靠着一大堆枕头,枕上还加上了从房间的长沙发上取下的红锦缎坐垫。他的脸斜向右侧,脸色青紫,胡子没有剃,灰白的头发剪得很短,两眼睁着,目光呆滞。我从侧面看着他,觉得他很像皇帝。

一个老妇人和一名男仆分别站在床的两侧。床头柜上和门旁的小衣柜上各点着一支蜡烛,床头柜上还摆着一只银瓶。

男仆和老妇人面带恐惧,屏声静息地听着临终之人喘着粗气。

床头柜上的蜡烛把壁炉旁挂着的一幅画照得通亮,画上的年轻人红润的脸庞上泛着微笑。

床上散发出一股令人无法忍受的气味。我撩起被子,握住了巴尔扎克的手。他的手上全是汗,我紧紧地握着,他却毫无反应。

一个月以前,我曾来到这个房间里看他。当时他很高兴,充满了希望。他笑指着身上浮肿的地方,相信自己的病会痊愈。

我们谈了很多,还争论了政治问题。他是正统派,他责怪我"蛊惑人心"。他对我说:"你怎么能那么泰然自若地放弃法兰西贵族院议员的头衔呢?除了国王的称号之外,那可是最尊贵的头衔了!"他还对我说:"我买下了博戎先生的房子,房子不带花园,但有一个廊台,廊台楼梯上的门对着小教堂,我用钥匙开了门就可以去望弥撒。花园对我无所谓,我更看重这个廊台。"

那天我离开他时,他一直把我送到廊台的楼梯上。他走路很吃力,指给我看那扇门,还大声对他夫人说:"别忘了让雨果好好看看我藏的那些画。"

老妇人对我说:"他活不到天亮了。"

我走下楼梯,满脑子都是他那张没有血色的面孔。穿过客厅时,我又看见了那尊静止不动的、表情沉着高傲的、隐隐约约焕发着容光的半身雕像,我想到了对比鲜明的死亡和不朽。

我回到家里。这是个星期天,好几个人正在家里等我,其中有土耳其代办勒扎·贝、西班牙诗人纳瓦雷特和被流放的意大利伯爵阿里瓦贝纳。我对他们说:"先生们,欧洲马上要失去一位伟人。"

他在夜里去世了,终年五十一岁。

他于星期三被安葬。

他先是被安放在博戎教堂,他是从廊台楼梯的那扇门被抬出去的。对他来说,那门的钥匙比从前的包税人所有的漂亮的花园更珍贵。

他去世的当天,吉罗[7]给他画了像。人们还想做他的面模,但没有成功,因为尸体腐烂得很快。他死后的第二天上午,到他家来的模塑工人发现他的鼻子塌陷,脸已经变形。人们把他放进一个包铅的橡木棺材里。

葬礼在圣·菲力浦·迪鲁尔教堂举行。我站在他的棺材旁,回想起我的第二个女儿出生后行洗礼时也是在这个教堂,从那时起我再没有来过。在我的记忆之中,死亡和新生联系在一起。

内政部长巴罗士参加了葬礼。在教堂里的灵柩台前,他坐在我身旁,不时地和我交谈几句。

"他是个杰出人物。"他对我说。

"他是天才。"我对他说。

送葬的队伍穿过巴黎的街道,向拉雪兹神甫公墓行进。我们从教堂出发和抵达墓地时,天上都掉下几滴雨点。这是天公好像也在洒泪的一天。

我走在灵柩的右前方,握着柩底的一根银流苏,亚历山大·仲马[8]走在灵柩的左前方。

墓穴在山丘上,我们到达那里时,已经是人山人海。道路崎岖狭窄,上坡时,拉柩车的几匹马不能拉住牛子,柩车在下滑,我被夹在牛轮和一个墓穴中间,险些被轧死。站在墓上的人群抓住我的肩膀,把我拉了过去。

从教堂到墓地,我们徒步走完了全程。

棺材被放到墓穴里,与夏尔·诺迪埃[9]和卡齐米尔·德拉维涅[10]的墓穴为邻。神父做了最后的祈祷,我讲了几句话。

在我讲话时,太阳正在西下,远处的巴黎笼罩在落日辉煌的雾霭之中。几乎在我的脚下,墓穴里的土越堆越多,而我的讲话不断被落在棺材上的土块发出的沉闷声响打断。

(张有浩译)

【注释】

[1] 本文选自山东文艺出版社1995年版《外国散文传世之作》,张秋红主编。

[2] 二月革命:指巴黎人民旨在推翻君主制的1848年的二月革命。

[3] 弗雷德里克·苏利埃:法国作家(1800—1847)。

[4] 大卫:皮埃·让·大卫,法国雕刻家(1788—1856)。

[5] 波比斯:16世纪弗拉芒画家。

[6] 霍勒拜因:16世纪德国画家。

[7] 吉罗:塞巴斯蒂安·夏尔·吉罗,法国画家(1819—1892)。

[8] 亚历山大·仲马:法国著名作家(1802—1870),世称大仲马。

[9] 夏尔·诺迪埃:法国作家(1780—1844)。

[10] 卡齐米尔·德拉维涅:法国诗人(1793—1843)。

【题解】

1850年8月20日,当巴尔扎克的遗体在拉雪兹神甫公墓下葬时,作为巴尔扎克的老朋友,法国浪漫主义文学运动领袖雨果冒雨对公众发表了悼念演讲。本文文笔朴素,和他的沉重心情相得益彰。

【思考练习题】

1. 雨果对于生与死是如何阐释的?
2. 雨果以朴素的语言复活了巴尔扎克的形象,谈谈你心中的巴尔扎克形象。

像山那样思考[1]

奥尔多·利奥波德

奥尔多·利奥波德(1887—1948),美国著名环境保护主义者,环保先驱人物,保护野生生物之父,"美国野生生物管理之父",被称为"美国的先知""一个热心的观察家,一个敏锐的思想家,一个造诣极深的文学巨匠"。《沙乡年鉴》是他最著名的著作。这是一本随笔和哲学论文集,是他一生的观察、经历和思考的结晶。

一声深沉的、来自肺腑的嗥叫,在四野的山崖间回响着,然后滚落山下,渐渐地隐匿于漆黑的夜色里。那是一声不驯服的、对抗性的悲鸣,是对世界上一切苦难的蔑视情感的迸发。

一切活着的生物(也许包括很多死者),都留心倾听那声呼唤。对鹿来说,它是近在咫尺的死亡警告;对松林来说,它是预测半夜里格斗后留在雪地上的流血预言;对野狼来说,就是要来临的一种有残肉可食的允诺;对牧牛人来说,那是银行账户里透支的威胁;对猎人来说,那是獠牙抵御子弹的挑战。然而,在这些明显的而迫近的希望和恐惧之后,还隐藏着更加深奥的含义;只有山知道这个含义,只有这座山长久地活着,可以客观地去聆听狼的嗥叫。

不过,无法理解那声音所隐藏的含义者,仍知道这声嗥叫的存在,因为在整个狼群出没的地区都可以感觉到它,而且,正是它把有狼的地方与其他地方区别开来的。它使那些在夜里听到狼叫,白天去察看狼的足迹的人毛骨悚然。即使看不到狼的踪迹,也听不到它的声音,它也是暗含在许多小小的事件中的:一匹驮货之马深夜里的嘶鸣,岩石滚动的刺耳声,鹿群逃命的跳跃声以及云杉下道路的阴影。只有不堪造就的初学者才感觉不到狼是否存在,或无法察觉山对狼怀有秘密的看法。

我自己对这一点的坚信不疑,要追溯到我看见一只狼死去的那一天。当时,我们正在一个高耸的峭壁上吃午饭。一条湍急的河流在崖壁下蜿蜒流过。我们看见一只雌鹿——当时我们是这样认为的——它正在涉水渡过这条急流,它的胸部淹没在白色的水中。当它爬上岸朝我们走来并甩动着尾巴时,我们才发觉我们错了:那是一只狼。另外还有六只显然是正在发育的小狼也从柳树丛中跑了出来,它们喜气洋洋地摇着尾巴,嬉戏着搅在一起。它们确确实实是一群狼,就在我们的峭壁之下的空地上蠕动着、玩耍着。

在那些日子里,没有人会放弃一个杀狼的机会。瞬间,子弹已经射入狼群里,但我们太兴奋了,无法瞄准;我们总是搞不清楚如何以这么陡的角度往下射击。当我们用完了来复枪的子弹时,老狼倒了下来,另外有一只狼拖着一条腿,进入山崩造成的一堆人类无法通行的岩石中去了。

我们来到老狼那里时,还可以看见它眼中那令人难受而垂死时的绿光渐渐熄灭。自那时起,我明白了,那双眼睛里有某种我前所未见的东西——某种只有狼和山知道的东西。我当时年轻气盛,动不动就手痒,想扣扳机;我以为狼减少意味着鹿会增多,因此,狼的

消失便意味着猎人的天堂。但是,在看了那绿光熄灭时的情景,我明白:无论是狼,还是山,都不会同意这种观点。

自那以后,我亲眼看见一个州接一个州地消灭了它们所有的狼。我看见过许多刚刚失去了狼的山的样子。看见南面的山坡出现许多鹿刚踏出来的纷乱小径。我看见所有可吃的灌木和树苗都被吃掉,然后便衰竭枯萎,不久渐渐死去。我也看见每一棵可吃的树,在马鞍头高度以下的叶子全被鹿吃得精光。看到这样的一座山,你会以为有人送给上帝一把新的大剪刀,叫他成天只修剪树木,不做其他事情。到了最后,人们期望的鹿群因为数量过于庞大而饿死了,它们的骨头和死去的鼠尾草一起变白,或者在成排只有高处长有叶子的刺柏下腐朽。

现在我猜想,就像鹿群活在对狼的极度恐惧之中,山也活在对鹿群的极度恐惧之中。而或许山的惧怕有更充分的理由,因为一只公鹿被狼杀死了,两三年后便可以得到替补;然而,一座被过多的鹿摧毁的山脉,可能几十年也无法恢复原貌。

牛群也是如此。牧牛人清除了牧场上的狼,却未意识到他正在接收狼的一项工作:以削减牛群的数目来适应牧场的大小。他没有学会像山那样来思考,因此,干旱尘暴风出现了,而河流将我们的未来冲入大海里。

我们都在努力追求安全、繁荣、舒适、长寿和平静的生活,鹿用它轻快的四肢,牧牛人用陷阱和毒药,政治家用笔;而大多数人则用机器、选票和美金。但是,这一切都只为了一件事:这个时代的和平。在这方面获得某种程度的成功是很好的,而且或许是客观思考的必要条件。然而,就长远来看,太多的安全似乎只会带来危险。当梭罗说"野地里蕴含着这个世界的救赎"时,或许他正暗示着这一点。或许这就是狼的嗥叫所隐藏的内涵,山早就领悟了这个含义,只是大多数人依然没有感悟。

(侯文蕙译)

【注释】

[1] 本文选自吉林人民出版社 1997 年版《沙乡年鉴》,[美]奥尔多·利奥波德著,侯文蕙译。

【题解】

《沙乡年鉴》是奥尔多·利奥波德最著名的作品。这是一本随笔和哲学论文集,是他一生观察、经历和思考的结晶。《像山那样思考》是《沙乡年鉴》中收录的一则随笔。本文以"狼—鹿—草"这条食物链被斩断为例,揭示了在人类种种愚蠢的行为背后隐藏的巨大生存危机。

【思考练习题】

1. 作者在文中提到"在这些明显的而迫近的希望和恐惧之后,还隐藏着更加深奥的含义",这个"更加深奥的含义"是什么?

2. 人类为什么要"像山那样思考"?

我有一个梦想

马丁·路德·金

马丁·路德·金(1929—1968)，著名黑人民权运动领袖。生于美国东南部的佐治亚州的亚特兰大市。1948年大学毕业后担任教会的牧师。1948年到1951年间，在美国东海岸的费城继续深造。1963年，他见到了肯尼迪总统，要求通过新的民权法，给黑人以平等的权利。1964年，获得诺贝尔和平奖，有"金牧师"之称。1968年被种族主义分子枪杀，终年39岁。马丁·路德·金被誉为近百年来最具有说服力的演说家之一。

一百年前，一位伟大的美国人签署了解放黑奴宣言，今天我们就是在他的雕像前集会。这一庄严宣言犹如灯塔的光芒，给千百万在那摧残生命的不义之火中受煎熬的黑奴带来了希望。它的到来犹如欢乐的黎明，结束了束缚黑人的漫漫长夜。

然而一百年后的今天，黑人还没有得到自由，一百年后的今天，在种族隔离的镣铐和种族歧视的枷锁下，黑人的生活备受压榨。一百年后的今天，黑人仍生活在物质充裕的海洋中一个贫困的孤岛上。一百年后的今天，黑人仍然萎缩在美国社会的角落里，并且意识到自己是故土家园中的流亡者。今天我们在这里集会，就是要把这种骇人听闻的情况公之于众。

我并非没有注意到，参加今天集会的人中，有些受尽苦难和折磨，有些刚刚走出窄小的牢房，有些由于寻求自由，曾在居住地惨遭疯狂迫害的打击，并在警察暴行的旋风中摇摇欲坠。你们是人为痛苦的长期受难者。坚持下去吧，要坚决相信，忍受不应得的痛苦是一种赎罪。

让我们回到密西西比去，回到亚拉巴马去，回到南卡罗来纳去，回到佐治亚去，回到路易斯安那去，回到我们北方城市中的贫民区和少数民族居住区去，要心中有数，这种状况是能够也必将改变的。我们不要陷入绝望而不能自拔。

朋友们，今天我对你们说，在此时此刻，我们虽然遭受种种困难和挫折，我仍然有一个梦想。这个梦是深深扎根于美国的梦想中的。

我梦想有一天，这个国家会站立起来，真正实现其信条的真谛："我们认为这些真理是不言而喻的；人人生而平等。"

我梦想有一天，在佐治亚的红山上，昔日奴隶的儿子将能够和昔日奴隶主的儿子坐在一起，共叙兄弟情谊。

我梦想有一天，甚至连密西西比州这个正义匿迹，压迫成风，如同沙漠般的地方，也将变成自由和正义的绿洲。

我梦想有一天，我的四个孩子将在一个不是以他们的肤色，而是以他们的品格优劣来评判他们的国度里生活。

我今天有一个梦想。

我梦想有一天，亚拉巴马州能够有所转变，尽管该州州长现在仍然满口异议，反对联

邦法令,但有朝一日,那里的黑人男孩和女孩将能够与白人男孩和女孩情同骨肉,携手并进。

我今天有一个梦想。

我梦想有一天,幽谷上升,高山下降,坎坷曲折之路成坦途,圣光披露,满照人间。

这就是我们的希望。我怀着这种信念回到南方。有了这个信念,我们将能从绝望之岭劈出一块希望之石。有了这个信念,我们将能把这个国家刺耳的争吵声,改变成为一支洋溢手足之情的优美交响曲。有了这个信念,我们将能一起工作,一起祈祷,一起斗争,一起坐牢,一起维护自由;因为我们知道,终有一天,我们是会自由的。

在自由到来的那一天,上帝的所有儿女们将以新的含义高唱这支歌,"我的祖国,美丽的自由之乡,我为您歌唱。您是父辈逝去的地方,您是最初移民的骄傲,让自由之声响彻每个山冈。"

如果美国要成为一个伟大的国家,这个梦想必须实现。让自由之声从新罕布什尔州的巍峨峰巅响起来!让自由之声从纽约州的崇山峻岭响起来!让自由之声从宾夕法尼亚州阿勒格尼山的顶峰响起!让自由之声从科罗拉多州冰雪覆盖的落基山响起来!让自由之声从加利福尼亚州蜿蜒的群峰响起来!不仅如此,还要让自由之声从佐治亚州的石岭响起来!让自由之声从田纳西州的了望山响起来!让自由之声从密西西比州的每一座丘陵响起来!让自由之声从每一片山坡响起来。

当我们让自由之声响起来,让自由之声从每一个大小村庄、每一个州和每一个城市响起来时,我们将能够加速这一天的到来,那时,上帝的所有儿女,黑人和白人,犹太人和非犹太人,新教徒和天主教徒,都将手携手,合唱一首古老的黑人灵歌:"终于自由啦!终于自由啦!感谢全能的上帝,我们终于自由啦!"

(焦骊译)

【注释】

[1] 本文选自天津百花文艺出版社 2001 年版《世界经典散文新编·北美卷》,李文俊主编。

【题解】

1963 年 8 月 23 日,马丁·路德·金组织了美国历史上影响深远的"自由进军"运动。他率领一支庞大的游行队伍向首都华盛顿进军,为全美国的黑人争取人权。他在林肯纪念堂前向 25 万人发表了著名的演说《我有一个梦想》,为反对种族歧视、争取平等吹响了号角。

【思考练习题】

1. 一份成功的演讲稿需要具备哪些因素?
2. 马丁·路德·金的这个演讲为什么能深入人心?

第三单元　小　说

俞伯牙摔琴谢知音[1]

冯梦龙

冯梦龙(1574—1646)，字犹龙，别署龙子犹，又号墨憨斋主人、茂苑野史、绿天馆主人等，江苏长洲(今江苏吴县)人，明代戏曲家、通俗文学家。他少有才气，和兄冯梦桂、弟冯梦熊并称为"吴下三冯"。冯梦龙一生在科举上不得意，57岁才补了贡生，61岁被选任福建寿宁知县。清兵南下，他进行抗清宣传，刊行《中兴伟略》诸书，清顺治三年(1646)春忧愤而死，一说被清兵所杀。

冯梦龙一生主要从事通俗文学的研究、整理与创作，成就卓著。在小说方面，他完成了《喻世明言》(旧题《古今小说》)、《警世通言》《醒世恒言》的编选工作，增补了长篇小说《三遂平妖传》，改作了《新列国志》，编辑过《古今谭概》《情史》等笔记故事，鉴定了《有商志传》《有夏志传》《盘古至唐虞传》等。

浪说曾分鲍叔金，谁人辨得伯牙琴？
于今交道奸如鬼，湖海空悬一片心。

古来论交情至厚，莫如管鲍。管是管夷吾[2]，鲍是鲍叔牙[3]。他两个同为商贾，得利均分。时管夷吾多取其利，叔牙不以为贪，知其贫也。后来管夷吾被囚，叔牙脱之，荐为齐相。这样朋友，才是个真正相知。这相知有几样名色：恩德相结者，谓之知己；腹心相照者，谓之知心；声气相求者，谓之知音，总来叫做相知。今日听在下说一桩俞伯牙的故事。列位看官们，要听者，洗耳而听；不要听者，各随尊便。正是：

知音说与知音听，不是知音不与谈。

话说春秋战国时，有一名公，姓俞名瑞，字伯牙，楚国郢都人氏，即今湖广荆州府之地也。那俞伯牙身虽楚人，官星却落于晋国，仕至上大夫之位。因奉晋主之命，来楚国修聘。伯牙讨这个差使，一来，是个大才，不辱君命；二来，就便省视乡里，一举两得。当时从陆路至于郢都，朝见了楚王，致了晋主之命。楚王设宴款待，十分相敬。那郢都乃是桑梓之地，少不得去看一看坟墓，会一会亲友。然虽如此，各事其主，君命在身，不敢迟留，公事已毕，拜辞楚王。楚王赠以黄金采缎，高车驷马。伯牙离楚一十二年，思想故国江山之胜，欲得恣情观览，要打从水路大宽转[4]而回。乃假奏楚王道："臣不幸有犬马之疾，不胜车马驰骤，乞假臣舟楫，以便医药。"楚王准奏。命水师拨大船二只，一正一副。正船单坐晋国来使，副船安顿仆从行李，都是兰桡画桨，锦帐高帆，甚是齐整。群臣直送到江头而别。

只因览胜探奇，不顾山遥水远。

伯牙是个风流才子，那江山之胜，正投其怀。张一片风帆，凌千层碧浪，看不尽遥山

第三单元 小说

叠翠，远水澄清。不一日，行至汉阳江口。时当八月十五日，中秋之夜。偶然风狂浪涌，大雨如注，舟楫不能前进，泊于山崖之下。不多时，风恬浪静，雨止云开，现出一轮明月。那雨后之月，其光倍常。伯牙在船舱中，独坐无聊，命童子焚香炉内："待我抚琴一操，以遣情怀。"童子焚香罢，捧琴囊置于案间。伯牙开囊取琴，调弦转轸，弹出一曲。曲犹未终，指下"刮喇"的一声响，琴弦绝了一根。伯牙大惊，叫童子去问船头："这住船所在是甚么去处？"船头答道："偶因风雨，停泊于山脚之下，虽然有些草树，并无人家。"伯牙惊讶，想道："是荒山了。若是城郭村庄，或有聪明好学之人，盗听吾琴，所以琴声忽变，有弦断之异。这荒山下，那得有听琴之人？哦，我知道了，想是有仇家差来刺客，不然，或是贼盗伺候更深，登舟劫我财物。"叫左右："与我上崖搜检一番，不在柳阴深处，定在芦苇丛中！"左右领命，唤齐众人，正欲搭跳上崖，忽听岸上有人答应道："舟中大人，不必见疑。小子并非奸盗之流，乃樵夫也。因打柴归晚，值骤雨狂风，雨具不能遮蔽，潜身岩畔。闻君雅操，少住听琴。"伯牙大笑道："山中打柴之人，也敢称'听琴'二字！此言未知真伪，我也不计较了。左右的，叫他去罢。"那人不去，在崖上高声说道："大人出言谬矣！岂不闻'十室之邑，必有忠信。''门内有君子，门外君子至。'大人若欺负山野中没有听琴之人，这夜静更深，荒崖下也不该有抚琴之客了。"伯牙见他出言不俗，或者真是个听琴的，亦未可知。止住左右不要罗唣，走近舱门，回嗔作喜的问道："崖上那位君子，既是听琴，站立多时，可知道我适才所弹何曲？"那人道："小子若不知，却也不来听琴了。方才大人所弹，乃孔仲尼叹颜回，谱入琴声。其词云：'可惜颜回命蚤亡，教人思想鬓如霜。只因陋巷箪瓢乐'——到这一句，就绝了琴弦，不曾抚出第四句来，小子也还记得：——'留得贤名万古扬。'"

伯牙闻言大喜道："先生果非俗士，隔崖弯远，难以问答。"命左右："掌跳，看扶手，请那位先生登舟细讲。"左右掌跳，此人上船，果然是个樵夫。头戴箬笠，身披蓑衣，手持尖担，腰插板斧，脚踏芒鞋。手下人那知言谈好歹，见是樵夫，下眼相看："咄！那樵夫！下舱去，见我老爷叩头，问你甚么言语，小心答应，官尊着哩！"樵夫却是个有意思的，道："列位不须粗鲁，待我解衣相见。"除了斗笠，头上是青布包巾；脱了蓑衣，身上是蓝布衫儿；搭膊[5]拴腰，露出布裩下截。那时不慌不忙，将蓑衣、斗笠、尖担、板斧，俱安放舱门之外，脱下芒鞋，泃去泥水，重复穿上，步入舱来。官舱内公座上灯烛辉煌。樵夫长揖而不跪，道："大人，施礼了。"俞伯牙是晋国大臣，眼界中那有两接[6]的布衣，下来还礼，恐失了官体，既请下船，又不好叱他回去。伯牙没奈何，微微举手道："贤友免礼罢。"叫童子看坐的。童子取一张杌坐儿置于下席。伯牙全无客礼，把嘴向樵夫一努，道："你且坐了。"你我之称，怠慢可知。那樵夫亦不谦让，俨然坐下。伯牙见他不告而坐，微有嗔怪之意。因此不问姓名，亦不呼手下人看茶。默坐多时，怪而问之："适才崖上听琴的，就是你么？"樵夫答言："不敢。"伯牙道："我且问你，既来听琴，必知琴之出处。此琴何人所造？抚他有甚好处？"正问之时，船头来禀话："风色顺了，月明如昼，可以开船。"伯牙分付："且慢些！"樵夫道："承大人下问，小子若讲话絮烦，恐担误顺风行舟。"伯牙笑道："惟恐你不知琴理。若讲得有理，就不做官，亦非大事，何况行路之迟速乎！"樵夫道："既如此，小子方敢僭谈。此琴乃伏羲氏所琢，见五星之精，飞坠梧桐，凤皇来仪。凤乃百鸟之王，非竹实不食，非梧桐不栖，非醴泉不饮。伏羲氏知梧桐乃树中之良材，夺造化之精气，堪为雅乐，令人伐之。其树高三丈三尺，按三十三天之数，截为三段，分天、地、人三才。取上一段叩之，其声太清，以其过轻而废之；取下一段叩之，其声太浊，以其过重而废之；取中一段叩之，其声清浊相济，轻重相兼。送长流水中，浸七十二日，按七十二候之数。取起阴干，选良时吉日，用高手匠人刘子奇斫成乐器。此乃瑶池之乐，故名瑶琴。长三尺六寸一分，按周天三百六十一度。前阔八寸，按八节；后阔四寸，按四时；厚二寸，按两仪。有金童头、玉女腰、仙人背、龙池、凤沼、玉轸、金徽。那徽有十二，按十二月；又有一中徽，按闰月。先是五条弦在上，外按五行：金、木、水、火、土；内按五音：宫、商、角、徵、羽。尧舜时操五弦琴，歌'南风'诗，天下大治。后因周文王被囚于羑里，吊子伯邑考，添弦一根，清幽哀怨，谓之文弦。后武王伐纣，前歌后舞，添弦一根，激烈发扬，谓之武弦。先是宫、商、角、徵、羽五弦，后加二弦，称为文武七弦琴。此琴有六忌、七不弹、八绝。何为六忌？一忌大寒，二忌大暑，三忌大风，四忌大雨，五忌迅雷，六忌大雪。何为七不弹？闻丧者不弹，奏乐不弹，事冗不弹，不净身不弹，衣冠不整不弹，不焚香不弹，不遇知音者不弹。何为八绝？总之，清奇幽雅，悲壮悠长。此琴抚到尽美尽善之处，啸虎闻而不吼，哀猿听而不啼。乃雅乐之好处也。"

  伯牙听见他对答如流，犹恐是记问之学，又想道："就是记问之学，也亏他了。我再试他一试。"此时已不似在先你我之称了，又问道："足下既知乐理，当时孔仲尼鼓琴于室中，颜回自外入，闻琴中有幽沉之声，疑有贪杀之意，怪而问之。仲尼曰：'吾适鼓琴，见猫方捕鼠，欲其得之，又恐其失之。此贪杀之意，遂露于丝桐。'始知圣门音乐之理，入于微妙。假如下官抚琴，心中有所思念，足下能闻而知之否？"樵夫道："《毛诗》云：'他人有心，予忖度之。'大人试抚弄一过，小子任心猜度。若猜不着时，大人休得见罪。"伯牙将断弦重整，沉思半晌，其意在于高山，抚琴一弄。樵夫赞道："美哉洋洋乎，大人之意，在高山也！"伯牙不答。又凝神一会，将琴再鼓，其意在于流水。樵夫又赞道："美哉汤汤乎，志在流水！"只两句道着了伯牙的心事。伯牙大惊，推琴而起，与樵夫施宾主之礼，连呼："失敬！失敬！石中有美玉之藏。若以衣貌取人，岂不误了天下贤士！先生高名雅姓？"樵夫欠身而答："小子姓钟，名徽，贱字子期。"伯牙拱手道："是钟子期先生。"子期转问："大人高姓？荣任何所？"伯牙道："下官俞瑞，仕于晋朝，因修聘上国而来。"子期道："原来是伯牙大人。"伯牙推子期坐于客位，自己主席相陪，命童子点茶。茶罢，又命童子取酒共酌。伯牙道："借此攀话，休嫌简亵。"子期称："不敢。"

  童子取过瑶琴，二人入席饮酒。伯牙开言又问："先生声口是楚人了，但不知尊居何处？"子期道："离此不远，地名马安山集贤村，便是荒居。"伯牙点头道："好个集贤村。"又问："道艺[7]何为？"子期道："也就是打柴为生。"伯牙微笑道："子期先生，下官也不该僭言。似先生这等抱负，何不求取功名，立身于廊庙，垂名于竹帛；却乃赍志林泉，混迹樵牧，与草木同朽？窃为先生不取也。"子期道："实不相瞒，舍间上有年迈二亲，下无手足相辅，采樵度日，以尽父母之余年。虽位为三公之尊，不忍易我一日

第三单元 小说

之养也。"伯牙道:"如此大孝,一发难得。"二人杯酒酬酢了一会。子期宠辱无惊,伯牙愈加爱重。又问子期:"青春多少?"子期道:"虚度二十有七。"伯牙道:"下官年长一旬。子期若不见弃,结为兄弟相称,不负知音契友。"子期笑道:"大人差矣!大人乃上国名公,钟徽乃穷乡贱子,怎敢仰扳,有辱俯就。"伯牙道:"相识满天下,知心能几人?下官碌碌风尘,得与高贤结契,实乃生平之万幸。若以富贵贫贱为嫌,觑俞瑞为何等人乎?"遂命童子重添炉火,再爇名香,就船舱中与子期顶礼八拜。伯牙年长为兄,子期为弟,今后兄弟相称,生死不负。拜罢,复命取暖酒再酌。子期让伯牙上坐,伯牙从其言。换了杯箸,子期下席,兄弟相称,彼此谈心叙话。正是:

合意客来心不厌,知音人听话偏长。

谈论正浓,不觉月淡星稀,东方发白。船上水手都起身收拾篷索,整备开船。子期起身告辞,伯牙捧一杯酒递与子期,把子期之手,叹道:"贤弟,我与你相见何太迟,相别何太早!"子期闻言,不觉泪珠滴于杯中。子期一饮而尽,斟酒回敬伯牙。二人各有眷恋不舍之意。伯牙道:"愚兄余情不尽,意欲曲延贤弟同行数日,未知可否?"子期道:"小人非不欲相从,怎奈二亲年老,'父母在,不远游。'"伯牙道:"即是二位尊人在堂,回去告过二亲,到晋阳来看愚兄一看,这就是'游必有方'了。"子期道:"小弟不敢轻诺而寡信,许了贤兄,就当践约。万一禀命于二亲,二亲不允,使仁兄悬望于数千里之外,小弟之罪更大矣。"伯牙道:"贤弟真所谓至诚君子。也罢,明年还是我来看贤弟。"子期道:"仁兄明岁何时到此?小弟好伺候尊驾。"伯牙屈指道:"昨夜是中秋节,今日天明,是八月十六日了。贤弟,我来仍在仲秋中五六日奉访。若过了中旬,迟到季秋月分,就是爽信,不为君子。"叫童子:"分付记室[8]将钟贤弟所居地名及相会的日期,登写在日记簿上。"子期道:"既如此,小弟来年仲秋中五六日准在江边侍立恭候,不敢有误。天色已明,小弟告辞了。"伯牙道:"贤弟且住。"命童子取黄金二笏[9],不用封帖,双手捧定道:"贤弟,些须薄礼,权为二位尊人甘旨之费。斯文骨肉,勿得嫌轻。"子期不敢谦让,即时收下。再拜告别,含泪出舱,取尖担挑了蓑衣斗笠,插板斧于腰间,掌跳搭扶手上崖。伯牙直送至船头,各各洒泪而别。

不题子期回家之事。再说俞伯牙点鼓开船,一路江山之胜,无心观览,心心念念,只想着知音之人。又行几日,舍舟登岸。经过之地,知是晋国上大夫,不敢轻慢,安排车马相送。直至晋阳,回复了晋主,不在话下。

光阴迅速,过了秋冬,不觉春去夏来。伯牙心怀子期,无日忘之。想着中秋节近,奏过晋主,给假还乡。晋主依允。伯牙收拾行装,仍打大宽转,从水路而行。下船之后,分付水手,但是湾泊所在,就来通报地名。事有偶然,刚刚八月十五夜,水手禀复,此去马安山不远。伯牙依稀还认得去年泊船相会子期之处。分付水手,将船湾泊,水底抛锚,崖边钉橛。其夜晴明,船舱内一线月光,射进朱帘。伯牙命童子将帘卷起,步出舱门,立于船头之上,仰观斗柄。水底天心,万顷茫然,照如白昼。思想去岁与知己相逢,雨止月明。今夜重来,又值良夜。他约定江边相候,如何全无踪影,莫非爽信?又等了一会,想道:"我理会得了。江边来往船只颇多,我今日所驾的,不是去年之船了,吾弟急切如何认得?去岁我原为抚琴惊动知音,今夜仍将瑶琴抚弄一曲。吾弟闻之,必来相见。"命童子取琴桌安放船头，焚香设座。伯牙开囊，调弦转轸，才泛音律，商弦中有哀怨之声。伯牙停琴不操："呀！商弦哀声凄切，吾弟必遭忧在家。去岁曾言父母年高，若非父丧，必是母亡。他为人至孝，事有轻重，宁失信于我，不肯失信于亲，所以不来也。来日天明，我亲上崖探望。"叫童子收拾琴桌，下舱就寝。

伯牙一夜不睡，真个巴明不明，盼晓不晓。看看月移帘影，日出山头，伯牙起来梳洗整衣，命童子携琴相随，又取黄金十镒带去。"倘吾弟居丧，可为赙礼。"踹跳登崖，行于樵径，约莫十数里，出一谷口，伯牙站住。童子禀道："老爷为何不行？"伯牙道："山分南北，路列东西。从山谷出来，两头都是大路，都去得，知道那一路往集贤村去？等个识路之人，问明了他，方才可行。"伯牙就石上少憩，童儿退立于后。不多时，左手官路上有一老叟，髯垂玉线，发挽银丝，箬冠野服，左手举藤杖，右手携竹篮，徐步而来。伯牙起身整衣，向前施礼。那老者不慌不忙，将右手竹篮轻轻放下，双手举藤杖还礼，道："先生有何见教？"伯牙道："请问两头路，那一条路，往集贤村去的？"老者道："那两头路，就是两个集贤村。左手是上集贤村，右手是下集贤村，通衢三十里官道。先生从谷出来，正当其半，东去十五里，西去也是十五里。不知先生要往那一个集贤村？"伯牙默默无言，暗想道："吾弟是个聪明人，怎么说话这等糊涂！相会之日，你知道此间有两个集贤村，或上或下，就该说个明白了。"伯牙却才沉吟，那老者道："先生这等吟想，一定那说路的，不曾分上下，总说了个集贤村，教先生没处抓寻了。"伯牙道："便是。"老者道："两个集贤村中，有一二十家庄户，大抵都是隐遁避世之辈。老夫在这山里，多住了几年，正是'土居三十载，无有不亲人。'这些庄户，不是舍亲，就是敝友。先生到集贤村必是访友，只说先生所访之友，姓甚名谁，老夫就知他住处了。"伯牙道："学生要往钟家庄去。"老者闻"钟家庄"三字，一双昏花眼内，扑簌簌掉下泪来，道："先生别家可去，若说钟家庄，不必去了。"伯牙惊问："却是为何？"老者道："先生到钟家庄，要访何人？"伯牙道："要访子期。"老者闻言，放声大哭道："子期钟徽，乃吾儿也。去年八月十五采樵归晚，遇晋国上大夫俞伯牙先生。讲论之间，意气相投。临行赠黄金二笏，吾儿买书攻读，老拙无才，不曾禁止。旦则采樵负重，暮则诵读辛勤，心力耗废，染成怯疾，数月之间，已亡故了。"

伯牙闻言，五内崩裂，泪如涌泉，大叫一声，傍山崖跌倒，昏绝于地。钟公用手搀扶，回顾小童道："此位先生是谁？"小童低低附耳道："就是俞伯牙老爷。"钟公道："元来是吾儿好友。"扶起伯牙苏醒。伯牙坐于地下，口吐痰涎，双手捶胸，恸哭不已，道："贤弟呵，我昨夜泊舟，还说你爽信，岂知已为泉下之鬼！你有才无寿了！"钟公拭泪相劝。伯牙哭罢起来，重与钟公施礼。不敢呼老丈，称为老伯，以见通家兄弟之意。伯牙道："老伯，令郎还是停柩在家，还是出瘗郊外了？"钟公道："一言难尽！亡儿临终，老夫与拙荆坐于卧榻之前。亡儿遗语嘱付道：'修短由天，儿生前不能尽人子事亲之道，死后乞葬于马安山江边。与晋大夫俞伯牙有约，欲践前言耳。'老夫不负亡儿临终之言。适才先生来的小路之右，一丘新土，即吾儿钟徽之冢。今日是百日之忌，老夫提一陌[10]纸钱，往坟前烧化，何期与先生相遇！"伯牙道："既如此，奉陪老伯，坟前一拜。"命小童代太公提了竹篮。

第三单元 小说

钟公策杖引路，伯牙随后，小童跟定，复进谷口。果见一丘新土，在于路左。伯牙整衣下拜："贤弟在世为人聪明，死后为神灵应。愚兄此一拜，诚永别矣！"拜罢，放声又哭。惊动山前山后，山左山右黎民百姓，不问行的住的，远的近的，闻得朝中大臣来祭钟子期，回绕坟前，争先观看。伯牙却不曾摆得祭礼，无以为情，命童子把瑶琴取出囊来，放于祭石台上，盘膝坐于坟前，挥泪两行，抚琴一操。那些看者，闻琴韵铿锵，鼓掌大笑而散。伯牙问："老伯，下官抚琴，吊令郎贤弟，悲不能已，众人为何而笑？"钟公道："乡野之人，不知音律，闻琴声以为取乐之具，故此长笑。"伯牙道："原来如此。老伯可知所奏何曲？"钟公道："老夫幼年也颇习。如今年迈，五官半废，模糊不懂久矣。"伯牙道："这就是下官随心应手一曲短歌，以吊令郎者，口诵于老伯听之。"钟公道："老夫愿闻。"

伯牙诵云："忆昔去年春，江边曾会君。今日重来访，不见知音人。但见一抔土，惨然伤我心！伤心伤心复伤心，不忍泪珠纷。来欢去何苦，江畔起愁云。子期子期兮，你我千金义，历尽天涯无足语，此曲终兮不复弹，三尺瑶琴为君死！"

伯牙于衣夹间取出解手刀，割断琴弦，双手举琴，向祭石台上，用力一摔，摔得玉轸抛残，金徽零乱。钟公大惊，问道："先生为何摔碎此琴？"伯牙道："摔碎瑶琴凤尾寒，子期不在对谁弹！春风满面皆朋友，欲觅知音难上难。"

钟公道："原来如此，可怜！可怜！"伯牙道："老伯高居，端的在上集贤村，还是下集贤村？"钟公道："荒居在上集贤村第八家就是。先生如今又问他怎的？"伯牙道："下官伤感在心，不敢随老伯登堂了。随身带得有黄金二镒，一半代令郎甘旨之奉，一半买几亩祭田，为令郎春秋扫墓之费。待下官回本朝时，上表告归林下。那时却到上集贤村，迎接老伯与老伯母，同到寒家，以尽天年。吾即子期，子期即吾也，老伯勿以下官为外人相嫌。"说罢，命小童取出黄金，亲手递与钟公，哭拜于地。钟公答拜，盘桓半晌而别。

这回书，题作《俞伯牙摔琴谢知音》。后人有诗赞云：

势利交怀势利心，斯文谁复念知音！

伯牙不作钟期逝，千古令人说破琴。

【注释】

[1] 本文选自齐鲁书社 1995 年版《警世通言》，冯梦龙著。

[2] 管夷吾：(约前 723—前 645)，名夷吾，字仲，颍上(今安徽颍上县)人，春秋时期齐国著名的政治家、军事家。

[3] 鲍叔牙：又称鲍叔、鲍子，颍上(今安徽颍上县)人，春秋时齐国大夫，以善于知人著称。

[4] 大宽转：绕路，迂回，兜个大圈子。

[5] 搭膊：即褡膊，又称褡裢，布制的长形袋，口在当中，可以系在腰间，也可以手提或肩负，里面放置钱物。

[6] 两接：即两截，指穿的衫和裤，这是古时普通百姓的服装。

[7] 道艺：从《论语》"志于道""游于艺"引申而来，这里指平素的研究和嗜好。

[8] 记室：从前掌管章表、书记的官，相当于现今秘书一类的人员。

[9] 笏：古代官员朝见时执在手中的一种仪式用具，这里指的是黄金的样式。古代使用黄金的单位称为镒，一镒为二十四两，因铸成笏形，故一镒又称一笏。

[10] 一陌：陌的本义，在计算上是百的乘数。一陌本是一百张，通常指的一刀或者一垛，这里作一串或一挂解释。

【题解】

本文是"三言"中的第二部《警世通言》的第一篇。文章讲述的是春秋时俞伯牙和钟子期偶然相识，成为知音的故事。全篇弥漫着文人士子的高雅情调，又不乏重义轻利的传统美德，是对"欲觅知音难上难"的现世生活的感叹，也是对"势利交怀势利心"的社会风气的批判，具有浪漫的理想主义色彩。

【思考练习题】

1. 何谓知音？谈谈你的认识。
2. 从俞伯牙和钟子期的交往中，你学到了什么？

宝 玉 挨 打[1]

曹 雪 芹

曹雪芹(约 1715—约 1763)，名霑，字梦阮，号雪芹、芹圃、芹溪，清代著名小说家。祖籍辽阳，先世原是汉人，明末入满洲籍，属满洲正白旗。曹雪芹一生"生于繁华，终于沦落"，晚年在北京西郊过着"举家食粥酒常赊"的穷困生活，但他仍以坚韧的毅力，创作《石头记》(即《红楼梦》)，"披阅十载，增删五次"，终因贫病早卒，时年不到 50 岁，只留下前 80 回的定稿，未能完成全书。全书 120 回，后 40 回一般认为是高鹗所补。

高鹗(1738—1815)，字云士，号秋甫，别号兰墅，祖籍辽东铁岭，属汉军镶黄旗，乾隆六十年进士，官至翰林院侍读，著有《高兰墅集》《兰墅诗抄》等。

却说王夫人唤上金钏儿的母亲来，拿了几件簪环，当面赏了；又吩咐："请几位僧人念经超度他。"他母亲磕头谢了出去。

原来宝玉会过雨村回来听见了，便知金钏儿含羞赌气自尽，心中早又五内摧伤，进来被王夫人数落教训，也无可回说。见宝钗进来，方得便出来，茫然不知何往，背着手，低头一面感叹，一面慢慢的走着，信步来至厅上。刚转过屏门，不想对面来了一人正往里走，可巧儿撞了个满怀。只听那人喝了一声"站住！"宝玉唬了一跳，抬头一看，不是别人，却是他父亲，不觉的倒抽了一口气，只得垂手一旁站了。贾政道："好端端的，你垂头丧气嗐[2]些什么？方才雨村来了要见你，叫你那半天你才出来；既出来了，全无一点慷慨挥洒谈吐，仍是葳葳蕤蕤[3]。我看你脸上一团思欲愁闷气色，这会子又咳声叹气。你那些还不足，还不自在？无故这样，却是为何？"宝玉素日虽是口角伶俐，只是此时一心总为金钏儿感伤，恨不得此时也身亡命殒，跟了金钏儿去。如今见了他父亲说这些话，究竟不曾听见，只是怔呵呵的站着。

贾政见他惶悚[4]，应对不似往日，原本无气的，这一来倒生了三分气。方欲说话，忽有回事人来回："忠顺亲王府里有人来，要见老爷。"贾政听了，心下疑惑，暗暗思忖道："素日并不和忠顺府来往，为什么今日打发人来？"一面想，一面令"快请"，急走出来看时，却是忠顺府长史官[5]，忙接进厅上坐了献茶。未及叙谈，那长史官先就说道："下官此来，并非擅造潭府[6]，皆因奉王命而来，有一件事相求。看王爷面上，敢烦老大人作主，不但王爷知情，且连下官辈亦感谢不尽。"贾政听了这话，抓不住头脑，忙陪笑起身问道："大人既奉王命而来，不知有何见谕，望大人宣明，学生好遵谕承办。"那长史官便冷笑道："也不必承办，只用大人一句话就完了。我们府里有一个做小旦的琪官，一向好好在府里，如今竟三五日不见回去，各处去找，又摸不着他的道路[7]，因此各处访察。这一城内，十停[8]人倒有八停人都说，他近日和衔玉的那位令郎相与甚厚。下官辈等听了，尊府不比别家，可以擅入索取，因此启明王爷。王爷亦云：'若是别的戏子呢，一百个也罢了，只是这琪官随机应答，谨慎老诚，甚合我老人家的心，竟断断少不得此人。'故此求老大人转谕令郎，请将琪官放回，一则可慰王爷谆谆奉恳，二则下官辈也可免操劳求觅之苦。"说毕，忙打一躬。

贾政听了这话，又惊又气，即命唤宝玉来。宝玉也不知是何原故，忙赶来时，贾政便问："该死的奴才！你在家不读书也罢了，怎么又做出这些无法无天的事来！那琪官现是忠顺王爷驾前承奉的人，你是何等草芥，无故引逗他出来，如今祸及于我。"宝玉听了唬了一跳，忙回道："实在不知此事。究竟连'琪官'两个字不知为何物，岂更又加'引逗'二字！"说着便哭了。贾政未及开言，只见那长史官冷笑道："公子也不必掩饰。或隐藏在家，或知其下落，早说了出来，我们也少受些辛苦，岂不念公子之德？"宝玉连说不知，"恐是讹传，也未见得"。那长史官冷笑道："现有据证，何必还赖？必定当着老大人说了出来，公子岂不吃亏。既云不知此人，那红汗巾子[9]怎么到了公子腰里？"宝玉听了这话，不觉轰去魂魄，目瞪口呆，心下自思："这话他如何得知！他既连这样机密事都知道了，大约别的瞒他不过，不如打发他去了，免的再说出别的事来。"因说道："大人既知他的底细，如何连他置买房舍这样大事倒不晓得了？听得说他如今在东郊离城二十里有个什么紫檀堡，他在那里置了几亩田地几间房舍。想是在那里也未可知。"那长史官听了，笑道："这样说，一定是在那里。我且去找一回，若有了便罢，若没有，还要来请教。"说着，便忙忙的走了。

贾政此时气的目瞪口歪，一面送那长史官，一面回头命宝玉"不许动！回来有话问你！"一直送那官员去了。才回身，忽见贾环带着几个小厮一阵乱跑。贾政喝令小厮"快打，快打！"贾环见了他父亲，唬的骨软筋酥，忙低头站住。贾政便问："你跑什么？带着你的那些人都不管你，不知往那里逛去，由你野马一般！"喝令叫跟上学的人来。贾环见他父亲盛怒，便乘机说道："方才原不曾跑，只因从那井边一过，那井里淹死了一个丫头，我看见人头这样大，身子这样粗，泡的实在可怕，所以才赶着跑了过来。"贾政听了惊疑，问道："好端端的，谁去跳井？我家从无这样事情，自祖宗以来，皆是宽柔以待下人。——大约我近年于家务疏懒，自然执事人[10]操克夺之权[11]，致使生出这暴殄轻生[12]的祸患。若外人知道，祖宗颜面何在！"喝令快叫贾琏、赖大、来兴。

小厮们答应了一声，方欲叫去，贾环忙上前拉住贾政的袍襟，贴膝跪下道："父亲不用生气。此事除太太房里的人，别人一点也不知道。我听见我母亲说……"说到这里，便回头四顾一看。贾政知意，将眼一看众小厮，小厮们明白，都往两边后面退去。贾环便悄悄说道："我母亲告诉我说，宝玉哥哥前日在太太屋里，拉着太太的丫头金钏儿强奸不遂，打了一顿。那金钏儿便赌气投井死了。"

话未说完，把个贾政气的面如金纸，大喝"快拿宝玉来！"一面说，一面便往里边书房里去，喝令："今日再有人劝我，我把这冠带家私[13]一应交与他与宝玉过去！我免不得做个罪人，把这几根烦恼鬓毛剃去，寻个干净去处[14]自了，也免得上辱先人下生逆子之罪。"众门客仆从见贾政这个形景，便知又是为宝玉了，一个个都是咬指咬舌，连忙退出。那贾政喘吁吁直挺挺坐在椅子上，满面泪痕，一叠声"拿宝玉！拿大棍！拿索子捆上！把各门都关上！有人传信往里头去，立刻打死！"众小厮们只得齐声答应，有几个来找宝玉。

那宝玉听见贾政吩咐他"不许动"，早知多凶少吉，那里承望贾环又添了许多的话。正在厅上干转，怎得个人来往里头去捎信，偏生没个人，连焙茗也不知在那里。正盼望时，只见一个老姆姆出来。宝玉如得了珍宝，便赶上来拉他，说道："快进去告诉：老爷要打我呢！快去，快去！要紧，要紧！"宝玉一则急了，说话不明白；二则老婆子偏生又聋，竟不曾听见是什么话，把"要紧"二字只听作"跳井"二字，便笑道："跳井让他跳去，二爷怕什么？"宝玉见是个聋子，便着急道："你出去叫我的小厮来罢。"那婆子道："有什么不了的事？老早的完了。太太又赏了衣服，又赏了银子，怎么不了事的！"

宝玉急的跺脚，正没抓寻处，只见贾政的小厮走来，逼着他出去了。贾政一见，眼都红紫了，也不暇问他在外流荡优伶，表赠私物，在家荒疏学业，淫辱母婢等语，只喝令"堵起嘴来，着实打死！"小厮们不敢违拗，只得将宝玉按在凳上，举起大板打了十来下。贾政犹嫌打轻了，一脚踢开掌板的，自己夺过来，咬着牙狠命盖了三四十下。众门客见打的不祥了，忙上前夺劝。贾政那里肯听，说道："你们问问他干的勾当可饶不可饶！素日皆是你们这些人把他酿[15]坏了，到这步田地还来解劝。明日酿到他弑君杀父，你们才不劝不成！"

众人听这话不好听，知道气急了，忙又退出，只得觅人进去给信。王夫人不敢先回贾母，只得忙穿衣出来，也不顾有人没人，忙忙赶往书房中来，慌的众门客小厮等避之不及。王夫人一进房来，贾政更如火上浇油一般，那板子越发下去的又狠又快。按宝玉的两个小厮忙松了手走开，宝玉早已动弹不得了。贾政还欲打时，早被王夫人抱住板子。贾政道："罢了，罢了！今日必定要气死我才罢！"王夫人哭道："宝玉虽然该打，老爷也要自重。况且炎天暑日的，老太太身上也不大好，打死宝玉事小，倘或老太太一时不自在了，岂不事大！"贾政冷笑道："倒休提这话。我养了这不肖的孽障，已不孝；教训他一番，又有众人护持；不如趁今日一发勒死了，以绝将来之患！"说着，便要绳索来勒死。

第三单元 小说

　　王夫人连忙抱住哭道："老爷虽然应当管教儿子,也要看夫妻分上。我如今已将五十岁的人,只有这个孽障,必定苦苦的以他为法,我也不敢深劝。今日越发要他死,岂不是有意绝我。既要勒死他,快拿绳子来先勒死我,再勒死他。我们娘儿们不敢含怨,到底在阴司里得个依靠。"说毕,爬在宝玉身上大哭起来。贾政听了此话,不觉长叹一声,向椅上坐了,泪如雨下。王夫人抱着宝玉,只见他面白气弱,底下穿着一条绿纱小衣皆是血渍,禁不住解下汗巾看,由臀至胫,或青或紫,或整或破,竟无一点好处,不觉失声大哭起来,"苦命的儿吓!"因哭出"苦命儿"来,忽又想起贾珠来,便叫着贾珠哭道:"若有你活着,便死一百个我也不管了。"此时里面的人闻得王夫人出来,那李宫裁王熙凤与迎春姊妹早已出来了。王夫人哭着贾珠的名字,别人还可,惟有宫裁禁不住也放声哭了。贾政听了,那泪珠更似滚瓜一般滚了下来。

　　正没开交处,忽听丫鬟来说:"老太太来了。"一句话未了,只听窗外颤巍巍的声气说道:"先打死我,再打死他,岂不干净了!"贾政见他母亲来了,又急又痛,连忙迎接出来,只见贾母扶着丫头,喘吁吁的走来。贾政上前躬身陪笑道:"大暑热天,母亲有何生气亲自走来!有话只该叫了儿子进去吩咐。"贾母听说,便止住步喘息一回,厉声说道:"你原来是和我说话!我倒有话吩咐,只是可怜我一生没养个好儿子,却教我和谁说去!"贾政听这话不像,忙跪下含泪说道:"为儿的教训儿子,也为的是光宗耀祖。母亲这话,我做儿的如何禁得起?"贾母听说,便啐了一口,说道:"我说一句话,你就禁不起,你那样下死手的板子,难道宝玉就禁得起了?你说教训儿子是光宗耀祖,当初你父亲怎么教训你来!"说着,不觉就滚下泪来。

　　贾政又陪笑道:"母亲也不必伤感,皆是做儿的一时性起,从此以后再不打他了。"贾母便冷笑道:"你也不必和我使性子赌气的。你的儿子,我也不该管你打不打。我猜着你也厌烦我们娘儿们。不如我们赶早儿离了你,大家干净!"说着便令人去看[16]轿马,"我和你太太宝玉立刻回南京去!"家下人只得干答应着。贾母又叫王夫人道:"你也不必哭了。如今宝玉年纪小,你疼他,他将来长大成人,为官作宰的,也未必想着你是他母亲了。你如今倒不要疼他,只怕将来还少生一口气呢。"贾政听说,忙叩头哭道:"母亲如此说,贾政无立足之地。"贾母冷笑道:"你分明使我无立足之地,你反说起你来!只是我们回去了,你心里干净,看有谁来许你打。"一面说,一面只令快打点行李车轿回去。贾政苦苦叩求认罪。

　　贾母一面说话,一面又记挂宝玉,忙进来看时,只见今日这顿打不比往日,又是心疼,又是生气,也抱着哭个不了。王夫人与凤姐等解劝了一会,方渐渐的止住。早有丫鬟媳妇等上来,要搀宝玉,凤姐便骂道:"糊涂东西,也不睁开眼瞧瞧!打的这么个样儿,还要搀着走!还不快进去把那藤屉子春凳[17]抬出来呢。"众人听说连忙进去,果然抬出春凳来,将宝玉抬放凳上,随着贾母王夫人等进去,送至贾母房中。

　　彼时贾政见贾母气未全消,不敢自便,也跟了进去。看看宝玉,果然打重了。再看看王夫人,"儿"一声"肉"一声,"你替珠儿早死了,留着珠儿,免你父亲生气,我也不白操这半世的心了。这会子你倘或有个好歹,丢下我,叫我靠那一个!"数落一场,又哭"不争气的儿"。贾政听了,也就灰心,自悔不该下毒手打到如此地步。先劝贾母,贾母含泪说道:"你不出去,还在这里做什么!难道于心不足,还要眼看着他死了才去不成!"贾政听说,方退了出来。

此时薛姨妈同宝钗、香菱、袭人、史湘云也都在这里。袭人满心委屈,只不好十分使出来,见众人围着,灌水的灌水,打扇的打扇,自己插不下手去,便越性走出来到二门前,令小厮们找了焙茗来细问:"方才好端端的,为什么打起来?你也不早来透个信儿!"焙茗急的说:"偏生我没在跟前,打到半中间我才听见了。忙打听原故,却是为琪官金钏姐姐的事。"袭人道:"老爷怎么得知道的?"焙茗道:"那琪官的事,多半是薛大爷素日吃醋,没法儿出气,不知在外头唆挑了谁来,在老爷跟前下的火[18]。那金钏儿的事是三爷说的,我也是听见老爷的人说的。"袭人听了这两件事都对景[19],心中也就信了八九分。然后回来,只见众人都替宝玉疗治。调停完备,贾母令"好生抬到他房内去"。众人答应,七手八脚,忙把宝玉送入怡红院内自己床上卧好。又乱了半日,众人渐渐散去,袭人方进前来经心服侍,问他端的。且听下回分解。

话说袭人见贾母王夫人等去后,便走来宝玉身边坐下,含泪问他:"怎么就打到这步田地?"宝玉叹气说道:"不过为那些事,问他做什么!只是下半截疼的很,你瞧瞧打坏了那里。"袭人听说,便轻轻的伸手进去,将中衣褪下。宝玉略动一动,便咬着牙叫"嗳哟",袭人连忙停住手,如此三四次才褪了下来。袭人看时,只见腿上半段青紫,都有四指宽的僵痕高了起来。袭人咬着牙说道:"我的娘,怎么下这般的狠手!你但凡听我一句话,也不得到这步地位。幸而没动筋骨,倘或打出个残疾来,可叫人怎么样呢!"

正说着,只听丫鬟们说:"宝姑娘来了。"袭人听见,知道穿不及中衣,便拿了一床袷纱被[20]替宝玉盖了。只见宝钗手里托着一丸药走进来,向袭人说道:"晚上把这药用酒研开,替他敷上,把那淤血的热毒散开,可以就好了。"说毕,递与袭人,又问道:"这会子可好些?"宝玉一面道谢说:"好了。"又让坐。宝钗见他睁开眼说话,不像先时,心中也宽慰了好些,便点头叹道:"早听人一句话,也不至今日。别说老太太、太太心疼,就是我们看着,心里也——"刚说了半句又忙咽住,自悔说的话急了,不觉的就红了脸,低下头来。宝玉听得这话如此亲切稠密,大有深意,忽见他又咽住不往下说,红了脸,低下头只管弄衣带,那一种娇羞怯怯,非可形容得出者,不觉心中大畅,将疼痛早丢在九霄云外,心中自思:"我不过挨了几下打,他们一个个就有这些怜惜悲感之态露出,令人可玩可观,可怜可敬。假若我一时竟遭殃横死,他们还不知是何等悲感呢!既是他们这样,我便一时死了,得他们如此,一生事业纵然尽付东流,亦无足叹惜,冥冥之中若不怡然自得,亦可谓糊涂鬼祟矣。"想着,只听宝钗问袭人道:"怎么好好的动了气,就打起来了?"袭人便把焙茗的话说了出来。

宝玉原来还不知道贾环的话,见袭人说出方才知道。因又拉上薛蟠,惟恐宝钗沉心[21],忙又止住袭人道:"薛大哥哥从来不这样的,你们不可混猜度。"宝钗听说,便知道是怕他多心,用话相拦袭人,因心中暗暗想道:"打的这个形象,疼还顾不过来,还是这样细心,怕得罪了人,可见在我们身上也算是用心了。你既这样用心,何不在外头大事上做工夫,老爷也欢喜了,也不能吃这样亏。但你固然怕我沉心,所以拦袭人的话,难道我就不知我的哥哥素日恣心纵欲,毫无防范的那种心性。当日为一个秦钟,还闹的天翻地覆,自

第三单元 小说

然如今比先又更利害了。"想毕，因笑道："你们也不必怨这个，怨那个。据我想，到底宝兄弟素日不正，肯和那些人来往，老爷才生气。就是我哥哥说话不防头[22]，一时说出宝兄弟来，也不是有心调唆；一则也是本来的实话，二则他原不理论[23]这些防嫌小事。袭姑娘从小儿只见宝兄弟这么样细心的人，你何尝见过天不怕地不怕、心里有什么口里就说什么的人。"袭人因说出薛蟠来，见宝玉拦他的话，早已明白自己说造次了，恐宝钗没意思，听宝钗如此说，更觉羞愧无言。

宝玉又听宝钗这番话，一半是堂皇正大，一半是去己疑心，更觉比先畅快了。方欲说话时，只见宝钗起身说道："明儿再来看你，你好生养着罢。方才我拿了药来交给袭人，晚上敷上管就好了。"说着便走出门去。袭人赶着送出院外，说："姑娘倒费心了。改日宝二爷好了，亲自来谢。"宝钗回头笑道："有什么谢处。你只劝他好生静养，别胡思乱想的就好了。不必惊动老太太、太太众人，倘或吹到老爷耳朵里，虽然彼时不怎么样，将来对景，终是要吃亏的。"说着，一面去了。

袭人抽身回来，心内着实感激宝钗。进来见宝玉沉思默默似睡非睡的模样，因而退出房外，自去梳洗[24]。宝玉默默的躺在床上，无奈臀上作痛，如针挑刀挖一般，更又热如火炙，略展转时，禁不住"嗳哟"之声。那时天色将晚，因见袭人去了，却有两三个丫鬟伺候，此时并无呼唤之事，因说道："你们且去梳洗，等我叫时再来。"众人听了，也都退出。

这里宝玉昏昏默默，只见蒋玉菡走了进来，诉说忠顺府拿他之事，又见金钏儿进来哭说为他投井之情。宝玉半梦半醒，都不在意。忽又觉有人推他，恍恍忽忽听得有人悲戚之声。宝玉从梦中惊醒，睁眼一看，不是别人，却是林黛玉。宝玉犹恐是梦，忙又将身子欠起来，向脸上细细一认，只见两个眼睛肿的桃儿一般，满面泪光，不是黛玉，却是那个？宝玉还欲看时，怎奈下半截疼痛难忍，支持不住，便"嗳哟"一声，仍就倒下，叹了一声，说道："你又做什么跑来！虽说太阳落下去，那地上的余热未散，走两趟又要受了暑。我虽然挨了打，并不觉疼痛。我这个样儿，只装出来哄他们，好在外头布散与老爷听，其实是假的。你不可认真。"此时林黛玉虽不是嚎啕大哭，然越是这等无声之泣，气噎喉堵，更觉得利害。听了宝玉这番话，心中虽然有万句言词，只是不能说得，半日，方抽抽噎噎的说道："你从此可都改了罢！"宝玉听说，便长叹一声，道："你放心，别说这样话。就便为这些人死了，也是情愿的！"

一句话未了，只见院外人说："二奶奶来了。"林黛玉便知是凤姐来了，连忙立起身说道："我从后院子去罢，回来再来。"宝玉一把拉住道："这可奇了，好好的怎么怕起他来。"林黛玉急的跺脚，悄悄的说道："你瞧瞧我的眼睛，又该他取笑开心呢。"宝玉听说赶忙的放手。黛玉三步两步转过床后，出后院而去。凤姐从前头已进来了，问宝玉："可好些了？想什么吃？叫人往我那里取去。"接着薛姨妈又来了。一时贾母又打发了人来。

至掌灯时分，宝玉只喝了两口汤，便昏沉沉的睡去。接着周瑞媳妇、吴新登媳妇、郑好时媳妇，这几个有年纪长来往的，听见宝玉挨了打，也都进来。袭人忙迎出来，悄悄的笑道："姆姆们来迟了一步，二爷才睡着了。"说着，一面陪他们到那边房里坐了，倒茶

与他们吃。那几个媳妇子都悄悄的坐了一回，向袭人道："等二爷醒了，你替我们说吧。"

袭人答应了，送他们出去。

【注释】

[1] 本文选自岳麓书社1992年版《红楼梦》，曹雪芹、高鹗著。

[2] 嗐：叹息声，同"咳"。

[3] 葳葳蕤蕤：萎靡不振。

[4] 惶悚(sǒng)：惶恐。悚：害怕，恐惧。

[5] 长史官：总管王府内事务的官吏，从南朝起始设，以后各代王府都沿设。

[6] 潭府：深宅大院，常用作对他人住宅的尊称。潭，深邃的样子。

[7] 道路：行踪，去向。

[8] 停：总数分成几份，其中一份叫一停。

[9] 汗巾子：系内裤用的腰巾，因近身受汗，故名。

[10] 执事人：具体操办某件事务的人。

[11] 克夺之权：生杀予夺之权。

[12] 暴殄(tiǎn)轻生：暴殄，恣意糟踏。殄，灭绝。轻生，不爱惜生命。

[13] 冠带家私：冠带，即帽子和束带，是官服的代称，这里代指官爵。家私，即财产，代指家业。

[14] "烦恼鬓毛……干净去处"：鬓毛，即头发，佛家称为"烦恼丝"。干净，佛家以为人世污浊不净，唯有佛门才能通向清净世界，即所谓净土。剃去烦恼鬓毛与寻个干净去处，都是出家当和尚的意思。

[15] 酿：惯，纵容。

[16] 看：料理，备办。

[17] 藤屉子春凳：春凳，是一种面较宽的可坐可卧的长凳。藤屉子，指凳面用藤皮编成。

[18] 下的火：使坏进谗的意思。

[19] 对景：对得上号，情况符合。

[20] 袷(jiá)纱被：表里两层的纱被。袷，同"夹"。

[21] 沉心：多指言者无意而听者有心，陡生不快，也叫"吃心"或"嗔心"。

[22] 不防头：不留神，不经意。

[23] 不理论：不注意，不在意。

[24] 栉(zhì)沐：梳洗。

【题解】

《宝玉挨打》节选自《红楼梦》第三十三回"手足耽耽小动唇舌，不肖种种大承笞挞"和第三十四回"情中情因情感妹妹，错里错以错劝哥哥"。与节选内容有关的第二十八回主要写宝玉与忠顺王府优伶琪官蒋玉菡交好，互赠礼物；第三十二回写宝玉与王夫人

婢女金钏打闹，惹怒王夫人，王夫人决意将金钏驱逐，金钏不堪其辱投井自杀。"宝玉挨打"是本文上半部分的高潮，写出了以宝玉为代表的叛逆思想和以其父亲贾政为代表的封建思想之间的冲突。

【思考练习题】

1. 宝玉挨打的导火索是什么？其根本原因又是什么？
2. 宝玉挨打后，众人纷纷来探望，试分析其中几个重要人物的心理。
3. 结合探视过程，分析黛玉和宝钗的性格特征。

劳 山 道 士[1]

蒲 松 龄

蒲松龄(1640—1715)，字留仙，一字剑臣，别号柳泉居士，世称聊斋先生，自称异史氏，山东省淄川县蒲家庄(现淄博市淄川区洪山镇)人，清代著名文学家、小说家。他出生于一个日渐败落的地主家庭，19岁应童子试，以县、府、道三考皆第一而闻名籍里，但后来却屡应省试不第，直至71岁时才成岁贡生。他一生秉性耿直，愤世嫉俗，以一腔孤愤创作了文言短篇小说近500篇，结集为《聊斋志异》。此书"用传奇法而以志怪"(鲁迅语)，借花妖鬼狐故事对当时腐败黑暗现象进行谐谑，是中国文言小说史上的巅峰之作。

邑[2]有王生，行七[3]，故家子[4]。少慕道[5]，闻劳山[6]多仙人，负笈往游。登一顶，有观宇[7]，甚幽。一道士坐蒲团[8]上，素发垂领，而神观爽迈。叩而与语，理甚玄妙[9]。请师之，道士曰："恐娇惰不能作苦。"答言："能之。"其门人甚众，薄暮毕集，王俱与稽首[10]，遂留观中。

凌晨，道士呼王去，授一斧，使随众采樵。王谨受教。过月余，手足重茧[11]，不堪其苦，阴有归志。一夕归，见二人与师共酌，日已暮，尚无灯烛。师乃剪纸如镜，粘壁间，俄顷月明辉室，光鉴毫芒[12]。诸门人环听奔走。一客曰："良宵胜乐，不可不同。"乃于案上取酒壶，分赉[13]诸徒，且嘱尽醉。王自思：七八人，壶酒何能遍给？遂各觅盎盂[14]，竞饮先釂[15]，惟恐樽尽；而往复挹注[16]，竟不少减。心奇之。俄一客曰："蒙赐月明之照，乃尔寂饮[17]，何不呼嫦娥[18]来？"乃以箸掷月中。见一美人，自光中出，初不盈尺，至地遂与人等。纤腰秀项，翩翩作"霓裳舞[19]"。已而歌曰："仙仙乎，而还乎，而幽我于广寒乎[20]！"其声清越，烈如箫管。歌毕，盘旋而起，跃登几上，惊顾之间，已复为箸。三人大笑。又一客曰："今宵最乐，然不胜酒力矣。其饯我于月宫可乎？"三人移席，渐入月中。众视三人，坐月中饮，须眉毕见，如影之在镜中。移时，月渐暗，门人燃烛来，则道士独坐而客杳矣。几上肴核尚存。壁上月，纸圆如镜而已。道士问众："饮足乎？"曰："足矣。""足，宜早寝，勿误樵苏[21]。"众诺而退。王窃欣慕，归念遂息。

又一月，苦不可忍，而道士并不传教一术。心不能待，辞曰："弟子数百里受业仙师，纵不能得长生术，或小有传习，亦可慰求教之心。今阅两三月，不过早樵而暮归。弟子在家，未谙此苦。"道士笑曰："吾固谓不能作苦，今果然。明早当遣汝行。"王曰：

"弟子操作多日，师略授小技，此来为不负也。"道士问："何术之求？"王曰："每见师行处，墙壁所不能隔，但得此法足矣。"道士笑而允之。乃传一诀[22]，令自咒毕，呼曰："入之！"王面墙，不敢入。又曰："试入之。"王果从容入，及墙而阻。道士曰："俯首辄入，勿逡巡！"王果去墙数步，奔而入；及墙，虚若无物；回视，果在墙外矣。大喜，入谢。道士曰："归宜洁持[23]，否则不验。"遂助资斧。遣之归。

抵家，自诩遇仙，坚壁所不能阻，妻不信。王效其作为，去墙数尺，奔而入，头触硬壁，蓦然而踣。妻扶视之，额上坟起[24]，如巨卵焉。妻揶揄[25]之。王渐忿，骂老道士之无良而已。

异史氏曰："闻此事，未有不大笑者，而不知世之为王生者，正复不少。今有伧父[26]，喜痰毒而畏药石[27]，遂有舐吮痈痔者[28]，进宣威逞暴之术，以迎其旨，诒之曰：'执此术也以往，可以横行而无碍。'初试未尝不小效，遂谓天下之大，举可以如是行矣，势不至触硬壁而颠蹶不止也。"

【注释】

[1] 本文选自齐鲁书社 1994 年版《聊斋志异》，蒲松龄著，但明伦评。

[2] 邑：本邑，即本县。

[3] 行七：兄弟排行第七。古代凡同祖兄弟以年龄大小排行。

[4] 故家子：世家大族之子。

[5] 道：指道教。道教，中国本土宗教，源于古代巫术和秦汉时代的神仙方术。东汉张道陵倡五斗米道，封老子为教主，逐渐形成道教。道教宣扬神仙法术，道教的宗教仪式有斋醮、祈祷、诵经、礼忏等。

[6] 劳山：即今之崂山，也称牢山，在今青岛东北部，南临黄海，东临崂山湾，景色秀美，为我国道教圣地之一，至今仍有上清宫、白云洞等名胜古迹。

[7] 观宇：道教庙宇。

[8] 蒲团：用蒲草编成的圆形垫子，多为僧人坐禅和跪拜时所用。

[9] 玄妙：幽深微妙。《老子》："玄之又玄，众妙之门。"谓道家所称的"道"深奥难识，万物皆出于此，后因以"玄妙"指"道"。

[10] 稽首：古时一种跪拜礼，叩头至地，是九拜中最恭敬者。

[11] 手足重茧：手脚都磨出了老茧。重茧：手脚上的厚茧，多指跋涉辛苦。

[12] 光鉴毫芒：月光明澈，细微之物都能照见。毫：鸟兽秋后生的御冬的细毛。芒：谷类外壳上的针状刺须。毫、芒，比喻极其微小。

[13] 分赉：分发赏赐。赉：赏赐。

[14] 盎盂：盛汤水的容器。盎：古代的一种盆，腹大口小。盂：一种盛液体的器皿。

[15] 竞饮先釂：争先干杯。釂(jiào)：饮酒干杯。

[16] 往复挹注：指众人传来传去地倒酒。挹注：语出《诗经·大雅·泂酌》，本指从大盛器倒入小盛器，这里指从酒壶倒入酒杯。

[17] 乃尔寂饮：如此寂寞地喝酒。乃尔：如此。

[18] 嫦娥：中国神话人物，后羿之妻。相传她偷吃后羿从西王母处得到的不死之药，遂成仙，飞入月宫，有玉兔为她捣灵药。一说嫦娥奔月后变为蟾蜍。

[19] 霓裳舞：即《霓裳羽衣舞》，唐代乐曲名，相传为唐玄宗所作。

[20] "仙仙乎，而还乎，而幽我于广寒乎"：仙仙，起舞的样子，语出《诗经·小雅·宾之初筵》。还，归。幽，禁闭。广寒，月宫名。歌词大意是：我翩翩起舞啊，着实是回到了人间了吗？还是被幽禁在月宫呢！这里是说景象迷离惝恍，这位嫦娥分辨不清剪贴在壁上的月亮是人间虚设还是天上实有，故有此歌。

[21] 樵苏：砍柴割草。

[22] 诀：此家族法术的口诀。下文"咒"，即诵念口诀，亦称念咒。

[23] 洁持：洁以持之，即以纯洁的心地保有其道术。

[24] 坟起：高起，形容肿块隆起。

[25] 揶揄：讥讽嘲笑。

[26] 伧(cāng)父：鄙贱匹夫，古时讥讽骂人的话。两晋南北朝时，南人讥北人粗鄙，蔑称之为"伧父"。

[27] 喜痰毒而畏药石：喜好伤身的疾病，而害怕治病的药石。这里喻指喜欢阿谀奉承而害怕直言忠告。痰毒：疾病、灾患。药石：药剂和砭石，泛指药物。

[28] 舐吮痈痔：一般作"吸痈舐疮"，喻指无耻的阿谀奉承。

【题解】

文章描写了一个游手好闲的富家子弟王生，向崂山道士学穿墙术的故事。它告诫人们：那些想投机取巧、不劳而获的人最终只能落个自作自受的下场；一个人不管做什么事都要肯吃苦、下苦功，否则将一事无成。

【思考练习题】

1. 试分析王生这个人物形象。
2. 本文蕴含了什么道理？

伤　　逝[1]

鲁　迅

鲁迅(1881—1936)，原名周树人，字豫才，浙江绍兴人，中国现代伟大的文学家、翻译家和新文化运动的奠基人。1918年5月，首次以"鲁迅"为笔名，发表中国现代文学史上第一篇白话小说《狂人日记》，这篇小说奠定了新文化运动的基石。鲁迅的作品包括杂文、短篇小说、评论、散文、翻译作品，对于"五四"运动以后的中国文化与中国文学产生了深刻的影响。代表作有小说集《呐喊》《阿Q正传》等，散文集《朝花夕拾》，散文诗集《野草》，杂文集《华盖集》等。鲁迅对于"五四"运动以后的中国社会思想文化发展具有重大影响，蜚声世界文坛，尤其在韩国、日本思想文化领域有极其重要的地位和影响，被誉为"20世纪东亚文化地图上占最大领土的作家"。毛泽东曾评价："鲁迅的方向，就是中华民族新文化的方向。"

　　如果我能够，我要写下我的悔恨和悲哀，为子君，为自己。
　　会馆[2]里的被遗忘在偏僻里的破屋是这样地寂静和空虚。时光过得真快，我爱子君，仗着她逃出这寂静和空虚，已经满一年了。事情又这么不凑巧，我重来时，偏偏空着的又只有这一间屋。依然是这样的破窗，这样的窗外的半枯的槐树和老紫藤，这样的窗前的方桌，这样的败壁，这样的靠壁的板床。深夜中独自躺在床上，就如我未曾和子君同居以前一般，过去一年中的时光全被消灭，全未有过，我并没有曾经从这破屋子搬出，在吉兆胡同创立了满怀希望的小小的家庭。
　　不但如此。在一年之前，这寂静和空虚是并不这样的，常常含着期待；期待子君的到来。在久待的焦躁中，一听到皮鞋的高底尖触着砖路的清响，是怎样地使我骤然生动起来呵！于是就看见带着笑窝的苍白的圆脸，苍白的瘦的臂膊，布的有条纹的衫子，玄色的裙。她又带了窗外的半枯的槐树的新叶来，使我看见，还有挂在铁似的老干上的一房一房的紫白的藤花。
　　然而现在呢，只有寂静和空虚依旧，子君却决不再来了，而且永远，永远地！……

　　子君不在我这破屋里时，我什么也看不见。在百无聊赖中，顺手抓过一本书来，科学也好，文学也好，横竖什么都一样；看下去，看下去，忽而自己觉得，已经翻了十多页了，但是毫不记得书上所说的事。只是耳朵却分外地灵，仿佛听到大门外一切往来的履声，从中便有子君的，而且橐橐地逐渐临近，——但是，往往又逐渐渺茫，终于消失在别的步声的杂沓中了。我憎恶那不像子君鞋声的穿布底鞋的长班[3]的儿子，我憎恶那太像子君鞋声的常常穿着新皮鞋的邻院的搽雪花膏的小东西！
　　莫非她翻了车么？莫非她被电车撞伤了么？……
　　我便要取了帽子去看她，然而她的胞叔就曾经当面骂过我。
　　蓦然，她的鞋声近来了，一步响于一步，迎出去时，却已经走过紫藤棚下，脸上带着微笑的酒窝。她在她叔子的家里大约并未受气；我的心宁帖了，默默地相视片时之后，破屋里便渐渐充满了我的语声，谈家庭专制，谈打破旧习惯，谈男女平等，谈伊孛生，谈泰戈尔，谈雪莱[4]……她总是微笑点头，两眼里弥漫着稚气的好奇的光泽。壁上就钉着一张铜板的雪莱半身像，是从杂志上裁下来的，是他的最美的一张像。当我指给她看时，她却只草草一看，便低了头，似乎不好意思了。这些地方，子君就大概还未脱尽旧思想的束缚，——我后来也想，倒不如换一张雪莱淹死在海里的记念像或是伊孛生的罢；但也终于没有换，现在是连这一张也不知那里去了。
　　"我是我自己的，他们谁也没有干涉我的权利！"
　　这是我们交际了半年，又谈起她在这里的胞叔和在家的父亲时，她默想了一会之后，分明地，坚决地，沉静地说了出来的话。其时是我已经说尽了我的意见，我的身世，我的缺点，很少隐瞒；她也完全了解的了。这几句话很震动了我的灵魂，此后许多天还在耳中

第三单元 小说

发响,而且说不出的狂喜,知道中国女性,并不如厌世家所说那样的无法可施,在不远的将来,便要看见辉煌的曙色的。

送她出门,照例是相离十多步远;照例是那鲇鱼须的老东西的脸又紧帖在脏的窗玻璃上了,连鼻尖都挤成一个小平面;到外院,照例又是明晃晃的玻璃窗里的那小东西的脸,加厚的雪花膏。她目不邪视地骄傲地走了,没有看见;我骄傲地回来。

"我是我自己的,他们谁也没有干涉我的权利!"这彻底的思想就在她的脑里,比我还透澈,坚强得多。半瓶雪花膏和鼻尖的小平面,于她能算什么东西呢?

我已经记不清那时怎样地将我的纯真热烈的爱表示给她。岂但现在,那时的事后便已模胡,夜间回想,早只剩了一些断片了,同居以后一两月,便连这些断片也化作无可追踪的梦影。我只记得那时以前的十几天,曾经很仔细地研究过表示的态度,排列过措辞的先后,以及倘或遭了拒绝以后的情形。可是临时似乎都无用,在慌张中,身不由己地竟用了在电影上见过的方法了。后来一想到,就使我很愧恧,但在记忆上却偏只有这一点永远留遗,至今还如暗室的孤灯一般,照见我含泪握着她的手,一条腿跪了下去……

不但我自己的,便是子君的言语举动,我那时就没有看得分明,仅知道她已经允许我了。但也还仿佛记得她脸色变成青白,后来又渐渐转作绯红,——没有见过,也没有再见的绯红;孩子似的眼里射出悲喜,但是夹着惊疑的光,虽然力避我的视线,张皇地似乎要破窗飞去。然而我知道她已经允许我了,没有知道她怎样说或是没有说。

她却是什么都记得:我的言辞,竟至于读熟了的一般,能够滔滔背诵;我的举动,就如有一张我所看不见的影片挂在眼下,叙述得如生,很细微,自然连那使我不愿再想的浅薄的电影的一闪。夜阑人静,是相对温习的时候了,我常是被质问,被考验,并且被命复述当时的言语,然而常须由她补足,由她纠正,像一个丁等的学生。

这温习后来也渐渐稀疏起来。但我只要看见她两眼注视空中,出神似的凝想着,于是神色越加柔和,笑窝也深下去,便知道她又在自修旧课了,只是我很怕她看到我那可笑的电影的一闪。但我又知道,她一定要看见,而且也非看不可的。

然而她并不觉得可笑。即使我自己以为可笑,甚而至于可鄙的,她也毫不以为可笑。这事我知道得很清楚,因为她爱我,是这样地热烈,这样地纯真。

去年的暮春是最为幸福,也是最为忙碌的时光。我的心平静下去了,但又有别一部分和身体一同忙碌起来。我们这时才在路上同行,也到过几回公园,最多的是寻住所。我觉得在路上时时遇到探索,讥笑,猥亵和轻蔑的眼光,一不小心,便使我的全身有些瑟缩,只得即刻提起我的骄傲和反抗来支持。她却是大无畏的,对于这些全不关心,只是镇静地缓缓前行,坦然如入无人之境。

寻住所实在不是容易事,大半是被托辞拒绝,小半是我们以为不相宜。起先我们选得很苛酷,——也非苛酷,因为看去大抵不像是我们的安身之所;后来,便只要他们能相容了。看了二十多处,这才得到可以暂且敷衍的处所,是吉兆胡同一所小屋里的两间南屋;主人是一个小官,然而倒是明白人,自住着正屋和厢房。他只有夫人和一个不到周岁的女孩子,雇一个乡下的女工,只要孩子不啼哭,是极其安闲幽静的。

我们的家具很简单,但已经用去了我的筹来的款子的大半;子君还卖掉了她唯一的金戒指和耳环。我拦阻她，还是定要卖，我也就不再坚持下去了；我知道不给她加入一点股分去，她是住不舒服的。

和她的叔子，她早经闹开，至于使他气愤到不再认她做侄女；我也陆续和几个自以为忠告，其实是替我胆怯，或者竟是嫉妒的朋友绝了交。然而这倒很清静。每日办公散后，虽然已近黄昏，车夫又一定走得这样慢，但究竟还有二人相对的时候。我们先是沉默的相视，接着是放怀而亲密的交谈，后来又是沉默。大家低头沉思着，却并未想着什么事。我也渐渐清醒地读遍了她的身体，她的灵魂，不过三星期，我似乎于她已经更加了解，揭去许多先前以为了解而现在看来却是隔膜，即所谓真的隔膜了。

子君也逐日活泼起来。但她并不爱花，我在庙会[5]时买来的两盆小草花，四天不浇，枯死在壁角了，我又没有照顾一切的闲暇。然而她爱动物，也许是从官太太那里传染的罢，不一月，我们的眷属便骤然加得很多，四只小油鸡，在小院子里和房主人的十多只在一同走。但她们却认识鸡的相貌，各知道那一只是自家的。还有一只花白的叭儿狗，从庙会买来，记得似乎原有名字，子君却给它另起了一个，叫作阿随。我就叫它阿随，但我不喜欢这名字。

这是真的，爱情必须时时更新，生长，创造。我和子君说起这，她也领会地点点头。

唉唉，那是怎样的宁静而幸福的夜呵！

安宁和幸福是要凝固的，永久是这样的安宁和幸福。我们在会馆里时，还偶有议论的冲突和意思的误会，自从到吉兆胡同以来，连这一点也没有了；我们只在灯下对坐的怀旧谭中，回味那时冲突以后的和解的重生一般的乐趣。

子君竟胖了起来，脸色也红活了；可惜的是忙。管了家务便连谈天的工夫也没有，何况读书和散步。我们常说，我们总还得雇一个女工。

这就使我也一样地不快活，傍晚回来，常见她包藏着不快活的颜色，尤其使我不乐的是她要装作勉强的笑容。幸而探听出来了，也还是和那小官太太的暗斗，导火线便是两家的小油鸡。但又何必硬不告诉我呢？人总该有一个独立的家庭。这样的处所，是不能居住的。

我的路也铸定了，每星期中的六天，是由家到局，又由局到家。在局里便坐在办公桌前钞，钞些公文和信件；在家里是和她相对或帮她生白炉子，煮饭，蒸馒头。我的学会了煮饭，就在这时候。

但我的食品却比在会馆里时好得多了。做菜虽不是子君的特长，然而她于此却倾注着全力；对于她的日夜的操心，使我也不能不一同操心，来算作分甘共苦。况且她又这样地终日汗流满面，短发都粘在脑额上；两只手又只是这样地粗糙起来。

况且还要饲阿随，饲油鸡，……都是非她不可的工作。我曾经忠告她：我不吃，倒也罢了；却万不可这样地操劳。她只看了我一眼，不开口，神色却似乎有点凄然；我也只好不开口。然而她还是这样地操劳。

我所豫期的打击果然到来。双十节的前一晚，我呆坐着，她在洗碗。听到打门声，我去开门时，是局里的信差，交给我一张油印的纸条。我就有些料到了，到灯下去一看，果然，印着的就是：

第三单元　小说

奉

局长谕史涓生着毋庸到局办事

秘书处启　　十月九号

这在会馆里时，我就早已料到了；那雪花膏便是局长的儿子的赌友，一定要去添些谣言，设法报告的。到现在才发生效验，已经要算是很晚的了。其实这在我不能算是一个打击，因为我早就决定，可以给别人去钞写，或者教读，或者虽然费力，也还可以译点书，况且《自由之友》的总编辑便是见过几次的熟人，两月前还通过信。但我的心却跳跃着。那么一个无畏的子君也变了色，尤其使我痛心；她近来似乎也较为怯弱了。

"那算什么。哼，我们干新的。我们……"她说。

她的话没有说完，不知怎地，那声音在我听去却只是浮浮的；灯光也见得格外黯淡。人们真是可笑的动物，一点极微末的小事情，便会受着很深的影响。我们先是默默地相视，逐渐商量起来，终于决定将现有的钱竭力节省，一面登"小广告"去寻求钞写和教读，一面写信给《自由之友》的总编辑，说明我目下的遭遇，请他收用我的译本，给我帮一点艰辛时候的忙。

"说做，就做罢！来开一条新的路！"

我立刻转身向了书案，推开盛香油的瓶子和醋碟，子君便送过那黯淡的灯来。我先拟广告；其次是选定可译的书，迁移以来未曾翻阅过，每本的头上都满漫着灰尘了；最后才写信。

我很费踌蹰，不知道怎样措辞好，当停笔凝思的时候，转眼去一瞥她的脸，在昏暗的灯光下，又很见得凄然。我真不料这样微细的小事情，竟会给坚决的、无畏的子君以这么显著的变化。她近来实在变得很怯弱了，但也并不是今夜才开始的。我的心因此更缭乱，忽然有安宁的生活的影像——会馆里的破屋的寂静，在眼前一闪，刚刚想定睛凝视，却又看见了昏暗的灯光。

许久之后，信也写成了，是一封颇长的信；很觉得疲劳，仿佛近来自己也较为怯弱了。于是我们决定，广告和发信，就在明日一同实行。大家不约而同地伸直了腰肢，在无言中，似乎又都感到彼此的坚忍倔强的精神，还看见从新萌芽起来的将来的希望。

外来的打击其实倒是振作了我们的新精神。局里的生活，原如鸟贩子手里的禽鸟一般，仅有一点小米维系残生，决不会肥胖；日子一久，只落得麻痹了翅子，即使放出笼外，早已不能奋飞。现在总算脱出这牢笼了，我从此要在新的开阔的天空中翱翔，趁我还未忘却了我的翅子的扇动。

小广告是一时自然不会发生效力的；但译书也不是容易事，先前看过，以为已经懂得的，一动手，却疑难百出了，进行得很慢。然而我决计努力地做，一本半新的字典，不到半月，边上便有了一大片乌黑的指痕，这就证明着我的工作的切实。《自由之友》的总编辑曾经说过，他的刊物是决不会埋没好稿子的。

可惜的是我没有一间静室，子君又没有先前那么幽静，善于体帖了，屋子里总是散乱着碗碟，弥漫着煤烟，使人不能安心做事，但是这自然还只能怨我自己无力置一间书斋。然而又加以阿随，加以油鸡们。加以油鸡们又大起来了，更容易成为两家争吵的引线。

加以每日的"川流不息"的吃饭；子君的功业，仿佛就完全建立在这吃饭中。吃了筹钱，筹来吃饭，还要喂阿随，饲油鸡；她似乎将先前所知道的全都忘掉了，也不想到我的构思就常常为了这催促吃饭而打断。即使在坐中给看一点怒色，她总是不改变，仍然毫无感触似的大嚼起来。

使她明白了我的作工不能受规定的吃饭的束缚，就费去五星期。她明白之后，大约很不高兴罢，可是没有说。我的工作果然从此较为迅速地进行，不久就共译了五万言，只要润色一回，便可以和做好的两篇小品，一同寄给《自由之友》去。只是吃饭却依然给我苦恼。菜冷，是无妨的，然而竟不够；有时连饭也不够，虽然我因为终日坐在家里用脑，饭量已经比先前要减少得多。这是先去喂了阿随了，有时还并那近来连自己也轻易不吃的羊肉。她说，阿随实在瘦得太可怜，房东太太还因此嗤笑我们了，她受不住这样的奚落。

于是吃我残饭的便只有油鸡们。这是我积久才看出来的，但同时也如赫胥黎[6]的论定"人类在宇宙间的位置"一般，自觉了我在这里的位置：不过是叭儿狗和油鸡之间。

后来，经多次的抗争和催逼，油鸡们也逐渐成为肴馔，我们和阿随都享用了十多日的鲜肥；可是其实都很瘦，因为它们早已每日只能得到几粒高粱了。从此便清静得多。只有子君很颓唐，似乎常觉得凄苦和无聊，至于不大愿意开口。我想，人是多么容易改变呵！

但是阿随也将留不住了。我们已经不能再希望从什么地方会有来信，子君也早没有一点食物可以引它打拱或直立起来。冬季又逼近得这么快，火炉就要成为很大的问题；它的食量，在我们其实早是一个极易觉得的很重的负担。于是连它也留不住了。

倘使插了草标[7]到庙市去出卖，也许能得几文钱罢，然而我们都不能，也不愿这样做。终于是用包袱蒙着头，由我带到西郊去放掉了，还要追上来，便推在一个并不很深的土坑里。

我一回寓，觉得又清静得多多了；但子君的凄惨的神色，却使我很吃惊。那是没有见过的神色，自然是为阿随。但又何至于此呢？我还没有说起推在土坑里的事。

到夜间，在她的凄惨的神色中，加上冰冷的分子了。

"奇怪。——子君，你怎么今天这样儿了？"我忍不住问。

"什么？"她连看也不看我。

"你的脸色……"

"没有什么，——什么也没有。"

我终于从她言动上看出，她大概已经认定我是一个忍心的人。其实，我一个人，是容易生活的，虽然因为骄傲，向来不与世交来往，迁居以后，也疏远了所有旧识的人，然而只要能远走高飞，生路还宽广得很。现在忍受着这生活压迫的苦痛，大半倒是为她，便是放掉阿随，也何尝不如此。但子君的识见却似乎只是浅薄起来，竟至于连这一点也想不到了。

我拣了一个机会，将这些道理暗示她；她领会似的点头。然而看她后来的情形，她是没有懂，或者是并不相信的。

天气的冷和神情的冷，逼迫我不能在家庭中安身。但是，往那里去呢？大道上，公园

第三单元 小说

里，虽然没有冰冷的神情，冷风究竟也刺得人皮肤欲裂。我终于在通俗图书馆里觅得了我的天堂。

那里无须买票；阅书室里又装着两个铁火炉。纵使不过是烧着不死不活的煤的火炉，但单是看见装着它，精神上也就总觉得有些温暖。书却无可看：旧的陈腐，新的是几乎没有的。

好在我到那里去也并非为看书。另外时常还有几个人，多则十余人，都是单薄衣裳，正如我，各人看各人的书，作为取暖的口实。这于我尤为合式。道路上容易遇见熟人，得到轻蔑的一瞥，但此地却决无那样的横祸，因为他们是永远围在别的铁炉旁，或者靠在自家的白炉边的。

那里虽然没有书给我看，却还有安闲容得我想。待到孤身枯坐，回忆从前，这才觉得大半年来，只为了爱，——盲目的爱，——而将别的人生的要义全盘疏忽了。第一，便是生活。人必生活着，爱才有所附丽。世界上并非没有为了奋斗者而开的活路；我也还未忘却翅子的扇动，虽然比先前已经颓唐得多……

屋子和读者渐渐消失了，我看见怒涛中的渔夫，战壕中的兵士，摩托车[9]中的贵人，洋场上的投机家，深山密林中的豪杰，讲台上的教授，昏夜的运动者和深夜的偷儿……子君，——不在近旁。她的勇气都失掉了，只为着阿随悲愤，为着做饭出神；然而奇怪的是倒也并不怎样瘦损……

冷了起来，火炉里的不死不活的几片硬煤，也终于烧尽了，已是闭馆的时候。又须回到吉兆胡同，领略冰冷的颜色去了。近来也间或遇到温暖的神情，但这却反而增加我的苦痛。记得有一夜，子君的眼里忽而又发出久已不见的稚气的光来，笑着和我谈到还在会馆时候的情形，时时还很带些恐怖的神色。我知道我近来的超过她的冷漠，已经引起她的忧疑来，只得也勉力谈笑，想给她一点慰藉。然而我的笑貌一上脸，我的话一出口，却即刻变为空虚，这空虚又即刻发生反响，回向我的耳目里，给我一个难堪的恶毒的冷嘲。子君似乎也觉得的，从此便失掉了她往常的麻木似的镇静，虽然竭力掩饰，总还是时时露出忧疑的神色来，但对我却温和得多了。

我要明告她，但我还没有敢，当决心要说的时候，看见她孩子一般的眼色，就使我只得暂且改作勉强的欢容。但是这又即刻来冷嘲我，并使我失却那冷漠的镇静。

她从此又开始了往事的温习和新的考验，逼我做出许多虚伪的温存的答案来，将温存示给她，虚伪的草稿便写在自己的心上。我的心渐被这些草稿填满了，常觉得难于呼吸。我在苦恼中常常想，说真实自然须有极大的勇气的；假如没有这勇气，而苟安于虚伪，那也便是不能开辟新的生路的人。不独不是这个，连这人也未尝有！

子君有怨色，在早晨，极冷的早晨，这是从未见过的，但也许是从我看来的怨色。我那时冷冷地气愤和暗笑了；她所磨练的思想和豁达无畏的言论，到底也还是一个空虚，而对于这空虚却并未自觉。她早已什么书也不看，已不知道人的生活的第一着是求生，向着这求生的道路，是必须携手同行，或奋身孤往的了，倘使只知道捶着一个人的衣角，那便是虽战士也难于战斗，只得一同灭亡。

我觉得新的希望就只在我们的分离；她应该决然舍去，——我也突然想到她的死，然而立刻自责，忏悔了。幸而是早晨，时间正多，我可以说我的真实。我们的新的道路的开辟，便在这一遭。

　　我和她闲谈，故意地引起我们的往事，提到文艺，于是涉及外国的文人，文人的作品：《诺拉》《海的女人》[9]。称扬诺拉的果决……也还是去年在会馆的破屋里讲过的那些话，但现在已经变成空虚，从我的嘴传入自己的耳中，时时疑心有一个隐形的坏孩子，在背后恶意地刻毒地学舌。

　　她还是点头答应着倾听，后来沉默了。我也就断续地说完了我的话，连余音都消失在虚空中了。

　　"是的。"她又沉默了一会，说，"但是……涓生，我觉得你近来很两样了。可是的？你，——你老实告诉我。"

　　我觉得这似乎给了我当头一击，但也立即定了神，说出我的意见和主张来：新的路的开辟，新的生活的再造，为的是免得一同灭亡。

　　临末，我用了十分的决心，加上这几句话：

　　"……况且你已经可以无须顾虑，勇往直前了。你要我老实说；是的，人是不该虚伪的。我老实说罢：因为，因为我已经不爱你了！但这于你倒好得多，因为你更可以毫无挂念地做事……"

　　我同时豫期着大的变故的到来，然而只有沉默。她脸色陡然变成灰黄，死了似的；瞬间便又苏生，眼里也发了稚气的闪闪的光泽。这眼光射向四处，正如孩子在饥渴中寻求着慈爱的母亲，但只在空中寻求，恐怖地回避着我的眼。

　　我不能看下去了，幸而是早晨，我冒着寒风径奔通俗图书馆。

　　在那里看见《自由之友》，我的小品文都登出了。这使我一惊，仿佛得了一点生气。我想，生活的路还很多，——但是，现在这样也还是不行的。

　　我开始去访问久已不相闻问的熟人，但这也不过一两次；他们的屋子自然是暖和的，我在骨髓中却觉得寒冽。夜间，便蜷伏在比冰还冷的冷屋中。

　　冰的针刺着我的灵魂，使我永远苦于麻木的疼痛。生活的路还很多，我也还没有忘却翅子的扇动，我想。——我突然想到她的死，然而立刻自责，忏悔了。

　　在通俗图书馆里往往瞥见一闪的光明，新的生路横在前面。她勇猛地觉悟了，毅然走出这冰冷的家，而且，——毫无怨恨的神色。我便轻如行云，漂浮空际，上有蔚蓝的天，下是深山大海，广厦高楼，战场，摩托车，洋场，公馆，晴明的闹市，黑暗的夜……

　　而且，真的，我豫感得这新生面便要来到了。

　　我们总算度过了极难忍受的冬天，这北京的冬天；就如蜻蜓落在恶作剧的坏孩子的手里一般，被系着细线，尽情玩弄、虐待，虽然幸而没有送掉性命，结果也还是躺在地上，只争着一个迟早之间。

　　写给《自由之友》的总编辑已经有三封信，这才得到回信，信封里只有两张书券[10]：两角的和三角的。我却单是催，就用了九分的邮票，一天的饥饿，又都白挨给于己一无所

得的空虚了。

然而觉得要来的事，却终于来到了。

这是冬春之交的事，风已没有这么冷，我也更久地在外面徘徊；待到回家，大概已经昏黑。就在这样一个昏黑的晚上，我照常没精打采地回来，一看见寓所的门，也照常更加丧气，使脚步放得更缓。但终于走进自己的屋子里了，没有灯火；摸火柴点起来时，是异样的寂寞和空虚！

正在错愕中，官太太便到窗外来叫我出去。

"今天子君的父亲来到这里，将她接回去了。"她很简单地说。

这似乎又不是意料中的事，我便如脑后受了一击，无言地站着。

"她去了么？"过了些时，我只问出这样一句话。

"她去了。"

"她，——她可说什么？"

"没说什么。单是托我见你回来时告诉你，说她去了。"

我不信；但是屋子里是异样的寂寞和空虚。我遍看各处，寻觅子君；只见几件破旧而黯淡的家具，都显得极其清疏，在证明着它们毫无隐匿一人一物的能力。我转念寻信或她留下的字迹，也没有；只是盐和干辣椒，面粉，半株白菜，却聚集在一处了，旁边还有几十枚铜元。这是我们两人生活材料的全副，现在她就郑重地将这留给我一个人，在不言中，教我借此去维持较久的生活。

我似乎被周围所排挤，奔到院子中间，有昏黑在我的周围；正屋的纸窗上映出明亮的灯光，他们正在逗着孩子推笑。我的心也沉静下来，觉得在沉重的迫压中，渐渐隐约地现出脱走的路径：深山大泽，洋场，电灯下的盛筵；壕沟，最黑最黑的深夜，利刃的一击，毫无声响的脚步……

心地有些轻松，舒展了，想到旅费，并且嘘一口气。

躺着，在合着的眼前经过的豫想的前途，不到半夜已经现尽；暗中忽然仿佛看见一堆食物，这之后，便浮出一个子君的灰黄的脸来，睁了孩子气的眼睛，恳托似的看着我。我一定神，什么也没有了。

但我的心却又觉得沉重。我为什么偏不忍耐几天，要这样急急地告诉她真话的呢？现在她知道，她以后所有的只是她父亲——儿女的债主——的烈日一般的严威和旁人的赛过冰霜的冷眼。此外便是虚空。负着虚空的重担，在严威和冷眼中走着所谓人生的路，这是怎么可怕的事呵！而况这路的尽头，又不过是——连墓碑也没有的坟墓。

我不应该将真实说给子君，我们相爱过，我应该永久奉献她我的说谎。如果真实可以宝贵，这在子君就不该是一个沉重的空虚。谎语当然也是一个空虚，然而临末，至多也不过这样地沉重。

我以为将真实说给子君，她便可以毫无顾虑，坚决地毅然前行，一如我们将要同居时那样。但这恐怕是我错误了。她当时的勇敢和无畏是因为爱。

我没有负着虚伪的重担的勇气,却将真实的重担卸给她了。她爱我之后,就要负了这重担,在严威和冷眼中走着所谓人生的路。

我想到她的死……我看见我是一个卑怯者,应该被摈于强有力的人们,无论是真实者,虚伪者。然而她却自始至终,还希望我维持较久的生活……

我要离开吉兆胡同,在这里是异样的空虚和寂寞。我想,只要离开这里,子君便如还在我的身边;至少,也如还在城中,有一天,将要出乎意表地访我,像住在会馆时候似的。

然而一切请托和书信,都是一无反响;我不得已,只好访问一个久不问候的世交去了。他是我伯父的幼年的同窗,以正经出名的拔贡[11],寓京很久,交游也广阔的。

大概因为衣服的破旧罢,一登门便很遭门房的白眼。好容易才相见,也还相识,但是很冷落。我们的往事,他全都知道了。

"自然,你也不能在这里了,"他听了我托他在别处觅事之后,冷冷地说,"但那里去呢?很难。——你那,什么呢,你的朋友罢,子君,你可知道,她死了。"

我惊得没有话。

"真的?"我终于不自觉地问。

"哈哈。自然真的。我家的王升的家,就和她家同村。"

"但是,——不知道是怎么死的?"

"谁知道呢。总之是死了就是了。"

我已经忘却了怎样辞别他,回到自己的寓所。我知道他是不说谎话的;子君总不会再来的了,像去年那样。她虽是想在严威和冷眼中负着虚空的重担来走所谓人生的路,也已经不能。她的命运,已经决定她在我所给与的真实——无爱的人间死灭了!

自然,我不能在这里了;但是,"那里去呢?"

四围是广大的空虚,还有死的寂静。死于无爱的人们的眼前的黑暗,我仿佛一一看见,还听得一切苦闷和绝望的挣扎的声音。

我还期待着新的东西到来,无名的,意外的。但一天一天,无非是死的寂静。

我比先前已经不大出门,只坐卧在广大的空虚里,一任这死的寂静侵蚀着我的灵魂。死的寂静有时也自己战栗,自己退藏,于是在这绝续之交,便闪出无名的,意外的,新的期待。

一天是阴沉的上午,太阳还不能从云里面挣扎出来;连空气都疲乏着。耳中听到细碎的步声和咻咻的鼻息,使我睁开眼。大致一看,屋子里还是空虚;但偶然看到地面,却盘旋着一匹小小的动物,瘦弱的,半死的,满身灰土的……

我一细看,我的心就一停,接着便直跳起来。

那是阿随。它回来了。

我的离开吉兆胡同,也不单是为了房主人们和他家女工的冷眼,大半就为着这阿随。但是,"那里去呢?"新的生路自然还很多,我约略知道,也间或依稀看见,觉得就在我面前,然而我还没有知道跨进那里去的第一步的方法。

第三单元 小说

经过许多回的思量和比较,也还只有会馆是还能相容的地方。依然是这样的破屋,这样的板床,这样的半枯的槐树和紫藤,但那时使我希望,欢欣,爱,生活的,却全都逝去了,只有一个虚空,我用真实去换来的虚空存在。

新的生路还很多,我必须跨进去,因为我还活着。但我还不知道怎样跨出那第一步。有时,仿佛看见那生路就像一条灰白的长蛇,自己蜿蜒地向我奔来,我等着,等着,看看临近,但忽然便消失在黑暗里了。

初春的夜,还是那么长。长久的枯坐中记起上午在街头所见的葬式,前面是纸人纸马,后面是唱歌一般的哭声。我现在已经知道他们的聪明了,这是多么轻松简捷的事。

然而子君的葬式却又在我的眼前,是独自负着虚空的重担,在灰白的长路上前行,而又即刻消失在周围的严威和冷眼里了。

我愿意真有所谓鬼魂,真有所谓地狱,那么,即使在孽风怒吼之中,我也将寻觅子君,当面说出我的悔恨和悲哀,祈求她的饶恕;否则,地狱的毒焰将围绕我,猛烈地烧尽我的悔恨和悲哀。

我将在孽风和毒焰中拥抱子君,乞她宽容,或者使她快意……

但是,这却更虚空于新的生路;现在所有的只是初春的夜,竟还是那么长。我活着,我总得向着新的生路跨出去,那第一步,——却不过是写下我的悔恨和悲哀,为子君,为自己。

我仍然只有唱歌一般的哭声,给子君送葬,葬在遗忘中。

我要遗忘;我为自己,并且要不再想到这用了遗忘给子君送葬。

我要向着新的生路跨进第一步去,我要将真实深深地藏在心的创伤中,默默地前行,用遗忘和说谎做我的前导……

(涓生的手记)一九二五年十月二十一日毕

【注释】

[1] 本文选自人民文学出版社 1981 年版《鲁迅全集》(第二卷),鲁迅著。

[2] 会馆:旧时都市中同乡会或同业公会设立的馆舍,供同乡或同业旅居、聚会之用。

[3] 长班:旧时官员的随身仆人,也用来称呼一般的"听差"。

[4] 伊孛生:通译易卜生(H. Ibsen,1828—1906),挪威剧作家。泰戈尔(R. Tagore,1861—1941):印度诗人,1924 年曾来过中国,当时他的诗作译成中文的有《新月集》《飞鸟集》等。雪莱(P. B. Shelley,1792—1822):英国诗人,曾参加爱尔兰民族独立运动,因传播革命思想和争取婚姻自由屡遭迫害,后在海里覆舟淹死,他的《西风颂》《云雀颂》等著名短诗"五四"后被介绍到中国。

[5] 庙会:又称"庙市",旧时在节日或规定的日子,设在寺庙或其附近的集市。

[6] 赫胥黎(T. Huxley,1825—1895):英国生物学家。他的《人类在宇宙间的位置》(今译《人类在自然界的位置》),是宣传达尔文进化论的重要著作。

[7] 草标：旧时在被卖的人身上或物品上插置的草秆，作为出卖的标志。

[8] 摩托车：当时对小汽车的称呼。

[9] 《诺拉》：通译《娜拉》(又译作《玩偶之家》)。《海的女人》：通译《海的夫人》。这两部都是易卜生的著名剧作。

[10] 书券：购书用的代金券，可按券面金额到指定书店选购。旧时有的报刊用它代替现金支付稿酬。

[11] 拔贡：清代科举考试制度，在规定的年限(原定6年，后改为12年)选拔"文行计优"的秀才，保送到京师，贡入国子监，称为"拔贡"，是贡生的一种。

【题解】

《伤逝》讲述了两个觉醒的知识分子涓生和子君的爱情故事。作者将一对青年的爱情故事放置到"五四"运动退潮后依然浓重的封建黑暗背景中，透过他们的悲剧命运，告诉人们要将个性解放与社会解放结合起来，引领青年去寻求"新的生路"，具有深刻的历史意义。

【思考练习题】

1. 子君、涓生的爱情悲剧有何典型意义？
2. 《伤逝》中内心独白的叙事方式在表现文章主题方面的作用是什么？

围城[1](节选)

钱 锺 书

钱锺书(1910—1998)，字默存，号槐聚，曾用笔名中书君，江苏无锡人，现代作家、文学研究家。19岁时被清华大学破格录取，并与吴晗、夏鼐被誉为"清华三才子"。1935年赴英国留学，1938年被清华大学破例聘为教授，次年转赴国立蓝田师范学院任英文系主任，开始《谈艺录》的写作。1941年完成《谈艺录》《写在人生边上》。1946年至1948年，作品集《人兽鬼》、小说《围城》、诗论《谈艺录》相继出版。新中国成立后，参与《唐诗选》《中国文学史》(唐宋部分)的编写工作。"文化大革命"中受到冲击，1979年《管锥编》《旧文四篇》出版，1985年《七缀集》出版。1998年12月19日在北京逝世。

西洋赶驴子的人，每逢驴子不肯走，鞭子没有用，就把一串胡萝卜挂在驴子眼睛之前、唇吻之上。这笨驴子以为走前一步，萝卜就能到嘴，于是一步再一步继续向前，嘴愈要咬，脚愈会赶，不知不觉中又走了一站。那时候它是否吃得到这串萝卜，得看驴夫的高兴。一切机关里，上司驾驭下属，全用这种技巧；譬如高松年就允许鸿渐到下学期升他为教授。自从辛楣一走，鸿渐对于升级这胡萝卜，眼睛也看饱了，嘴忽然不馋了，想暑假以后另找出路。他只准备聘约送来的时候，原物退还，附一封信，痛痛快快批评校政一下，算是临别赠言，借此发泄这一年来的气愤。这封信的措辞，他还没有详细决定，因为他不知道校长室送给他怎样的聘约。有时他希望聘约依然是副教授，回信可以理直气壮，责备高松年失信。有时他希望聘约升他做教授，这么一来，他的信可以更漂亮了，表示他的不满意并非出于私怨，完全为了公事。不料高松年省他起稿子写信的麻烦，干脆不送聘约给他。孙小姐倒有聘约的，薪水还升了一级。有人说这是高松年开的玩笑，存心拆开他们俩。高松年自己说，这是他的秉公办理，决不为未婚夫而使未婚妻牵累——"别说他们还没有结婚，就是结了婚生了小孩子，丈夫的思想有问题，也不能'罪及妻孥'，在二十世纪中华民国办高等教育，这一点民主作风应该具备。"鸿渐知道孙小姐收到聘书，忙仔细打听其他同事，才发现下学期聘约已经普遍发出，连韩学愈的洋太太都在敬聘之列，只有自己像伊索寓言里那只没尾巴的狐狸。这气得他头脑发烧，身体发冷。计划好的行动和说话，全用不着，闷在心里发酵，这比学生念熟了书、到时忽然考试延期，更不痛快。高松年见了面，总是笑容可掬，若无其事。办行政的人有他们的社交方式。自己人之间，什么臭架子、坏脾气都行；笑容愈亲密，礼貌愈周到，彼此的猜忌或怨恨愈深。高松年的功夫还没到家，他的笑容和客气仿佛劣手仿造的古董，破绽百出，一望而知是假的。鸿渐几次想质问他，一转念又忍住了。在吵架的时候，先开口的未必占上风，后闭口的才算胜利。高松年神色不动，准是成算在胸，自己冒失开口，乱一下来不妙，反替他笑，闹了出去，人家总说姓方的饭碗打破，老羞成怒。还他一个满不在乎，表示饭碗并不关心，这倒是挽回面子的妙法。吃不消的是那些同事的态度。他们仿佛全知道自己解聘，但因为这事并未公开，他们的同情也只好加上封套包裹，遮遮掩掩地奉送。往往平日很疏远的人，忽然拜访。他知道他们来意是探口气，便一字不提，可是他们精神和说话里包含的惋惜，总像圣诞老人放在袜子里的礼物，送了才肯走。这种同情比笑骂还难受，客人一转背，鸿渐咬牙来个中西合璧的咒骂："To Hell 滚你妈的蛋！"

孙柔嘉在订婚以前，常来看鸿渐；订了婚，只有鸿渐去看她，她轻易不肯来。鸿渐最初以为她只是个女孩子，事事要请教自己；订婚以后，他渐渐发现她不但很有主见，而且主见很牢固。她听他说准备退还聘约，不以为然，说找事不容易，除非他另有打算，别逞一时的意气。鸿渐问道："难道你喜欢留在这地方？你不是一来就说要回家么？"她说："现在不同了。只要咱们两个人在一起，什么地方都好。"鸿渐看未婚妻又有道理，又有情感，自然欢喜，可是并不想照她的话做。他觉得虽然已经订婚，和她还是陌生得很。过去没有订婚经验——跟周家那一回事不算数的——不知道订婚以后的情绪，是否应当像现在这样平淡。他对自己解释，热烈的爱情到订婚早已是顶点，婚一结一切了结。现在订了婚，彼此间还留着情感发展的余地，这是桩好事。他想起在伦敦上道德哲学一课，那位山羊胡子的哲学家讲的话："天下只有两种人。譬如一串葡萄到手，一种人挑最好的先吃，另一种人把最好的留在最后吃。照例第一种人应该乐观，因为他每吃一颗都是吃剩的葡萄里最好的；第二种应该悲观，因为他每吃一颗都是吃剩的葡萄里最坏的。不过事实上适得其反，缘故是第二种人还有希望，第一种人只有回忆。"从恋爱到白头偕老，好比一串葡萄，总有最好的一颗，最好的只有一颗，留着做希望，多么好？他嘴快把这些话告诉她，她不作声。他和她讲话，她回答的都是些"唔""哦"。他问她为什么不高兴，她说并未不高兴。他说："你瞒不过我。"她说："你知道就好了。我要回宿舍了。"鸿渐道："不成，你非讲明白了不许走。"她说："我偏要走。"鸿渐一路上哄她，求她，她才说:"你希望的好葡萄在后面呢,我们是坏葡萄,别倒了你的胃口。"他急得跳脚,说她胡闹。她说:"我早知道你不是真的爱我,否则你不会有那种离奇的思想。"他赔小心解释了半天,她脸色和下来,甜甜一笑道:"我是个死心眼儿,将来你讨厌——"鸿渐吻她,把这句话有效地截断,然后说:"你今天真是颗酸葡萄。"她强迫鸿渐说出来他过去的恋爱。他不肯讲,经不起她一再而三的逼,讲了一点。她嫌不够,鸿渐像被强盗拷打招供资产的财主,又陆续吐露些。她还嫌不详细,说:"你这人真不爽快!我会吃这种隔了年的陈醋么?我听着好玩儿。"鸿渐瞧她脸颊微红,嘴边强笑,自幸见机得早,隐匿了一大部分的情节。她要看苏文纨和唐晓芙的照相,好容易才相信鸿渐处真没有她们的相片,她说:"你那时候总记日记的,一定有趣得很,带在身边没有?"鸿渐直嚷道:"岂有此理!我又不是范懿认识的那些作家、文人,为什么恋爱的时候要记日记?你不信,到我卧室里去搜。"孙小姐道:"声音放低一点,人家全听见了,有话好好的说。只有我哪!受得了你这样粗野,你倒请什么苏小姐呀、唐小姐呀来试试看。"鸿渐生气不响,她注视着他的脸,笑说:"跟我生气了?为什么眼睛望着别处?是我不好,逗你。道歉!道歉!"

所以,订婚一个月,鸿渐仿佛有了个女主人,虽然自己没给她训练得驯服,而对她训练的技巧甚为佩服。他想起赵辛楣说这女孩子利害,一点不错。自己比她大了六岁,世事的经验多得多,已经是前一辈的人,只觉得她好玩儿,一切都纵容她,不跟她认真计较。到聘书的事发生,孙小姐慷慨地说:"我当然把我的聘书退还——不过你何妨直接问一问高松年,也许他无心漏掉你一张。你自己不好意思,托旁人转问一下也行。"鸿渐不听她的话,她后来知道聘书并非无心遗漏,也就不勉强他。鸿渐开玩笑说:"下半年我失了业,咱们结不成婚了。你嫁了我要挨饿的。"她说:"我本来也不要你养活。回家见了爸爸,请他替你想个办法。"他主张索性不要回家,到重庆找赵辛楣——辛楣进了国防委员会,来信颇为得意,比起出走时的狼狈,像换了一个人。不料她大反对,说辛楣和他不过是同样地位的人,求他荐事,太丢脸了;又说三闾大学的事,就是辛楣荐的。"替各系打杂,教授都没爬到,连副教授也保不住,辛楣荐的事好不好?"鸿渐局促道:"给你这么一说,我的地位更不堪了。请你说话留点体面,好不好?"孙小姐说,无论如何,她要回去看她父亲母亲一次,他也应该见见未来的丈人丈母。鸿渐说,就在此地结了婚罢,一来省事,二来旅行方便些。孙小姐沉吟说:"这次订婚已经没得到爸爸妈妈的同意,幸亏他们喜欢我,一点儿不为难。结婚总不能这样草率了,要让他们作主。你别害怕,爸爸不凶的,他会喜欢你。"鸿渐忽然想起一件事,说:"咱们这次订婚,是你父亲那封信促成的。我很想看看,你什么时候把它拣出来。"孙小姐愣愣的眼睛里发问。鸿渐轻轻拧她鼻子道:"怎么忘了?就是那封讲起匿名信的信。"孙小姐扭头抖开他的手道:"讨厌!鼻子都给你拧红了。那封信?那封信我当时看了,一生气,就把它撕了——唔,我倒真应该保存它,现在咱们不怕谣言了。"说完紧握着他的手。

辛楣在重庆得到鸿渐订婚的消息,就寄航空快信道贺。鸿渐把这信给孙小姐看,她看到最后半行:"弟在船上之言验矣,呵呵。又及……"就问他在船上讲的什么话。鸿渐现在新订婚,朋友自然疏了一层,把辛楣批评的话一一告诉。她听得怒形于色,可是不发

第三单元 小说

作,只说:"你们这些男人全不要脸,动不动就说女人看中你们,自己不照照镜子,真无耻!也许陆子潇逢人告诉我怎样看中他呢!我也算倒霉,辛楣一定还有讲我的坏话,你说出来。"鸿渐忙扯淡完事。她反对托辛楣谋事,这可能是理由。鸿渐说这次回去,不走原路了,干脆从桂林坐飞机到香港,省吃许多苦,托辛楣设法买飞机票。孙小姐极赞成。辛楣回信道:他母亲七月底自天津去香港,他要迎接她到重庆,那时候他们凑巧可以在香港小叙。孙小姐看了信,皱眉道:"我不愿意看见他,他要开玩笑的。你不许他开玩笑。"鸿渐笑道:"第一次见面少不了要开玩笑的,以后就没有了。现在你还怕他什么?你升了一辈,他该叫你世嫂了。"

　　鸿渐这次走,没有一个同事替他饯行。既然校长不高兴他,大家也懒跟他联络。他不像能够飞黄腾达的人——"孙柔嘉嫁给他,真是瞎了眼睛,有后悔的一天"——请他吃的饭未必像扔在尼罗河里的面包,过些日子会加了倍浮回原主。并且,请吃饭好比播种子:来的客人里有几个是吃了不还请的,例如最高上司和低级小职员;有几个一定还席的,例如地位和收入相等的同僚,这样,种一顿饭可以收获几顿饭。鸿渐地位不高,又不属于任何系,平时无人结交他,他也只跟辛楣要好,在同事里没朋友播种子。不过,鸿渐饭虽没到嘴,谢饭倒谢了好几次。人家问了他的行期,就惋惜说:"怎么?走得那么匆促!饯行都来不及。糟糕!偏偏这几天又碰到大考,忙得没有工夫,孙小姐,劝他迟几天走,大家从从容容叙一叙——好,好,遵命,那么就欠礼了。你们回去办喜事,早点来个通知,别瞒人哪!两个人新婚快乐,把这儿的老朋友全忘了,那不行!哈哈。"高校长给省政府请到省城去开会,大考的时候才回校,始终没正式谈起聘书的事。鸿渐动身前一天,到校长室秘书处去请发旅行证件,免得路上军警麻烦,顺便见校长辞行,高松年还没到办公室呢。他下午再到秘书处领取证件,一问校长早已走了。一切机关的首长上办公室,本来像隆冬的太阳或者一生里的好运气,来得很迟,去得很早。可是高松年一向勤敏,鸿渐猜想他怕自己、躲避自己,气愤里又有点得意。他训导的几个学生,因为当天考试完了,晚上有工夫到他房里来话别。他感激地喜欢,才明白贪官下任,还要地方挽留,献万民伞、立德政碑的心理。离开一个地方就等于死一次,自知免不了一死,总希望人家表示愿意自己活下去。去后的毁誉,正跟死后的哀荣一样关心而无法知道,深怕一走或一死,像洋蜡烛一灭,留下的只是臭味。有人送别,仿佛临死的人有孝子顺孙送终,死也安心闭眼。这些学生来了又去,暂时的热闹更增加他的孤寂,辗转半夜睡不着。虽然厌恶这地方,临走时偏有以后不能再来的怅恋,人心就是这样捉摸不定的。去年来的时候,多少同伴,现在只两个人回去,幸而有柔嘉,否则自己失了业,一个人走这条长路,真没那勇气。想到此地,鸿渐心里像冬夜缩成一团的身体稍觉温暖,只恨她不在身畔。天没亮,轿夫和挑夫都来了;已是夏天,趁早凉,好赶路。服侍鸿渐的校工,穿件汗衫,睡意朦胧送到大门外看他们上轿,一手紧握着鸿渐的赏钱,准备轿子走了再数。范小姐近视的眼睛因睡眠不足而愈加迷离,以为会碰见送行的男同事,脸上胡乱涂些胭脂,勾了孙小姐的手,从女生宿舍送她过来。孙小姐也依依惜别,舍不下她。范小姐看她上轿子,祝她们俩一路平安,说一定把人家寄给孙小姐的信转到上海,"不过,这地址怎么写法?要开方先生府上的地址了",说时咯咯地笑。孙小姐也说一定有信给她。鸿渐暗笑女人真是天生的政治家,她们俩背后彼此诽谤，面子上这样多情，两个政敌在香槟酒会上碰杯的一套功夫，怕也不过如此。假使不是亲耳朵听见她们的互相刻薄，自己也以为她们真是好朋友了。

轿夫到镇上打完早尖，抬轿正要上路，高松年的亲随赶来，满额是汗，把大信封一个交给鸿渐，说奉校长命送来的。鸿渐以为是聘书，心跳得要冲出胸膛，忙拆信封，里面只是一张信笺，一个红纸袋。信上说，这一月来校务纷繁，没机会与鸿渐细谈，前天刚自省城回来，百端待理，鸿渐又行色匆匆，未能饯别，抱歉之至；本校暂行缓办哲学系，留他在此，实属有屈，所以写信给某某两个有名学术机关，推荐他去做事，一有消息，决打电报到上海；礼券一张，是结婚的贺仪，尚乞哂纳。鸿渐没看完，就气得要下轿子跳骂，忍耐到轿夫走了十里路休息，把一个纸团交给孙小姐，说："高松年的信，你看！谁希罕他送礼。到了衡阳，我挂号退还去。好得很！我正要写信骂他，只恨没有因头，他这封来信给我一个回信痛骂的好机会。"孙小姐道："我看他这封信也是一片好意。你何必空做冤家？骂了他于你有什么好处？也许他真把你介绍给人了呢？"鸿渐怒道："你总是一片大道理，就不许人称心傻干一下。你愈有道理，我偏不讲道理。"孙小姐道："天气热得很，我已经口渴了，你别跟我吵架。到衡阳还有四天呢，到那时候你还要写信骂高松年，我决不阻止你。"鸿渐深知到那时候自己保不住给她感化得回信道谢，所以愈加悻悻然，不替她倒水，只把行军热水瓶搡给她，一壁说："他这个礼也送得岂有此理。咱们还没挑定结婚的日子，他为什么信上说我跟你'嘉礼完成'，他有用意的，我告诉你。因为你我同路走，他想——"孙小姐道："别说了！你这人最多心，多的全是邪心！"说时把高松年的信仍团作球形，扔在田岸旁的水潭里。她刚喝了热水，脸上的红到上轿还没褪。

为了飞机票，他们在桂林一住十几天，快乐得不像人在过日子，倒像日子溜过了他们两个人。两件大行李都交给辛楣介绍的运输公司，据说一个多月可运到上海。身边旅费充足，多住几天，满不在乎。上飞机前一天还是好晴天，当夜忽然下雨，早晨雨停了，有点阴雾。两人第一次坐飞机，很不舒服，吐得像害病的猫。到香港降落，辛楣在机场迎接，鸿渐俩的精力都吐完了，表示不出久别重逢的欢喜。辛楣瞧他们脸色灰白，说："吐了么？没有关系的。第一次坐飞机总要纳点税。我陪你们去找旅馆好好休息一下，晚上我替你们接风。"到了旅馆，鸿渐和柔嘉急于休息。辛楣看他们只定一间房，偷偷别着脸对墙壁伸伸舌头，上山回亲戚家里的路上，一个人微笑，然后皱眉叹口气。

鸿渐睡了一会，精力恢复，换好衣服，等辛楣来。孙小姐给邻室的打牌声，街上的木屐声吵得没睡熟，还觉得恶心要吐，靠在沙发里，说今天不想出去了。鸿渐发急，劝她勉强振作一下，别辜负辛楣的盛意。她教鸿渐一个人去，还说："你们两个人有话说，我又插不进嘴，在旁边做傻子。他没有请旁的女客，今天多我一个人，少我一个人，全无关系。告诉你罢，他请客的馆子准阔得很，我衣服都没有，去了丢脸。"鸿渐道："我不知道你那么虚荣！那件花绸的旗袍还可以穿。"孙小姐笑道："我还没花你的钱做衣服，已经挨你骂虚荣了，将来好好的要你替我付裁缝账呢！那件旗袍太老式了，我到旅馆来的时候，一路上看见街上女人的旗袍，袖口跟下襟又短许多。我白皮鞋也没有，这时候去买一双，我又怕动，胃里还不舒服得很。"辛楣来了，知道孙小姐有病，忙说吃饭改期。她不许，硬要他们两人出去吃。辛楣释然道："方——呃——孙小姐，你真好！将来一定是

第三单元 小说

大贤大德的好太太，换了旁的女人，要把鸿渐看守得牢牢的，决不让他行动自由。鸿渐，你暂时舍得下她么？老实说，别背后怨我老赵把你们俩分开。"鸿渐恳求地望着孙小姐道："你真的不需要我陪你？"孙小姐瞧他的神情，强笑道："你尽管去，我又不生什么大病——赵先生，我真抱歉——"辛楣道："哪里的话！今天我是虚邀，等你身体恢复了，过天好好的请你。那么，我带他走了。一个半钟头以后，我把他送回来，原物奉还，决无损失，哈哈！鸿渐，走！不对，你们也许还有个情人分别的简单仪式，我先在电梯边等你——"鸿渐拉他走，说"别胡闹"。

辛楣在美国大学政治系当学生的时候，旁听过一门"外交心理学"的功课。那位先生做过好几任公使馆参赞，课堂上说，美国人办交涉请吃饭，一坐下去，菜还没上，就开门见山谈正经；欧洲人吃饭时只谈不相干的废话，到吃完饭喝咖啡，才言归正传。他问辛楣，中国人怎样，辛楣傻笑回答不来。辛楣也有正经话跟鸿渐讲，可是今天的饭是两个好朋友的欢聚，假使把正经话留在席上讲，杀尽了风景。他出了旅馆，说："你有大半年没吃西菜了，我请你吃奥国馆子。路不算远，时间还早，咱们慢慢走去，可以多谈几句。"鸿渐只说好。"其实你何必破费，"正待说，"你气色比那时候更好了，是要做官的！"辛楣咳声干嗽，目不斜视，说："你们为什么不结了婚再旅行？"

鸿渐忽然想起一路住旅馆都是用"方先生与夫人"名义的，今天下了飞机，头晕脑胀，没理会到这一点，只私幸辛楣在走路，不会看见自己发烧的脸，忙说："我也这样要求过，她死不肯，一定要回上海结婚，说她父亲——"

"那么，你太 weak。"辛楣自以为这个英文字嵌得非常妙，不愧外交词令：假使鸿渐跟孙小姐并无关系，这个字就说他拿不定主意，结婚与否，全听她摆布；假使他们俩不出自己所料，but the flesh is weak[2]，这个字不用说是含蓄浑成，最好没有了。鸿渐像已判罪的犯人，无从抵赖，索性死了心让脸稳定地去红罢，嗫嚅道："我也在后悔。不过，反正总要回家的。礼节手续麻烦得很，交给家里去办罢。"

"孙小姐是不是呕吐，吃不下东西？"

鸿渐听他说话转换方向，又放了心，说："是呀！今天飞机震荡得利害。不过，我这时候倒全好了。也许她累了，今天起得太早，昨天晚上我们两人的东西都是她理的。辛楣，你记得么？那一次在汪家吃饭，范懿造她谣言，说她不会收拾东西——"

"飞机震荡应该过了。去年我们同路走，汽车那样颠簸，她从没吐过。也许有旁的原因罢？我听说要吐的——"跟着一句又轻又快的话——"当然我并没有经验。"毫无幽默地强笑一声。

鸿渐没料到辛楣又回到那个问题，仿佛躲空袭的人以为飞机去远了，不料已经转到头上，轰隆隆投弹，吓得忘了羞愤，只说："那不会！那不会！"同时心里害怕，知道那很会。

辛楣咀嚼着烟斗柄道："鸿渐，我和你是好朋友，我虽然不是孙小姐法律上的保护人，总算受了她父亲的委托——我劝你们两位赶快用最简单的手续结婚，不必到上海举行仪式。反正你们的船票要一个星期以后才买得到，索性多住四五天，就算度蜜月，乘更下一条船回去。旁的不说，回家结婚，免不了许多亲戚朋友来吃喜酒，这笔开销就不小。孙

家的景况,我知道的,你老太爷手里也未必宽裕,可省为什么不省?何必要他们主办你们的婚事?"除掉经济的理由以外,他还历举其他利害,证明结婚愈快愈妙。鸿渐给他说得服服帖帖,仿佛一重难关打破了,说:"回头我把这个意思对柔嘉说。费你心打听一下,这儿有没有注册结婚,手续繁不繁。"

辛楣自觉使命完成,非常高兴。吃饭时,他要了一瓶酒,说:"记得那一次你给我灌醉的事么?哈哈!今天灌醉了你,对不住孙小姐的。"他问了许多学校里的事,叹口气道:"好比做了一场梦——她怎么样?"鸿渐道:"谁?汪太太?听说她病好了,我没到汪家去过。"辛楣道:"她也真可怜——"瞧见鸿渐脸上酝酿着笑容,忙说——"我觉得谁都可怜,汪处厚也可怜,我也可怜,孙小姐可怜,你也可怜。"鸿渐大笑道:"汪氏夫妇可怜,这道理我明白。他们的婚姻不会到头的,除非汪处厚快死,准闹离婚。你有什么可怜?家里有钱,本身做事很得意,不结婚是你自己不好,别说范懿,就是汪太太——"辛楣喝了酒,脸红已到极点,听了这话,并不更红,只眼睛躲闪似的眨了一眨——"好,我不说下去。我失了业,当然可怜;孙小姐可怜,是不是因为她错配了我?"辛楣道:"不是不是。你不懂。"鸿渐道:"你何妨说。"辛楣道:"我不说。"鸿渐道:"我想你新近有了女朋友了。"辛楣道:"这是什么意思?"鸿渐道:"因为你说话全是小妞儿撒娇的作风,准是受了什么人的熏陶。"辛楣道:"混帐!那么,我就说啦,啊?我不是跟你讲过,孙小姐这人很深心么?你们这一次,照我第三者看起来,她煞费苦心——"鸿渐意识底一个朦胧睡熟的思想像给辛楣这句话惊醒——"不对,不对,我喝醉了,信口胡说,鸿渐,你不许告诉你太太。我真糊涂,忘了现在的你不比从前的你了,以后老朋友说话也得分个界限。"说时,把手里的刀在距桌寸许的空气里划一划。鸿渐道:"给你说得结婚那么可怕,真是众叛亲离了。"辛楣笑道:"不是众叛亲离,是你们自己离亲叛众。这些话不再谈了。我问你,你暑假以后有什么计划?"鸿渐告诉他准备找事。辛楣说,国际局势很糟,欧洲免不了一打,日本是轴心国,早晚要牵进去的,上海天津香港全不稳,所以他把母亲接到重庆去,"不过你这一次怕要在上海待些时候了。你愿意不愿意到我从前那个报馆去做几个月的事?有个资料室主任要到内地去,我介绍你顶他的缺,酬报虽然不好,你可以兼个差。"鸿渐真心感谢。辛楣问他身边钱够不够。鸿渐说结婚总要花点钱,不知道够不够。辛楣说,他肯借。鸿渐道:"借了要还的。"辛楣道:"后天我交一笔款子给你,算是我送的贺仪,你非受不可。"鸿渐正热烈抗议,辛楣截住他道:"我劝你别推。假使我也结了婚,那时候,要借钱给朋友都没有自由了。"鸿渐感动得眼睛一阵潮润,心里鄙夷自己,想要感激辛楣的地方不知多少,倒是为了这几个钱下眼泪,知道辛楣不愿意受谢,便说:"听你言外之意,你也要结婚了,别瞒我。"辛楣不理会,叫西崽把他的西装上衣取来,掏出皮夹,开矿似的发掘了半天,郑重拣出一张小相片,上面一个两目炯炯的女孩子,表情非常严肃。鸿渐看了嚷道:"太好了!太好了!是什么人?"辛楣取过相片,端详着,笑道:"你别称赞得太热心,我听了要吃醋的,咱们从前有过误会。看朋友情人的照相,客气就够了,用不到热心。"鸿渐道:"岂有此理!她是什么人?"辛楣道:"她父亲是先父的一位四川朋友,这次我去,最初就住在他家里。"鸿渐道:"照你这样,上代是朋友,下代结成亲眷,交情一辈子没有完的时候。好,咱们将来

第三单元 小说

的儿女——"孙小姐的病征冒上心来，自觉说错了话——"唔——我看她年轻得很，是不是在念书？"辛楣道："好好的文科不念，要学时髦，去念什么电机工程，念得叫苦连天。放了暑假，报告单来了，倒有两门功课不及格，不能升班，这孩子又要面子，不肯转系转学。这么一来，不念书了，愿意跟我结婚了。哈哈，真是个傻孩子。我倒要谢谢那两位给她不及格的先生。我不会再教书了，你假如教书，对女学生的分数批得紧一点，这可以促成无数好事，造福无量。"鸿渐笑说，怪不得他要接老太太进去。辛楣又把相片看一看，放进皮夹，看手表，嚷道："不得了，过了时候，孙小姐要生气了！"手忙脚乱算了账，一壁说："快走！要不要我送你回去，当面点交？"他们进饭馆，薄暮未昏，还是试探性的夜色，出来的时候，早已妥妥帖帖地是夜了。可是这是亚热带好天气的夏夜，夜得坦白浅显，没有深沉不可测的城府，就仿佛让导演沙士比亚《仲夏夜之梦》的人有一个背景的榜样。辛楣看看天道："好天气！不知道重庆今天晚上有没有空袭，母亲要吓得不敢去了。我回去开无线电，听听消息。"

鸿渐吃得很饱，不会讲广东话，怕跟洋车夫纠缠，一个人慢慢地踱回旅馆。辛楣这一席谈，引起他许多思绪。一个人应该得意，得意的人谈话都有精彩，譬如辛楣，自己这一年来，牢骚满腹，一触即发；因为一向不爱听人家发牢骚，料想人家也未必爱听自己的牢骚，留心管制，像狗戴了嘴罩，谈话都不痛快。照辛楣讲，这战事只会扩大拖长，又新添了家累，假使柔嘉的病真给辛楣猜着了——鸿渐愧怕得遍身微汗，念头想到别处——辛楣很喜欢那个女孩子，这一望而知的，但是好像并非热烈的爱，否则，他讲她的语气，不会那样幽默。他对她也许不过像自己对柔嘉，可见结婚无须太伟大的爱情，彼此不讨厌已经够结婚资本了。是不是都因为男女年龄的距离相去太远？但是去年对唐晓芙呢？可能就为了唐晓芙，情感都消耗完了，不会再摆布自己了。那种情感，追想起来也可怕，把人扰乱得做事吃饭睡觉都没有心思，一刻都不饶人，简直就是神经病，真要不得！不过，生这种病有它的快乐，有时宁可再生一次病。鸿渐叹口气，想一年来，心境老了许多，要心灵壮健的人才会生这种病，譬如大胖子才会脑充血和中风，贫血营养不足的瘦子是不配的。假如再大十几岁，到了回光返照的年龄，也许又会爱得如傻如狂了，老头子恋爱听说像老房子着了火，烧起来没有救的。像现在平平淡淡，情感在心上不成为负担，这也是顶好的，至少是顶舒服的。快快行了结婚手续完事。辛楣说柔嘉"煞费苦心"，也承她瞧得起这自己，应当更怜惜她。鸿渐才理会，撇下她孤单单一个人太长久了，赶快跑回旅馆。经过水果店，买了些鲜荔枝和龙眼。

鸿渐推开房门，里面电灯灭了，只有走廊里的灯射进来一条光。他带上门，听柔嘉不作声，以为她睡熟了，放轻脚步，想把水果搁在桌子上，没留神到当时自己坐的一张椅子，孤零零地离桌几尺，并未搬回原处。一脚撞翻了椅子，撞痛了脚背和膝盖，嘴里骂："浑蛋，谁坐了椅子没搬好！"同时想糟糕，把她吵醒了。柔嘉自从鸿渐去后，不舒服加上寂寞，一肚子的怨气，等等他不来，这怨气放印子钱似的本上生利，只等他回来了算账。她听见鸿渐开门，赌气不肯先开口。鸿渐撞翻椅子，她险的笑出声，但一笑气就泄了，幸亏忍住并不难。她刹那间还打不定主意：一个是说自己眼巴巴等他到这时候，另一个是说自己好容易睡着又给他闹醒——两者之中，哪一个更理直气壮呢？鸿渐翻了椅子，不见动静，胆小起来，想柔嘉不要晕过去了，忙开电灯。柔嘉在黑暗里睡了一个多钟点，骤见灯光，张不开眼，抬一抬眼皮又闭上了，侧身背着灯，呼口长气。鸿渐放了心，才发现丝衬衫给汗湿透了，一壁脱外衣，关切地说："对不住，把你闹醒了。睡得好不好？身体觉得怎么样？"

"我朦胧要睡，就给你乒乒乓乓吓醒了。这椅子是你自己坐的，还要骂人！"

她这几句话是面着壁说的，鸿渐正在挂衣服，没听清楚，回头问："什么？"她翻身向外道："唉！我累得很，要我提高了嗓子跟你讲话，实在没有那股劲，你省省我的气力罢——"可是事实上她把声音提高了一个音键——"这张椅子，是你搬在那儿的。辛楣一来，就像阎王派来的勾魂使者，你什么都不管了。这时候自己冒失，倒怪人呢。"

鸿渐听语气不对，抱歉道："是我不好，我腿上的皮都擦破了一点——"这"苦肉计"并未产生效力——"我出去好半天了，你真的没有睡熟？吃过东西没有？这鲜荔枝——"

"你也知道出去了好半天么？反正好朋友在一起，吃喝玩乐，整夜不回来也由得你，我一个人死在旅馆里都没人来理会。"她说时嗓子哽咽起来，又回脸向里睡了。

鸿渐急得坐在床边，伸手要把她头回过来，说："我出去得太久了，请你原谅，唅，别生气。我也是你教我出去，才出去的——"

柔嘉掀开他手道："我现在教你不要把汗手碰我，听不听我的话？吓，我叫你出去！你心上不是要出去么？我留得住你？留住你也没有意思，你留在旅馆里准跟我找岔子生气。"

鸿渐放手，气鼓鼓坐在那张椅子里道："现在还不是一样的吵嘴！你要我留在旅馆里陪你，为什么那时候不老实说，我又不是你肚子里的蛔虫，知道你存什么心思！"

柔嘉回过脸来，幽远地说："你真是爱我，不用我说，就会知道。唉！这是勉强不来的。要等我说了，你才体贴到，那就算了！一个陌生人跟我一路同来，看见我今天身体不舒服，也不肯撇下我一个人好半天。哼，你还算是爱我的人呢！"

鸿渐冷笑道："一个陌生人肯对你这样，早已不陌生了，至少也是你的情人。"

"你别捉我的错字，也许她是个女人呢？我宁可跟女人在一起，你们男人全不是好人，只要哄得我们让你们称了心，就不在乎了。"

这几句话触起鸿渐的心事，他走近床畔，说："好了，别吵了。以后打我撑我，我也不出去，寸步不离的跟着你，这样总好了。"

柔嘉脸上微透笑影，说："别说得那样可怜。你的好朋友已经说我把你钩住了，我再不让你跟他出去，我的名气更不知怎样坏呢。告诉你罢，这是第一次，我还对你发脾气，以后我知趣不开口了，随你出去了半夜三更不回来。免得讨你们的厌。"

"你对辛楣的偏见太深。他倒一片好意，很关心咱俩的事。你现在气平了没有？我有几句正经话跟你讲，肯听不肯听？""你说罢，听不听由我——是什么正经话，要把脸板得那个样子？"她忍不住笑了。"你会不会有了孩子，所以身体这样不舒服？""什么？胡说！"她脆快地回答——"假如真有了孩子，我不饶你！我不饶你！我不要孩子。"

第三单元 小说

"饶我不饶我是另外一件事,咱们不得不有个准备,所以辛楣劝我和你快结婚——"

柔嘉霍的坐起,睁大眼睛,脸全青了:"你把咱们的事告诉了赵辛楣?你不是人!你不是人!你一定向他吹——"说时手使劲拍着床。

鸿渐吓得倒退几步道:"柔嘉,你别误会,你听我解释——"

"我不要听你解释。你欺负我,我从此没有脸见人,你欺负我!"说时又倒下去,两手按眼,胸脯一耸一耸的哭。

鸿渐的心不是雨衣的材料做的,给她的眼泪浸透了,忙坐在她头边,拉开她手,替她拭泪,带哄带劝。她哭得累了,才收泪让他把这件事说明白。她听完了,哑声说:"咱们的事,不要他来管,他又不是我的保护人。只有你不争气把他的话当圣旨,你要听他的话,你一个人去结婚得了,别勉强我。"鸿渐道:"这些话不必谈了,我不听他的话,一切随你作主——我买给你吃的荔枝,你还没有吃呢,要吃么?好,你睡着不要动,我剥给你吃——"说时把茶几跟字纸篓移近床前——"我今天出去回来都没坐车,这东西是我省下来的车钱买的。当然我有钱买水果,可是省下钱来买,好像那才算得真正是我给你的。"柔嘉泪渍的脸温柔一笑道:"那几个钱何必去省它,自己走累了犯不着,省下来几个车钱也不够买这许多东西。"鸿渐道:"这东西讨价也并不算贵,我还了价,居然买成了。"柔嘉道:"你这人从来不会买东西。买了贵东西还自以为便宜——你自己吃呢,不要尽给我吃。"鸿渐道:"因为我不能干,所以娶你这一位贤内助呀!"柔嘉眼瞟他道:"内助没有朋友好。"鸿渐道:"啊哟,你又来了!朋友只好绝交。你既然不肯结婚,连内助也没有,真是'赔了夫人又折朋'。"柔嘉道:"别胡说。时候不早了,我下午没睡着,晚上又等你——我眼睛哭肿了没有?明天见不得人了!给我面镜子。"鸿渐瞧她眼皮果然肿了,不肯老实告诉,只说:"只肿了一点点,全没有关系,好好睡一觉肿就消了——咦,何必起来照镜子呢!"柔嘉道:"我总要洗脸漱口的。"鸿渐洗澡回室,柔嘉已经躺下。鸿渐问:"你睡的是不是刚才的枕头?上面都是你的眼泪,潮湿得很,枕了不舒服。你睡我的枕头,你的湿枕头让我睡。"柔嘉感激道:"傻孩子,枕头不用换的。我早把它翻过来,换一面睡了——你腿上擦破皮的地方这时候痛不痛?我起来替你包好它。"鸿渐洗澡时,腿浸在肥皂水里,现在伤处星星作痛,可是他说:"早好了,一点儿不痛。你放心快睡罢。"柔嘉说:"鸿渐,我给你说得很担心,结婚的事随你去办罢。"鸿渐冲洗过头发,正在梳理,听见这话,放下梳子,弯身吻她额道:"我知道你是最讲理、最听话的。"柔嘉快乐地叹口气,转脸向里,沉沉睡熟了。

以后这一星期,两人忙得失魂落魄,这件事做到一半,又想起那件事该做。承辛楣的亲戚设法帮忙,注册结婚没发生问题。此外写信通知家里要钱,打结婚戒指,做一身新衣服,进行注册手续,到照相馆借现成的礼服照相,请客,搬到较好的旅馆,临了还要寄相片到家里,催款子。虽然很省事,两人身边的钱全花完了,亏得辛楣送的厚礼。鸿渐因为下半年职业尚无着落,暑假里又没有进款,最初不肯用钱,衣服就主张不做新的,做新的也不必太好。柔嘉说她不是虚荣浪费的女人,可是终身大典,一生只一次,该像个样子,已经简陋得无可简陋了,做了质料好的衣服明年也可以穿的。两人忙碌坏了脾气,不免争执。柔嘉发怒道:"我本来不肯在这儿结婚,这是你的主意,你要我那天打扮得像叫花子

么?这儿举目无亲,一切事都要自己去办,商量的人都没有,别说帮忙!我麻烦死了!家里人手多,钱也总有办法。爸爸妈妈为我的事,准备一笔款子。你也可以写信问你父亲要钱。假如咱们在上海结婚,你家里就一个钱不花么?咱们那次订婚已经替家里省了不少事了。"鸿渐是留学生,知道西洋流行的三 P 运动[3];做儿子的平时呐喊着"独立自主",到花钱的时候,逼老头子掏腰包。他听从她的话,写信给方遯翁。柔嘉看了信稿子,嫌措辞不够明白恳挚,要他重写,还说:"怎么你们父子间这样客气,一点不亲热的?我跟我爸爸写信从不起稿子!"他像初次发表作品的文人给人批评了一顿,气得要投笔焚稿,不肯再写。柔嘉说:"你不写就不写,我不希罕你家的钱,我会写信给我爸爸。"她写完信,问他要不要审查,他拿过来看,果然语气亲热,纸上的"爸爸""妈妈"写得如闻其声。结果他也把信发了,没给柔嘉看。后来她知道是虚惊,埋怨鸿渐说,都是他偏听辛楣的话,这样草草结婚,反而惹家里的疑心。可是家信早发出去,一切都预备好,不能临时取消。结婚以后的几天,天天盼望家里回信,远不及在桂林时的无忧无虑。方家孙家陆续电汇了钱来,回上海的船票辛楣替他们定好。赵老太太也到了香港,不日飞重庆。开船前两天,鸿渐夫妇上山去看辛楣,一来拜见赵老太太,二来送行,三来辞行,四来还船票等等的账。

他们到了辛楣所住的亲戚家里,送进名片,辛楣跑出来,看门的跟在后面。辛楣满口的"嫂夫人劳步,不敢当"。柔嘉微笑抗议说:"赵叔叔别那样称呼,我当不起。"辛楣道:"没有这个道理——鸿渐,你来得不巧。苏文纨在里面。她这两天在香港,知道我母亲来了,今天刚来看她。你也许不愿意看见苏文纨,所以我赶出来向你打招呼。不过,她知道你在外面。"鸿渐涨红脸,望着柔嘉说:"那么咱们不进去罢,就托辛楣替咱们向老伯母说一声。辛楣,买船票的钱还给你。"辛楣正推辞,柔嘉说:"既然来了,总要见见老伯母的——"她今天穿了新衣服来的,胆气大壮,并且有点好奇。鸿渐虽然怕见苏文纨,也触动了好奇心。辛楣领他们进去。进客堂以前,鸿渐把草帽挂在架子上的时候,柔嘉打开手提袋,照了照镜子。

苏文纨比去年更时髦了,脸也丰腴得多。旗袍搀合西式,紧俏伶俐,袍上的花纹是淡红浅绿横条子间着白条子,花得像欧洲大陆上小国的国旗。手边茶几上搁一顶阔边大草帽,当然是她的,衬得柔嘉手里的小阳伞落伍了一个时代。鸿渐一进门,老远就深深鞠躬。赵老太太站起来招呼,文纨安坐着轻快地说:"方先生,好久不见,你好啊?"辛楣说:"这位是方太太。"文纨早看见柔嘉,这时候仿佛听了辛楣的话才发现她似的,对她点头时,眼光从头到脚瞥过。柔嘉经不起她这样看一遍,局促不安。文纨问辛楣道:"这位方太太是不是还是那家什么银行?钱庄?唉!我记性真坏——经理的小姐?"鸿渐夫妇全听清了,脸同时发红,可是不便驳答,因为文纨问的声音低得似乎不准备给他们听见。辛楣一时候不明白,只说:"这是我一位同事的小姐,上礼拜在香港结婚的。"文纨如梦方觉,自惊自叹道:"原来又是一位——方太太,你一向在香港的,还是这一次从外国回来经过香港?"鸿渐紧握椅子的靠手,防自己跳起来。辛楣暗暗摇头。柔嘉只能承认,并非从外国进口,而是从内地出口。文纨对她的兴趣顿时消灭,跟赵老太太继续谈她们的话。赵老太太说她有生以来,第一次坐飞机,预想着就害怕。文纨笑道:"伯母,你有辛

第三单元　小说

楣陪你，怕些什么！我一个人飞来飞去就五六次了。"赵老太太说："怎么你们先生就放心你一个人来来去去么？"文纨道："他在这儿有公事分不开身呀！他陪我飞到重庆去过两次，第一次是刚结了婚去见家父——他本来今天要同我一起来拜见伯母的，带便看看辛楣——"辛楣道："不敢当。我还是你们结婚这一天见过曹先生的。他现在没有更胖罢？他好像比我矮一个头，容易见得胖。在香港没有关系，要是在重庆，管理物资粮食的公务员发了胖，人家就开他玩笑了。"鸿渐今天来了第一次要笑，文纨脸色微红，赵老太太没等她开口，就说："辛楣，你这孩子，三十多岁的人了，还爱胡说。这个年头儿，发胖不好么？我就嫌你太瘦。文纨小姐，做母亲的人总觉得儿子不够胖的。你气色好得很，看着你，我眼睛都舒服。你家老大太看见你准心里喜欢。你回去替我们问候曹先生，他公事忙，千万不要劳步。"文纨道："他偶尔半天不到办公室，也没有关系。不过今天他向办公室也请了假，昨天喝醉了。"赵老太太婆婆妈妈地说："酒这个东西伤身得很，你以后劝他少喝。"文纨眼锋掠过辛楣脸上，回答说："他不会喝的，不像辛楣那样洪量，威斯忌一喝就是一瓶——"辛楣听了上一句，向鸿渐偷偷做个鬼脸，要对下一句抗议都来不及"他是给人家灌醉的。昨天我们大学同班在此地做事的人开欢送会，帖子上写明'携眷'；他算是我的'眷'，我带了他去，人家把他灌醉了。"鸿渐忍不住问："咱们一班有多少人在香港？"文纨道："哟！方先生，我忘了你也是我们同班，他们没发帖子给你罢？昨天只有我一个人是文科的，其余都是理工法商的同学。"辛楣道："你瞧，你多神气！现在只有学理工法商的人走运，学文科的人穷得都没有脸见人，不敢认同学了。亏得有你，撑撑文科的场面。"文纨道："我就不信老同学会那么势利——你不是法科么？要讲走运，你也走运。"说时胜利地笑。辛楣道："我比你们的曹先生，就差得太远了。开同学会都是些吃饱了饭没事干的人跟阔同学拉手去的。看见不得意的同学，问一声'你在什么地方做事'，不等回答，就伸长耳朵收听阔同学的谈话了。做学生的时候，开联欢会还有点男女社交的作用，我在美国，人家就把留学生的夏令会，说是'三头会议'：出风头，充冤大头，还有——呃——情人做花头——"大家都笑了，赵老太太笑得带呛，不许辛楣胡说。文纨笑得比人家短促，说："你自己也参加夏令会的，你别赖，我看见过那张照相，你是三头里什么头？"辛楣回答不出。文纨拍手道："好！你说不出来了。伯母，我看辛楣近来没有从前老实，心眼也小了许多，恐怕他这一年来结交的朋友有关系——"柔嘉注视鸿渐，鸿渐又紧握着椅子的靠手——"伯母，我明天不送你上飞机了，下个月在重庆见面。那一包小东西，我回头派用人送来；假如伯母不方便带，让他原物带转得了。"她站起来，提了大草帽的缨，仿佛希腊的打猎女神提着盾牌，叮嘱赵老太太不要送，对辛楣说："我要罚你，罚你替我拿那两个纸盒子，送我到门口。"辛楣瞧鸿渐夫妇站着，防她无礼不理他们，说："方先生也在招呼你呢。"文纨才对鸿渐点点头，伸手让柔嘉拉一拉，姿态就仿佛伸指头到热水里去试试烫不烫，脸上的神情仿佛跟比柔嘉高出一个头的人拉手，眼光超越柔嘉头上。然后她亲热地说："伯母再见。"对辛楣似喜似嗔望一眼，辛楣忙抱了那个盒子跟她出去。

　　鸿渐夫妇跟赵老太太敷衍，等辛楣进来了，起身告辞。赵老太太留他们多坐一会儿，一壁埋怨辛楣道："你这孩子又发傻劲，何苦去损她的先生？"鸿渐暗想，苏文纨也许得

意，以为辛楣未能忘情、发酷劲呢。辛楣道："你放心，她决不生气，只要咱们替她带私货就行了。"辛楣要送他们到车站，出了门，说："苏文纨今天太岂有此理，对你们无礼得很。"鸿渐故作豁达道："没有什么。人家是阔小姐阔太太，这点点神气应该有的——"他没留心柔嘉看他一眼——"你说'带私货'，是怎么一回事？"辛楣道："她每次飞到重庆，总带些新出的化妆品、药品、高跟鞋、自来水笔之类去送人，也许是卖钱，我不清楚。"鸿渐惊异得要叫起来，才知道高高荡荡这片青天，不是上帝和天堂的所在了，只供给投炸弹、走单帮的方便，一壁说："怪事！我真想不到！她还要做生意么？我以为只有李梅亭这种人带私货！她不是女诗人么？白话诗还做不做？"辛楣笑道："不知道。她真会经纪呢！她刚才就劝我母亲快买外汇，我看女人全工于心计的。"柔嘉沉着脸，只当没听见。鸿渐道："我胡说一句，她好像跟你很——唔——很亲密。"辛楣脸红道："她知道我也在重庆，每次来总找我。她现在对我只有比她结婚以前对我好。"鸿渐鼻子里出冷气，想说："怪不得你要有张护身照片。"可是没有说。辛楣顿一顿，眼望远处，说："方才我送她出门，她说她那儿还保存我许多信——那些信我全忘了，上面不知道胡写些什么——她说她下个月到重庆来，要把信带还我。可是，她又不肯把信全数还给我，她说信上有一部分的话，她现在还可以接受。她要当我的面，一封一封的检，挑她现在不能接受的信还给我。你说可笑不可笑？"说完，不自然地笑。柔嘉冷静地问："她不知道赵叔叔要订婚了罢？"辛楣道："我没告诉她，我对她泛泛得很。"送鸿渐夫妇上了下山的缆车，辛楣回家路上，忽然明白了，叹气："只有女人会看透女人。"

鸿渐闷闷上车。他知道自己从前对不住苏文纨，今天应当受她的怠慢，可气的是连累柔嘉也遭了欺负。当时为什么不讽刺苏文纨几句，倒低头忍气尽她放肆？事后追想，真不甘心。不过，受她冷落还在其次，只是这今昔之比使人伤心。两年前，不，一年前跟她完全是平等的。现在呢，她高高在上，跟自己的地位简直是云泥之别。就像辛楣罢，承他瞧得起，把自己当朋友，可是他也一步一步高上去，自己要仰攀他，不比从前那样分庭抗礼了。鸿渐郁勃得心情像关在黑屋里的野兽，把墙壁狠命的撞、抓、打，但找不着出路。柔嘉见他不开口，忍住也不讲话。回到旅馆，茶房开了房门，鸿渐脱外衣、开电扇，张臂当风说："回来了，唉！"

"身体是回来了，灵魂早给情人带走了。"柔嘉毫无表情地加上两句按语。

鸿渐当然说她"胡说"。她冷笑道："我才不胡说呢。上了缆车，就像木头人似的，一句话也不说，全忘了旁边还有个我。我知趣得很，决不打搅你，看你什么时候跟我说话。""现在我不是跟你说话了？我对今天的事一点不气——"

"你怎么会气？你只有称心。"

"那也未必，我有什么称心？"

"看见你从前的情人糟蹋你现在的老婆，而且当着你那位好朋友的面，还不称心么！"柔嘉放弃了嘲讽的口吻，坦白地愤恨说——"我早告诉你，我不喜欢跟赵辛楣来往。可是我说的话有什么用？你要去，我敢说'不'么？去了就给人家瞧不起，给人家笑——"

"你这人真蛮不讲理。不是你自己要进去么？事后倒推在我身上？并且人家并没有糟

蹋你，临走还跟你拉手——"

柔嘉怒极而笑道："我太荣幸了！承贵夫人的玉手碰了我一碰，我这只贱手就一辈子的香，从此不敢洗了！'没有糟蹋我！'哼，人家打到我头上来，你也会好像没看见的，反正老婆是该受野女人欺负的。我看见自己的丈夫给人家笑骂，倒实在受不住，觉得我的脸都剥光了。她说辛楣的朋友不好，不是指的你么？"

"让她去骂。我要回敬她几句，她才受不了呢。"

"你为什么不回敬她？"

"何必跟她计较？我只觉得她可笑。"

"好宽宏大量！你的好脾气，大度量，为什么不留点在家里，给我享受享受？见了外面人，低头陪笑；回家对我，一句话不投机，就翻脸吵架。人家看方鸿渐又客气，又有耐心，不知道我受你多少气。只有我哪，换了那位贵小姐，你对她发发脾气看——"她顿一顿，说，"当然娶了那种称心如意的好太太，脾气也不至于发了。"

她的话一部分是真的，加上许多调味的作料。鸿渐没法回驳，气咻咻望着窗外。柔嘉瞧他说下出话，以为最后一句话刺中他的隐情，嫉妒得坐立不安，管制了自己声音里的激动，冷笑着自言自语道："我看破了，全是吹牛，全——是——吹——牛。"

鸿渐回身问："谁吹牛？"

"你呀。你说她从前如何爱你，要嫁给你，今天她明明和赵辛楣好，正眼都没瞧你一下。是你追求她没追到罢！男人全这样吹的。"鸿渐对这种"古史辩"式的疑古论，提不出反证，只能反复说："就算我吹牛，你看破好了，就算我吹牛。"柔嘉道："人家多少好！又美，父亲又阔，又有钱，又是女留学生，假如我是你，她不看中我，我还要跪着求呢，何况她居然垂青——"鸿渐眼睛都红了，粗暴地截断她话："是的！是的！人家的确不要我。不过，也居然有你这样的女人千方百计要嫁我。"柔嘉圆睁两眼，下唇咬得起一条血痕，颤声说："我瞎了眼睛！我瞎了眼睛！"

此后四五个钟点里，柔嘉并未变成瞎子，而两人同变成哑子，吃饭做事，谁都不理谁。鸿渐自知说话太重，心里懊悔，但一时上不愿屈服。下午他忽然想起明天要到船公司凭收据去领船票，这张收据是前天辛楣交给自己的，忘掉搁在什么地方了，又不肯问柔嘉。忙翻箱子，掏口袋，找不见那张收条，急得一身身的汗像长江里前浪没过、后浪又滚上来。柔嘉瞧他搔汗湿的头发，摸涨红的耳朵，便问："找什么？是不是船公司的收据？"鸿渐惊骇地看她，希望顿生，和颜悦色道："你怎么猜到的？你看见没有？"柔嘉道："你放在那件白西装的口袋里的——"鸿渐顿脚道："该死该死！那套西装我昨天交给茶房送到干洗作去的，怎么办呢？我快赶出去。"柔嘉打开手提袋，道："衣服拿出去洗，自己也不先理一理，随手交给茶房！亏得我替你检了出来，还有一张烂钞票呢。"鸿渐感激不尽道："谢谢你，谢谢你——"柔嘉道："好容易千方百计嫁到你这样一位丈夫，还敢不小心伺候么？"说时，眼圈微红。鸿渐打拱作揖，自认不是，要拉她出去吃冰。柔嘉道："我又不是小孩子，你别把吃东西来哄我。'千方百计'那四个字，我到死都忘不了的。"鸿渐把手按她嘴，不许她叹气。结果，柔嘉陪他出去吃冰。柔嘉吸着橘子水，问苏文纨从前是不是那样打扮。鸿渐说："三十岁的奶奶了，衣服愈来愈花，谁都要笑的，我看她远不如你可爱。"柔嘉摇头微笑，表示不能相信而很愿意相信她丈夫的话。鸿渐道："你听辛楣说她现在变得多么俗，从前的风雅不知哪里去了，想不到一年工夫会变得惟利是图，全不像个大家闺秀。"柔嘉道："也许她并没有变，她父亲知道是什么贪官，女儿当然有遗传的。一向她的本性潜伏在里面，现在她嫁了人，心理发展完全，就本相毕现了。俗没有关系，我觉得她太贱。自己有了丈夫，还要跟辛楣勾搭，什么大家闺秀！我猜是小老婆的女儿罢。像我这样一个又丑又穷的老婆，虽然讨你的厌，可是安安分分，不会出你的丑的；你娶了那一位小姐，保不住只替赵辛楣养个外室了。"鸿渐明知她说话太刻毒，只能唯唯附和。这样作践着苏文纨，他们俩言归于好。

　　这次吵架像夏天的暴风雨，吵的时候很利害，过得很快。可是从此以后，两人全存了心，管制自己，避免说话冲突。船上第一夜，两人在甲板上乘凉。鸿渐道："去年咱们第一次同船到内地去，想不到今年同船回来，已经是夫妇了。"柔嘉拉他手代替回答。鸿渐道："那一次我跟辛楣在甲板上讲的话，你听了多少？说老实话。"柔嘉撒手道："谁有心思来听你们的话！你们男人在一起讲的话全不中听的。后来忽然听见我的名字，我害怕得直想逃走——"鸿渐笑道："你为什么不逃呢？"柔嘉道："名字是我的，我当然有权利听下去。"鸿渐道："我们那天没讲你的坏话罢？"柔嘉瞥他一眼道："所以我上了你的当。我以为你是好人，谁知道你是最坏的坏人。"鸿渐拉她手代替回答。柔嘉问今天是八月几号，鸿渐说二号。柔嘉叹息道："再过五天，就是一周年了！"鸿渐问什么一周年，柔嘉失望道："你怎么忘了！咱们不是去年八月七号的早晨赵辛楣请客认识的么？"鸿渐惭愧得比忘了国庆日和国耻日都利害，忙说："我记得。你那天穿的什么衣服我都记得。"柔嘉心慰道："我那天穿一件蓝花白底子的衣服，是不是？我倒不记得你那天是什么样子，没有留下印象，不过那个日子当然记得。这是不是所谓'缘分'，两个陌生人偶然见面，慢慢地要好？"鸿渐发议论道："譬如咱们这次同船的许多人，没有一个认识的。不知道他们的来头，为什么不先不后也乘这条船，以为这次和他们聚在一起是出于偶然。假使咱们熟悉了他们的情形和目的，就知道他们乘这只船并非偶然，和咱们一样有非乘不可的理由。这好像开无线电。你把针在面上转一圈，听见东一个电台半句京戏，西一个电台半句报告，忽然又是半句外国歌啦，半句昆曲啦，鸡零狗碎，凑在一起，莫名其妙。可是每一个破碎的片段，在它本电台广播的节目里，有上文下文并非胡闹。你只要认定一个电台听下去，就了解它的意义。我们彼此往来也如此，相知不深的陌生人——"柔嘉打个面积一寸见方的大呵欠。像一切人，鸿渐恨旁人听自己说话的时候打呵欠，一年来在课堂上变相催眠的经验更增加了他的恨，他立刻闭嘴。柔嘉道歉道："我累了，你讲下去呢。"鸿渐道："累了快去睡，我不讲了。"柔嘉怨道："好好的讲咱们两个人的事，为什么要扯到全船的人，整个人类？"鸿渐恨恨道："跟你们女人讲话只有讲你们自己，此外什么都不懂！你先去睡罢，我还要坐一会呢。"柔嘉怏怏不睬地走了。鸿渐抽了一支烟，气平下来，开始自觉可笑。那一段议论真像在台上的演讲；教书不到一年，这习惯倒养成了，以后要留心矫正自己，怪不得陆子潇做了许多年的教授，求婚也像考试学生了。不过，柔嘉也太任性。她常怪自己对别人有讲有说，回来对她倒没有话讲，今天跟她长篇大章的谈论，她又打呵欠，自己家信里还赞美她如何柔顺呢！

鸿渐这两天近乡情怯，心事重重。他觉得回家并不像理想那样的简单。远别虽非等于暂死，至少变得陌生。回家只像半生的东西回锅，要煮一会才会熟。这次带了柔嘉回去，更要费好多时候来和家里适应。他想得心烦，怕去睡觉——睡眠这东西脾气怪得很，不要它，它偏会来，请它，哄它，千方百计勾引它，它拿身分躲得影子都不见。与其热枕头上翻来覆去，还是甲板上坐坐罢。柔嘉等丈夫来讲和，等好半天他不来，也收拾起怨气睡了。

【注释】

[1] 本文选自人民出版社1991年版《围城》，钱锺书著。

[2] "but the flesh is weak"，意思是太不够坚强。

[3] 三 P：即 Poor Pop Pays，意为可怜的爸爸为孩子们付账。

【题解】

《围城》共9章。通过主人公方鸿渐与几位知识女性的情感、婚恋纠葛以及方鸿渐由上海到内地的遭遇，作者以喜剧性的讽刺笔调，刻画了抗战环境下中国一部分知识分子的彷徨和空虚。作者借小说人物之口解释"围城"的题义：这是从法国的一句成语中引申而来的，即"被围困的城堡""城外的人想冲进来，城里的人想逃出来"。本文节选自第八章，主要写方鸿渐和孙柔嘉在返回上海途中结了婚，并且在香港遇到了苏文纨，方、孙两人发生了争执。

【思考练习题】

1. 阅读《围城》，谈谈"围城"的象征意义。
2. 体会作者幽默诙谐的语言风格，把握《围城》的文化批判意识。

金锁记[1](节选)

张 爱 玲

张爱玲(1920—1995)，原名张煐，笔名梁京。原籍河北丰润，生于上海，童年在北京、天津度过，1929年迁回上海。1930年改名张爱玲，1942年开始写作，1955年旅居美国，后在加州大学中文研究中心从事翻译和小说考证。其主要作品有散文集《流言》，散文小说合集《张看》，中短篇小说集《传奇》，长篇小说《倾城之恋》《十八春》《秧歌》《怨女》《赤地之恋》等。晚年从事中国文学评价和《红楼梦》研究，有评论集《红楼梦魇》。

玻璃窗上面，没来由开了小小的一朵霓虹灯的花——对过一家店面里反映过来的，绿心红瓣，是尼罗河祀神的莲花，又是法国王室的百合徽章……

世舫多年没见过故国的姑娘，觉得长安很有点楚楚可怜的韵致，倒有几分喜欢。他留学以前早就定了亲，只因他爱上了一个女同学，抵死反对家里的亲事，路远迢迢，打了无数的笔墨官司，几乎闹翻了脸，他父母曾经一度断绝了他的接济，使他吃了不少的苦，方

才依了他,解了约。不幸他的女同学别有所恋,抛下了他,他失意之余,倒埋头读了七八年的书。他深信妻子还是旧式的好,也是由于反应作用。

和长安见了这一面之后,两下里都有了意。长馨想着送佛送到西天,自己再热心些,也没有资格出来向长安的母亲说话,只得央及兰仙。兰仙执意不肯道:"你又不是不知道,你爹跟你二妈仇人似的,向来是不见面的。我虽然没跟她红过脸,再好些也有限。何苦去自讨没趣?"长安见了兰仙,只是垂泪,兰仙却不过情面,只得答应去走一遭。妯娌相见,问候了一番,兰仙便说明了来意。七巧初听见了,倒也欣然,因道:"那就拜托了三妹妹罢!我病病哼哼的,也管不得了,偏劳了三妹妹。这丫头就是我的一块心病。我做娘的也不能说是对不起她了,行的是老法规矩,我替她裹脚,行的是新派规矩,我送她上学堂——还要怎么着?照我这样扒心扒肝调理出来的人,只要她不疤不麻不瞎,还会没人要吗?怎奈这丫头天生的是扶不起的阿斗,恨得我只嚷嚷:多咱我一闭眼去了,男婚女嫁,听天由命罢!"

当下议妥了,由兰仙请客,两方面相亲。长安与童世舫只做没见过面模样,又会晤了一次。七巧病在床上,没有出场,因此长安便风平浪静的订了婚。在筵席上,兰仙与长馨强行拉着长安的手,递到童世舫手里,世舫当众替她套上了戒指。女家也回了礼,文房四宝虽然免了,却用新式的丝绒文具盒来代替,又添上了一只手表。

订婚之后,长安遮遮掩掩竟和世舫单独出去了几次。晒着秋天的太阳,两人并排在公园里走着,很少说话,眼角里带着一点对方的衣服与移动着的脚,女子的粉香,男子的淡巴菰气,这单纯而可爱的印象便是他们身边的栏杆,栏杆把他们与众人隔开了。空旷的绿草地上,许多人跑着,笑着,谈着,可是他们走的是寂寂的绮丽的回廊——走不完的寂寂的回廊。不说话,长安并不感到任何缺陷。她以为新式的男女间的交际也就"尽于此矣"。童世舫呢,因为过去的痛苦的经验,对于思想的交换根本抱着怀疑的态度。有个人在身边,他也就满足了。从前,他顶讨厌小说上的男人,向女人要求同居的时候,只说:"请给我一点安慰。"安慰是纯粹精神上的,这里却做了肉欲的代名词。但是他现在知道精神与物质的界限不能分得这么清。言语究竟没有用。久久的握着手,就是较妥帖的安慰,因为会说话的人很少,真正有话说的人还要少。有时在公园里遇着了雨,长安撑起了伞,世舫为她擎着。隔着半透明的蓝绸伞,千万粒雨珠闪着光,像一天的星。一天的星到处跟着他们,在水珠银烂的车窗上,汽车驰过了红灯、绿灯,窗子外营营飞着一窠红的星,又是一窠绿的星。

长安带了点星光下的乱梦回家来,人变得异常沉默了,时时微笑着。七巧见了,不由得有气,便冷言冷语道:"这些年来,多多怠慢了姑娘,不怪姑娘难得开个笑脸。这下子跳出了姜家的门,趁了心愿了,再快活些,可也别这么摆在脸上呀——叫人寒心!"依着长安素日的性子,就要回嘴,无如长安近来像换了个人似的,听了也不计较,自顾自努力去戒烟。七巧也奈何她不得。长安订婚那天,大奶奶玳珍没去,隔了些天来补道喜。七巧悄悄唤了声大嫂,道:"我看咱们还得在外头打听打听哩,这事可冒失不得!前天我耳朵里仿佛刮着一点,说是乡下有太太,外洋还有一个。"玳珍道:"乡下的那个没过门就退了亲。外洋那个也是这样,说是做了几年的朋友了,不知怎么又没成功。"七巧道:"那

第三单元　小说

还有个为什么？男人的心，说声变，就变了。他连三媒六聘的还不认帐，何况那不三不四的歪辣货？知道他在外洋还有旁人没有？我就只这一个女儿，可不能糊里糊涂断送了她的终身，我自己是吃过媒人的苦的！"

　　长安坐在一旁用指甲去掐手掌心，手掌心掐红了，指甲却挣得雪白。七巧一抬眼望见了她，便骂道："死不要脸的丫头，竖着耳朵听呢！这话是你听得的么？我们做姑娘的时候，一声提起婆婆家，来不迭地躲开了。你姜家枉为世代书香，只怕你还要到你开麻油店的外婆家去学点规矩哩！"长安一头哭一头奔了出去。七巧拍着枕头嗳了一声道："姑娘急着要嫁，叫我也没法子。腥的臭的往家里拉。名为是她三婶给找的人，其实不过是拿她三婶做个幌子。多半是生米煮成了熟饭了，这才搬了三婶出来做媒，大家齐打伙儿糊弄我一个人……糊弄着也好！说穿了，叫做娘的做哥哥的脸往哪儿去放？"

　　又一天，长安托辞溜了出去，回来的时候，不等七巧查问，待要报告自己的行踪，七巧叱道："得了，得了，少说两句罢！在我面前糊什么鬼？有朝一日你让我抓着了真凭实据——哼！别以为你大了，定了亲了，我打不得你了！"长安急了道："我给馨妹妹送鞋样子去，犯了什么法了，娘不信，娘问三婶去！"七巧道："你三婶替你寻了双女婿，就是你的重生父母，再养爹娘！也没见你这样的轻骨头！……一转眼就不见你的人了。你家里供养了你这些年，就只差买个小厮来伺候你，哪一处对你不住了，你在家里一刻也坐不稳？"长安红了脸，眼泪直掉下来。七巧缓过一口气来，又道："当初多少好的都不要，这会子去嫁个不成器的，人家拣剩下来的，岂不是自己打嘴？他若是个人，怎么活到三十来岁，飘洋过海的，跑上十万里地，一房老婆还没弄到手？"

　　然而长安一味的执迷不悟。因为双方的年纪都不小了，订了婚不上几个月，男方便托了兰仙来议定婚期。七巧指着长安道："早不嫁，迟不嫁，偏赶着这两年钱不凑手！明年若是田上收成好些，嫁妆也还整齐些。"兰仙道："如今新式结婚，倒也不讲究这些了。就照新派办法，省着点也好。"七巧道："什么新派旧派？旧派无非排场大些，新派实惠些，一样还是娘家的晦气！"兰仙道："二嫂看着办就是了，难道安姐儿还会争多论少不成？"一屋子的人全笑了，长安也不觉微微一笑。七巧破口骂道："不害臊！你是肚子里有了搁不住的东西是怎么着？火烧眉毛，等不及的要过门！嫁妆也不要了——你情愿，人家倒许不情愿呢？你就拿准了他是图你的人？你好不自量，你有哪一点叫人看得上眼？趁早别自骗自了！姓童的还不是看上了姜家的门第！别瞧你们家轰轰烈烈，公侯将相的，其实全不是那么回事！早就是外强中干，这两年连空架子也撑不起了。人呢，一代坏似一代，眼里哪儿还有天地君亲？少爷们是什么都不懂，小姐们就知道霸钱要男人——猪狗都不如！我娘家当初千不该万不该跟姜家结了亲，坑了我一世，我待要告诉那姓童的趁早别像我似的上了当！"

　　自从吵闹过这一番，兰仙对于这头亲事便洗手不管了。七巧的病渐渐痊愈，略略下床走动，便逐日骑着门坐着，遥遥的向长安屋里叫喊道："你要野男人你尽管去找，只别把他带上门来认我做丈母娘，活活的气死了我！我只图个眼不见，心不烦。能够容我多活两年，便是姑娘的恩典了！"颠来倒去几句话，嚷得一条街上都听得见。亲戚丛中自然更将这事沸沸扬扬传了开去。七巧又把长安唤到跟前，忽然滴下泪来道："我的儿，你知道外头人把你怎么长怎么短糟踏得一个钱也不值！你娘自从嫁到姜家来，上上下下谁不是势利的，狗眼看人低，明里暗里我不知受了他们多少气。就连你爹，他有什么好处到我身上，我要替他守寡？我千辛万苦守了这二十年，无非是指望你姐儿俩长大成人，替我争回一点面子来，不承望今日之下，只落得这等的收场！"说着，呜咽起来。

　　长安听了这话，如同轰雷掣顶一般。她娘尽管把她说得不成人，外头人尽管把她说得不成人。她管不了这许多。唯有童世舫——他——他该怎么想？他还要她么？上次见面的时候，他的态度有点改变么？很难说……她太快乐了，小小的不同的地方她不会注意到……被戒烟期间身体上的痛苦与这种种刺激两面夹攻着，长安早就有点受不了，可是硬撑着也就撑了过去，现在她突然觉得浑身的骨骼都脱了节。向他解释么？他不比她的哥哥，他不是她母亲的儿女，他决不能彻底明白她母亲的为人。他果真一辈子见不到她母亲，倒也罢了，可是他迟早要认识七巧。这是天长地久的事，只有千年做贼的，没有千年防贼的——她知道她母亲会放出什么手段来？迟早要出乱子，迟早要决裂。这是她的生命里顶完美的一段，与其让别人给它加上一个不堪的尾巴，不如她自己早早结束了它。一个美丽而苍凉的手势……她知道她会懊悔的，她知道她会懊悔的，然而她抬了抬眉毛，做出不介意的样子，说道："既然娘不愿意结这头亲，我去回掉他们就是了。"七巧正哭着，忽然住了声，停了一停，又抽搭抽搭哭了起来。

　　长安定了一定神，就去打了个电话给童世舫，世舫当天没有空，约了明天下午。长安所最怕的就是中间隔的这一晚，一分钟，一刻，一刻，啃进她心里去。次日，在公园里的老地方，世舫微笑着迎上前来，没跟她打招呼——这在他是一种亲昵的表示。他今天仿佛是特别的注意她，并肩走着的时候，屡屡地望着她的脸。太阳煌煌的照着，长安越发觉得眼皮肿得抬不起来了，趁他不在看她的时候把话说了罢。她用哭哑的喉咙轻轻唤了一声"童先生"。世舫没听见。那么，趁他看她的时候把话说了罢。她诧异她脸上还带着点笑，小声道："童先生，我想——我们的事也许还是——还是再说罢。对不起得很。"她褪下戒指来塞在他手里，冷涩的戒指，冷湿的手。她放快了步子走去，他愣了一会，便追上来，回道："为什么呢？对于我有不满意的地方么？"长安笔直向前望着，摇了摇头。世舫道："那么，为什么呢？"长安道："我母亲……"世舫道："你母亲并没有看见过我。"长安道："我告诉过你了，不是因为你。与你完全没有关系。我母亲……"世舫站定了脚。这在中国是很充分的理由了罢？他这么略一踌躇，她已经走远了。园子在深秋的日头里晒了一上午又一下午，像烂熟的水果一般，往下坠着，坠着，发出香味来。长安悠悠忽忽听见了口琴的声音，迟钝地吹出了"Long, Long, Ago"——"告诉我那故事，往日我最心爱的那故事。许久以前，许久以前……"这是现在，一转眼也就变了许久以前了，什么都完了。长安着了魔似的，去找那吹口琴的人——去找她自己。迎着阳光走着，走到树底下，一个穿着黄短裤的男孩骑在树桠枝上颠颠着，吹着口琴，可是他吹的是另一个调子，她从来没听见过的。不大的一棵树，稀稀朗朗的梧桐叶在太阳里摇着像金的铃铛。长安仰面看着，眼前一阵黑，像骤雨似的，泪珠一串串的披了一脸。世舫找到了她，在她身边悄悄站了半晌，方道："我尊重你的意见。"长安举起了她的皮包来遮住了脸上的阳光。

第三单元　小说

　　他们继续来往了一些时。世舫要表示新人物交女朋友的目的不仅限于择偶，因此虽然与长安解除了婚约，依旧常常的邀她出去。至于长安呢，她是抱着什么样的矛盾的希望跟着他出去，她自己也不知道——知道了也不肯承认。订着婚的时候，光明正大的一同出去，尚且要瞒了家里，如今更成了幽期密约了。世舫的态度始终是坦然的。固然，她略略伤害了他的自尊心，同时他对于她多少也有点惋惜，然而"大丈夫何患无妻？"男子对于女子最隆重的赞美是求婚。他割舍了他的自由，送了她这一份厚礼，虽然她是"心领璧还"了，他可是尽了他的心。这是惠而不费的事。

　　无论两人之间的关系是怎样的微妙而尴尬，他们认真的做起朋友来了。他们甚至谈起话来。长安的没见过世面的话每每使世舫笑起来，说："你这人真有意思！"长安渐渐的也发现了她自己原来是个"很有意思"的人。这样下去，事情会发展到什么地步，连世舫自己也会惊奇。

　　然而风声吹到了七巧耳朵里。七巧背着长安吩咐长白下帖子请童世舫吃便饭。世舫猜着姜家是要警告他一声，不准他和他们小姐藕断丝连，可是他同长白在那阴森高敞的餐室里吃了两盅酒，说了回话、天气、时局、风土人情，并没有一个字涉到长安身上。冷盘撤了下去，长白突然手按着桌子站了起来。世舫回过头去，只见门口背着光立着一个小身材的老太太，脸看不清楚，穿一件青灰团龙宫织缎袍，双手捧着大红热水袋，身旁夹峙着两个高大的女仆。门外日色昏黄，楼梯上铺着湖绿花格子漆布地衣，一级一级上去，通入没有光的所在。世舫直觉地感到那是个疯人——无缘无故的，他只是毛骨悚然。长白介绍道："这就是家母。"

　　世舫挪开椅子站起来，鞠了一躬。七巧将手搭在一个佣妇的胳膊上，款款走了进来，客套了几句，坐下来便敬酒让菜。长白道："妹妹呢？来了客，也不帮着张罗张罗。"七巧道："她再抽两筒就下来了。"世舫吃了一惊，睁眼望着她。七巧忙解释道："这孩子就苦在先天不足，下地就得给她喷烟。后来也是为了病，抽上了这东西。小姐家，够多不方便哪！也不是没戒过，身子又娇，又是由着性儿惯了的，说丢，哪儿就丢得掉呀？戒戒抽抽，这也有十年了。"世舫不由得变了色。七巧有一个疯子的审慎与机智。她知道，一不留心，人们就会用嘲笑的，不信任的眼光截断了她的话锋，她已经习惯了那种痛苦。她怕话说多了要被人看穿了。因此及早止住了自己，忙着添酒布菜。隔了些时，再提起长安的时候，她还是轻描淡写的把那几句话重复了一遍。她那平扁而尖利的喉咙四面割着人像剃刀片。长安悄悄地走下楼来，玄色花绣鞋与白丝袜停留在日色昏黄的楼梯上。停了一会，又上去了。一级一级，走进没有光的所在。七巧道："长白你陪童先生多喝两杯，我先上去了。"佣人端上一品锅来，又换上了新烫的竹叶青。一个丫头慌里慌张站在门口将席上伺候的小厮唤了出去，嘀咕了一会，那小厮又进来向长白附耳说了几句，长白仓皇起身，向世舫连连道歉，说："暂且失陪，我去去就来。"三脚两步也上楼去了，只剩下世舫一人独酌。那小厮也觉过意不去，低低地告诉了他："我们绢姑娘要生了。"世舫道："绢姑娘是谁？"小厮道："是少爷的姨奶奶。"世舫拿上饭来胡乱吃了两口，不便放下碗来就走，只得坐在花梨炕上等着，酒酣耳热。忽然觉得异常的委顿，便躺了下来。卷着云头的花梨炕，冰凉的黄藤心子，柚子的寒香……姨奶奶添了孩子了。这就是他所怀念着

的古中国……他的幽娴贞静的中国闺秀是抽鸦片的!他坐了起来,双手托着头,感到了难堪的落寞。他取了帽子出门,向那小厮道:"待会儿请你对上头说一声,改天我再面谢罢!"他穿过砖砌的天井,院子正中生着树,一树的枯枝高高印在淡青的天上,像瓷上的冰纹。长安静静的跟在他后面送了出来。她的藏青长袖旗袍上有着浅黄的雏菊。她两手交握着,脸上现出稀有的柔和。世舫回过身来道:"姜小姐……"她隔得远远的站定了,只是垂着头。世舫微微鞠了一躬,转身就走了。长安觉得她是隔了相当的距离看这太阳里的庭院,从高楼上望下来,明晰,亲切,然而没有能力干涉,天井,树,曳着萧条的影子的两个人,没有话——不多的一点回忆,将来是要装在水晶瓶里双手捧着看的——她的最初也是最后的爱。芝寿直挺挺躺在床上,搁在肋骨上的两只手蜷曲着像宰了的鸡的脚爪。帐子吊起了一半。不分昼夜她不让他们给她放下帐子来。她怕。外面传进来说绢姑娘生了个小少爷。丫头丢下了热气腾腾的药罐子跑出去凑热闹,敞着房门,一阵风吹了进来,帐钩豁朗朗乱摇,帐子自动地放了下来,然而芝寿不再抗议了。她的头向右一歪,滚到枕头外面去。她并没有死——又挨了半个月光景才死的。绢姑娘扶了正,做了芝寿的替身。扶了正不上一年就吞了生鸦片自杀了。长白不敢再娶了,只在妓院里走走。长安更是早就断了结婚的念头。

七巧似睡非睡横在烟铺上。三十年来她戴着黄金的枷。她用那沉重的枷角劈杀了几个人,没死的也送了半条命。她知道她儿子女儿恨毒了她,她婆家的人恨她,她娘家的人恨她。她摸索着腕上的翠玉镯子,徐徐将那镯子顺着骨瘦如柴的手臂往上推,一直推到腋下。她自己也不能相信她年轻的时候有过滚圆的胳膊。就连出了嫁之后几年,镯子里也只塞得进一条洋绉手帕。十八九岁做姑娘的时候,高高挽起了大镶大滚的蓝夏布衫袖,露出一双雪白的手腕,上街买菜去。喜欢她的有肉店里的朝禄,她哥哥的结拜弟兄丁玉根,张少泉,还有沈裁缝的儿子。喜欢她,也许只是喜欢跟她开开玩笑,然而如果她挑中了他们之中的一个,往后日子久了,生了孩子,男人多少对她有点真心。七巧挪了挪头底下的荷叶边小洋枕,凑上脸去揉擦了一下,那一面的一滴眼泪她就懒怠去揩拭,由它挂在腮上,渐渐自己干了。七巧过世以后,长安和长白分了家搬出来住。七巧的女儿是不难解决她自己的问题的。谣言说她和一个男子在街上一同走,停在摊子跟前,他为她买了一双吊袜带。也许她用的是她自己的钱,可是无论如何是由男子的袋里掏出来的。……当然这不过是谣言。三十年前的月亮早已沉了下去,三十年前的人也死了,然而三十年前的故事还没完——完不了。

【注释】

[1] 本文选自京华出版社 2005 年版《金锁记》,张爱玲著。

【题解】

《金锁记》写于 1943 年,小说描写了一个小商人家庭出身的女子曹七巧的心灵变迁历程。七巧做过残疾人的妻子,欲爱而不能爱,几乎像疯子一样在姜家过了 30 年。在财欲与情欲的压迫下,她的性格终于被扭曲,行为变得乖戾,不但破坏儿子的婚姻,致使儿媳被折磨而死,还拆散女儿的爱情。"30 年来她戴着黄金的枷。她用那沉重的枷角劈杀了几个人,没死的也送了半条命。"

第三单元 小说

【思考练习题】

1. 阅读《金锁记》全文,谈谈曹七巧形象的独特性表现在哪些方面。
2. 联系《金锁记》,谈谈张爱玲作品语言"新、旧、雅、俗"的具体表现。

萧 萧[1]

沈 从 文

沈从文(1902—1988),原名沈岳焕,笔名小兵、茂林、休芸芸等。湖南凤凰(今属湘西土家族苗族自治州)人,著名文学家、历史文物研究家。从1926年出版第一本创作集《鸭子》开始,其一生创作的结集有80多部,是现代作家中成书最多的一个。至20世纪40年代刊行的作品主要有:短篇小说集《蜜柑》《雨后及其他》《神巫之爱》《旅店及其他》《石子船》《虎雏》《阿黑小史》《月下小景》《如蕤集》《八骏图》,中篇小说《一个母亲》《边城》,长篇小说《旧梦》《长河》,散文集《记胡也频》《记丁玲》《从文自传》《湘行散记》《湘西》等。

乡下人吹唢呐接媳妇,到了十二月是成天会有的事情。

唢呐后面一顶花轿,两个伕子平平稳稳的抬着,轿中人被铜锁锁在里面,虽穿了平时没上过身的体面红绿衣裳,也仍然得荷荷大哭。在这些小女人心中,做新娘子,从母亲身边离开,且准备做他人的母亲,从此必然将有许多新事情等待发生。像做梦一样,将同一个陌生男子汉在一个床上睡觉,做着承宗接祖的事情。这些事想起来,当然有些害怕,所以照例觉得要哭哭,于是就哭了。

也有做媳妇不哭的人。萧萧做媳妇就不哭。这小女子没有母亲,从小寄养到伯父种田的庄子上,终日提着个小竹兜箩,在路旁田坎捡狗屎挑野菜。出嫁只是从这家转到那家。因此到那一天,这女人还只是笑。她又不害羞,又不怕。她是什么事也不知道,就做了人家的新媳妇了。

萧萧做媳妇时年纪十二岁,有一个小丈夫,年纪还不到三岁。丈夫比她年少九岁,还不曾断奶。按地方规矩,过了门,她喊他作弟弟。她每天应做的事是抱弟弟到村前柳树下去玩,到溪边去玩。饿了,喂东西吃;哭了,就哄他,摘南瓜花或狗尾草戴到小丈夫头上,或者亲嘴,一面说:"弟弟,哪,啵。再来,啵。"在那肮脏的小脸上亲了又亲,孩子于是便笑了。孩子一欢喜兴奋,行动粗野起来,会用短短的小手乱抓萧萧的头发。那是平时不大能收拾蓬蓬松松在头上的黄发。有时候,垂到脑后那条小辫儿被拉得太久,把红绒线结也弄松了,生了气,就挞那弟弟几下。弟弟自然哇的哭出声来。萧萧于是也装成要哭的样子,用手指着弟弟的哭脸,说:"哪,人不讲理,可不行!"

天晴落雨日子混下去,每日抱抱丈夫,也帮家中做点杂事,能动手就动手。又时常到溪沟里去洗衣,搓尿片,一面还捡拾有花纹的田螺给坐在身边的小丈夫玩。到了夜里睡觉,便常常做这种年龄的人做的梦,梦到后门角落或别的什么地方捡得大把大把铜钱,吃好东西,爬树,自己变成鱼到水中各处溜。或一时仿佛身子很轻,飞到天上众星中,没有一个人,只是一片白,一片金光,于是大喊"妈!"人就吓醒了。醒来心还只是跳。吵隔壁的人，不免骂着："疯子，你想什么！白天玩得疯，晚上就做梦！"萧萧听着不做声，只是咕咕的笑。也有很好很爽快的梦，为丈夫哭醒的事情。那丈夫本来晚上在自己母亲身边睡，吃奶方便。有时吃多了奶，或因另外情形，半夜大哭，起来放水拉稀是常有的事。丈夫哭得婆婆无可奈何，于是萧萧轻脚轻手爬起床来，睡眼迷蒙，走到床边，把人抱起，给他看月光，看星光；或者仍然啵啵的亲嘴，互相觑着，孩子气的"嗨嗨，看猫呵！"那样喊着哄着，于是丈夫笑了。玩一会会，困倦起来，慢慢的合上眼。人睡定后，放上床，站在床边看着，听远处一传一递的鸡叫，知道天快到什么时候了，于是仍然蜷到小床上睡去。天亮后，虽不做梦，却可以无意中闭眼开眼，看一阵在面前空中变幻无端的黄边紫心葵花，那是一种真正的享受。

萧萧嫁过了门，做了拳头大丈夫的小媳妇，一切并不比先前受苦，这只看她一年来身体的发育就可明白。风里雨里过日子，像一株长在园角落不为人注意的蓖麻，大叶大枝，日增茂盛。这小女人简直是全不为丈夫设想那么似的，一天比一天长大起来了。

夏夜光景说来如做梦。大家饭后坐到院中心歇凉，挥摇蒲扇，看天上的星同屋角的萤，听南瓜棚上纺织娘咯咯咯拖长声音纺车，远近声音繁密如落雨，禾花风悠悠吹到脸上，正是让人在各种方便中说笑话的时候。

萧萧好高，一个人常常爬到草料堆上去，抱了已经熟睡的丈夫在怀里，轻轻的轻轻的随意唱着自编的四句头山歌。唱来唱去却把自己也催眠起来，快要睡去了。

在院坝中，公公婆婆，祖父祖母，另外还有帮工汉子两个，散乱的坐在小板凳上，摆龙门阵学古，轮流下去打发上半夜。

祖父身边有个烟包，在黑暗中放光。这用艾篙做成的烟包，是驱逐长脚蚊得力东西，蜷在祖父脚边，犹如一条乌梢蛇。间或又拿起来晃那么几下。

想起白天场上的事情，祖父开口说话：

"我听三金说，前天又有女学生过身。"

大家就哄然笑了起来。

这笑的意义何在？只因为在大家印象中，都知道女学生没有辫子，留下个鹌鹑尾巴，像个尼姑，又不完全像。穿的衣服像洋人，又不是洋人。吃的，用的……总而言之，事事不同，一想起来就觉得怪可笑！

萧萧不大明白，她不笑。所以老祖父又说话了。他说：

"萧萧，你长大了，将来也会做女学生！"

大家于是更哄然大笑起来。

萧萧为人并不愚蠢，觉得这一定是不利于己的一件事，所以接口便说：

"爷爷，我不做女学生。"

"你像个女学生，不做可不行。"

"我不做。"

众人有意取笑，异口同声的说："萧萧，爷爷说得对，你非做女学生不行！"

萧萧急得无可如何，"做就做，我不怕。"其实做女学生有什么不好，萧萧全不

第三单元 小说

知道。

女学生这东西，在本乡的确永远是奇闻。每年一到六月天，据说放"水假"日子一到，照例便有三三五五女学生，由一个荒谬不经的热闹地方来，到另一个远地方去，取道从本地过身。从乡下人眼中看来，这些人都近于另一世界中活下的人，装扮奇奇怪怪，行为更不可思议。这种女学生过身时，使一村人都可以说一整天的笑话。

祖父是当地一个人物，因为想起所知道的女学生在大城中的生活情形，所以说笑话要萧萧也去作女学生。一面听到这话，就感觉一种打哈哈趣味，一面还有那被说的萧萧感觉一种惶恐，说这话不为无意义了。

女学生中祖父方面所知道的是这样的一种人，她们穿衣服不管天气冷热，吃东西不问饥饱，晚上交到子时才睡觉，日天正经事全不做，只知唱歌打球，读洋书。她们都会花钱，一年用的钱可以买十六只水牛。她们在省里京里想往什么地方去时，不必走路，只要钻进一个大匣子中，那匣子就可以带她到地。城市中还有各种各样的大小不同匣子，都用机器开动。她们在学校，男女在一处上课读书，人熟了，就随意同那男子睡觉，也不要媒人，也不要财礼，名叫"自由"。她们也做州县官，带家眷上任，男子仍喊作"老爷"，小孩子叫"少爷"。她们自己不养牛，却吃牛奶羊奶，如小牛小羊；买那奶时是用铁罐子盛的。她们无事时到一个唱戏地方去，那地方完全像个大庙，从衣袋中取出一块洋钱来(那洋钱在乡下可买五只母鸡)，买了一小方纸片儿，拿了那纸片到里面去，就可以坐下看洋人扮演的影子戏。她们被冤了，不赌咒，不哭。她们年纪有老到二十四岁还不肯嫁人的，有老到三十四十居然还好意思嫁人的。她们不怕男子，男子不能使她们受委屈，一受委屈就上衙门打官司，要官罚男子的款，这笔钱她有时独占自己花用，有时和官平分。她们不洗衣煮饭，也不养猪喂鸡；有了小孩子，也只花五块钱或十块钱一月，雇个人专管小孩，自己仍然整天看戏打牌，或者读那些没有用处的闲书。……

总而言之，说来事事都稀奇古怪，和庄稼人不同，有的简直还可说岂有此理。这时经祖父一说明，听过这话的萧萧，心中却忽然有了一种模模糊糊的愿望，以为倘若她也是个女学生，她是不是照祖父说的女学生一个样子去做那些事情？不管好歹，女学生并不可怕，因此一来，却已为这乡下姑娘初次体念到了。

因为听祖父说起女学生是怎样的人物，到后萧萧肚子笑得特别久。笑够了时，她说：

"爷爷，明天有女学生过路，你喊我，我要看看。"

"你看，她们捉你去作丫头。"

"我不怕她们。"

"她们读洋书念经你也不怕？"

"念观音菩萨消灾经，念紧箍咒，我都不怕。"

"她们咬人，和做官的一样，专吃乡下人，吃人骨头渣渣也不吐，你不怕？"

萧萧肯定的回答说："也不怕。"

可是这时节萧萧手上所抱的丈夫，不知为甚么，在睡梦中哭了，媳妇于是用作母亲的声势，半哄半吓的说：

"弟弟，弟弟，不许哭，不许哭，女学生咬人来了。"

丈夫还仍然哭着，得抱起各处走走。萧萧抱着丈夫离开了祖父，祖父同别人说另外一样古话去了。

萧萧从此以后心中有个"女学生"。做梦也便常常梦到女学生，且梦到同这些人并排走路。仿佛也坐过那种自己会走路的匣子，她又觉得这匣子不比自己跑路更快。在梦中那匣子的形体同谷仓差不多，里面有小小灰色老鼠，眼珠子红红的，各处乱跑，有时钻到门缝里去，把个小尾巴露在外边。

因为有这样一段经过，祖父从此喊萧萧不喊"小丫头"，不喊"萧萧"，却唤作"女学生"。在不经意中萧萧答应得很好。

乡下的日子也如世界上一般日子，时时不同。世界上人把日子糟蹋，和萧萧一类人家把日子吝惜是同样的，各有所得，各属分定。许多城市中文明人，把一个夏天完全消磨到软绸衣服、精美饮料以及种种好事情上面。萧萧的一家，因为一个夏天的劳作，却得了十多斤细麻，二三十担瓜。

做小媳妇的萧萧，一个夏天中，一面照料丈夫，一面还绩了细麻四斤。到秋八月工人摘瓜，在瓜间玩，看硕大如盆、上面满是灰粉的大南瓜，成排成堆摆在地上，很有趣味。时间到摘瓜，秋天真的已来了，院子中各处有从屋后林子里树上吹来的大红大黄木叶。萧萧在瓜旁站定，手拿木叶一束，为丈夫编小小笠帽玩。

工人中有个名叫花狗，年纪二十三岁，抱了萧萧的丈夫到枣树下去打枣子。小小竹竿打在枣树上，落枣满地。

"花狗大[2]，莫打了，太多了吃不完。"

虽听到这样喊，还不动身。到后，仿佛完全因为丈夫要枣子，花狗才不听话。萧萧于是又警告她那小丈夫：

"弟弟，弟弟，来，不许捡了。吃多了生东西肚子痛！"

丈夫听话，兜了大堆枣子向萧萧身边走来，请萧萧吃枣子。

"姐姐吃，这是大的。"

"我不吃。"

"要吃一颗！"

她两手哪里有空！木叶帽正在制边，工夫要紧，还正要个人帮忙！

"弟弟，把枣子喂我口里。"

丈夫照她的命令做事，做完了觉得有趣，哈哈大笑。

她要他放下枣子帮忙捏紧帽边，便于添加新木叶。

丈夫照她吩咐做事，但老是顽皮的摇动，口中唱歌。这孩子原来像一只猫，欢喜时就得捣乱。

"弟弟，你唱的是什么？"

"我唱花狗大告我的山歌。"

"好好的唱一个给我听。"

丈夫于是帮忙拉着帽边，一面就唱下去，照所记到的歌唱：

天上起云云起花,
包谷林里种豆荚,
豆荚缠坏包谷树,
娇妹缠坏后生家。

天上起云云重云,
地下埋坟坟重坟,
娇妹洗碗碗重碗,
娇妹床上人重人。

歌中的意义丈夫全不明白,唱完了就问萧萧好不好。萧萧说好,并且问跟谁学来的。她知道是花狗教他的,却故意盘问他。

"花狗大告我,他说还有好多歌,长大了再教我唱。"

听说花狗会唱歌,萧萧说,

"花狗大,花狗大,你唱一个好听的歌我听听。"

那花狗,面如其心,生长得不很正气,知道萧萧要听歌,人也快到听歌的年龄了,就给她唱"十岁娘子一岁夫"。那故事说的是妻年大,可以随便到外面做一点不规矩的事;夫年小,只知吃奶,让他吃奶。这歌丈夫完全不懂,懂到一点儿的是萧萧。把歌听过后,萧萧装成"我全明白"那种神气,她用生气的样子,对花狗说:

"花狗大,这个不行,这是骂人的歌!"

花狗分辩说:"不是骂人的歌。"

"我明白,是骂人的歌。"

花狗难得说多话,歌已经唱过了,错了赔礼,只有不再唱。他看她已经有点懂事了,怕她回头告祖父,会挨顿臭骂,就把话支吾开,扯到"女学生"上头去。他问萧萧,看不看女学生习体操唱洋歌的事情。

若不是花狗提起,萧萧几乎忘却了这事情。这时又提到女学生,她问花狗近来有没有女学生过路,她想看看。

花狗一面把南瓜从棚架边抱到墙角去,告她女学生唱歌的事,这些事的来源还是萧萧的那个祖父。他在萧萧面前说了点大话,说他曾经到官路上见过四个女学生,她们都拿得有旗子,走长路流汗喘气中仍然唱歌,同军人所唱的一模一样。不消说,这自然完全是胡诌的。可是那故事把萧萧可乐坏了。因为花狗说这个就叫作"自由"。

花狗是起眼动眉毛、一打两头翘、会说会笑的一人。听萧萧带着羡慕口气说"花狗大,你膀子真大,"他就说:"我不止膀子大。"

"你身个子也大。"

"我全身无处不大。"

萧萧还不大懂得这个话的意思,只觉得憨而好笑。

到萧萧抱了她的丈夫走去以后,同花狗在一起摘瓜,取名字叫哑巴的,开了平时不常开的口。

"花狗,你少坏点。人家是十三岁黄花女,还要等十年才圆房!"

花狗不作声,打了那伙计一巴掌,走到枣树下捡落地枣去了。

到摘瓜的秋天,日子计算起来,萧萧过夫家有一年半了。

几次降霜落雪,几次清明谷雨,一家中人都说萧萧是大人了。天保佑,喝冷水,吃粗粝饭,四季无疾病,倒发育得这样快。婆婆虽生来像一把剪子,把凡是给萧萧暴长的机会都剪去了,但乡下的日头同空气都帮助人长大,却不是折磨可以阻拦得住。

萧萧十五岁时已高如成人,心却还是一颗糊糊涂涂的心。

人大了一点,家中做的事也多了一点。绩麻、纺车、洗衣、照料丈夫以外,打猪草推磨一些事情也要做,还有浆纱织布。凡事都学,学学就会了。乡下习惯凡是行有余力的都可以从劳作中攒点本分私房,两三年来仅仅萧萧个人份上所聚集的粗细麻和纺就的棉纱,也够萧萧坐到土机上抛三个月的梭子了。

丈夫早断了奶。婆婆有了新儿子,这五岁的儿子就像归萧萧独有了。不论做什么,走到什么地方去,丈夫总跟在身边。丈夫有些方面很怕她,当她如面前,不敢多事。他们俩实在感情不坏。

地方稍稍进步,祖父的笑话转到"萧萧你也把辫子剪去好自由"那一类事上去了。听着这话的萧萧,某个夏天也看过一次女学生,虽不把祖父笑话认真,可是每一次在祖父说过这个笑话以后,她到水边去,必不自觉的用手捏着辫子末梢,设想着没有辫子的人那种神气,那点趣味。

打猪草,带丈夫上螺狮山的山阴是常有的事。

小孩子不知世故,听别人唱歌也唱歌。一开腔唱歌,就把花狗引来了。

花狗对萧萧生了另外一种心,萧萧有点明白了,常常觉得惶恐不安。但花狗是男子,凡是男子的美德恶德都不缺少,劳动力强,手脚勤快,又会玩会说,所以一面使萧萧的丈夫非常喜欢同他玩,一面一有机会即缠在萧萧身边,且总是想方设法把萧萧那点惶恐减去。

山大人小,到处是树林蒙茸,平时不知道萧萧所在,花狗就站在高处唱歌逗萧萧身边的丈夫;丈夫小口一开,花狗穿山越岭就来到萧萧面前了。

见了花狗,小孩子只有欢喜,不知其他。他原要花狗为他编草虫玩,做竹箫哨子玩,花狗想方法支使他到一个远处去找材料,便坐到萧萧身边来,要萧萧听他唱那使人开心红脸的歌。她有时觉得害怕,不许丈夫走开;有时又像有了花狗在身边,打发丈夫走去反倒好一点。终于有一天,萧萧就这样给花狗把心窍子唱开,变成个妇人了。

那时节,丈夫走到山下采刺莓去了,花狗唱了许多歌,到后却向萧萧唱:

娇家门前一重坡,
别人走少郎走多,
铁打草鞋穿烂了,
不是为你为哪个?

第三单元 小说

末了却向萧萧说："我为你睡不着觉。"他又说他赌咒不把这事情告给人。听了这些话仍然不懂什么的萧萧，眼睛只注意到他那一对粗粗的手膀子，耳朵只注意到他最后一句话。末了花狗大便又唱了许多歌给她听。她心里乱了。她要他当真对天赌咒，赌过了咒，一切好像有了保障，她就一切尽他了。到丈夫返身时，手被毛毛虫螫伤，肿了一大片，走到萧萧身边。萧萧捏紧这一只小手，且用口去呵它，吮它，想起刚才的糊涂，才仿佛明白自己做了一点不大好的糊涂事。

花狗诱她做坏事是麦黄四月，到六月，李子熟了，她欢喜吃生李子。她觉得身体有点特别，在山上碰到花狗，就将这事情告给他，问他怎么办。

讨论了多久，花狗全无主意。虽以前自己当天赌得有咒，也仍然无主意。原来这家伙个子大，胆子小。个子大容易做错事，胆量小做错了事就想不出办法。

到后，萧萧捏着自己那条乌梢蛇似的大辫子，想起城里了，她说：

"花狗大，我们到城里去自由，帮帮人过日子，不好么？"

"那怎么行？到城里去做什么？"

"我肚子大了。"

"我们找药去。场上有郎中卖药。"

"你赶快找药来，我想……"

"你想逃到城里去自由，不成的。人生面不熟，讨饭也有规矩，不能随便！"

"你这没有良心的，你害了我，我想死！"

"我赌咒不辜负你。"

"负不负我有什么用，帮我个忙，赶快拿去肚子里这块肉吧。我害怕！"

花狗不再做声，过了一会，便走开了。不久丈夫从他处拿了大把山里红果子回来，见萧萧一个人坐在草地上眼睛红红的，丈夫心中纳罕。看了一会，问萧萧：

"姐姐，为甚么哭？"

"不为甚么，灰尘落到眼睛窝里，痛。"

"我吹吹吧。"

"不要吹。"

"你瞧我，得这些这些。"

他把手中拿的和从溪中捡来放在衣口袋里的小蚌、小石头全部陈列到萧萧面前，萧萧眼泪婆娑看了一会，勉强笑着说："弟弟，我们要好，我哭你莫告家中。告家中我可要生气！"到后这事情家中当真就无人知道。

过了半个月，花狗不辞而行，把自己所有的衣裤都拿去了。祖父问同住的长工哑巴，知不知道他为什么走路，走哪儿去？是上山落草，还是作薛仁贵投军？哑巴只是摇头，说花狗还欠了他两百钱，临走时话都不留一句，为人少良心。哑巴说他自己的话，并没有把花狗走的理由说明。因此这一家希奇一整天，谈论一整天。不过这工人既不偷走物件，又不拐带别的，这事情过后不久，自然也就把他忘掉了。

萧萧仍然是往日的萧萧。她能够忘记花狗就好了，但是肚子真有些不同了，肚中东西总在动，使她常常一个人干着急，尽做怪梦。

141

她脾气坏了一点,这坏处只有丈夫知道,因为她对丈夫似乎严厉苛刻了好些。

仍然每天同丈夫在一处,她的心,想到的事自己也不十分明白。她常想,我现在死了,什么都好了。可是为什么要死?她还很高兴活下去,愿意活下去。

家中不拘谁在无意中提起关于丈夫弟弟的话,提起小孩子,提起花狗,都像使这话如拳头,在萧萧胸口上重重一击。

到九月,她担心人知道更多了,引丈夫庙里去玩,就私自许愿,吃了一大把香灰。吃香灰被她丈夫看见了,丈夫问这是做甚么,萧萧就说肚子痛,应当吃这个。虽说求菩萨保佑,菩萨当然没有如她的希望,肚子中长大的东西依旧在慢慢的长大。

她又常常往溪里去喝冷水,给丈夫看见时,丈夫问她,她就说口渴。

一切她所想到的方法都没有能够使她同自己不欢喜的东西分开。大肚子只有丈夫一人知道,他却不敢告这件事给父母晓得。因为时间长久,年龄不同,丈夫有些时候对于萧萧的怕同爱,比对父母还深切。

她还记得花狗赌咒那一天里的事情,如同记着其他事情一样。到秋天,屋前屋后毛毛虫都结茧,成了各种好看蝶蛾。丈夫像故意折磨她一样,常常提起几个月前被毛毛虫螫手的旧话,使萧萧心里难过。她因此极恨毛毛虫,见了那小虫就用脚去踹。

有一天,又听人说有好些女学生过路,听过这话的萧萧,睁了眼做过一阵梦,愣愣的对日头出处痴了半天。

萧萧步花狗后尘,也想逃走,收拾一点东西预备跟了女学生走的那条路上城去。但没有动身,就被家里人发觉了。这种打算照乡下人说来是一件大事,于是把她两手捆了起来,丢在灶屋边,饿了一天。

家中追究这逃走的根源,才明白这个十年后预备给小丈夫生儿子继香火的萧萧肚子已经被另一个人抢先下了种。这在一家人生活中真是了不得的一件大事!一家人平静的生活,为这件新事全弄乱了。生气的生气,流泪的流泪,骂人的骂人,各按本分乱下去。悬梁,投水,吃毒药,被禁围着的萧萧,诸事漫无边际的全想到了,究竟是年纪太小,舍不得死,却不曾做。于是祖父从现实出发,想出个聪明主意,把萧萧关在房里,派人好好看守着,请萧萧本族的人来说话,照规矩,看是"沉潭"还是"发卖"?萧萧家中人要面子,就沉潭淹死了她;舍不得死就发卖。萧萧只有一个伯父,在近处庄子里为人种田,去请他时先还以为是吃酒,到了才知是这样丢脸事情,弄得这老实忠厚的家长手足无措。

大肚子作证,什么也没有可说。照习惯,沉潭多是读过"子曰"的族长爱面子才做出的蠢事。伯父不读"子曰",不忍把萧萧当牺牲,萧萧当然应当嫁人做"二路亲"了。

这也是一种处罚,好像极其自然,照习惯受损失的是丈夫家里,然而却可以在发卖上收回一笔钱,当作为损失赔偿。那伯父把这事情告给了萧萧,就要走路。萧萧拉着伯父衣角不放,只是幽幽的哭。伯父摇了一会头,一句话不说,仍然走了。

一时没有相当的人家来要萧萧,送到远处去也得有人,因此暂时就仍然在丈夫家中住下。这件事情既经说明白,照乡下规矩,倒又像不甚么要紧,只等待处分,大家反而释然了。先是小丈夫不能再同萧萧在一处,到后又仍然如月前情形,姐弟一般有说有笑的过日子了。

丈夫知道了萧萧肚子中有儿子的事情,又知道因为这样萧萧才应当嫁到远处去。但是丈夫并不愿意萧萧去,萧萧自己也不愿意去,大家全莫名其妙,只是照规矩像逼到要这样做,不得不做。究竟是谁定的规矩,是周公还是周婆,也没有人说得清楚。

等候主顾来看人,等到十二月,还没有人来,萧萧只好在这人家过年。

萧萧次年二月间,十月满足,坐草生了一个儿子,团头大眼,声响洪壮。大家把母子二人照料得好好的,照规矩吃蒸鸡同江米酒补血,烧纸谢神。一家人都欢喜那儿子。

生下的既是儿子,萧萧不嫁别处了。

到萧萧正式同丈夫拜堂圆房时,儿子已经年纪十岁,有了半劳动力,能看牛割草,成为家中生产者一员了。平时喊萧萧丈夫做大叔,大叔也答应,从不生气。

这儿子名叫牛儿。牛儿十二岁时也接了亲,媳妇年长六岁。媳妇年纪大,才能诸事作帮手,对家中有帮助。唢呐吹到门前时,新娘在轿中呜呜的哭着,忙坏了那个祖父、曾祖父。

这一天,萧萧抱了自己新生的毛毛,在屋前榆蜡树篱笆间看热闹,同十年前抱丈夫一个样子。

1929年作

原载《小说月报》二十一卷一期
1957年2月校改字句

【注释】

[1] 本文选自文化艺术出版社2004年版《沈从文文萃》,沈从文著。

[2] 花狗大:即花狗大哥的意思。"大"字,即大哥的简称。

【题解】

沈从文的湘西小说可分为都市讽刺小说和乡土抒情小说两大类。在沈从文笔下,湘西是一个风景秀丽、充满人情美的地方。这里有纯洁善良的翠翠(《边城》),淳朴憨厚的傩送(《边城》),也有美丽善良的三三(《三三》)和萧萧(《萧萧》)。他笔下的每一个湘西主人公都有善良的美好品性,倾注了沈从文对人性的理想和追求。《萧萧》的重点不在于展示冲突、矛盾以及应之而生的高潮,而在于它描写了人性。文章态度宽和,笔致从容,情节舒缓,细节丰富而微妙。

【思考练习题】

1. 萧萧是怎样的一个女孩子?文章结尾有何深意?
2. "女学生"在文中有什么独特的含义?
3. 细读文章,感受作者笔下的湘西风情。

春　　桃[1]

许　地　山

许地山(1893—1941),原名许赞堃,字地山,笔名落华生。现代作家、学者。祖籍广东揭阳,生于台湾台南一个爱国志士的家庭,甲午之战后全家迁居福建龙溪(漳州)。

  1921年发表第一篇小说《命命鸟》，接着又发表了前期代表作小说《缀网劳蛛》和散文名篇《落花生》。早期小说取材独特，情节奇特，想象丰富，充满浪漫气息，呈现出浓郁的南国风味和异域情调。20世纪20年代末以后所写的小说，保持着清新的格调，但已转向对群众切实的描写和对黑暗现实的批判，苍劲而坚实，代表作有《春桃》和《铁鱼的鳃》。作品集有短篇小说集《缀网劳蛛》《危巢坠简》，散文集《空山灵雨》，小说、剧本集《解放者》《杂感集》，论著《印度文学》《道教史》(上)以及《许地山选集》。

  这年的夏天分外地热。街上的灯虽然亮了，胡同口那卖酸梅汤的还像唱梨花鼓的姑娘耍着他的铜碗。一个背着一大篓字纸的妇人从他面前走过，在破草帽底下虽看不清她的脸，当她与卖酸梅汤的打招呼时，却可以理会她有满口雪白的牙齿。她背上担负得很重，甚至不能把腰挺直，只如骆驼一样，庄严地一步一步踱到自己门口。

  进门是个小院，妇人住的是塌剩下的两间厢房。院子一大部分是瓦砾。在她的门前种着一棚黄瓜，几行玉米。窗下还有十几棵晚香玉。几根朽坏的梁木横在瓜棚底下，大概是她家最高贵的坐处。她一到门前，屋里出来一个男子，忙帮着她卸下背上的重负。

  "媳妇，今儿回来晚了。"

  妇人望着他，像很诧异他的话。"什么意思？你想媳妇想疯啦？别叫我媳妇，我说。"她一面走进屋里，把破草帽脱下，顺手挂在门后，从水缸边取了一个小竹筒向缸里一连掏了好几次，喝得换不过气来，张了一会嘴，到瓜棚底下把篓子拖到一边，便自坐在朽梁上。

  那男子名叫刘向高。妇人的年纪也和他差不多，在三十左右，娘家也姓刘。除掉向高以外，没人知道她的名字叫做春桃。街坊叫她做捡烂纸的刘大姑，因为她的职业是整天在街头巷尾垃圾堆里讨生活，有时沿途嚷着"烂字纸换取灯儿"。一天到晚在烈日冷风里吃尘土，可是生来爱干净，无论冬夏，每天回家，她总得净身洗脸。替她预备水的照例是向高。

  向高是个乡间高小毕业生，四年前，乡里闹兵灾，全家逃散了，在道上遇见同是逃难的春桃，一同走了几百里，彼此又分开了。

  她随着人到北京来，因为总布胡同里一个西洋妇人要雇一个没混过事的乡下姑娘当"阿妈"，她便被荐去上工。主妇见她长得清秀，很喜爱她。她见主人老是吃牛肉，在馒头上涂牛油，喝茶还要加牛奶。来去鼓着一阵臊味，闻不惯。有一天，主人叫她带孩子到三贝子花园去，她理会主人家的气味有点像从虎狼栏里发出来的，心里越发难过，不到两个月，便辞了工。到平常人家去，乡下人不惯当差，又挨不得骂，上工不久，又不干了。在穷途上，她自己选了这捡烂纸换取灯儿的职业，一天的生活，勉强可以维持下去。

  向高与春桃分别后的历史倒很简单，他到涿州去，找不着亲人，有一两个世交，听他说是逃难来的，都不很愿意留他住下，不得已又流到北京来。由别人的介绍，他认识胡同口那卖酸梅汤的老吴，老吴借他现在住的破院子住，说明有人来赁，他得另找地方。他没事做，只帮着老吴算算账，卖卖货。他白住房子白做活，只赚两顿吃。春桃的捡纸生活渐

第三单元 小说

次发达了，原住的地方，人家不许她堆货，她便沿着德胜门墙根来找住处。一敲门，正是认识的刘向高。她不用经过许多手续，便向老吴赁下这房子，也留向高住下，帮她的忙。这都是三年前的事了。他认得几个字，在春桃捡来和换来的字纸里，也会抽出些少比较能卖钱的东西，如画片或某将军、某总长写的对联信札之类。二人合作，事业更有进步。向高有时也教她认几个字，但没有什么功效，因为他自己认得的也不算多，解字就更难了。

他们同居这些年，生活状态，若不配说像鸳鸯，便说像一对小家雀罢。

言归正传。春桃进屋里，向高已提着一桶水在她后面跟着走。他用快活的声调说："媳妇，快洗罢，我等饿了。今晚咱们吃点好的，烙葱花饼，赞成不赞成？若赞成，我就买芝麻酱去。"

"媳妇，媳妇，别这样叫，成个成？"春桃不耐烦地说。

"你答应我一声，明儿到天桥给你买一顶好帽子去。你不说帽子该换了么？"向高再要求。

"我不爱听。"

他知道妇人有点不高兴了，便转口问："到底吃什么？说呀！"

"你爱吃什么，做什么给你吃。买去罢。"

向高买了几根葱和一碗麻酱回来，放在明间的桌上。春桃擦过澡出来，手里拿着一张红帖子。

"这又是那一位王爷的龙凤帖！这次可别再给小市那老李了。托人拿到北京饭店去，可以多卖些钱。"

"那是咱们的。要不然，你就成了我的媳妇啦？教了你一两年的字，连自己的姓名都认不得！"

"谁认得这么些字？别媳妇媳妇的，我不爱听。这是谁写的？"

"我填的。早晨巡警来查户口，说这两天加紧戒严，那家有多少人，都得照实报。老吴教我们把咱们写成两口子，省得麻烦。巡警也说写同居人，一男一女，不妥当。我便把上次没卖掉的那份空帖子填上了。我填的是辛未年咱们办喜事。"

"什么？辛未年？辛未年我那儿认得你？你别捣乱啦。咱们没拜过天地，没喝过交杯酒，不算两口子。"

春桃有点不愿意，可还和平地说出来。她换了一条蓝布裤。上身是白的，脸上虽没脂粉，却呈露着天然的秀丽。若她肯嫁的话，按媒人的行情，说是二十三四的小寡妇，最少还可以值得一百八十的。

她笑着把那礼帖搓成一长条，说："别捣乱！什么龙凤帖？烙饼吃了罢。"她掀起炉盖把纸条放进火里，随即到桌边和面。

向高说："烧就烧罢，反正巡警已经记上咱们是两口子；若是官府查起来，我不会说龙凤帖在逃难时候丢掉的么？从今儿起，我可要叫你做媳妇了。老吴承认，巡警也承认，你不愿意，我也要叫。媳妇嗳！媳妇嗳！明天给你买帽子去，戒指我打不起。"

"你再这样叫，我可要恼了。"

"看来，你还想着那李茂。"向高的神气没像方才那么高兴。他自己说着，也不一定要春桃听见，但她已听见了。

"我想他？一夜夫妻，分散了四五年没信，可不是白想？"春桃这样说。她曾对向高说过她出阁那天的情形。花轿进了门，客人还没坐席，前头两个村子来人说，大队兵已经到了，四处拉人挖战壕，吓得大家都逃了，新夫妇也赶紧收拾东西，随着大众望西逃。同走了一天一宿。第二宿，前面连嚷几声"胡子来了，快躲罢！"那时大家只顾躲，谁也顾不了谁。到天亮时，不见了十几个人，连她丈夫李茂也在里头。她继续方才的话说："我想他一定跟着胡子走了，也许早被人打死了。得啦，别提他啦。"

她把饼烙好了，端到桌上。向高向沙锅里掏了一碗黄瓜汤，大家没言语，吃了一顿。吃完，照例在瓜棚底下坐坐谈谈。一点点的星光在瓜叶当中闪着。凉风把萤火送到棚上，像星掉下来一般。晚香玉也渐次散出香气来，压住四围的臭味。

"好香的晚香玉！"向高摘了一朵，插在春桃的髻上。

"别糟蹋我的晚香玉。晚上戴花，又不是窑姐儿。"她取下来，闻了一闻，便放在朽梁上头。

"怎么今儿回来晚啦？"向高问。

"吓！今儿做了一批好买卖！我下午正要回家，经过后门，瞧见清道夫推着一大车烂纸，问他从那儿推来的；他说是从神武门甩出来的废纸。我见里面红的黄的一大堆，便问他卖不卖；他说，你要，少算一点装去罢。你瞧！"她指着窗下那大篓，"我花了一块钱，买那一大篓！赔不赔，可不晓得，明儿检一检得啦。"

"宫里出来的东西没个错。我就怕学堂和洋行出来的东西，分量又重，气味又坏，值钱不值，一点也没准。"

"近年来，街上包东西都作兴用洋报纸。不晓得那里来的那么些看洋报纸的人。捡起来真是分量又重，又卖不出多少钱。"

"念洋书的人越多，谁都想看看洋报，将来好混混洋事。"

"他们混洋事，咱们捡洋字纸。"

"往后恐怕什么都要带上个洋字，拉车要拉洋车，赶驴更赶洋驴，也许还有洋骆驼要来。"向高把春桃逗得笑起来了。

"你先别说别人。若是给你有钱，你也想念洋书，娶个洋媳妇。"

"老天爷知道，我绝不会发财。发财也不会娶洋婆子。若是我有钱，回乡下买几亩田，咱们两个种去。"

春桃自从逃难以来，把丈夫丢了，听见乡下两字，总没有好感想。她说："你还想回去？恐怕田还没买，连钱带人都没有了。没饭吃，我也不回去。"

"我说回我们锦县乡下。"

"这年头，那一个乡下都是一样，不闹兵，便闹贼；不闹贼，便闹日本，谁敢回去？还是在这里捡捡烂纸罢。咱们现在只缺一个帮忙的人。若是多个人在家替你归置东西，你白天便可以出去摆地摊，省得货过别人手里，卖漏了。"

"我还得学三年徒弟才成，卖漏了，不怨别人，只怨自己不够眼光。这几个月来我可学了不少。邮票，那种值钱，那种不值，也差不多会瞧了。大人物的信札手笔，卖得出

第三单元　小说

钱，卖不出钱，也有一点把握了。前几天在那堆字纸里检出一张康有为的字，你说今天我卖了多少？"他很高兴地伸出拇指和食指比仿着，"八毛钱！"

"说是呢！若是每天在烂纸堆里能检出八毛钱就算顶不错，还用回乡下种田去？那不是自找罪受么？"春桃愉悦的声音就像春深的莺啼一样。她接着说："今天这堆准保有好的给你检。听说明天还有好些，那人教我一早到后门等他。这两天宫里的东西都赶着装箱，往南方运，库里许多烂纸都不要。我瞧见东华门外也有许多，一口袋一口袋陆续地扔出来。明儿你也打听去。"

说了许多话，不觉二更打过。她伸伸懒腰站起来说："今天累了，歇吧！"

向高跟着她进屋里。窗户下横着土炕，够两三人睡的。在微细的灯光底下，隐约看见墙上一边贴有八仙打麻雀的谐画，一边是烟公司"还是他好"的广告画。春桃的模样，若脱去破帽子，不用说到瑞蚨祥或别的上海成衣店，只到天桥搜罗一身落伍的旗袍穿上，坐在任何草地，也与"还是他好"里那摩登女差不上下。因此，向高常对春桃说贴的是她的小照。

她上了炕，把衣服脱光了，顺手把一张被单盖着，躺在炕上。向高照例是替她搥搥背，搥搥腿。她每天的疲劳就是这样含着一点微笑，在小油灯的闪烁中，渐次得着苏息。在半睡的状态中，她喃喃地说："向哥，你也睡罢，别开夜工了，明天还要早起咧。"

妇人渐次发出一点微细的鼾声，向高便把灯灭了。

一破晓，男女二人又像打食的老鸹，急飞出巢，各自办各的事情去。

刚放过午炮，什刹海的锣鼓已闹得喧天。春桃从后门出来，背着纸篓，向西不压桥这边来。在那临时市场的路口，忽然听见路边有人叫她："春桃，春桃！"

她的小名，就是向高一年之中也罕得这样叫唤她一声。自离开乡下以后，四五年来没人这样叫过她。

"春桃，春桃，你不认得我啦？"

她不由得回头一瞧，只见路边坐着一个叫化子。那乞怜的声音从他满长了胡子的嘴发出来。他站不起来，因为他两条腿已经折了。身上穿的一件灰色的破军衣，白铁纽扣都生了锈，肩膀从肩章的破缝露出，不伦不类的军帽斜戴在头上，帽章早已不见了。春桃望着他一声也不响。

"春桃，我是李茂呀！"

她进前两步，那人的眼泪已带着灰土透入蓬乱的胡子里。她心跳得慌，半晌说不出话来，至终说："茂哥，你在这里当叫化子啦？你两条腿怎么丢啦？"

"嗳，说来话长。你从多时起在这里呢？你卖的是什么？"

"卖什么！我捡烂纸咧。……咱们回家再说罢。"

她雇了一辆洋车，把李茂扶上去，把篓子也放在车上，自己在后面推着。一直来到德胜门墙根，车夫帮着她把李茂扶下来。进了胡同口，老吴敲着小铜碗，一面问："刘大姑，今儿早回家，买卖好呀？"

"来了乡亲啦。"她应酬了一句。

李茂像只小狗熊，两只手按在地上，帮助两条断腿爬着。她从口袋里拿出钥匙，开了门,引着男子进去。她把向高的衣服取一身出来,像向高每天所做的,到井边打了两桶水倒在小澡盆里叫男人洗澡。洗过以后,又倒一盆水给他洗脸。然后扶他上炕坐,自己在明间也洗一回。

"春桃,你这屋里收拾得很干净,一个人住吗?"

"还有一个伙计。"春桃不迟疑地回答他。

"做起买卖来啦?"

"不告诉你就是捡烂纸么?"

"捡烂纸?一天捡得出多少钱?"

"先别盘问我,你先说你的罢。"

春桃把水泼掉,理着头发进屋里来,坐在李茂对面。

李茂开始说他的故事:

"春桃,唉,说不尽哟!我就说个大概罢。自从那晚上教胡子绑去以后,因为不见了你,我恨他们,夺了他们一杆枪,打死他们两个人,拼命地逃。逃到沈阳,正巧边防军招兵,我便应了招。在营里三年,老打听家里的消息,人来都说咱们村里都变成砖瓦地了。咱们的地契也不晓得现在落在谁手里。咱们逃出来时,偏忘了带着地契。因此这几年也没告假回乡下瞧瞧。在营里告假,怕连几块钱的饷也告丢了。"

"我安分当兵,指望月月关饷,至于运到升官,本不敢盼。也是我命里合该有事:去年年头,那团长忽然下一道命令,说,若团里的兵能瞄枪连中九次靶,每月要关双饷,还升差事。一团人没有一个中过四枪;中,还是不进红心。我可连发连中,不但中了九次红心,连剩下那一颗子弹,我也放了。我要显本领,背着脸,弯着腰,脑袋向地,枪从裤裆放过去,不偏不歪,正中红心。当时我心里多么快活呢。那团长教把我带上去。我心里想着总要听几句褒奖的话。不料那畜生翻了脸,楞说我是胡子,要枪毙我!他说若不是胡子,枪法决不会那么准。我的排长队长都替我求情,担保我不是坏人,好容易不枪毙我了,可是把我的正兵革掉,连副兵也不许我当。他说,当军官的难免不得罪弟兄们,若是上前线督战,队里有个像我瞄得那么准,从后面来一枪,虽然也算阵亡,可值不得死在仇人手里。大家没话说,只劝我离开军队,找别的营生去。"

"我被革了不久,日本人便占了沈阳;听说那狗团长领着他的军队先投降去了。我听见这事,愤不过,想法子要去找那奴才。我加入义勇军,在海城附近打了几个月,一面打,一面退到关里。前几个月在平谷东北边打,我去放哨,遇见敌人,伤了我两条腿。那时还能走,躲在一块大石底下,开枪打死他几个。我实在支持不住了,把枪扔掉,向田边的小道爬,等了一天、两天,还不见有红十字会或红C字会的人来。伤口越肿越厉害,走不动又没吃的喝的,只躺在一边等死。后来可巧有一辆大车经过,赶车的把我扶了上去,送我到一个军医的帐幕。他们又不瞧,只把我扛上汽车,往后方医院送。已经伤了三天,大夫解开一瞧,说都烂了,非用锯不可。在院里住了一个多月,好是好了,就丢了两条腿。我想在此地举目无亲,乡下又回不去;就说回去得了,没有腿怎能种田?求医院收容我,给我一点事情做,大夫说医院管治不管留,也不管找事。此地又没有残废兵留养院,迫着我不得不出来讨饭,今天刚是第三天。这两天我常想着,若是这样下去,我可受不

第三单元　小说

了，非上吊不可。"

春桃注神听他说，眼眶不晓得什么时候都湿了。她还是静默着。李茂用手抹抹额上的汗，也歇了一会。

"春桃，你这几年呢？这小小地方虽不如咱们乡下那么宽敞，看来你倒不十分苦。"

"谁不受苦？苦也得想法子活。在阎罗殿前，难道就瞧不见笑脸？这几年来，我就是干这捡烂纸换取灯的生活，还有一个姓刘的同我合伙。我们两人，可以说不分彼此，勉强能度过日子。"

"你和那姓刘的同住在这屋里？"

"是，我们同住在这炕上睡。"春桃一点也不迟疑，她好像早已有了成见。

"那么，你已经嫁给他？"

"不，同住就是。"

"那么，你现在还算是我的媳妇？"

"不，谁的媳妇，我都不是。"

李茂的大权意识被激发了。他可想不出什么话来说，两眼只视着地下，当然他不是为看什么，只为有点不敢望着他的媳妇。至终他沉吟了一句："这样，人家会笑话我是个活王八。"

"王八？"妇人听了他的话，有点翻脸，但她的态度仍是很和平。她接着说："有钱有势的人才怕当王八。像你，谁认得？活不留名，死不留姓，王八不王八，有什么相干？现在，我是我自己，我做的事，决不会玷着你。"

"咱们到底还是两口子，常言道，一夜夫妻百日恩——"

"百日恩不百日恩我不知道。"春桃截住他的话，"算百日恩，也过了好十几个百日恩。四五年间，彼此不知下落；我想你也想不到会在这里遇见我。我一个人在这里，得活，得人帮忙。我们同住了这些年，要说恩爱，自然是对你薄得多。今天我领你回来，是因为我爹同你爹的交情，我们还是乡亲。你若认我做媳妇，我不认你，打起官司，也未必是你赢。"

李茂掏掏他的裤带，好像要拿什么东西出来，但他的手忽然停住，眼睛望望春桃，至终把手缩回去撑着席子。

李茂没话，春桃哭。日影在这当中也静静地移了三四分。

"好罢，春桃，你做主。你瞧我已经残废了，就使你愿意跟我，我也养不活你。"李茂到底说出这英明的话。

"我不能因为你残废就不要你，不过我也舍不得丢了他。大家住着，谁也别想着是谁养活着谁，好不好？"春桃也说了她心里的话。

李茂的肚子发出很微细的咕噜咕噜声音。

"噢，说了大半天，我还没问你要吃什么！你一定很饿了。"

"随便罢，有什么吃什么。我昨天晚上到现在还没吃，只喝水。"

"我买去。"春桃正踏出房门，向高从院外很高兴地走进来，两人在瓜棚底下撞了个满怀。"高兴什么？今天怎样这早就回来？"

"今天做了一批好买卖！昨天你背回来的那一篓，早晨我打开一看，里头有一包是明朝高丽王上的表章，一份至少可卖五十块钱。现在我们手里有十份！方才散了几份给行里，看看主儿出得多少，再发这几份。里头还有两张盖上端明殿御宝的纸，行家说是宋家的，一给价就是六十块，我没敢卖，怕卖漏了，先带回来给你开开眼。你瞧……"他说时，一面把手里的旧蓝布包袱打开，拿出表章和旧纸来。"这是端明殿御宝。"他指着纸上的印纹。

"若没有这个印，我真看不出有什么好处，洋宣比它还白咧。怎么官里管事的老爷们也和我一样不懂眼？"春桃虽然看了，却不晓得那纸的值钱处在那里。

"懂眼？若是他们懂眼，咱们还能换一块儿毛么？"向高把纸接过去，仍旧和表章包在包袱里。他笑着对春桃说："我说，媳妇……"

春桃看了他一眼，说："告诉你别管我叫媳妇。"

向高没理会她，直说："可巧你也早回家。买卖想是不错。"

"早晨又买了像昨天那样的一篓。"

"你不说还有许多么？"

"都教他们送到晓市卖到乡下包落花生去了！"

"不要紧，反正咱们今天开了光，头一次做上三十块钱的买卖。我说，咱们难得下午都在家，回头咱们上什刹海逛逛，消消暑去，好不好？"

他进屋里，把包袱放在桌上。春桃也跟进来。她说："不成，今天来了人了。"说着掀开帘子，点头招向高，"你进去。"

向高进去，她也跟着。"这是我原先的男人。"她对向高说过这话，又把他介绍给李茂说，"这是我现在的伙计。"

两个男子，四只眼睛对着，若是他们眼球的距离相等，他们的视线就会平行地接连着。彼此都没话，连窗台上歇的两只苍蝇也不做声。这样又教日影静静地移一二分。

"贵姓？"向高明知道，还得照例地问。

彼此谈开了。

"我去买一点吃的。"春桃又向着向高说，"我想你也还没吃罢？烧饼成不成？"

"我吃过了。你在家，我买去罢。"

妇人把向高拖到炕上坐下，说："你在家陪客人谈话。"给了他一副笑脸，便自出去。

屋里现在剩下两个男人，在这样情况底下，若不能一见如故，便得打个你死我活。

好在他们是前者的情形。但我们别想李茂是短了两条腿，不能打。我们得记住向高是拿过三五年笔杆的，用李茂的分量满可以把他压死。若是他有枪，更省事，一动指头，向高便得过奈何桥。

李茂告诉向高，春桃的父亲是个乡下财主，有一顷田。他自己的父亲就在他家做活和赶叫驴。因为他能瞄很准的枪，她父亲怕他当兵去，便把女儿许给他，为的是要他保护庄里的人们。这些话，是春桃没向他说过的。他又把方才春桃说的话再述一遍，渐次迫到他们二人切身的问题上头。

第三单元 小说

"你们夫妇团圆，我当然得走开。"向高在不愿意的情态底下说出这话。

"不，我已经离开她很久，现在并且残废了，养不活她，也是白搭。你们同住这些年，何必拆？我可以到残废院去。听说这里有，有人情便可进去。"

这给向高很大的诧异。他想，李茂虽然是个大兵，却料不到他有这样的侠气。他心里虽然愿意，嘴上还不得不让。这是礼仪的狡猾，念过书的人们都懂得。

"那可没有这样的道理。"向高说，"教我冒一个霸占人家妻子的罪名，我可不愿意。为你想，你也不愿意你妻子跟别人住。"

"我写一张休书给她，或写一张契给你，两样都成。"李茂微笑诚意地说。

"休？她没什么错，休不得。我不愿意手她的脸。卖？我那儿有钱买？我的钱都是她的。"

"我不要钱。"

"那么，你要什么？"

"我什么都不要。"

"那又何必写卖契呢？"

"因为口讲无凭，日后反悔，倒不好了。咱们先小人，后君子。"

说到这里，春桃买了烧饼回来。她见二人谈得很投机，心下十分快乐。

"近来我常想着得多找一个人来帮忙，可巧茂哥来了。他不能走动，正好在家管管事，检检纸。你当跑外卖货。我还是当捡货的。咱们三人开公司。"春桃另有主意。

李茂让也不让，拿着烧饼往嘴送，像从饿鬼世界出来的一样，他没工夫说话了。

"两个男人，一个女人，开公司？本钱是你的？"向高发出不需要的疑问。

"你不愿意吗？"妇人问。

"不，不，不，我没有什么意思。"向高心里有话，可说不出来。

"我能做什么？整天坐在家里，干得了什么事？"李茂也有点不敢赞成。他理会向高的意思。

"你们都不用着急，我有主意。"

向高听了，伸出舌头舐舐嘴唇，还吞了一口唾沫。李茂依然吃着，他的眼睛可在望春桃，等着听她的主意。

捡烂纸大概是女性中心的一种事业。她心中已经派定李茂在家把旧邮票和纸烟盒里的画片检出来。那事情，只要有手有眼，便可以做。她合一合，若是天天有一百几十张卷烟画片可以从烂纸堆里检出来，李茂每月的伙食便有了门。邮票好的和罕见的，每天能检得两三个，也就不劣。外国烟卷在这城里，一天总销售一万包左右，纸包的百分之一给她捡回来，并不算难。至于向高还是让他检名人书札，或比较可以多卖钱的东西。他不用说已经是个行家，不必再受指导。她自己干那吃力的工作，除去下大雨以外，在狂风烈日底下，是一样地出去捡货。尤其是在天气不好的时候，她更要工作，因为同业们有些就不出去。

她从窗户望望太阳，知道还没到两点，便出到明间，把破草帽仍旧戴上，探头进房里对向高说："我还得去打听宫里还有东西出来没有。你在家招呼他。晚上回来，我们再

151

商量。"

向高留她不住，便由她走了。

好几天的光阴都在静默中度过。但二男一女同睡一铺炕上定然不很顺心。多夫制的社会到底不能够流行得很广。其中的一个缘故是一般人还不能摆脱原始的夫权和父权思想。由这个，造成了风俗习惯和道德观念。老实说，在社会里，依赖人和掠夺人的，才会遵守所谓风俗习惯；至于依自己的能力而生活的人们，心目中并不很看重这些。像春桃，她既不是夫人，也不是小姐；她不会到外交大楼去赴跳舞会，也没有机会在隆重的典礼上当主角。她的行为，没人批评，也没人过问；纵然有，也没有切肤之痛。监督她的只有巡警，但巡警是很容易对付的。两个男人呢？向高诚然念过一点书，含糊地了解些圣人的道理，除掉些少名分的观念以外，他也和春桃一样。但他的生活，从同居以后，完全靠着春桃。春桃的话，是从他耳朵进去的维他命，他得听，因为于他有利。春桃教他不要嫉妒，他连嫉妒的种子也都毁掉。李茂呢，春桃和向高能容他住一天便住一天，他们若肯认他做亲戚，他便满足了。当兵的人照例要丢一两个妻子。但他的困难也是名分上的。

向高的嫉妒虽然没有，可是在此以外的种种不安，常往来于这两个男子当中。

暑气仍没减少，春桃和向高不是到汤山或北戴河去的人物。他们日间仍然得出去谋生活。李茂在家，对于这行事业可算刚上了道，他已能分别哪一种是要送到万柳堂或天宁寺去做糙纸的，那一样要留起来的，还得等向高回来鉴定。

春桃回家，照例还是向高侍候她。那时已经很晚了，她在明间里闻见蚊烟的气味，便向着坐在瓜棚底下的向高说："咱们多会点过蚊烟，不留神，不把房子点着了才怪咧。"

向高还没回答，李茂便说："那不是熏蚊子，是熏秽气，我央刘大哥点的。我打算在外面地下睡。屋里太热，三人睡，实在不舒服。"

"我说，桌上这张红帖子又是谁的？"春桃拿起来看。

"我们今天说好了，你归刘大哥。那是我立给他的契。"声从屋里的炕上发出来。

"哦，你们商量着怎样处置我来！可是我不能由你们派。"

她把红帖子拿进屋里，问李茂，"这是你的主意，还是他的？"

"是我们俩的主意。要不然，我难过，他也难过。"

"说来说去，还是那话。你们都别想着咱们是丈夫和媳妇，成不成？"

她把红帖子撕得粉碎，气有点粗。

"你把我卖多少钱？"

"写几十块钱做个彩头。白送媳妇给人，没出息。"

"卖媳妇，就有出息？"她出来对向高说，"你现在有钱，可以买媳妇了。若是给你阔一点……"

"别这样说，别这样说。"向高拦住她的话，"春桃，你不明白。这两天，同行的人们直笑话我。……"

"笑你什么？"

"笑我……"向高又说不出来。其实他没有很大的成见，春桃要怎办，十回有九回是遵从的。他自己也不明白这是什么力量。在她背后，他想着这样该做，那样得照他的意思

第三单元 小说

办；可是一见了她，就像见了西太后似地，样样都要听她的懿旨。

"噢，你到底是念过两天书，怕人骂，怕人笑话。"

自古以来，真正统治民众的并不是圣人的教训，好像只是打人的鞭子和骂人的舌头。风俗习惯是靠着打骂维持的。但在春桃心里，像已持着"人打还打，人骂还骂"的态度。她不是个弱者，不打骂人，也不受人打骂。我们听她教训向高的话，便可以知道。

"若是人笑话你，你不会揍他？你露什么怯？咱们的事，谁也管不了。"向高没话。

"以后不要再提这事罢。咱们三人就这样活下去，不好吗？"

一屋里都静了。吃过晚饭，向高和春桃仍是坐在瓜棚底下，只不像往日那么爱说话。连买卖经也不念了。

李茂叫春桃到屋里，劝她归给向高。他说男人的心，她不知道，谁也不愿意当王八；占人妻子，也不是好名誉。他从腰间拿出一张已经变成暗褐色的红纸帖，交给春桃，说："这是咱们的龙凤帖。那晚上逃出来的时候，我从神龛上取下来，揣在怀里。现在你可以拿去，就算咱们不是两口子。"

春桃接过那红帖子，一言不发，只注视着炕上破席。她不由自主地坐下，挨近那残废的人，说："茂哥，我不能要这个，你收回去罢。我还是你的媳妇。一夜夫妻百日恩，我不做缺德的事。今天看你走不动，不能干大活，我就不要你，我还能算人吗？"

她把红帖也放在炕上。

李茂听了她的话，心里很受感动。他低声对春桃说："我瞧你怪喜欢他的，你还是跟他过日子好。等有点钱，可以打发我回乡下，或送我到残废院去。"

"不瞒你说，"春桃的声音低下去，"这几年我和他就同两口子一样活着，样样顺心，事事如意；要他走，也怪舍不得。不如叫他进来商量，瞧他有什么主意。"她向着窗户叫，"向哥，向哥！"可是一点回音也没有。出来一瞧，向哥已不在了。

这是他第一次晚间出门。她愣一会，便向屋里说："我找他去。"

她料想向高不会到别的地方去。到胡同口，问问老吴。老吴说，望大街那边去了。她到他常交易的地方去，都没找着。人很容易丢失，眼睛若见不到，就是渺渺茫茫无寻觅处。快到一点钟，她才懊丧地回家。

屋里的油灯已经灭了。

"你睡着啦？向哥回来没有？"她进屋里，掏出洋火，把灯点着，向炕上一望，只见李茂把自己挂在窗棂上，用的是他自己的裤带。她心里虽免不了存着女性的恐慌，但是还有胆量紧爬上去，把他解下来。幸而时间不久，用不着惊动别人，轻轻地抚揉着他，他渐次苏醒回来。

杀自己的身来成就别人是侠士的精神。若是李茂的两条腿还存在，他也不必出这样的手段。两三天以来，他总觉得自己没多少希望，倒不如毁灭自己，教春桃好好地活着。

春桃于他虽没有爱，却很有义。她用许多话安慰他，一直到天亮。他睡着了，春桃下炕，见地上一些纸灰，还剩下没烧完的红纸。她认得是李茂曾给她的那张龙凤帖，直望着出神。

那天她没出门。晚上还陪李茂坐在炕上。

"你哭什么？"春桃见李茂热泪滚滚地滴下来，便这样问他。

"我对不起你。我来干什么？"

"没人怨你来。"

"现在他走了，我又短了两条腿。……"

"你别这样想。我想他会回来。"

"我盼望他会回来。"

又是一天过去了，春桃起来，到瓜棚摘了两条黄瓜做菜，草草地烙了一张大饼，端到屋里，两个人同吃。

她仍旧把破帽戴着，背上篓子。

"你今天不大高兴，别出去啦！"李茂隔着窗户对她说。

"坐在家里更闷得慌。"

她慢慢地踱出门。作活是她的天性，虽在沉闷的心境中，她也要干。中国女人好像只理会生活，而不理会爱情，生活的发展是她所注意的，爱情的发展只在盲闷的心境中沸动而已。自然，爱只是感觉，而生活是实质的，整天躺在锦帐里或坐在幽林中讲爱经，也是从皇后船或总统船运来的知识。春桃既不是弄潮儿的姊妹，也不是碧眼胡的学生，她不懂得，只会莫名其妙地纳闷。

一条胡同过了又是一条胡同。无量的尘土，无尽的道路，涌着这沉闷的妇人。她有时嚷"烂纸换洋取灯儿"，有时连路边一堆不用换的旧报纸，她都不捡。有时该给人两盒取灯，她却给了五盒。胡乱地过了一天，她便随着天上那班只会嚷嚷和抢吃的黑衣党慢慢地踱回家。仰头看见新贴上的户口照，写的户主是刘向高妻刘氏，使她心里更闷得厉害。

刚踏进院子，向高从屋里赶出来。

她瞪着眼，只说："你回来……"其余的话用眼泪连续下去。

"我不能离开你，我的事情都是你成全的。我知道你要我帮忙。我不能无情无义。"其实他这两天在道上漫散地走，不晓得要往那里去。走路的时候，直像脚上扣着一条很重的铁镣，那一面是扣在春桃手上一样。加以到处都遇见"还是他好"的广告，心情更受着不断的搅动，甚至饿了他也不知道。

"我已经同向哥说好了。他是户主，我是同居。"

向高照旧帮她卸下篓子。一面替她抹掉脸上的眼泪。他说："若是回到乡下，他是户主，我是同居。你是咱们的媳妇。"

她没有做声，直进屋里，脱下衣帽，行她每日的洗礼。

买卖经又开始在瓜棚底下念开了。他们商量把宫里那批字纸卖掉以后，向高便可以在市场里摆一个小摊，或者可以搬到一间大一点点的房子去住。

屋里，豆大的灯火，教从瓜棚飞进去的一只油葫芦扑灭了。李茂早已睡熟，因为银河已经低了。

"咱们也睡罢。"妇人说。

"你先躺去，一会我给你捶腿。"

"不用啦，今天我没走多少路。明儿早起，记得做那批买卖去，咱们有好几天不开张了。"

"方才我忘了拿给你。今天回家，见你还没回来，我特意到天桥去给你带一顶八成新的帽子回来。你瞧瞧！"他在暗里摸着那帽子，要递给她。

"现在那里瞧得见！明天我戴上就是。"

院子都静了，只剩下晚香玉的香还在空气中游荡。屋里微微地可以听见"媳妇"和"我不爱听，我不是你的媳妇"等对答。

【注释】

[1] 本文选自新世纪出版社 1998 年版《商人妇》，许地山著。

【题解】

这篇小说写得朴实、平淡，很有生活气息。春桃具有大胆的反叛精神、坚定的独立信念以及自发的仁爱情怀。在一个以男性为中心的社会里，她顽强地保持了女性自身的独立人格。

【思考练习题】

1. 品读课文，分析春桃的人物形象。
2. 结合文章，谈谈你是如何看待爱情与责任的。

永远的尹雪艳[1]

白　先　勇

白先勇(1937—　)，广西桂林人，回族，原国民党高级将领白崇禧之子，现任教于美国加州大学。当代著名作家。幼年曾随父母迁居南京、上海。1952 年赴台，毕业于台湾大学外文系。1963 年赴美，1965 年获爱荷华大学硕士学位后，任教于加州大学圣塔芭芭拉分校，讲授中国语言文学课程。

作品主要有短篇小说集《寂寞的十七岁》《台北人》《纽约客》，长篇小说《孽子》，散文集《蓦然回首》《明星咖啡馆》《第六只手指》等。有多部作品改编为电影或舞台剧，已出版的有《游园惊梦二十年》《玉卿嫂》《金大班的最后一夜》等。白先勇吸收了西方现代文学的写作技巧，并把它融合到中国传统的表现方式之中，描写新旧交替时代人物的故事和生活，尽显历史兴衰和人世沧桑。

一

尹雪艳总也不老。十几年前那一班在上海百乐门舞厅替她捧场的五陵年少，有些头上开了顶，有些两鬓添了霜；有些来台湾降成了铁厂、水泥厂、人造纤维厂的闲顾问，但也有少数却升成了银行的董事长、机关里的大主管。不管人事怎么变迁，尹雪艳永远是尹雪艳，在台北仍旧穿着她那一身蝉翼纱的素白旗袍，一径那么浅浅的笑着，连眼角儿也不肯皱一下。

尹雪艳着实迷人。但谁也没能道出她真正迷人的地方。尹雪艳从来不爱擦胭抹粉，有

时最多在嘴唇上点着些似有似无的蜜丝佛陀；尹雪艳也不爱穿红戴绿，天时炎热，一个夏天，她都浑身银白，净扮的了不得。不错，尹雪艳是有一身雪白的肌肤，细挑的身材，漂亮的脸蛋儿配着一副俏丽恬静的眉眼子，但是这些都不是尹雪艳出奇的地方。见过尹雪艳的人都这么说，也不知是何道理，无论尹雪艳一举手、一投足，总有一份世人不及的风情。别人伸个腰、蹙一下眉，难看，但是尹雪艳做起来，却又别有一番妩媚了。尹雪艳也不多言、不多语，紧要的场合插上几句苏州腔的上海话，又中听、又熨贴。有些荷包不足的舞客，攀不上叫尹雪艳的台子，但是他们却去百乐门坐坐，观观尹雪艳的风采，听她讲几句吴侬软语，心里也是舒服的。尹雪艳在舞池子里，微仰着头，轻摆着腰，一径是那么不慌不忙的起舞着；即使跳着快狐步，尹雪艳从来也没有失过分寸，仍旧显得那么从容，那么轻盈，像一球随风飘荡的柳絮，脚下没有扎根似的。尹雪艳有她自己的旋律。尹雪艳有她自己的拍子。绝不因外界的迁异，影响到她的均衡。

　　尹雪艳迷人的地方实在讲不清，数不尽。但是有一点却大大增加了她的神秘。尹雪艳名气大了，难免招忌，她同行的姊妹淘醋心重的就到处嘈起说：尹雪艳的八字带着重煞，犯了白虎，沾上的人，轻者家败，重者人亡。谁知道就是为着尹雪艳享了重煞的令誉[2]，上海洋场的男士们都对她增加了十分的兴味。生活悠闲了，家当丰沃了，就不免想冒险，去闯闯这颗红遍了黄浦滩的煞星儿。上海棉纱财阀王家的少老板王贵生就是其中探险者之一。天天开着崭新的凯迪拉克，在百乐门门口候着尹雪艳转完台子，两人一同上国际饭店廿四楼的屋顶花园去共进华美的夜宵。望着天上的月亮及灿烂的星斗，王贵生说，如果用他家的金条儿能够搭成一道天梯，他愿意爬上天空去把那弯月牙儿掐下来，插在尹雪艳的云鬟上。尹雪艳吟吟的笑着，总也不出声，伸出她那兰花般细巧的手，慢条斯理的将一枚枚涂着俄国乌鱼子的小月牙儿饼拈到嘴里去。

　　王贵生拼命的投资，不择手段的赚钱，想把原来的财富堆成三四倍，将尹雪艳身边那批富有的逐鹿者一一击倒，然后用钻石玛瑙串成一根链子，套在尹雪艳的脖子上，把她牵回家去。当王贵生犯上官商勾结的重罪，下狱枪毙的那一天，尹雪艳在百乐门停了一宵，算是对王贵生致了哀。

　　最后赢得尹雪艳的却是上海金融界一位热可炙手的洪处长。洪处长休掉了前妻，抛弃了三个儿女，答应了尹雪艳十个条件；于是尹雪艳变成了洪夫人，住在上海法租界一幢从日本人接收过来华贵的花园洋房里。两三个月的工夫，尹雪艳便像一株晚开的玉梨花，在上海上流社会的场合中以压倒群芳的姿态绽发起来。

　　尹雪艳着实有压场的本领。每当盛宴华筵，无论在场的贵人名媛，穿着紫貂，围着火狸，当尹雪艳披着她那件翻领束腰的银狐大氅，像一阵三月的微风，轻盈盈的闪进来时，全场的人都好像给这阵风熏中了一般，总是情不自禁的向她迎过来。尹雪艳在人堆子里，像个冰雪化成的精灵，冷艳逼人，踏着风一般的步子，看得那些绅士以及仕女们的眼睛都一齐冒出火来。这就是尹雪艳：在兆丰夜总会的舞厅里、在兰心剧院的过道上，以及在霞飞路上一幢幢侯门官府的客堂中，一身银白，歪靠在沙发椅上，嘴角一径挂着那流吟吟浅笑，把场合中许多银行界的经理、协理、纱厂的老板及小开，以及一些新贵和他们的夫人们都拘到跟前来。

第三单元　小说

可是洪处长的八字到底软了些，没能抵得住尹雪艳的重煞。一年丢官，两年破产，到了台北来连个闲职也没捞上。尹雪艳离开洪处长时还算有良心，除了自己的家当外，只带走一个从上海跟来的名厨司及两个苏州娘姨。

二

尹雪艳的新公馆落在仁爱路四段的高级住宅区里，是一幢崭新的西式洋房，有个十分宽敞的客厅，容得下两三桌酒席。尹雪艳对她的新公馆倒是刻意经营过一番。客厅的家具是一色桃花心红木桌椅。几张老式大靠背的沙发，塞满了黑丝面子鸳鸯戏水的湘绣靠枕，人一坐下去就陷进了一半，倚在柔软的丝枕上，十分舒适。到过尹公馆的人，都称赞尹雪艳的客厅布置妥帖，叫人坐着不肯动身。打麻将有特别设备的麻将间，麻将桌、麻将灯都设计得十分精巧。有些客人喜欢挖花，尹雪艳还特别腾出一间有隔音设备的房间，挖花的客人可以关在里面恣意唱和。冬天有暖炉，夏天有冷气，坐在尹公馆里，很容易忘记外面台北市的阴寒及溽暑。客厅案头的古玩花瓶，四时都供着鲜花。尹雪艳对于花道十分讲究，中山北路的玫瑰花店常年都送来上选的鲜花。整个夏天，尹雪艳的客厅中都册册的燃着一股又甜又腻的晚香玉。

尹雪艳的新公馆很快的便成为她旧雨新知的聚会所。老朋友来到时，谈谈老话，大家都有一腔怀古的幽情，想一会儿当年，在尹雪艳面前发发牢骚，好像尹雪艳便是上海百乐门时代永恒的象征，京沪繁华的佐证一般。

"阿媛，看看干爹的头发都白光喽！侬还像枝万年青一式，愈来愈年轻！"

吴经理在上海当过银行的总经理，是百乐门的座上常客，来到台北赋闲，在一家铁工厂挂个顾问的名义。见到尹雪艳，他总爱拉着她半开玩笑而又不免带点自怜的口吻这样说。吴经理的头发确实全白了，而且患着严重的风湿，走起路来，十分蹒跚，眼睛又害沙眼，眼毛倒插，常年淌着眼泪，眼圈已经开始溃烂，露出粉红的肉来。冬天时候，尹雪艳总把客厅里那架电暖炉移到吴经理的脚跟前，亲自奉上一盅铁观音，笑吟吟的说道：

"哪里的话，干爹才是老当益壮呢！"

吴经理心中熨帖了，恢复了不少自信，眨着他那烂掉了睫毛的老花眼，在尹公馆里，当众票了一出"坐宫"，以苍凉沙哑的嗓子唱出："我好比浅水龙，被困在沙滩。"

尹雪艳有迷男人的功夫，也有迷女人的功夫。跟尹雪艳结交的那班太太们，打从上海起，就背地数落她。当尹雪艳平步青云时，这起太太们气不忿，说道：凭你怎么爬，左不过是个货腰娘。当尹雪艳的靠山相好遭到厄运的时候，她们就叹气道：命是逃不过的，煞气重的娘儿们到底沾惹不得。可是十几年来这起太太们一个也舍不得离开尹雪艳，到了台北都一窝蜂似的聚到尹雪艳的公馆里，她们不得不承认尹雪艳实在有她惊动人的地方。尹雪艳在台北的鸿翔绸缎庄打得出七五折，在小花园里挑得出最登样的绣花鞋儿，红楼的绍兴戏码，尹雪艳最在行，吴燕丽唱《孟丽君》的时候，尹雪艳可以拿得到免费的前座戏票，论起西门町的京沪小吃，尹雪艳又是无一不精了。于是这起太太们，由尹雪艳领队，逛西门町、看绍兴戏，坐在三六九里吃桂花汤团，往往把十几年来不如意的事儿一股脑儿抛掉，好像尹雪艳周身都透着上海大千世界荣华的麝香一般，熏得这起往事沧桑的中年妇人都进入半醉的状态，而不由自主都津津乐道起上海五香斋的蟹黄面来。这些太太们常常容易闹情绪。尹雪艳对于她们都一一施以广泛的同情，她总耐心的聆听她们的怨艾及委屈，必要时说几句安抚的话，把她们焦躁的脾气一一熨平。

"输呀，输得精光才好呢！反正家里有老牛马垫背，我不输，也有旁人替我输！"

每逢宋太太搓麻将输了钱时就向尹雪艳带着酸意的抱怨道。宋太太在台湾得了妇女更年期的痴肥症，体重暴增到一百八十多磅，形态十分臃肿，走多了路，会犯气喘。宋太太的心酸话较多，因为她先生宋协理有了外遇，对她颇为冷落，而且对方又是一个身段苗条的小酒女。十几年前宋太太在上海的社交场合出过一阵风头，因此她对以往的日子特别向往。尹雪艳自然是宋太太倾诉衷肠的适当人选，因为只有她才能体会宋太太那种今昔之感。有时讲到伤心处，宋太太会禁不住掩面而泣。

"宋家阿姐，'人无千日好，花无百日红'，谁又能保得住一辈子享荣华，受富贵呢？"

于是尹雪艳便递过热毛巾给宋太太揩面，怜悯地劝说道。宋太太不肯认命，总要抽抽搭搭地怨怼一番：

"我就不信我的命又要比别人差些！像侬吧，尹家妹妹，侬一辈子是不必发愁的，自然有人会来帮衬侬。"

三

尹雪艳确实不必发愁，尹公馆门前的车马从来也未曾断过。老朋友固然把尹公馆当做世外桃源，一般新知也在尹公馆找到别处稀有的吸引力。尹雪艳公馆一向维持它的气派。尹雪艳从来不肯把它降低于上海霞飞路的排场。出入的人士，纵然有些是过了时的，但是他们有他们的身份，有他们的派头，因此一进到尹公馆，大家都觉得自己重要。即使是十几年前作废了的头衔，经过尹雪艳娇声亲切的称呼起来，也如同受过诰封一般，心理上恢复了不少的优越感。至于一般新知，尹公馆更是建立社交的好所在了。

当然，最吸引人的，还是尹雪艳本身。尹雪艳是一个最称职的主人。每一位客人，不分尊卑老幼，她都招呼得妥妥帖帖。一进到尹公馆，坐在客厅中那些铺满黑丝面椅垫的沙发上，大家都有一种宾至如归、乐不思蜀的亲切之感，因此，做会总在尹公馆开标，请生日酒总在尹公馆开席，即使没有名堂的日子，大家也立一个名目，凑到尹公馆成一个牌局。一年里，倒有大半的日子，尹公馆里总是高朋满座。

尹雪艳本人极少下场，逢到这些日期，她总预先替客人们安排好牌局；有时两桌，有时三桌。她对每位客人的牌品及癖性都摸得清清楚楚，因此牌搭子总配得十分理想，从来没有伤过和气。尹雪艳本人督导着两个头干脸净的苏州娘姨在旁边招呼着。午点是宁波年糕或者湖州粽子。晚饭是尹公馆上海名厨的京沪小菜：金银腿、贵妃鸡、炝虾、醉蟹——尹雪艳亲自设计了一个转动的菜牌，天天转出一桌桌精致的筵席来。到了下半夜，两个娘姨便捧上雪白喷了明星花露水的冰面巾，让大战方酣的客人们揩面醒脑，然后便是一碗鸡汤银丝面作了夜宵。客人们掷下的桌面十分慷慨，每次总上两三千。赢了钱的客人固然值得兴奋，即使输了钱的客人也是心甘情愿。在尹公馆里吃了玩了，末了还由尹雪艳差人叫好计程车,一一送回家去。

当牌局进展激烈的当儿,尹雪艳便换上轻装、周旋在几个牌桌之间,踏着她那风一般的步子,轻盈盈的来回巡视着,像个通身银白的女祭司,替那些作战的人们祈祷和祭祀。

"阿媛,干爹又快输脱的喽!"

每到败北阶段,吴经理就眨着他那烂掉了睫毛的眼睛,向尹雪艳发出讨救的哀号。

"还早呢,干爹,下四圈就该你摸清一色了。"

尹雪艳把个黑丝椅垫枕到吴经理害了风湿症的背脊上,怜恤地安慰着这个命运乖谬的老人。

"尹小姐,你是看到的,今晚我可没打错一张牌,手气就那么背!"

女客人那边也经常向尹雪艳发出乞怜的呼叫,有时宋太太输急了,也顾不得身份,就抓起两颗骰子啐道:

"呸!呸!呸!勿要面孔的东西,看你霉到啥个辰光!"

尹雪艳也照例过去,用着充满同情的语调,安抚她们一番。这个时候,尹雪艳的话就如同神谕一般令人敬畏。在麻将桌上,一个人的血运往往牵制,夫人们都以尹雪艳的口彩来恢复信心及加强斗志。尹雪艳站在一旁,叼着金嘴子的三个九,徐徐的喷着烟圈,以悲天悯人的眼光看着她这一群得意的、失意的、老年的、壮年的、曾经叱咤风云的、曾经风华绝代的客人们,狂热的互相厮杀,互相宰割。

四

新来的客人中,有一位叫徐壮图的中年男士,是上海交通大学的毕业生;生得品貌堂堂,高高的个儿,结实的身体,穿着剪裁合度的西装,显得分外英挺。徐壮图是个台北市新兴的实业巨子,随着台北市的工业化,许多大企业应运而生,徐壮图头脑灵活,具有丰富的现代化工商管理的知识,才是四十出头,便出任一家大水泥公司的经理。徐壮图有位贤慧的太太及两个可爱的孩子。家庭美满,事业充满前途,徐壮图成为一个雄心勃勃的企业家。

徐壮图第一次进入尹公馆是在一个庆生酒会上。尹雪艳替吴经理做六十大寿,徐壮图是吴经理的外甥,也就随着吴经理来到尹雪艳的公馆。

那天尹雪艳着实装饰了一番,穿着一袭月白短袖的织锦旗袍,襟上一排香妃色的大盘扣;脚上也是月白缎子的软底绣花鞋,鞋尖却点着两瓣肉色的海棠叶儿。为了讨喜气,尹雪艳破例的在右鬓簪上一朵酒杯大血红的郁金香,而耳朵上却吊着一对寸把长的银坠子。客厅里的寿堂也布置得喜气洋洋。案上全换上才铰下的晚香玉,徐壮图一踏进去,就嗅中一阵沁人脑肺的甜香。

"阿媛,干爹替侬带来顶顶体面的一位人客。"吴经理穿着一身崭新的纺绸长衫,佝着背,笑呵呵的把徐壮图介绍给尹雪艳道,然后指着尹雪艳说:

"我这位干小姐呀,实在孝顺不过。我这个老朽三灾五难的还要赶着替我做生日。我忖忖:我现在又不在职,又不问世,这把老骨头天天还要给触霉头的风湿症来折磨。管他折福也罢,今朝我且大模大样的生受了干小姐这场寿酒再讲。我这位外甥,年轻有为,难得放纵一回，今朝也来跟我们这群老朽一道开心开心。阿媛是个最妥当的主人家，我把壮图交把侬，侬好好的招待招待他吧。"

"徐先生是稀客，又是干爹的令戚，自然要跟别人不同一点。"尹雪艳笑吟吟的答道，发上那朵血红的郁金香颤巍巍的抖动着。

徐壮图果然受到尹雪艳特别的款待。在席上，尹雪艳坐在徐壮图旁边一径殷勤的向他劝酒让菜，然后歪向他低声说道：

"徐先生，这道是我们大师傅的拿手，你尝尝，比外面馆子做的如何？"

用完席后，尹雪艳亲自盛上一碗冰冻杏仁豆腐捧给徐壮图，上面却放着两颗鲜红的樱桃。用完席重上牌局的时候，尹雪艳走到徐壮图背后看他打牌。徐壮图的牌张不熟，时常发错张子，才是八圈，已经输掉一半筹码。有一轮，徐壮图正当发出一张梅花五筒的时候，突然尹雪艳从后面欠过身伸出她那细巧的手把徐壮图的手背按住说道：

"徐先生，这张牌是打不得的。"

那一盘徐壮图便和了一副"满园花"，一下子就把输出去的筹码赢回了大半。客人中有一个开玩笑抗议道：

"尹小姐，你怎么不来替我也点点张子，瞧瞧我也输光啦。"

"人家徐先生头一趟到我们家，当然不好意思让他吃了亏回去的喽。"徐壮图回头看到尹雪艳正朝着他满面堆着笑容，一对银耳坠子吊在她乌黑的发脚下来回的浪荡着。

客厅中的晚香玉到了半夜，吐出一蓬蓬的浓香来。席间徐壮图喝了不少热花雕，加上牌桌上和了那盘"满园花"的亢奋，临走时他已经有些微醺的感觉了。

"尹小姐，全得你的指教，要不然今晚的麻将一定全盘败北了。"

尹雪艳送徐壮图出大门时，徐壮图感激的对尹雪艳说道。尹雪艳站在门框里，一身白色的衣衫，双手合抱在胸前，像一尊观世音，朝着徐壮图笑吟吟地答道：

"哪里的话，隔日徐先生来白相，我们再一道研究研究麻将经。"

隔了两日，果然徐壮图又来到了尹公馆，向尹雪艳讨教麻将的诀窍。

五

徐壮图太太坐在家中的藤椅上，呆望着大门，两腮一天天消瘦，眼睛凹成了两个深坑。

当徐太太的干妈吴家阿婆来探望她的时候，她牵着徐太太的手失惊叫道：

"嗳呀，我的干小姐，才是个把月没见着，怎么你就瘦脱了形？"

吴家阿婆是一个六十来岁的妇人，硕壮的身体，没有半根白发，一双放大的小脚，仍旧行走如飞。吴家阿婆曾经上四川青城山去听过道，拜了上面白云观里一位道行高深的法师做师父。这位老法师因为看上吴家阿婆天生异禀，飞升时便把衣钵传了给她。吴家阿婆在台北家中设了一个法堂，中央供着她老师父的神像。神像下面悬着八尺见方黄绫一幅。据吴家阿婆说，她老师父常在这幅黄绫上显灵，向她授予机宜，因此吴家阿婆可以预卜凶吉，消灾除祸。吴家阿婆的信徒颇众，大多是中年妇女，有些颇有社会地位。经济环境不虞匮乏，这些太太们的心灵难免感到空虚。于是每月初一十五，她们便停止一天麻将，或

者标会的聚会,成群结队来到吴家阿婆的法堂上,虔诚的念经叩拜,布施散财,救济贫困,以求自身或家人的安宁。有些有疑难大症,有些有家庭纠纷,吴家阿婆一律慷慨施以许诺,答应在老法师灵前替她们祈求神助。

"我的太太,我看你的气色竟是不好呢!"吴家阿婆仔细端详了徐太太一番,摇头叹息。徐太太低首俯面忍不住伤心哭泣,向吴家阿婆道出了衷肠话来。

"亲妈,你老人家是看到的,"徐太太流着泪断断续续的诉说道,"我们徐先生和我结婚这么久,别说破脸,连句重话都向来没有过。我们徐先生是个争强好胜的人。他一向都这么说:'男人的心五分倒有三分应该放在事业上。'来台湾熬了这十来年,好不容易盼着他们水泥公司发达起来,他才出了头,我看他每天为公事在外面忙着应酬,我心里只有暗暗着急。事业个事业倒仕其俠,求祈他身体康宁,我们母子再苦些也是情愿的。谁知道打上月起,我们徐先生竟好像变了一个人似的。经常两晚三晚不回家。我问一声,他就摔碗砸筷,脾气暴得不得。前天连两个孩子都挨了一顿狠打。有人传话给我听,说是我们徐先生外面有了人,而且人家还是个有头有脸的人物。亲妈,我这个本本分分的人哪里经过这些事情?人还撑得什不去样?"

"干小姐,"吴家阿婆拍了一下巴掌说道,"你不提呢,我也就不说了。你晓得我是最怕兜揽是非的人。你叫了我声亲妈,我当然也就向着你些。你知道那个胖婆儿宋太太呀,她先生宋协理搞上个什么'五月花'的小酒女。她跑到我那里一把鼻涕一把眼泪要我替她求老师父。我拿她先生的八字来一算,果然冲犯了东西。宋太太在老师父灵前许了重愿,我替她念了十二本经。现在她男人不是乖乖的回去了?后来我就劝宋太太:'整天少和那些狐狸精似的女人穷混,念经做善事要紧!'宋太太就一五一十的把你们徐先生的事情源源本本数了给我听。那个尹雪艳呀,你以为她是个什么好东西?她没有两下,就能笼得住这些人?连你们徐先生那么个正人君子她都有本事抓得牢。这种事情历史上是有的:褒姒、妲己、飞燕、太真——这起祸水!你以为都是真人吗?妖孽!凡是到了乱世,这些妖孽都纷纷下凡,扰乱人间。那个尹雪艳还不知道是个什么东西变的呢!我看你呀,总得变个法儿替你们徐先生消了这场灾难才好。"

"亲妈,"徐太太忍不住又哭了起来,"你晓得我们徐先生不是那种没有良心的男人。每次他在外面逗留了回来,他嘴里虽然不说,我晓得他心里是过意不去的。有时他一个人闷坐着猛抽烟,头筋叠暴起来,样子真唬人。我又不敢去劝解他,只有干着急。这几天他更是着了魔一般,回来嚷着说公司里人人都寻他晦气。他和那些工人也使脾气,昨天还把人家开除了几个。我劝他说犯不着和那些粗人计较,他连我也喝斥了一顿。他的行径反常得很,看着不像,真不由得不叫人担心哪!"

"就是说呀!"吴家阿婆点头说道,"怕是你们徐先生也犯着了什么吧?你且把他的八字递给我,回去我替他测一测。"

徐太太把徐壮图的八字抄给了吴家阿婆说道:

"亲妈,全托你老人家的福了。"

"放心,"吴家阿婆临走时说道,"我们老师父最是法力无边,能够替人排难解厄的。"

然而老师父的法力并没有能够拯救徐壮图。有一天，正当徐壮图向一个工人拍起桌子喝骂的时候。那个工人突然发了狂，一把扁钻从徐壮图前胸刺穿到后背。

六

徐壮图的治丧委员会吴经理当了总干事。因为连日奔忙，风湿又弄犯了，他在极乐殡仪馆穿出穿进的时候，一径挂着拐杖，十分蹒跚。开吊的那一天，灵堂就设在殡仪馆里。一时亲朋好友的花圈丧幛白簇簇的一直排到殡仪馆的门口来。水泥公司同仁挽的却是"痛失英才"四个大字。来祭吊的人从早上九点钟起开始络绎不绝。徐太太早已哭成了痴人，一身麻衣丧服带着两个孩子，跪在灵前答谢。吴家阿婆却率领了十二个道士，身着法衣，手执拂尘，在灵堂后面的法坛打解冤法业醮。此外并有僧尼十数人在念经超度，拜大悲忏。

正午的时候，来祭吊的人早挤满了一堂，正当众人熙攘之际，突然人群里起了一阵骚动，接着全堂静寂下来，一片肃穆。原来尹雪艳不知什么时候却像一阵风一般的闪了进来。尹雪艳仍旧一身素白打扮，脸上未施脂粉，轻盈盈的走到管事台前，不慌不忙的提起毛笔，在签名簿上一挥而就地签上了名，然后款款地步到灵堂中央，客人们都倏地分开两边，让尹雪艳走到灵台跟前，尹雪艳凝着神，敛着容，朝着徐壮图的遗像深深地鞠了三鞠躬。这时在场的亲友大家都呆如木鸡。有些显得惊讶，有些却是忿愤，也有些满脸惶惑，可是大家都好似被一股潜力镇住了，未敢轻举妄动。这次徐壮图的惨死，徐太太那一边有些亲戚迁怒于尹雪艳，他们都没有料到尹雪艳居然有这个胆识闯进徐家的灵堂来。场合过分紧张突兀，一时大家都有点手足无措。尹雪艳行完礼后，却走到徐太太面前，伸出手抚摸了一下两个孩子的头，然后庄重地和徐太太握了一握手。正当众人面面相觑的当儿，尹雪艳却踏着她那轻盈盈的步子走出了极乐殡仪馆。一时灵堂里一阵大乱，徐太太突然跪倒在地，昏厥了过去，吴家阿婆赶紧丢掉拂尘，抢身过去，将徐太太抱到后堂去。

当晚，尹雪艳的公馆里又成上了牌局，有些牌搭子是白天在徐壮图祭悼会后约好的，吴经理又带了两位新客人来。一位是南国纺织厂新上任的余经理；另一位是大华企业公司的周董事长。这晚吴经理的手气却出了奇迹，一连串的在和满贯。吴经理不停地笑着叫着，眼泪从他烂掉了睫毛的血红眼圈一滴滴淌落下来。到了第二十圈，有一盘吴经理突然双手乱舞大叫起来：

"阿媛，快来！快来！'四喜临门'！这真是百年难见的怪牌。东、南、西、北——全齐了，外带自摸双！人家说和了大四喜，兆头不祥。我倒霉了一辈子，和了这副怪牌，从此否极泰来。阿媛，阿媛，侬看看这副牌可爱不可爱？有趣不有趣？"

吴经理喊着笑着把麻将撒满了一桌子。尹雪艳站到吴经理身边，轻轻地按着吴经理的肩膀，笑吟吟地说道：

"干爹，快打起精神多和两盘。回头赢了余经理及周董事长他们的钱，我来吃你的红！"

【注释】

[1] 本文选自花城出版社2009年版《台北人》，白先勇著。

[2] 令誉：美好的名声。

【题解】

本文是白先勇的短篇代表作，创作于 1965 年，后收入作者的小说集《台北人》中。白先勇擅长描写各式各样、各种阶层的女人。作者在对人物的命运寄寓了深切的叹惋和同情之后，也对上层社会腐败堕落的生活进行了批判和揭示。本文通过对尹雪艳形象的刻画，揭示出台湾上流社会纸醉金迷的腐朽生活。

【思考练习题】

1. 小说是在怎样的环境中展开叙述的？这样的环境对表现主题有何意义？
2. 小说标题命为《永远的尹雪艳》，你认为尹雪艳是"永远"的吗？

受　　戒[1]

汪 曾 祺

汪曾祺(1920—1997)，江苏高邮人。当代作家、散文家、戏剧家。毕业于西南联大，历任中学教师、北京市文联干部、《北京文艺》编辑、北京京剧院编辑等。在短篇小说创作上颇有成就。著有小说集《邂逅集》，小说《受戒》《大淖记事》，散文集《蒲桥集》，其大部分作品收录在《汪曾祺全集》中。汪曾祺的小说在思想内容上多表现美与健康的人性，创造了一种散文化的小说文体。他的小说近似随笔，随意洒脱，亲切自然，同时注重气氛的描摹。汪曾祺被誉为"抒情的人道主义者，中国最后一个纯粹的文人，中国最后一个士大夫"。

　　明海出家已经四年了。
　　他是十三岁来的。
　　这个地方的地名有点怪，叫庵赵庄。赵，是因为庄上大都姓赵。叫做庄，可是人家住得很分散，这里两三家，那里两三家。一出门，远远可以看到，走起来得走一会，因为没有大路，都是弯弯曲曲的田埂。庵，是因为有一个庵。庵叫菩提庵，可是大家叫讹了，叫成荸荠庵。连庵里的和尚也这样叫。"宝刹何处？"——"荸荠庵。"庵本来是住尼姑的。"和尚庙""尼姑庵"嘛。可是荸荠庵住的是和尚。也许因为荸荠庵不大，大者为庙，小者为庵。
　　明海在家叫小明子。他是从小就确定要出家的。他的家乡不叫"出家"，叫"当和尚"。他的家乡出和尚。就像有的地方出劁猪的，有的地方出织席子的，有的地方出箍桶的，有的地方出弹棉花的，有的地方出画匠，有的地方出婊子，他的家乡出和尚。人家弟兄多，就派一个出去当和尚。当和尚也要通过关系，也有帮。这地方的和尚有的走得很远。有到杭州灵隐寺的、上海静安寺的、镇江金山寺的、扬州天宁寺的。一般的就在本县的寺庙。明海家田少，老大、老二、老三，就足够种的了。他是老四。他七岁那年，他当和尚的舅舅回家，他爹、他娘就和舅舅商议，决定叫他当和尚。他当时在旁边，觉得这实在是在情在理，没有理由反对。当和尚有很多好处。一是可以吃现成饭，哪个庙里都是管饭的。二是可以攒钱。只要学会了放瑜伽焰口，拜梁皇忏，可以按例分到辛苦钱。积攒起来，将来还俗娶亲也可以；不想还俗，买几亩田也可以。当和尚也不容易，一要面如朗月，二要声如钟磬，三要聪明记性好。他舅舅给他相了相面，叫他前走几步，后走几步，又叫他喊了一声赶牛打场的号子："格当——"，说是"明子准能当个好和尚，我包了！"要当和尚，得下点本，——念几年书。哪有不认字的和尚呢！于是明子就开蒙入学，读了《三字经》、《百家姓》、《四言杂字》、《幼学琼林》、《上论》、《下论》、《上孟》、《下孟》，每天还写一张仿。村里都夸他字写得好，很黑。

舅舅按照约定的日期又回了家，带了一件他自己穿的和尚领的短衫，叫明子娘改小一点，给明子穿上。明子穿了这件和尚短衫，下身还是在家穿的紫花裤子，赤脚穿了一双新布鞋，跟他爹、他娘磕了一个头，就随舅舅走了。

他上学时起了个学名，叫明海。舅舅说，不用改了。于是"明海"就从学名变成了法名。

过了一个湖。好大一个湖！穿过一个县城。县城真热闹：官盐店，税务局，肉铺里挂着成片的猪，一个驴子在磨芝麻，满街都是小磨香油的香味，布店，卖茉莉粉、梳头油的什么斋，卖绒花布的，卖丝线的，打把式卖膏药的，吹糖人的，耍蛇的……他什么都想看看。舅舅一劲地推他："快走！快走！"

到了一个河边，有一只船在等着他们。船上有一个五十来岁的瘦长瘦长的大伯，船头蹲着一个跟明子差不多大的女孩子，在剥一个莲蓬吃。明子和舅舅坐到舱里，船就开了。

明子听见有人跟他说话，是那个女孩子。

"是你要到荸荠庵当和尚吗？"

明子点点头。

"当和尚要烧戒疤呕！你不怕？"

明子不知道怎么回答，就含含糊糊地摇了摇头。

"你叫什么？"

"明海。"

"在家的时候？"

"叫明子。"

"明子！我叫小英子！我们是邻居。我家挨着荸荠庵。——给你！"

小英子把吃剩的半个莲蓬扔给明海，小明子就剥开莲蓬壳，一颗一颗吃起来。

大伯一桨一桨地划着，只听见船桨拨水的声音：

"哗——许！哗——许！"

……

荸荠庵的地势很好，在一片高地上。这一带就数这片地高，当初建庵的人很会选地方。门前是一条河。门外是一片很大的打谷场。三面都是高大的柳树。山门里是一个穿堂。迎门供着弥勒佛。不知是哪一位名士撰写了一副对联：

第三单元 小说

大肚能容容天下难容之事

开颜一笑笑世间可笑之人

弥勒佛背后，是韦驮。过穿堂，是一个不小的天井，种着两棵白果树。天井两边各有三间厢房。走过天井，便是大殿，供着三世佛。佛像连龛才四尺来高。大殿东边是方丈，西边是库房。大殿东侧，有一个小小的六角门，白门绿字，刻着一副对联：

一花一世界

三藐三菩提

进门有一个狭长的天井，几块假山石，几盆花，有三间小房。

小和尚的日子清闲得很。一早起来，开山门，扫地。庵里的地铺的都是籰的方砖，好扫得很，给弥勒佛、韦驮烧一炷香，正殿的三世佛面前也烧一炷香、磕三个头，念三声"南无阿弥陀佛"，敲三声磬。这庵里的和尚不兴做什么早课、晚课，明子这三声磬就全都代替了。然后，挑水，喂猪。然后，等当家和尚，即明子的舅舅起来，教他念经。

教念经也跟教书一样，师父面前一本经，徒弟面前一本经，师父唱一句，徒弟跟着唱一句。是唱哎。舅舅一边唱，一边还用手在桌上拍板。一板一眼，拍得很响，就跟教唱戏一样。是跟教唱戏一样，完全一样哎。连用的名词都一样。舅舅说，念经：一要板眼准，二要合工尺。说：当一个好和尚，得有条好嗓子。说：民国十年闹大水，运河倒了堤，最后在清水潭合龙，因为大水淹死的人很多，放了一台大焰口，十三大师——十三个正座和尚，各大庙的方丈都来了，下面的和尚上百。谁当这个首座？推来推去，还是石桥——善因寺的方丈！他往上一坐，就跟地藏王菩萨一样，这就不用说了；那一声"开香赞"，围看的上千人立时鸦雀无声。说：嗓子要练，夏练三伏，冬练三九，要练丹田气！说：要吃得苦中苦，方为人上人！说：和尚里也有状元、榜眼、探花！要用心，不要贪玩！舅舅这一番大法说得明海和尚实在是五体投地，于是就一板一眼地跟着舅舅唱起来：

"炉香乍蒸——"

"法界蒙薰——"

"法界蒙薰——"

"诸佛现金身……"

"诸佛现金身……"

……

等明海学完了早经，——他是晚上临睡前还要学一段，叫做晚经，一荸荠庵的师父们就都陆续起床了。

这庵里人口简单，一共六个人。连明海在内，五个和尚。

有一个老和尚，六十几了，是舅舅的师叔，法名普照，但是知道的人很少，因为很少人叫他法名，都称之为老和尚或老师父，明海叫他师爷爷。这是个很枯寂的人，一天关在房里，就是那"一花一世界"里。也看不见他念佛，只是那么一声不响地坐着。他是吃斋的，过年时除外。

下面就是师兄弟三个，仁字排行：仁山、仁海、仁渡。庵里庵外，有的称他们为大师父、二师父；有的称之为山师父、海师父。只有仁渡，没有叫他"渡师父"的，因为听起来不像话，大都直呼之为仁渡。他也只配如此，因为他还年轻，才二十多岁。

仁山，即明子的舅舅，是当家的。不叫"方丈"，也不叫"住持"，却叫"当家的"，是很有道理的，因为他确确实实干的是当家的职务。他屋里摆的是一张帐桌，桌子上放的是帐簿和算盘。帐簿共有三本。一本是经帐，一本是租帐，一本是债帐。和尚要做法事，做法事要收钱，——要不，当和尚干什么？常做的法事是放焰口。正规的焰口是十个人。一个正座，一个敲鼓的，两边一边四个。人少了，八个，一边三个，也凑合了。荸荠庵只有四个和尚，要放整焰口就得和别的庙里合伙。这样的时候也有过。通常只是放半台焰口。一个正座，一个敲鼓，另外一边一个。一来找别的庙里合伙费事；二来这一带放得起整焰口的人家也不多。有的时候，谁家死了人，就只请两个，甚至一个和尚咕噜咕噜念一通经，敲打几声法器就算完事。很多人家的经钱不是当时就给，往往要等秋后才还。这就得记帐。另外，和尚放焰口的辛苦钱不是一样的。就像唱戏一样，有份子。正座第一份。因为他要领唱，而且还要独唱。当中有一大段"叹骷髅"，别的和尚都放下法器休息，只有首座一个人有板有眼地曼声吟唱。第二份是敲鼓的。你以为这容易呀！哼，单是一开头的"发擂"，手上没功夫就敲不出迟疾顿挫！ 其余的，就一样了。这也得记上：某月某日、谁家焰口半台，谁正座，谁敲鼓……省得到年的结帐时赌咒骂娘。……这庵里有几十亩庙产，租给人种，到时候要收租。庵里还放债。租、债一向倒很少亏欠，因为租佃借钱的人怕菩萨不高兴。这三本帐就够仁山忙的了。另外香烛、灯火、油盐"福食"，这也得随时记记帐呀。除了帐簿之外，山师父的方丈的墙上还挂着一块水牌，上漆四个红字："勤笔免思。"

仁山所说当一个好和尚的三个条件，他自己其实一条也不具备。他的相貌只要用两个字就说清楚了：黄、胖。声音也不像钟磬，倒像母猪。聪明么？难说，打牌老输。他在庵里从不穿袈裟，连海青直裰也免了。经常是披着件短僧衣，袒露着一个黄色的肚子。下面是光脚趿拉着一对僧鞋，——新鞋他也是趿拉着。他一天就是这样不衫不履地这里走走，那里走走，发出母猪一样的声音："呣——呣——"

二师父仁海。他是有老婆的。他老婆每年夏秋之间来住几个月，因为庵里凉快。庵里有六个人，其中之一，就是这位和尚的家眷。仁山、仁渡叫她嫂子，明海叫她师娘。这两口子都很爱干净，整天的洗涮。傍晚的时候，坐在天井里乘凉。白天，闷在屋里不出来。

三师父是个很聪明精干的人。有时一笔帐大师兄扒了半天算盘也算不清，他眼珠子转两转，早算得一清二楚。他打牌赢的时候多，二三十张牌落地，上下家手里有些什么牌，他就差不多都知道了。他打牌时，总有人爱在他后面看歪头胡。谁家约他打牌，就说"想送两个钱给你"。他不但经忏俱通(小庙的和尚能够拜忏的不多)，而且身怀绝技，会"飞铙"。七月间有些地方做盂兰会，在旷地上放大焰口，几十个和尚，穿绣花袈裟，飞铙。飞铙就是把十多斤重的大铙钹飞起来。到了一定的时候，全部法器皆停，只几十副大铙紧张急促地敲起来。忽然起手，大铙向半空中飞去，一面飞，一面旋转。然后，又落下来，接住。接住不是平平常常地接住，有各种架势，"犀牛望月""苏秦背剑"……这哪是念经，这是耍杂技。也许是地藏王菩萨爱看这个，但真正因此快乐起来的是人，尤其是妇女

和孩子。这是年轻漂亮的和尚出风头的机会。一场大焰口过后，也像一个好戏班子过后一样，会有一个两个大姑娘、小媳妇失踪，——跟和尚跑了。他还会放"花焰口"。有的人家，亲戚中多风流子弟，在不是很哀伤的佛事——如做冥寿时，就会提出放花焰口。所谓"花焰口"就是在正焰口之后，叫和尚唱小调，拉丝弦，吹管笛，敲鼓板，而且可以点唱。仁渡一个人可以唱一夜不重头。仁渡前几年一直在外面，近二年才常住在庵里。据说他有相好的，而且不止一个。他平常可是很规矩，看到姑娘媳妇总是老老实实的，连一句玩笑话都不说，一句小调山歌都不唱。有一回，在打谷场上乘凉的时候，一伙人把他围起来，非叫他唱两个不可。他却情不过，说："好，唱一个。不唱家乡的。家乡的你们都熟。唱个安徽的。"

姐和小郎打大麦，
一转子讲得听不得。
听不得就听不得，
打完了大麦打小麦。

唱完了，人家还嫌不够，他就又唱了一个：

姐儿生得漂漂的，
两个奶子翘翘的。
有心上去摸一把，
心里有点跳跳的。

……

这个庵里无所谓清规，连这两个字也没人提起。

仁山吃水烟，连出门做法事也带着他的水烟袋。

他们经常打牌。这是个打牌的好地方。把大殿上吃饭的方桌往门口一搭，斜放着，就是牌桌。桌子一放好，仁山就从他的方丈里把筹码拿出来，哗啦一声倒在桌上。斗纸牌的时候多，搓麻将的时候少。牌客除了师兄弟三人，常来的是一个收鸭毛的，一个打兔子兼偷鸡的，都是正经人。收鸭毛的担一副竹筐，串乡串镇，拉长了沙哑的声音喊叫："鸭毛卖钱——！"

偷鸡的有一件家什——铜蜻蜓。看准了一只老母鸡，把铜蜻蜓一丢，鸡婆子上去就是一口。这一啄，铜蜻蜓的硬簧绷开，鸡嘴撑住了，叫不出来了。正在这鸡十分纳闷的时候，上去一把薅住。

明子曾经跟这位正经人要过铜蜻蜓看看。他拿到小英子家门前试了一试，果然！小英的娘知道了，骂明子："要死了！儿子！你怎么到我家来玩铜蜻蜓了！"小英子跑过来：

"给我！给我！"

她也试了试，真灵，一个黑母鸡一下子就把嘴撑住，傻了眼了！

下雨阴天，这二位就光临荸荠庵，消磨一天。

有时没有外客，就把老师叔也拉出来，打牌的结局，大都是当家和尚气得鼓鼓的："×妈妈的！又输了！下回不来了！"

他们吃肉不瞒人。年下也杀猪。杀猪就在大殿上。一切都和在家人一样，开水、木桶、尖刀。捆猪的时候，猪也是没命地叫。跟在家人不同的，是多一道仪式，要给即将升天的猪念一道"往生咒"，并且总是老师叔念，神情很庄重：

"……一切胎生、卵生、息生，来从虚空来，还归虚空去往生再世，皆当欢喜。南无阿弥陀佛！"

三师父仁渡一刀子下去，鲜红的猪血就带着很多沫子喷出来。

……

明子老往小英子家里跑。

小英子的家像一个小岛，三面都是河，西面有一条小路通到荸荠庵。独门独户，岛上只有这一家。岛上有六棵大桑树，夏天都结大桑椹，三棵结白的，三棵结紫的；一个菜园子，瓜豆蔬菜，四时不缺。院墙下半截是砖砌的，上半截是泥夯的。大门是桐油油过的，贴着一副万年红的春联：

向阳门第春常在
积善人家庆有余

门里是一个很宽的院子。院子里一边是牛屋、碓棚；一边是猪圈、鸡窠，还有个关鸭子的栅栏。露天地放着一具石磨。正北面是住房，也是砖基土筑，上面盖的一半是瓦，一半是草。房子翻修了才三年，木料还露着白茬。正中是堂屋，家神菩萨的画像上贴的金还没有发黑。两边是卧房。扇窗上各嵌了一块一尺见方的玻璃，明亮亮的，——这在乡下是不多见的。房檐下一边种着一棵石榴树，一边种着一棵栀子花，都齐房檐高了。夏天开了花，一红一白，好看得很。栀子花香得冲鼻子。顺风的时候，在荸荠庵都闻得见。

这家人口不多，他家当然是姓赵。一共四口人：赵大伯、赵大妈，两个女儿，大英子、小英子。老两口没得儿子。因为这些年人不得病，牛不生灾，也没有大旱大水闹蝗虫，日子过得很兴旺。他们家自己有田，本来够吃的了，又租种了庵上的十亩田。自己的田里，一亩种了荸荠，——这一半是小英子的主意，她爱吃荸荠，一亩种了茨菇。家里喂了一大群鸡鸭，单是鸡蛋鸭毛就够一年的油盐了。赵大伯是个能干人。他是一个"全把式"，不但田里场上样样精通，还会罩鱼、洗磨、凿砻、修水车、修船、砌墙、烧砖、箍桶、劈篾、绞麻绳。他不咳嗽，不腰疼，结结实实，像一棵榆树。人很和气，一天不声不响。赵大伯是一棵摇钱树，赵大娘就是个聚宝盆。大娘精神得出奇。五十岁了，两个眼睛还是清亮亮的。不论什么时候，头都是梳得滑溜溜的，身上衣服都是格挣挣的。像老头子一样，她一天不闲着。煮猪食，喂猪，腌咸菜，——她腌的咸萝卜干非常好吃，舂粉子，磨小豆腐，编蓑衣，织芦箔。她还会剪花样子。这里嫁闺女，陪嫁妆，瓷坛子、锡罐子，都要用梅红纸剪出吉祥花样，贴在上面，讨个吉利，也才好看："丹凤朝阳"呀、"白头到老"呀、"子孙万代"呀、"福寿绵长"呀。二三十里的人家都来请她："大娘，好日子是十六，你哪天去呀？"——"十五，我一大清早就来！"

"一定呀！"——"一定！一定！"

两个女儿，长得跟她娘像一个模子里托出来的。眼睛长得尤其像，白眼珠鸭蛋青，黑

第三单元 小说

眼珠棋子黑，定神时如清水，闪动时像星星。浑身上下，头是头，脚是脚。头发滑溜溜的，衣服格挣挣的。——这里的风俗，十五六岁的姑娘就都梳上头了。这两个丫头，这一头的好头发！通红的发根，雪白的簪子！娘女三个去赶集，一集的人都朝她们望。

姐妹俩长得很像，性格不同。大姑娘很文静，话很少，像父亲。小英子比她娘还会说，一天咭咭呱呱地不停。大姐说：

"你一天到晚咭咭呱呱——"

"像个喜鹊！"

"你自己说的！——吵得人心乱！"

"心乱？"

"心乱！"

"你心乱怪我呀！"

二姑娘话里有话。大英子已经有了人家。小人她偷偷地看过，人很敦厚，也不难看，家道也殷实，她满意。已经下过小定，日子还没有定下来。她这二年，很少出房门，整天赶她的嫁妆。大裁大剪，她都会。挑花绣花，不如娘。她可又嫌娘出的样子太老了。她到城里看过新娘子，说人家现在绣的都是活花活草。这可把娘难住了。最后是喜鹊忽然一拍屁股："我给你保举一个人！"

这人是谁？是明子。明子念"上孟下孟"的时候，不知怎么得了半套《芥子园》，他喜欢得很。到了荸荠庵，他还常翻出来看，有时还把旧帐簿子翻过来，照着描。小英子说："他会画！画得跟活的一样！"

小英子把明海请到家里来，给他磨墨铺纸，小和尚画了几张，大英子喜欢得了不得："就是这样！就是这样！这就可以乱孱！"——所谓"乱孱"是绣花的一种针法：绣了第一层，第二层的针脚插进第一层的针缝，这样颜色就可由深到淡，不露痕迹，不像娘那一代绣的花是平针，深浅之间，界限分明，一道一道的。小英子就像个书童，又像个参谋："画一朵石榴花！"

"画一朵栀子花！"

她把花掐来，明海就照着画。

到后来，凤仙花、石竹子、水蓼、淡竹叶、天竺果子、腊梅花，他都能画。

大娘看着也喜欢，搂住明海的和尚头："你真聪明！你给我当一个干儿子吧！"

小英子捺住他的肩膀，说："快叫！快叫！"

小明子跪在地下磕了一个头，从此就叫小英子的娘做干娘。

大英子绣的三双鞋，三十里方圆都传遍了。很多姑娘都走路坐船来看。看完了，就说："啧啧啧，真好看！这哪是绣的，这是一朵鲜花！"她们就拿了纸来央大娘求了小和尚来画。有求画帐檐的，有求画门帘飘带的，有求画鞋头花的。每回明子来画花，小英子就给他做点好吃的，煮两个鸡蛋，蒸一碗芋头，煎几个藕团子。

因为照顾姐姐赶嫁妆，田里的零碎生活小英子就全包了。她的帮手，是明子。

这地方的忙活是栽秧、车高田水、薅头遍草，再就是割稻子、打场子。这几荐重活，自己一家是忙不过来的。这地方兴换工。排好了日期，几家顾一家，轮流转。不收工钱，

但是吃好的。一天吃六顿,两头见肉,顿顿有酒。干活时,敲着锣鼓,唱着歌,热闹得很。其余的时候,各顾各,不显得紧张。

薅三遍草的时候,秧已经很高了,低下头看不见人。一听见非常脆亮的嗓子在一片浓绿里唱:

栀子哎开花哎六瓣头哎……
姐家哎门前哎一道桥哎……

明海就知道小英子在哪里,三步两步就赶到,赶到就低头薅起草来,傍晚牵牛"打汪",是明子的事。——水牛怕蚊子。这里的习惯,牛卸了轭,饮了水,就牵到一口和好泥水的"汪"里,由它自己打滚扑腾,弄得全身都是泥浆,这样蚊子就咬不通了。低田上水,只要一挂十四轧的水车,两个人车半天就够了。明子和小英子就伏在车杠上,不紧不慢地踩着车轴上的拐子,轻轻地唱着明海向三师父学来的各处山歌。打场的时候,明子能替赵大伯一会,让他回家吃饭。——赵家自己没有场,每年都在荸荠庵外面的场上打谷子。他一扬鞭子,喊起了打场号子:

"格当嘚——"

这打场号子有音无字,可是九转十三弯,比什么山歌号子都好听。赵大娘在家,听见明子的号子,就侧起耳朵:

"这孩子这条嗓子!"

连大英子也停下针线:

"真好听!"

小英子非常骄傲地说:

"一十三省数第一!"

晚上,他们一起看场。——荸荠庵收来的租稻也晒在场上。他们并肩坐在一个石磙子上,听青蛙打鼓,听寒蛇唱歌,——这个地方以为蝼蛄叫是蚯蚓叫,而且叫蚯蚓叫"寒蛇",听纺纱婆子不停地纺纱,"唦——",看萤火虫飞来飞去,看天上的流星。

"呀!我忘了在裤带上打一个结!"小英子说。

这里的人相信,在流星掉下来的时候在裤带上打一个结,心里想什么好事,就能如愿。

……

"嚓"荸荠,这是小英最爱干的生活。秋天过去了,地净场光,荸荠的叶子枯了,——荸荠的笔直的小葱一样的圆叶子里是一格一格的,用手一抒,哔哔地响,小英子最爱抒着玩,——荸荠藏在烂泥里。赤了脚,在凉浸浸滑溜溜的泥里踩着,——哎,一个硬疙瘩!伸手下去,一个红紫红紫的荸荠。她自己爱干这生活,还拉了明子一起去。她老是故意用自己的光脚去踩明子的脚。

她挎着一篮子荸荠回去了,在柔软的田埂上留了一串脚印。明海看着她的脚印,傻了。五个小小的趾头,脚掌平平的,脚跟细细的,脚弓部分缺了一块。明海身上有一种从来没有过的感觉,他觉得心里痒痒的。这一串美丽的脚印把小和尚的心搞乱了。

第三单元　小说

……

明子常搭赵家的船进城,给庵里买香烛,买油盐。闲时是赵大伯划船;忙时是小英子去,划船的是明子。

从庵赵庄到县城,当中要经过一片很大的芦花荡子。芦苇长得密密的,当中一条水路,四边不见人。划到这里,明子总是无端端地觉得心里很紧张,他就使劲地划桨。

小英子喊起来:

"明子!明子!你怎么啦?你发疯啦?为什么划得这么快?"

……

明海到善因寺去受戒。

"你真的要去烧戒疤呀?"

"真的。"

"好好的头皮上烧十二个洞,那不疼死啦?"

"咬咬牙。舅舅说这是当和尚的一大关,总要过的。"

"不受戒不行吗?"

"不受戒的是野和尚。"

"受了戒有啥好处?"

"受了戒就可以到处云游,逢寺挂褡。"

"什么叫'挂褡'?"

"就是在庙里住。有斋就吃。"

"不把钱?"

"不把钱。有法事,还得先尽外来的师父。"

"怪不得都说'远来的和尚会念经'。就凭头上这几个戒疤?"

"还要有一份戒牒。"

"闹半天,受戒就是领一张和尚的合格文凭呀!"

"就是!"

"我划船送你去。"

"好。"

小英子早早就把船划到荸荠庵门前。不知是什么道理,她兴奋得很。她充满了好奇心,想去看看善因寺这座大庙,看看受戒是个啥样子。

善因寺是全县第一大庙,在东门外,面临一条水很深的护城河,三面都是大树,寺在树林子里,远处只能隐隐约约看到一点金碧辉煌的屋顶,不知道有多大。树上到处挂着"谨防恶犬"的牌子。这寺里的狗出名的厉害。平常不大有人进去。放戒期间,任人游看,恶狗都锁起来了。

好大一座庙!庙门的门坎比小英子的膝盖都高。迎门蠹着两块大牌,一边一块,一块写着斗大两个大字:"放戒",一块是:"禁止喧哗"。这庙里果然是气象庄严,到了这里谁也不敢大声咳嗽。明海自去报名办事,小英子就到处看看。好家伙,这哼哈二将、四大天王,有三丈多高,都是簇新的,才装修了不久。天井有二亩地大,铺着青石,种着苍松翠柏。"大雄宝殿"，这才真是个"大殿"！一进去，凉飕飕的。到处都是金光耀眼。释迦牟尼佛坐在一个莲花座上，单是莲座，就比小英子还高。抬起头来也看不全他的脸，只看到一个微微闭着的嘴唇和胖敦敦的下巴。两边的两根大红蜡烛，一搂多粗。佛像前的大供桌上供着鲜花、绒花、绢花，还有珊瑚树、玉如意、整根的大象牙。香炉里烧着檀香。小英子出了庙，闻着自己的衣服都是香的。挂了好些幡。这些幡不知是什么缎子的，那么厚重，绣的花真细。这么大一口磬，里头能装五担水！这么大一个木鱼，有一头牛大，漆得通红的。她又去转了转罗汉堂，爬到千佛楼上看了看。真有一千个小佛！她还跟着一些人去看了看藏经楼。藏经楼没有什么看头，都是经书！妈吔！逛了这么一圈，腿都酸了。小英子想起还要给家里打油，替姐姐配丝线，给娘买鞋面布，给自己买两个坠围裙飘带的银蝴蝶，给爹买旱烟，就出庙了。

等把事情办齐，晌午了。她又到庙里看了看，和尚正在吃粥。好大一个"膳堂"，坐得下八百个和尚。吃粥也有这样多讲究：正面法座上摆着两个锡胆瓶，里面插着红绒花，后面盘膝坐着一个穿了大红满金绣袈裟的和尚，手里拿了戒尺。这戒尺是要打人的。哪个和尚吃粥吃出了声音，他下来就是一戒尺。不过他并不真的打人，只是做个样子。真稀奇，那么多的和尚吃粥，竟然不出一点声音！他看见明子也坐在里面，想跟他打个招呼又不好打。想了想，管他禁止不禁止喧哗，就大声喊了一句："我走啦！"她看见明子目不斜视地微微点了点头，就不管很多人都朝自己看，大摇大摆地走了。

第四天一大清早小英子就去看明子。她知道明子受戒是第三天半夜，——烧戒疤是不许人看的。她知道要请老剃头师傅剃头，要剃得横摸顺摸都摸不出头发茬子，要不然一烧，就会"走"了戒，烧成一片。她知道是用枣泥子先点在头皮上，然后用香头子点着。她知道烧了戒疤就喝一碗蘑菇汤，让它"发"，还不能躺下，要不停地走动，叫做"散戒"。这些都是明子告诉她的。明子是听舅舅说的。

她一看，和尚真在那里"散戒"，在城墙根底下的荒地里。

一个一个，穿了新海青，光光的头皮上都有十二个黑点子。——这黑疤掉了，才会露出白白的、圆圆的"戒疤"。和尚都笑嘻嘻的，好像很高兴。她一眼就看见了明子。隔着一条护城河，就喊他：

"明子！"

"小英子！"

"你受了戒啦？"

"受了。"

"疼吗？"

"疼。"

"现在还疼吗？"

"现在疼过去了。"

"你哪天回去？"

"后天。"

"上午？下午？"

"下午。"

"我来接你!"

"好!"

……

小英子把明海接上船。

小英子这天穿了一件细白夏布上衣,下边是黑洋纱的裤子,赤脚穿了一双龙须草的细草鞋,头上一边插着一朵栀子花,一边插着一朵石榴花。她看见明子穿了新海青,里面露出短褂子的白领子,就说:"把你那外面的一件脱了,你不热呀!"

他们一人一把桨,小英子在中舱,明子扳艄,在船尾。

她一路问了明子很多话,好像一年没有看见了。

她问,烧戒疤的时候,有人哭吗?喊吗?

明子说,没有人哭,只是不住地念佛。有个山东和尚骂人:"俺日你奶奶!俺不烧了!"

她问善因寺的方丈石桥是相貌和声音都很出众吗?"是的。"

"说他的方丈比小姐的绣房还讲究?"

"讲究。什么东西都是绣花的。"

"他屋里很香?"

"很香。他烧的是伽楠香,贵得很。"

"听说他会做诗,会画画,会写字?"

"会。庙里走廊两头的砖额上,都刻着他写的大字。"

"他是有个小老婆吗?"

"有一个。"

"才十九岁?"

"听说。"

"好看吗?"

"都说好看。"

"你没看见?"

"我怎么会看见?我关在庙里。"

明子告诉她,善因寺一个老和尚告诉他,寺里有意选他当沙弥尾,不过还没有定,要等主事的和尚商议。

"什么叫'沙弥尾'?"

"放一堂戒,要选出一个沙弥头,一个沙弥尾。沙弥头要老成,要会念很多经。沙弥尾要年轻,聪明,相貌好。"

"当了沙弥尾跟别的和尚有什么不同?"

"沙弥头,沙弥尾,将来都能当方丈。现在的方丈退居了,就当。石桥原来就是沙弥尾。"

"你当沙弥尾吗?"

"还不一定哪。"

"你当方丈，管善因寺？管这么大一个庙？！"

"还早呐！"

划了一气，小英子说："你不要当方丈！"

"好，不当。"

"你也不要当沙弥尾！"

"好，不当。"

又划了一气，看见那一片芦花荡子了。

小英子忽然把桨放下，走到船尾，趴在明子的耳朵旁边，小声地说：

"我给你当老婆，你要不要？"

明子眼睛鼓得大大的。

"你说话呀！"

明子说："嗯。"

"什么叫'嗯'呀！要不要，要不要？"

明子大声地说："要！"

"你喊什么！"

明子小小声说："要——！"

"快点划！"

英子跳到中舱，两只桨飞快地划起来，划进了芦花荡。芦花才吐新穗。紫灰色的芦穗，发着银光，软软的，滑溜溜的，像一串丝线。有的地方结了蒲棒，通红的，像一枝一枝小蜡烛。青浮萍，紫浮萍。长脚蚊子，水蜘蛛。野菱角开着四瓣的小白花。惊起一只青桩(一种水鸟)，擦着芦穗，扑鲁鲁鲁飞远了。

……

一九八〇年八月十二日，写四十三年前的一个梦

【注释】

[1] 本文选自中国青年出版社 2000 年版《汪曾祺短篇小说选》，汪曾祺著。

【题解】

汪曾祺的小说充满了人间的烟火气，同时又有一种超越现实的率性自然和旷达洒脱，这是汪曾祺小说独具的文化底蕴和审美品格。这一创作品格既传承了传统艺术的表现手法和传统文化的精神底蕴，又吸收了西方现代小说的创作技巧，在 20 世纪 80 年代热闹而喧嚣的文坛以其静寂和独特引人注目。

《受戒》通过聪明善良的小和尚明海和天真多情的小村姑英子的爱情故事，消解了世俗和宗教的隔膜，营造出一种自然淳朴、快乐潇洒的理想生活境界，让人对自由自在、原始淳朴、不受任何清规戒律束缚的"桃花源"式的生活空间由衷感佩。

【思考练习题】

1. 作者说这是"四十三年前的一个梦"，你对这个梦是怎样理解的？

第三单元 小说

2. "散文化"是汪曾祺小说的特点，本文的"散文化"表现在哪些方面？

人生[1]（节选）

路 遥

路遥（1949—1992），陕西省清涧县人，出生于一个贫困的农民家庭，7 岁时因为家里困难被过继给延川县农村的伯父。"文化大革命"开始后受影响，直到 1969 年才回到家里务农。这段时间他做过许多临时性的工作，并在农村小学教过书。1973 年进入延安大学中文系学习，其间开始文学创作。主要作品有小说《惊人动魄的一幕》《人生》《在困难的日子里》《平凡的世界》，随笔《早晨从中午开始》；其中《平凡的世界》获得第三届茅盾文学奖。1992 年 11 月 17 日，路遥因病医治无效在西安去世。

高加林立刻就在县城成了一个引人注目的人物。他的各种才能很快在这个天地里施展开了。地区报和省报已经发表了他写的不少通讯报道，并且在省报的副刊上登载了一篇写本地风土人情的散文。他没多时就跟老景学会了照相和印放相片的技术。每逢县上有一些重大的社会活动，他胸前挂个带闪光灯的照相机，就潇洒地出没于稠人广众面前，显得特别惹眼。加上他又是一个标致漂亮的小伙子，更使他具有一种吸引力了。不久，人们便开始纷纷打问：新出现在这个城市的小伙子，叫什么？什么出身？多大年纪？哪里人？……许多陌生的姑娘也在一些场合给他飘飞眼，千万百计想接近他。傍晚的时候，他又在县体育场大出风头。县级各单位正轮流进行篮球比赛。高加林原来就是中学队的主力队员，现在又成了县委机关队的主力。山区县城除过电影院，就数体育场最红火。篮球场灯火通明，四周围水泥看台上的观众经常挤得水泄不通。高加林穿一身天蓝色运动衣，两臂和裤缝上都一式两道白杠，显得英姿勃发；加上他篮球技术在本城又是第一流的，立刻就吸引了整个体育场看台上的球迷。

在一个万人左右的山区县城里，具备这样多种才能而又长得潇洒的青年人并不多见——他被大家宠爱是正常的。

很快，他走到国营食堂里买饭吃，出同等的钱和粮票，女服务员给他端出来的饭菜比别人又多又好；在百货公司，他一进去，售货员就主动问他买什么；他从街道上走过，有人就在背后指划说："看，这就是县上的记者！常背个照相机！在报纸上都会写文章哩！"或者说："这就是十一号，打前锋的！动作又快，投篮又准！"

高加林简直成了这个城市的一颗明星。

不用说，他的精神现在处于最活跃、最有生气的状态中。他工作起来，再苦再累也感觉不到。要到哪里采访，骑个车子就跑了。回到城里，整晚整晚伏在办公桌上写稿子。经济也开始宽裕起来了。除过工资，还有稿费。当然，报纸上发的文章，稿费收入远没有广播站的多；广播站每篇稿子两元稿费，他几乎每天都写——"本县节目"天天有，但县上写稿人的并不多。他内心里每时每刻都充满了一种骄傲和自豪的感觉，自尊心得到了最大的满足。有时候也由不得轻飘飘起来，和同志们说话言词敏锐尖刻，才气外露，得意的表情明显地挂在脸上。有时他又满头大汗对这种身不由己的冲动，进行严厉的内心反省，警告自己不要太张狂：他有更大的抱负和想法，不能满足于在这个县城所达到的光荣；如果不注意，他的前程就可能要受挫折——他已经明显地感到了许多人在嫉妒他的走红。

这样想的时候，他就稍微收敛一下。一些可以大出风头的地方，开始有意回避了。没事的时候，他就跑到东岗的小树林里沉思默想；或者一个人在没人的田野里狂奔突跳一阵，以抒发他内心压抑不住的愉快感情。

他只去县广播站找过一回黄亚萍。但亚萍"不失前言"，经常来找他谈天说地。起先他对亚萍这种做法很烦恼，不愿和她多说什么。可亚萍寻找机会和他讨论各种问题。看来她这几年看了不少书，知识面也很宽，说起什么来都头头是道；并且还把她写的一些小诗给他看。渐渐地，加林也对这些交谈很感兴趣了。他自己在城里也再没更能谈得来的人。老景知识渊博，但年龄比他大；他不敢把自己和老景放在平等地位上交谈，大部分是请教。

他俩很快恢复了中学时期的那种交往。不过，加林小心翼翼，讨论只限于知识和学问的范围。当然，他有时也闪现出这样的念头：我要是能和亚萍结合，那我们一辈子的生活会是非常愉快的；我们相互之间的理解能力都很强，共同语言又多……这种念头很快就被另一处感情压下去了——巧珍那亲切可爱的脸庞立刻出现在他的眼前。而且每当这样的时候，他对巧珍的爱似乎更加强烈了。他到县里后一直很忙，还没见巧珍的面。听说她到县里找了他几回，他都下乡去了。他想过一段抽出时间，要回一次家。

这一天午饭后，加林去县文化馆翻杂志，偶然在这里又碰上了亚萍——她是来借书的。

他们在一张椅子上坐下来，马上东拉西扯地又谈起了国际问题。这方面加林比较擅长，从波兰"团结"工会说到霍梅尼和已在法国政治避难的伊朗前总统巴尼萨德尔；然后又谈到里根决定美国本土生产和储存中子弹在欧洲和苏联引起的反响。最后，还详细地给亚萍讲了一条并不为一般公众所关注的国际消息：关于美国机场塔台工作人员罢工的情况，以及美国政府对这次罢工的强硬态度和欧洲、欧洲以外一些国家机场塔台工作人员支持美国同行的行动……

亚萍听得津津有味，秀丽的脸庞对着加林的脸，热烈的目光一直爱慕和敬佩地盯着他。

加林说完这些后，亚萍也不甘示弱，给他谈起了国际能源问题。她先告诉加林，世界主要能源已从煤转变到石油。但 70 年代以来，能源消费迅速增多，一些主要产油地区的石油资源已快消耗殆尽；新的能源危机必然要在世界出现。另外，据联合国新闻处发表的一份文件说，1950 年，世界陆地面积有四分之一覆盖着森森，但到今天一半的森林已经在斧头、推土机、链锯和火灾之下消失了。仅在非洲，每年大约有 500 万英亩森林被当作燃料烧掉。联合国粮农组织的调查表明，全世界的一亿多人口深受燃料严重短缺之苦……

黄亚萍口若悬河，侃侃而谈。她接着又告诉加林，除了石油，现在有十四种新能源和可再生能源的复合能源，即太阳能、地热能、风力、水力、生物能、薪柴、木炭、油页岩、焦油砂、海洋能、波浪能、潮汐能、泥炭和畜力……

高加林听她滔滔不绝地讲述着,惊讶得半天合不拢嘴。他想不到亚萍知道的东西这么广泛和详细!

接着,他们又一块谈起了文学。亚萍犹豫了一下,从口袋里掏出一片纸,递给高加林说:"我昨天写的一首小诗,你看看。"高加林接过来,看见纸上写着:

赠加林

我愿你是生着翅膀的大雁,
自由地去爱每一片蓝天;
哪一块土地更适合你生存,
你就应该把那里当作你的家园……

高加林看完后,脸上热辣辣的。他把这张纸片递给亚萍,说:"诗写得很好。但我有点不太明白我为什么应该是一只大雁……"亚萍没接,说:"你留着。我是给你写的。你会慢慢明白这里面的意思的。"他们都感到话题再很难转到其他方面了;而关于这首诗看来两个人也不好再说什么,就都从椅子上站起来,准备分手了。两个人都有点兴奋。

亚萍走了。加林把她送给他的诗装进口袋里,从后面慢慢出了县政府的门。他心情惆怅地怔怔站了一会;正准备到县水泥厂去采访一件事,一辆拖斗车的大型拖拉机吼叫着停在他身边。

加林惊讶地看见,开拖拉机的驾驶员竟然是高明楼当教师的儿子三星!

三星已从驾驶座上跳下来,笑嘻嘻地站在他面前。

"你怎么开起了拖拉机?"加林问。

"你走后没几天,占胜叔叔就把我安排到县农机局的机械化施工队了。现在正在咱大马河上川道里搞农田基建。"

"那你走了,谁顶你教书哩?"

"现在巧玲教上了。"三星说。

"她没考上大学?""没……"三星犹豫了一下,说:"巧珍看你来了。她就坐我的拖拉机下来的。我路过咱村,她正在公路边的地里劳动,就让我把她捎来……她在前面邮电局门前下车的,说到县委去找你……"加林胸口一热,向三星打了个招呼,就转身急匆匆向县委走去。高加林走到县委大门口的时候,见巧珍正在门口旋磨着朝县委大院里张望。她还没有看见他正从后面走来。

高加林望了一眼她的背影,见她上身仍穿着那件米黄色短袖。一切都和过去一样,苗条的身材仍然是那般可爱;乌黑的头发还用花手帕扎着,只有稍有点乱——大概是因为从地里直接上的拖拉机,没来得及梳。看一眼她的身体,高加林的心里就有点火烧火燎起来。

当巧珍看见他站在她面前时,眼睛一下子亮了,脸上挂上了灿烂的笑容,对他说:"我要进去找你,人家门房里的人说你不在,不让我进去……"

加林对她说,"现在走,到我办公室去。"说完就在头前走,巧珍跟在他后面。进加林的办公室,巧珍就向他怀里扑来。加林赶忙把她推开,说:"这不是在庄稼地里!我的领导就住在隔壁……你先坐在椅子上,我给你倒一杯水。"他说着就去取水杯。

巧珍没有坐，一直亲热地看着她亲爱的人，委屈地说："你走了，再也不回来……我已经到城里找了你几回，人家都说你下乡去了……""我确实忙！"加林一边说，一边把水杯放在办公桌上，让巧珍喝。巧珍没喝，过去在他床铺上摸摸，又揣揣被子，捏捏褥子，嘴里唠叨着："被子太薄了，罢了我给你絮一点新棉花；褥子下面光毡也不行，我把我们家那张狗皮褥子给你拿来……""哎呀，"加林说，"狗皮褥子掂到这县委机关，毛烘烘的，人家笑话哩！""狗皮暖和……""我不冷！你千万不要拿来！"加林有点严厉地说。

巧珍看见加林脸上不高兴，马上不说狗皮褥子了。但她一时又不知该说什么，就随口说："三星已经开了拖拉机，巧玲教上书了，她没考上大学。"

"这些三星都给我说了，我已经知道了。"

"咱们庄的水井修好了！堰子也加高了。"

"嗯……""你们家的老母猪下了十二个猪娃，一个被老母猪压死了，还剩下……"

"哎呀，这还要往下说哩？不是剩下十一个了吗？你喝水！"

"是剩下十一个了。可是，第二天又死了一个……"

"哎呀哎呀！你快别说了！"加林烦躁地从桌子上拉起一张报纸，脸对着，但并不看。他想起刚才和亚萍那些海阔天空的讨论，多有意思！现在听巧珍说的都是这些叫人感到乏味的话；他心里不免涌上了一股说不出的滋味。

巧珍看见他对自己这样烦躁，不知她哪一句话没说对，她并不知道加林现在心里想什么，但感觉他似乎对她不像以前那样亲热了。再说些什么呢？她自己也不知道了。她除过这些事，还再能说些什么！她决说不出十四种新能源和可再生能源的复合能源！加林看见巧珍局促地坐在他床边，不说话了，只是望着他，脸上的表情看来有点可怜——想叫他喜欢自己而又不知道该怎样才能叫他喜欢！他又很心疼她了，站起来对她说："快吃下午饭了，你在办公室先等着，让我到食堂里给咱打饭去，咱俩一块吃。"

巧珍赶忙说："我一点也不饿！我得赶快回去。我为了赶三星的车，锄还在地里撂着，也没给其他人安咐……"

她从床边站起来，从怀里贴身的地方掏出一卷钱，走到加林面前说："加林哥，你在城里花销大，工资又不高，这五十块钱给你，灶上吃不饱，你就到街上食堂里买些吃的。再给你买一双运动鞋，听三星说你常打球，费鞋……前半年红利已经分配了，我分了九十二块钱呢……"

高加林忍不住鼻根一酸，泪花子在眼里旋转开了。他抓住巧珍递钱的手说："巧珍！我现在有钱，也能吃得饱，根本不缺钱……这钱你给你买几件时兴衣裳……"

"你一定要拿上！"巧珍硬给他手里塞。

他只好说："你如果再这样，我就恼了！"

巧珍看他脸上真的不高兴了，就只好委屈地把钱收起来，说："我给你留着！你什么时候缺钱花，我就给你……我要走了。"加林和她相跟着出了门，对她说："你先到大马河桥上等我；我到街上有个事，一会就来了……"

巧珍对他点点头，先走了。

第三单元 小说

高加林飞快地跑到街上的百货门市部，用他今天刚从广播站领来的稿费，买了一条鲜艳的红头巾。他把红头巾装在自己随身带的挂包里，就向大马河桥头赶去。

高加林一直就想给巧珍买一条红头巾。因为他第一次和巧珍恋爱的时候，想起他看过的一张外国油画上，有一个漂亮的姑娘很像巧珍，只是画面上的姑娘头上包着红头巾。出于一种浪漫，也出于一种纪念，虽然在这大热的夏天，他也要亲自把这条红头巾包在巧珍的头上。

他赶到大马河桥头时，巧珍正站在那天等他卖馍回来的那个地方。触景生情，一种爱的热流刹那间漫上了他的心头。

他和她肩并肩走下桥头，转向大马河川道。

拐过一个山峁，加林看看前后没人，就站住，从挂包里取出那条红头巾，给巧珍拢在了头上。

巧珍并不明白她亲爱的人为什么这样，但她全身心感到了这是加林在亲她爱她！

她也不说什么，一下子紧紧抱住他，幸福的泪水在脸上刷刷地淌下来了……高加林送毕巧珍，返回到街上的时候，突然感到他刚才和巧珍的亲热，已经远远不如他们在大马河桥头地里那样令人陶醉了！为了这个不愉快的体会，他抬起头，向灰蒙蒙的天上长长吐了一口气……

【注释】

[1] 本文选自华夏出版社 1999 年版《路遥小说名作选》，路遥著。

【题解】

《人生》发表于 1982 年，改革时期，陕北高原的城乡生活构成了它的时空背景。文章选自第 16 章。高中毕业生高加林回到土地，又离开土地，再回到土地的人生的变化过程构成了其故事框架。高加林同农村姑娘刘巧珍、城市姑娘黄亚萍之间的感情纠葛构成了故事发展的矛盾。高加林身上既有农村青年不断向命运挑战，自信坚毅的品质，又具有辛勤、朴实的传统美德，还有着远大的理想和抱负。小说凝聚了丰富的人生内容和诸多社会生活变动的信息，通过对主人公高加林这一人物形象的塑造，向读者提出了一个深刻的问题，即如何在人生道路上进行思考和选择。

【思考练习题】

1. 选文表现了高加林怎样的性格？

2. 路遥在《人生》中引用作家柳青的一段话："人生的道路虽然漫长，但紧要处常常只有几步，特别是当人年轻的时候。没有一个人的生活道路是笔直的，没有岔道的。有些岔道口，譬如政治上的岔道口，事业上的岔道口，个人生活上的岔道口，你走错一步，可以影响人生的一个时期，也可以影响一生。"谈谈你是如何理解这段话的。

命若琴弦[1]

史铁生

史铁生(1951—2010)，生于北京，当代作家。1979年开始创作，发表了第一篇小说《法学教授及其夫人》，以后陆续发表了《午餐半小时》《我们的角落》《在一个冬天的晚上》《山顶上的传说》等小说。1983年和1984年分别以《我的遥远的清平湾》和《奶奶的星星》荣获全国优秀短篇小说奖。1996年11月，短篇小说《老屋小记》获得浙江《东海》文学月刊"三十万东海文学巨奖"金奖。2002年，史铁生荣获华语文学传播大奖年度杰出成就奖，同年，《病隙碎笔》(之六)获首届"老舍散文奖"一等奖。2010年因病去世。

莽莽苍苍的群山之中走着两个瞎子，一老一少，一前一后，两顶发了黑的黑帽起伏蹿动，匆匆忙忙，像是随着一条不安静的河水在漂流。无所谓从哪儿来，也无所谓到哪儿去，每人带一把三弦琴，说书为生。

方圆几百上千里的这片大山中，峰峦叠嶂，沟壑纵横，人烟稀疏，走一天才能见一片开阔地，有几个村落。荒草丛中随时会飞起一对山鸡，跳出一只野兔、狐狸，或者其它小野兽。山谷中常有鹞鹰盘旋。

寂静的群山没有一点阴影，太阳正热的凶。

"把三弦子抓在手里。"老瞎子喊，在山间震起回声。

"抓在手里呢。"小瞎子回答。

"操心身上的汗把三弦子弄湿了。弄湿了晚上弹你的肋条？"

"抓在手里呢。"

老少二人都赤着上身，各自拎了一条木棍探路，缠在腰间的粗布小褂已经被汗水洇湿了一大片。蹚起来的黄土干的呛人。这正是说书的旺季。天长，村子里的人吃罢晚饭都不呆在家里；有的人晚饭也不在家吃，捧上碗至路边去，或者到场院里。老瞎子想赶着多说书，整个热季领着小瞎子一个村子一个村子紧走，一晚上一晚上紧说。老瞎子一天比一天紧张、激动，心里算定：弹断一千根琴弦的日子就在这个夏天了，说不定就在前面的野羊坳。

暴躁了一整天的太阳这会儿正平静下来，光线开始变得深沉。远远近近的蝉鸣也舒缓了许多。

"小子！你不能走快点吗？"老瞎子在前面喊，不回头也不放慢脚步。

小瞎子紧跑几步，吊在屁股上的一只大挎包叮嘣哐嘣地响，离老瞎子仍有几丈。

"野鸽子都往窝里飞啦。"

"什么"小瞎子又紧走几步。

"我说野鸽子都回窝了，你还不快走！"

"噢。"

第三单元 小说

"你又鼓捣我那电匣子呢。"

"嘘——！鬼动来。"

"那耳机子快让你鼓捣坏了。"

"鬼动来！"

老瞎子暗笑：你小子才活了几天？"蚂蚁打架我也听得着。"老瞎子说。

小瞎子不争辩了，悄悄把耳机子塞到挎包里去，跟在师父身后闷闷地走路。无尽无休的无聊的路。

走了一阵子，小瞎子听见有只獾在地里啃庄稼，就使劲学狗叫，那只獾连滚带爬地逃走了。他觉得有点开心，轻声哼了几句小调儿，哥哥呀妹妹的。师父不让他养狗，怕受村里的狗欺负，也怕欺负了别人家的狗，误了生意。又走了一会小瞎子又听见不远处有条蛇在游动，弯腰摸了块石头砸过去，"哗啦啦"一阵子高粱叶子响。老瞎子有点可怜他了，停下来等他。

"除了獾就是蛇。"小瞎子赶忙说，担心师父骂他。

"有了庄稼地了，不远了。"老瞎子把一个水壶递给徒弟。

"干咱们这营生的，一辈子就是走。"老瞎子又说，"累不？"

小瞎子不回答，知道师父最讨厌他说累。

"我师父才冤呢。就是你师爷，才冤呢。东奔西走一辈子，到了没弹够一千根琴弦。"

小瞎子听出师父这会儿心绪好，就问："什么是绿色的长乙(椅)？"

"什么？噢，八成是一把椅子吧。"

"曲折的油狼(游廊)呢？"

"油狼？什么油狼？"

"曲折的油狼。"

"不知道。"

"匣子里说的。"

"你就爱瞎听那些玩艺儿。听那些玩艺儿有什么用？天底下的好东西多啦，跟咱们有什么关系？"

"我就没听您说过，什么跟咱们有关系。"小瞎子把"有"字说得重。

"琴！三弦琴！你爹让你跟了我来，是为了让你弹好三弦子，学会说书。"

小瞎子故意把水喝得咕噜噜响。

再上路时小瞎子走在前头。

大山的阴影在沟谷里铺开来。地势也渐渐的平缓，开阔。

接近村子的时候，老瞎子喊住小瞎子，在背阴的山脚下找到一个小泉眼。细细的泉水从石缝里往外冒，淌下来，积成脸盆大小的小洼，周围的野草长的茂盛，水流出去几十米便被干渴的土地吸干。

"过来洗洗吧，洗洗你那身臭汗味。"

小瞎子拨开野草在水洼边蹲下，心里还猜想着"曲折的油狼"。

"把浑身都洗洗。你那样儿准像个小叫花子。"

"那你不就是个老叫花子了?"小瞎子把手按在水里,嘻嘻的笑。

老瞎子也笑,双手捧起水来往脸上泼。"可咱们不是叫花子,咱们有手艺。"

"这地方咱们好像来过。"小瞎子侧耳听着四周的动静。

"可你的心思总不在学艺上。你这小子心太野。老人的话你从不着耳朵听。"

"咱们准是来过这儿。"

"别打岔!你那三弦子弹得还差着远呢。咱这命就在几根琴弦上,我师父当年就这么跟我说。"

泉水清凉凉的。小瞎子又哥哥妹妹的哼起来。

老瞎子挺来气:"我说什么你听见了吗?"

"咱这命就在这几根琴弦上,您师父我师爷说的。我就听过八百遍了。您师父还给您留下一张药方,您得弹断一千根琴弦才能去抓那付药,吃了药您就能看见东西了。我听说过一千遍了。"

"你不信?"

小瞎子不正面回答,说:"干嘛非得弹断一千根琴弦才能去抓那付药呢?"

"那是药引子。机灵鬼儿,吃药得有药引子!"

"一千根断了的琴弦还不好弄?"小瞎子忍不住嗤嗤地笑。

"笑什么笑!你以为你懂得多少事?得真正是一根一根弹断了的才成。"

小瞎子不敢吱声了,听出师父又要动气。每回都是这样,师父容不得对这件事有怀疑。

老瞎子也没再作声,显得有些激动,双手搭在膝盖上,两颗骨头一样的眼珠对着苍天,像是一根一根地回忆着那些弹断的琴弦。盼了多少年了呀,老瞎子想,盼了五十年了!五十年中翻了多少架山,走了多少里路哇。挨了多少回晒,挨了多少回冻,心里受了多少委屈呀。一晚上一晚上地弹,心里总记着,得真正是一根一根尽心地弹断的才成。现在快盼到了,绝出不了这个夏天了。老瞎子知道自己又没什么能要命的病,活过这个夏天一点不成问题。"我比我师父可运气多了,"他说,"我师父到了没能睁开眼睛看一回。"

"咳!我知道这地方是哪儿了!"小瞎子忽然喊起来。

老瞎子这才动了动,抓起自己的琴来摇了摇,叠好的纸片碰在蛇皮上发出细微的响声,那张药方就在琴槽里。

"师父,这儿不是野羊岭吗?"小瞎子问。

老瞎子没搭理他,听出这小子又不安稳了。

"前头就是野羊坳,是不是,师父?"

"小子,过来给我擦擦背。"老瞎子说,把弓一样的脊背弯给他。

"是不是野羊坳,师父?"

"是!干什么?你别又闹猫似的。"

小瞎子的心扑通扑通跳,老老实实给师父擦背。老瞎子觉出他擦得很有劲。

第三单元 小说

"野羊坳怎么了？你别又叫驴似的会闻味儿。"

小瞎子心虚，不吭声，不让自己显出兴奋。

"又想什么呢？别当我不知道你那点心思。"

"又怎么了，我？"

"怎么了你？上回你在这儿疯得不够？那妮子是什么好货！"老瞎子心想，也许不该再带他到野羊坳来。可是野羊坳是个大村子，年年在这儿生意都好，能说上半个多月。老瞎子恨不能立刻弹断最后几根琴弦。

小瞎子嘴上嘟嘟囔囔的，心却飘飘的，想着野羊坳里那个尖声细气的小妮子。

"听我一句话，不害你。"老瞎子说，"那号事靠不住。"

"什么事？"

"少跟我贫嘴。你明白我说的什么事。"

"我就没听您说过，什么事靠得住。"小瞎子又偷偷地笑。

老瞎子没理他，骨头一样的眼珠又对着苍天。那儿，太阳正变成一汪血。

两面脊背和山是一样的颜色。一座已经老了，嶙峋瘦骨像是山根下裸露的基石。另一座正年轻。老瞎子七十岁，小瞎子才十七。

小瞎子十四岁时父亲把他送到老瞎子这儿来，为的是让他学说书，这辈子好有个本事，将来可以独自在世上活下去。

老瞎子说书已经说了五十多年。这一片偏僻荒凉的大山里的人们都知道他：头发一天天变白，背一天天变驼，年年月月背一把三弦琴满世界走，逢上有愿出钱的地方就拨动琴弦唱一晚上，给寂寞的山村带来欢乐。开头常是这么几句：

"自从盘古分天地，三皇五帝到如今，有道君王安天下，无道君王害黎民。轻轻弹响三弦琴，慢慢稍停把歌论，歌有三千七百本，不知哪本动人心。"

于是听书的众人喊起来，老的要听董永卖身葬父，小的要听武二郎夜走蜈蚣岭，女人们想听秦香莲。这是老瞎子最知足的一刻，身上的疲劳和心里的孤寂全忘却，不慌不忙地喝几口水，待众人的吵嚷声鼎沸，便把琴弦一阵紧拨，唱道："今日不把别人唱，单表公子小罗成。"或者："茶也喝来烟也吸，唱一回哭倒长城的孟姜女。"满场立刻鸦雀无声，老瞎子也全心沉到自己所说的书中去。

他会的老书数不尽。他还有一个电匣子，据说是花了大价钱从一个山外人手里买来，为的是学些新词儿，编些新曲儿。其实山里人倒不太在乎他说什么唱什么。人人都称赞他那三弦子弹得讲究，轻轻曼曼的，飘飘洒洒的，疯癫狂放的，那里头有天上的日月，有地上的生灵。老瞎子的嗓子能学出世上所有的声音。男人、女人、刮风下雨、兽啼禽鸣。不知道他脑子里能呈现出什么景象，他一落生就瞎了眼睛，从没见过这个世界。

小瞎子可以算见过世界，但只有三年，那时还不懂事。他对说书和弹琴并无多少兴趣，父亲把他送来的时候费尽了唇舌，好说歹说连哄带骗，最后不如说是那个电匣子把他留住。他抱着电匣子听得入神，甚至未发觉父亲什么时候离去。

这只神奇的匣子永远令他着迷，遥远的地方和稀奇古怪的事物使他幻想不绝，凭着三年朦胧的记忆，补充着万物的色彩和形象。譬如海，匣子里说蓝天就像大海，他记得蓝天，于是想象出海；匣子里说海是无边无际的水，他记得锅里的水，于是想象出满天排开的水锅。再譬如漂亮的姑娘，匣子里说就像盛开的花朵，他实在不相信会是那样，母亲的灵柩被抬到远山上去的时候，路上正开遍着野花，他永远记得却永远不愿意去想。但他愿意想姑娘，越来越愿意想；尤其是野羊坳的那个尖声细气的小妮子，总让他心里荡起波澜。直到有一回匣子里唱道，"姑娘的眼睛就像太阳"，这下他才找到了一个贴切的形象，想起母亲在红透的夕阳中向他走来的样子。其实人人都是根据自己的所知猜测着无穷的未知，以自己的感情勾画出世界。每个人的世界就都不同。

也总有一些东西小瞎子无从想象，譬如"曲折的油狼"。

这天晚上，小瞎子跟着师父在野羊坳说书。又听见那小妮子站在离他不远处尖声细气地说笑。书正说到紧要处——

"罗成回马再交战，大胆苏烈又兴兵。苏烈大刀如流水，罗成长枪似腾云，好似海中龙吊宝，犹如深山虎争林。又战七日并牙夜，罗成清茶无点唇……"

老瞎子把琴弹得如雨骤风疾，字字句句唱得铿锵，小瞎子却心猿意马，手底下早乱了套数……

野羊岭上有一座小庙，离野羊坳村二里地，师徒二人就在这里住下。石头砌的院墙已经残断不全，几间小殿堂也歪斜欲倾百孔千疮，惟正中一间尚可遮蔽风雨，大约是因为这一间中毕竟还供奉着神灵。三尊泥像早脱尽了尘世的彩饰，还一身黄土本色返璞归真了，认不出是佛是道。院里院外、房顶墙头都长满荒藤野草，蓊蓊郁郁倒有生气。老瞎子每日到野羊坳说书都住在这儿，不出房钱又不惹是非。小瞎子是第二次住在这儿。

散了书已经不早，老瞎子在正殿里安顿行李，小瞎子在侧殿的檐下生火烧水。去年砌下的灶稍加修整就可以用。小瞎子撅着屁股吹火，柴草不干，呛得他满院里转着圈咳嗽。

老瞎子在正殿里数叨他："我看你能干好什么。"

"柴湿嘛。"

"我没说这事。我说的是你的琴，今儿晚上的琴你弹成了什么。"

小瞎子不敢接这话茬，吸足了几口气又跪到灶火前去，鼓着腮帮子一通猛吹。"你要是不想干这行，就趁早给你爹捎信把你领回去。老这么闹猫闹狗的可不行，要闹回家闹去。"

小瞎子咳嗽着从灶火边跳开，几步蹿到院子另一头，呼哧呼哧大喘气，嘴里一边骂。

"说什么呢？"

"我骂这火。"

"有你那么吹火的？"

"那怎么吹？"

"怎么吹？哼，"老瞎子顿了顿，又说，"你就当这灶火是那妮子的脸！"

小瞎子又不敢搭腔了，跪到灶火前去再吹，心想：真的，不知道兰秀儿的脸什么样。那个尖声细气的小妮子叫兰秀儿。

"那要是妮子的脸，我看你不用教也会吹。"老瞎子说。

第三单元 小说

小瞎子笑起来，越笑越咳嗽。

"笑什么笑！"

"您吹过妮子的脸？"

老瞎子一时语塞。小瞎子笑得坐在地上。"日他妈"，老瞎子骂道，笑笑，然后变了脸色，再不言语。

灶膛里腾的一声，火旺起来。小瞎子再去添柴，一心想着兰秀儿。才散了书的那会儿，兰秀儿挤到他跟前来小声说："哎，上回你答应我什么来？"师父就在旁边，他没敢吭声。人群挤来挤去，一会儿又把兰秀儿挤到他身边。"嚎，上回吃人家的煮鸡蛋倒白吃了？"兰秀儿说，声音比上回大。这时候师父正忙着跟几个老汉拉话。他赶紧说："嘘——，我记着呢。"兰秀儿又把声音压低："你答应给我听电匣子你还没给我听。""嘘——，我记着呢。"幸亏那会儿人声嘈杂。

正殿里好半天没有动静。之后，琴声响了，老瞎子又上好了一根新弦，他本来应该高兴的，来野羊坳头一晚上就又弹断一根琴弦。可是那琴声却低沉、零乱。

小瞎子渐渐听出琴声不对，在院里喊："水开了，师父。"

没有回答。琴声一阵紧似一阵了。

小瞎子端了一盆热水进来。放在师父跟前，故意嘻嘻笑着说："您今儿晚还想弹断一根是怎么着？"

老瞎子没听见，这会儿他自己的往事都在心中。琴声烦躁不安，像是年年旷野里的风雨，像是日夜山谷中的溪流，像是奔奔忙忙不知所归的脚步声。小瞎子有点害怕了：师父很久不这样了，师父一这样就要犯病，头疼、心口疼、浑身疼，会几个月爬不起炕来。

"师父，您先洗脚吧。"

琴声不停。

"师父，您该洗脚了。"小瞎子的声音发抖。

琴声不停。

"师父！"

琴声戛然而止，老瞎子叹了口气，小瞎子松了口气。

老瞎子洗脚，小瞎子乖乖地坐在他身边。

"睡去吧，"老瞎子说，"今儿格够累的了。"

"您呢？"

"你先睡，我得好好泡泡脚。人上了岁数毛病多。"老瞎子故意说得轻松。

"我等您一块儿睡。"

山深夜静，有一点风，墙头的草叶子响。夜猫子在远处哀哀地叫。听得见野羊坳里偶尔有几声狗吠，又引得孩子哭。月亮升起来，白光透过残损的窗棂进了殿堂，照见两个瞎子和三尊神像。

"等我干嘛，时候不早了。"

"你甭担心我，我怎么也不怎么。"老瞎子又说。

"听见没有，小子？"

　　小瞎子到底年轻，已经睡着。老瞎子推推他让他躺好，他嘴里咕囔了几句倒头睡去。老瞎子给他盖被子时，从那身日渐发育的筋肉上觉出，这孩子到了要想那些事的年龄，非得有一段苦日子过不可了。唉，这事谁也替不了谁。

　　老瞎子再把琴抱在怀里，摩挲着根根绷紧的琴弦，心里使劲念叨：又断了一根了，又断了一根了。再摇摇琴槽，有轻微的纸和蛇皮的摩擦声，唯独这事能为他排忧解烦。一辈子的愿望。

　　小瞎子做了一个好梦，醒来吓了一跳。鸡已经叫了。他一骨碌爬起来听听，师父正睡得香，心说还好。他摸到那个大挎包，悄悄地掏出电匣子，蹑手蹑脚出了门。

　　往野羊坳方向走了一会儿，他才觉出不对头，鸡叫声渐渐停歇，野羊坳里还是静静的没有人声。他愣了一会儿，鸡叫头遍吗？灵机一动扭开电匣子。电匣子里也是静悄悄。现在是半夜。他半夜里听过匣子，什么都没有。这匣子对他来说还是个表，只要扭开一听，便知道是几点钟，什么时候有什么节目都是一定的。

　　小瞎子回到庙里，老瞎子正翻身。

　　"干嘛哪？"

　　"撒尿去了。"小瞎子说。

　　一上午，师父逼着他练琴。直到晌午饭后，小瞎子才瞅机会溜出庙来，溜进野羊坳。鸡也在树荫下打盹，猪也在墙根下说着梦话，太阳又热得凶，村子里很安静。

　　小瞎子踩着磨盘，扒着兰秀儿家的墙头轻声喊："兰秀儿——兰秀儿——"

　　屋里传出雷似的鼾声。

　　他犹豫了片刻，把声音稍稍抬高："兰秀儿——！兰秀儿！"

　　狗叫起来。屋里的鼾声停了，一个闷声闷气的声音问："谁呀？"

　　小瞎子不敢回答，把脑袋从墙头上缩下来。

　　屋里吧唧了一阵嘴，又响起鼾声。

　　他叹口气，从磨盘上下来，怏怏地往回走。忽听见身后嘎吱一声院门响，随即一阵细碎的脚步声向他跑来。

　　"猜是谁？"尖声细气。小瞎子的眼睛被一双柔软的小手捂上了。——这才多余呢。兰秀儿不到十五岁，认真说还是孩子。

　　"兰秀儿！"

　　"电匣子拿来没？"

　　小瞎子掀开衣襟，匣子挂在腰上。"嘘——，别在这儿，找个没人的地方听去。"

　　"咋啦？"

　　"回头招好些人。"

　　"咋啦？"

　　"那么多人听，费电。"

　　两个人东拐西弯，来到山背后那眼小泉边。小瞎子忽然想起件事，问兰秀儿："你见过曲折的油狼吗？"

　　"啥？"

"曲折的油狼。"

"曲折的油狼?"

"知道吗?"

"你知道?"

"当然。还有绿色的长椅。就一把椅子。""椅子谁不知道。"

"那曲折的油狼呢?"

兰秀儿摇摇头,有点崇拜小瞎子了。小瞎子这才郑重其事地扭开电匣子,一支欢快的乐曲在山沟里飘荡。

地方又凉快又没有人来打扰

"这是'步步高'。"小瞎子说,跟着哼。

一会儿又换了支曲子,叫"旱天雷",小瞎子还能跟着哼。兰秀儿觉得很惭愧。

"这曲子也叫'和尚思妻'。"

兰秀儿笑起来:"瞎骗人!"

"你信不信?"

"不信。"

"爱信不信。这匣子里说的古怪事多啦。"小瞎子玩着凉凉的泉水,想了一会儿。"你知道什么叫接吻吗?"

"你说什么叫?"

这回轮到小瞎子笑,光笑不答。兰秀儿明白准不是好话,红着脸不再问。

音乐播完了,一个女人说:"现在是讲卫生节目。"

"啥?"兰秀儿没听清。

"讲卫生。"

"是什么?"

"嗯——,你头发上有虱子吗?"

"去——,别动!"

小瞎子赶忙缩回手来,赶忙解释:"要有就是不讲卫生。"

"我才没有。"兰秀儿抓抓头,觉得有些刺痒。"嚄——,瞧你自个儿吧!"兰秀儿一把搬过小瞎子的头。"看我捉几个大的。"

这时候听见老瞎子在半山上喊:"小子,还不给我回来!该做饭了,吃罢饭还得去说书!"他已经站在那儿听了好一会儿了。

野羊坳里已经昏暗,羊叫、驴叫、狗叫、孩子们叫,处处起了炊烟,野羊岭上还有一线残阳,小庙正在那淡薄的光中,没有声响。

小瞎子又撅着屁股烧火。老瞎子坐在一旁淘米,凭着听觉他能把米中的砂子捡出来。

"今天的柴挺干。"小瞎子说。

"嗯。"

"还是焖饭?"

"嗯。"

小瞎子这会儿精神百倍，很想找些话说，但是知道师父的气还没有消，心说还是少找骂。

两个人默默地干着自己的事，又默默地一块儿把饭做熟。岭上也没了阳光。

小瞎子盛了一碗小米饭，先给师父："您吃吧。"声音怯怯的，无比驯顺。

老瞎子终于开了腔："小子，你听我一句行不？"

"嗯。"小瞎子往嘴里扒拉饭，回答得含糊。

"你要是不愿意听，我就不说。"

"谁说不愿意听了？我说'嗯'！"

"我是过来人，总比你知道的多。"

小瞎子闷头扒拉饭。

"我经过那号事。"

"什么事？"

"又跟我贫嘴！"老瞎子把筷子往灶台上一摔。

"兰秀儿光是想听听电匣子。我们光是一块儿听电匣子来。"

"还有呢？"

"没有了。"

"没有了？"

"我还问她见没见过曲折的油狼。"

"我没问你这个。"

"后来，后来，"小瞎子不那么气壮了。"不知怎么一下就说起了虱子……"

"还有呢？"

"没了。真没了！"

两个人又默默地吃饭。老瞎子带了这徒弟好几年，知道这孩子不会撒谎，这孩子最让人放心的地方就是诚实、厚道。

"听我一句话，保准对你没坏处。以后离那妮子远点儿。"

"兰秀儿人不坏。"

"我知道她不坏，可你离她远点儿好。早年你师爷这么跟我说，我也不相信……"

"师爷？说兰秀儿？"

"什么兰秀儿，那会儿还没她呢。那会儿还没有你们呢……"老瞎子阴郁的脸又转向暮色浓重的天际，骨头一样白色的眼珠不住地转动，不知道在那儿他想能"看"见什么。

许久，小瞎子说："今儿晚上您多半又能弹断一根琴弦。"想让师父高兴些。

这天晚上师徒俩又在野羊坳说书。

"上回说到罗成死，三魂七魄赴幽冥，听歌君子莫嘈嚷，列位听我道下文。罗成阴魂出地府，一阵旋风就起身，旋风一阵来得快，长安不远面前存……"

老瞎子的琴声也乱，小瞎子的琴声也乱，小瞎子回忆着那双柔软的小手捂在自己脸上的感觉，还有自己的头被兰秀儿搬过去的滋味。老瞎子想起的事情更多……

夜里老瞎子翻来覆去睡不安稳,多少往事在他耳边喧嚣,在他心头动荡,身体里仿佛有什么东西要爆炸。坏了,要犯病,他想。头昏,胸口憋闷,浑身紧巴巴的难受。他坐起来,对自己叨咕:"可别犯病,一犯病今年甭想弹够那些琴弦了。"他又摸到琴。要能叮叮当当随心所欲地疯弹一阵,心头的忧伤或许就能平息,耳边的往事或许就会消散。可是小瞎子正睡得香甜。

他只好再全力去想那张药方和琴弦:还剩下几根,还只剩最后几根了。那时就可以去抓药了,然后就能看见这个世界——他无数次爬过的山,无数次走过的路,无数次感到过她的温暖和炽热的太阳,无数次梦想着的蓝天、月亮和星星……还有呢?突然间心里一阵空,空得深重。就只为了这些?还有什么?他瞳朦中所盼望的东西似乎比这要多得多……

夜风在山里游荡。

猫头鹰又在凄哀地叫。

不过现在他老了,无论如何没几年活头了,失去的已经永远失去了,他像是刚刚意识到这一点。七十年中所受的全部辛苦就为了最后能看一眼世界,这值得吗?他问自己。

小瞎子在梦里笑,在梦里说:"那是一把柳罩,小秀儿……"

老瞎子静静地坐着。静静地坐着的还有那三尊分不清是佛是道的泥像。

鸡叫头遍的时候老瞎子决定,天一亮就带这孩子离开野羊坳。否则这孩子受不了,他自己也受不了。兰秀儿不坏,可这事会怎么结局,老瞎子比谁都"看"得清楚。鸡叫二遍,老瞎子开始收拾行李。

可是一早起来小瞎子病了,肚子疼,随即又发烧。老瞎子只好把行期推迟。

一连好几天,老瞎子无论是烧火、淘米、捡柴,还是给小瞎子挖药、煎药,心里总在说:"值得,当然值得。"要是不这么反反复复对自己说,身上的力气似乎就全要垮掉。"我非要最后看一眼不可。""要不怎么着?就这么死了去?""再说就只剩下最后几根了。"后面三句都是理由。老瞎子又冷静下来,天天晚上还到野羊坳去说书。

这一下小瞎子倒来了福气。每天晚上师父到岭下去了,兰秀儿就猫似的轻轻跳进庙里来听匣子。兰秀儿还带来熟的鸡蛋,条件是得让她亲手去扭那匣子的开关。"往哪边扭?""往右。""扭不动。""往右,笨货,不知道哪边是右哇?""咔哒"一下,无论是什么便响起来,无论是什么俩人都爱听。

又过了几天,老瞎子又弹断了三根琴弦。

这一晚,老瞎子在野羊坳里自弹自唱:

"不表罗成投胎事,又唱秦王李世民。秦王一听双泪流,可怜爱卿丧残身,你死一身不打紧,缺少扶朝上将军……"

野羊岭上的小庙里这时更热闹。电匣子的音量开得挺大,又是孩子哭,又是大人喊,轰隆隆地又响炮,嘀嘀嗒嗒又吹号。月光照进正殿,小瞎子躺着啃鸡蛋,兰秀儿坐在他旁边。两个人都听得兴奋,时而大笑,时而稀里糊涂莫名其妙。

"这匣子你师父哪买来?"

"从一个山外头的人手里。"

"你们到山外头去过?"兰秀儿问。

"没。我早晚要去一回就是,坐坐火车。"

"火车?"

"火车你也不知道?笨货。"

"噢,知道知道,冒烟哩是不是?"

过了一会儿兰秀儿又说:"保不准我就得到山外头去。"语调有些惆惶。

"是吗?"小瞎子一挺坐起来,"那你到底瞧瞧曲折的油狼是什么。"

"你说是不是山外头的人都有电匣子?"

"谁知道。我说你听清楚没有?曲、折、的、油、狼,这东西就在山外头。"

"那我得跟他们要一个电匣子。"兰秀儿自言自语地想心事。

"要一个?"小瞎子笑两声,然后屏住气,然后大笑,"你干嘛不要俩?你可真本事大。你知道这匣子几千块钱一个?把你卖了吧,怕也换不来。"

兰秀儿心里正委屈,一把揪住小瞎子的耳朵使劲拧,骂道:"好你个死瞎子。"

两个人在殿堂里扭打起来。三尊泥像袖手旁观帮不上忙。两个年轻的正在发育的身体碰撞在一起,纠缠在一起,一个把一个压在身下,一会儿又颠倒过来,骂声变成笑声。匣子在一边唱。

打了好一阵子,两个人都累得住了手,心怦怦跳,面对面躺着喘气,不言声儿,谁却也不愿意再拉开距离。

兰秀儿呼出的气吹在小瞎子脸上,小瞎子感到了诱惑,并且想起那天吹火时师父说的话,就往兰秀儿脸上吹气。兰秀儿并不躲。

"嘿,"小瞎子小声说,"你知道接吻是什么了吗?"

"是什么?"兰秀儿的声音也小。

小瞎子对着兰秀儿的耳朵告诉她。兰秀儿不说话。老瞎子回来之前,他们试着亲了嘴儿,滋味真不坏……

就是这天晚上,老瞎子弹断了最后两根琴弦。两根弦一齐断了。他没料到。他几乎是连跑带爬地上了野羊岭,回到小庙里。

小瞎子吓了一跳:"怎么了,师父?"

老瞎子喘吁吁地坐在那儿,说不出话。

小瞎子有些犯嘀咕:莫非是他和兰秀儿干的事让师父知道了?

老瞎子这才相信:一切都是值得的。一辈子的辛苦是值得的。能看一回,好好看一回,怎么都是值得的。

"小子,明天我就去抓药。"

"明天?"

"明天。"

"又断了一根了?"

"两根。两根都断了。"

老瞎子把那两根弦卸下来,放在手里揉搓了一会儿,然后把它们并到另外的九百九十

第三单元 小说

八根去,绑成一捆。

"明天就走?"

"天一亮就动身。"

小瞎子心里一阵发凉。老瞎子开始剥琴槽上的蛇皮。

"可我的病还没好利索。"小瞎子小声叨咕。

"噢,我想过了,你就先留在这儿,我用不了十天就回来。"

小瞎子喜出望外。

"你一个人行不?"

"行!"小瞎子紧忙说。

老瞎子早忘了兰秀儿的事。"吃的、喝的、烧的全有。你要是病好利索了,也该学着自个儿去说回书。行吗?"

"行。"小瞎子觉得有点对不住师父。

蛇皮剥开了,老瞎子从琴槽中取出一张叠得方方正正的纸条。他想起这药方进琴槽时,自己才二十岁,便觉得浑身上下都好像冷。

小瞎子也把那药方放在手里摸了一会儿,也有了几分肃穆。

"你师爷一辈子才冤呢。"

"他弹断了多少根?"

"他本来能弹够一千根,可他记成了八百。要不然他能弹断一千根。"

天不亮老瞎子就上路了。他说最多十天就回来,谁也没想到他竟去了那么久。

老瞎子回到野羊坳时已经是冬天。

漫天大雪,灰暗的天空连接着白色的群山。没有声息,处处也没有生气,空旷而沉寂。所以老瞎子那顶发了黑的草帽就尤其蹒跚得显著。他蹒蹒跚跚地爬上野羊岭,庙院中衰草瑟瑟,蹿出一只狐狸,仓惶逃远。

村里人告诉他,小瞎子已经走了些日子。

"我告诉他等我回来。"

"不知道他干嘛就走了。"

"他没说去哪儿,留下什么话没?"

"他说让您甭找他。"

"什么时候走的?"

人们想了好久,都说是在兰秀儿嫁到山外去的那天。

老瞎子心里便一切全明白。

众人劝老瞎子留下来,这么冰天雪地的上哪去?不如在野羊坳说一冬天书。老瞎子指指他的琴,人们见琴柄上空荡荡已经没了琴弦。老瞎子面容也憔悴,呼吸也孱弱,嗓音也沙哑了,完全变了个人。他说得去找他的徒弟。

若不是还想着他的徒弟,老瞎子就回不到野羊坳。那张他保存了五十年的药方原来是一张无字的白纸。他不信,请了多少识字而又诚实的人帮他看,人人都说那果真是一张无字的白纸。老瞎子在药铺前的台阶上坐了一会儿，他以为是一会儿，其实已经几天几夜，骨头一样的眼珠在询问苍天，脸色也变成骨头一样的苍白。有人以为他是疯了，安慰他，劝他。老瞎子苦笑：七十岁了再疯还有什么意思？他只是再不想动弹，吸引着他活下去、走下去、唱下去的东西骤然间消失干净。就像一根不能拉紧的琴弦，再难弹出赏心悦耳的曲子。老瞎子的心弦断。现在发现那目的原来是空的。老瞎子在一个小客店里住了很久，觉得身体里的一切都在熄灭。他整天躺在炕上，不弹也不唱，一天天迅速地衰老。直到花光了身上所有的钱，直到忽然想起他的徒弟，他知道自己的死期将至，可那孩子在等他回去。

茫茫雪野，皑皑群山，在地之间蹒动着一个黑点。走近时，老瞎子的身影弯得如一座桥。他去找他的徒弟。他知道那孩子目前的心情、处境。

他想自己先得振作起来，但是不行，前面明明没有了目标。

他一路走，便怀恋起过去的日子，才知道以往那些奔奔忙忙兴致勃勃的翻山、走路、弹琴，乃至心焦、忧虑都是多么欢乐！那时有个东西把心弦扯紧，虽然那东西原是虚设。老瞎子想起他师父临终时的情景。他师父把那张自己没用上的药方封进他的琴槽。"您别死，再活几年，您就能睁眼看一回了。"说这话时他还是个孩子。他师父久久不言语，最后说："记住，人的命就像这琴弦，拉紧了才能弹好，弹好了就够了。"……不错，那意思就是说：目的本来没有。老瞎子知道怎么对自己的徒弟说了。可是他又想：能把一切都告诉小瞎子吗？老瞎子又试着振作起来，可还是不行，总摆脱不掉那无字的白纸……

在深山里，老瞎子找到了小瞎子。

小瞎子正跌倒在雪地里，一动不动，想那么等死。老瞎子懂得那绝不是装出来的悲哀。老瞎子把他拖进一个山洞，他已无力反抗。

老瞎子捡了些柴，拢起一堆火。

小瞎子渐渐有了哭声。老瞎子放了心，任他尽情尽意地哭。只要还能哭就还有救，只要还能哭就有哭够的时候。

小瞎子哭了几天几夜，老瞎子就那么一声不吭地守候着。火光和哭声惊动了野兔子、山鸡、野羊和狐狸和鹞鹰……

终于小瞎子说话了："干嘛咱们是瞎子！"

"就因为咱们是瞎子。"老瞎子回答。

终于小瞎子又说："我想睁开眼看看，师父，我想睁开眼看看！哪怕就看一回。"

"你真那么想吗？"

"真想，真想——"

老瞎子把篝火拨得更旺些。

雪停了。铅灰色的天空中，太阳像一面闪光的小镜子，鹞鹰在平稳地滑翔。

"那就弹你的琴弦，"老瞎子说，"一根一根尽力地弹吧。"

"师父，您的药抓来了？"小瞎子如梦方醒。

"记住，得真正是弹断的才成。"

"您已经看见了吗？师父，您现在看得见了？"

小瞎子挣扎着起来，伸手去摸师父的眼窝。老瞎子把他的手抓住。

"记住，得弹断一千二百根。"

"一千二？"

"把你的琴给我，我把这药方给你封在琴槽里。"老瞎子现在才弄懂了师父当年对他说的话——咱的命就在这琴弦上。

目的虽是虚设的，可非得有不行，不然琴弦怎么拉紧；拉不紧就弹不响。

"怎么是一千二，师父？"

"是一千二。我没弹够，我记成了一千。"老瞎子想：这孩子再怎么弹吧，还能弹断一千二百根？永远扯紧欢跳的琴弦，不必去看那无尽的长川……

这地方偏僻荒凉，群山不断。荒草丛中随时会飞起一对山鸡，跳出一只野兔、狐狸，或者其它小野兽。山谷中鹞鹰在盘旋。

现在让我们回到开始：

莽莽苍苍的群山之中走着两个瞎子，一老一少，一前一后，两顶发了黑的草帽起伏蹿动，匆匆忙忙，像是随着一条不安静的河水在漂流。无所谓从哪儿来、到哪儿去，也无所谓谁是谁……

一九八五年四月二十日

【注释】

[1] 本文选自山东文艺出版社 2001 年版《第一人称》，史铁生著。

【题解】

史铁生是我国当代文坛中最具哲学素养的作家之一，残疾使他冷静地思考人生和人类本身。《命若琴弦》通过老瞎子和小瞎子的悲剧命运，以一种寓言的方式触及了人类的生存、死亡、困境、超越困境等重大主题。老瞎子和小瞎子与命运的抗争，揭示了人类不屈服于命运的顽强与伟大。

【思考练习题】

1. 把握本文象征手法的运用。
2. 结合全文，谈谈史铁生对人的精神困境的理解。

少 女 小 渔[1]

严 歌 苓

严歌苓(1958—)，上海人，旅美作家。20 世纪 80 年代初开始文学创作，1986 年发表了第一部长篇小说《绿血》，获 1987 年"全国优秀军事长篇小说奖"。1990 年赴美留学。主要作品有小说《天浴》《少女小渔》《扶桑》《白蛇》《红罗裙》《约会》《雌性的草地》《学校中的故事》《海那边》等。

据说从下午三点到四点，火车站走出的女人们都粗拙、凶悍，平底鞋，一身短打，并且复杂的过盛的体臭胀人脑子。

还据说下午四点到五点，走出的就是彻底不同的女人们了。她们多是长袜子、高跟鞋，色开始败的浓妆下，表情仍矜持。走相也都婀娜，大大小小的屁股在窄裙子里滚得溜圆。

前一拨女人是各个工厂放出来的，后一拨是从写字楼走下来的。悉尼的人就这么叫："女工""写字楼小姐"。其实前者不比后者活得不好。好或不好，在悉尼这个把人活简单活愚的都市，就是赚头多少。女工赚的比写字楼小姐多，也不必在衣裙鞋袜上换景，钱都可以吃了、住了，积起来买大东西。比方，女工从不戴假首饰，都是真金真钻真翠，人没近，身上就有光色朝你尖叫。

还有，回家洗个澡，蜕皮一样换掉衣服，等写字楼小姐们仍是一身装一脸妆走出车站票门，女工们已重新做人了。她们这时都换了宽松的家常衣裳——在那种衣裳里的身子比光着还少拘束——到市场拾剩来了。一天卖到这时，市场总有几样菜果或肉不能再往下剩，廉价到了几乎实现"共产主义"。这样女工又比写字楼小姐多一利少一弊：她们扫走了全部便宜，什么也不给"她们"剩。

不过女人们还是想有一天去做写字楼小姐。穿高跟鞋、小窄裙，化面目全非的妆。戴假首饰也罢，买不上便宜菜也罢。

小渔就这样站在火车站，身边搁了两只塑料包，塞满几荤几素却仅花掉她几块钱。还有一些和她装束差不多的女人，都在买好菜后顺便来迎接丈夫。小渔丈夫其实不是她丈夫(这话怎么这样难讲清？)，和她去过证婚处的六十七岁的男人跟她什么关系也没有。她跟老人能有什么关系呢？就他？老糟了、肚皮叠着像梯田的老意大利人？小渔才二十二岁，能让丈夫大出半个世纪去吗？这当然是移民局熟透的那种骗局。小渔花钱，老头卖人格，他俩合伙糊弄反正也不是他们自己的政府。大家都这么干，移民局雇不起那么多劳力去跟踪每对男女。在这个国家别说小女人嫁老男人，就是小女人去嫁老女人，政府也恭喜。

又一批乘客出来了，小渔脖子往上引了引。她人不高不大，却长了高大女人的胸和臀，有点丰硕得沉甸甸了。都说这种女人会生养，会吃苦劳作，但少脑筋。少脑筋往往又多些好心眼。不然她怎么十七岁就做了护士？在大陆——现在她也习惯管祖国叫"大陆"，她护理没人想管的那些人，他们都在死前说她长了颗好心眼。她出国，人说：好报应啊，人家为出国都要自杀或杀人啦，小渔出门乘凉一样就出了国。小渔见他走出来，马上笑了。人说小渔笑得特别好，就因为笑得毫无想法。

他叫江伟，十年前赢过全国蛙泳冠军，现在还亮得出一具漂亮的田鸡肉。认识小渔时他正要出国，这朋友那朋友从三个月之前就开始为他饯行。都说：以后混出半个洋人来别忘了拉扯拉扯咱哥儿们。小渔是被人带去的，和谁也不熟，但谁邀她跳舞她都跳。把她贴近她就近，把她推远她就远，笑得都一样。江伟的手在她腰上不老实了一下，她笑笑，也认了。江伟又近一步，她抬起脸问："你干嘛呀？"好像就她一个不懂男人都有无聊混蛋的时候。问了她名字工作什么的，他邀她周末出去玩。

"好啊。"她不积极也不消极地说。

第三单元　小说

星期日他领她到自己家里坐了一个钟头，家里没一个人打算出门给他腾地方。最后只有他带她走。一处又一处，去了两三个公园，到处躲不开人眼。小渔一句抱怨没有。他说这地方怎么净是大活人，她便跟他走许多路，换个地方。最后他们还是回到他家，天已黑了。在院子大门后面，他将她横着竖着地抱了一阵。问她："你喜欢我这样吗？"她没声，身体被揉成什么形状就什么形状。第二个周末他与她上了床。忙过了，江伟打了个小盹。半醒着他问："你头回上床，是和谁？"

小渔慢慢说："一个病人，快死的。他喜欢了我一年多。"

"他喜欢你你就让了？"江伟像从发梢一下紧到脚趾。小渔还从他眼里读到：你就那么欠男人？那么不值什么？她手带着心事去摩挲他一身运足力的青蛙肉。"他跟溺死了似的，样子真痛苦、真可怜。"她说。她拿眼讲剩下的半句话：你刚才不也是吗？像受毒刑；像我有饭却饿着你。

江伟走了半年没给她一个字，有天却寄来一信封各式各样的纸，说已替她办好了上学手续，买好了机票，她拎着这一袋子纸到领事馆去就行了。她就这么"八千里路云和月"地来了。也没特别高兴、优越。快上飞机了，行李裂了个大口，再来见大厅只剩了她一个，火都上来了："要赶不上了！怎么这么个肉脾气？"小渔抬头先笑，然后厚起嗓门说："人家不是在急嘛？"

开始的同居生活是江伟上午打工下午上学，小渔全天打工周末上学。两人只有一顿晚饭时间过在一块。一顿饭时间他们过得很紧张，要吃、要谈、要亲昵。吃和亲昵都有花样，谈却总谈一个话题：等有了身份，咱们干什么干什么。那么自然，话头就会指到身份上。江伟常笑得乖张，说："你去嫁个老外吧？"

"在这儿你不就是个老外？"小渔说。后来知道不能这么说。

"怎么啦？嫌我老外？你意思没身份就是老外，对吧？"他烦恼地将她远远一扔。没空间，扔出了个心理距离。

再说到这时，小渔停了。留那个坎儿他自己过。他又会来接她，不知问谁："你想，我舍得把你嫁老外吗？"小渔突然发现个秘密：她在他眼里是漂亮人，漂亮得了不得。她一向瞅自己挺马虎，镜子前从没耐烦过，因为她认为自己长得也马虎。她既不往自己身上费时也不费钱。不像别的女性，狠起来把自己披挂得像棵圣诞树。周末，唐人街茶点铺就晃满这种"树"，望去像个圣诞林子。

江伟一个朋友真的找着了这么个下作机构：专为各种最无可能往一块过的男女扯皮条。"要一万五千呢！"朋友警告。他是没指望一试的。哪来的钱，哪来的小渔这样个女孩，自己凑钱去受一场糟践。光是想象同个猪八戒样的男人往证婚人面前并肩站立的一刻，多数女孩都觉得要疯。别说与这男人同出同进各种机构，被人瞧、审问，女孩们要流畅报出男人们某个被捂着盖着的特征。还有宣誓、拥抱、接吻，不止一回、两回、三回。那就跟个不像猪八戒的男人搭档吧？可他要不那么猪八戒，会被安安生生剩着，来和你干这个吗？还有，他越猪，价越低。一万五，老头不瘸不瞎，就算公道啦。江伟就这么劝小渔的。

站在证婚人的半圆办公桌前，与老头并肩拉手，小渔感觉不那么恐怖。事先预演的那

些词,反正她也不懂。不懂的东西是不过心的,仅在唇舌上过过,良知卧得远远,一点没被惊动。

江伟伪装女方亲友站在一边,起初有人哄他"钟馗嫁妹""范蠡舍西施",他还笑,渐渐地,谁逗他他把谁瞪回去。小渔没回头看江伟,不然她会发现他这会儿是需要去看看的。他站在一帮黄皮肤"亲戚老表"里,喉结大幅度升降,全身青蛙肉都鼓起,把旧货店买来的那件西装胀得要绽线。她只是在十分必要时去看老头。老头在这之前染了发,这钱也被他拿到小渔这儿来报帐了。加上租一套西装,买一瓶男用香水,老头共赖走她一百元。后来知道,老头的发是瑞塔染的,西装也是瑞塔替他改了件他几十年前在乐团穿的演奏服。瑞塔和老头有着颇低级又颇动人的关系。瑞塔陪老头喝酒、流泪、思乡和睡觉。老头拉小提琴,她唱,尽管唱得到处跑调。老头全部家当中顶值价的就是那把提琴了。没了琴托,老头也不去配,因为配不到同样好的木质,琴的音色会受影响。老头是这么解释的,谁知道。没琴托的琴靠老头肩膀去夹,仍不很有效,琴头还是要脱拉下来,低到他腰以下。因此老头就有了副又凄楚又潦倒的拉琴姿态。老头穷急了,也没到街上卖过艺,瑞塔逼他,他也不去。他卖他自己。替他算算,如果他不把自己醉死,他少说还有十年好活,两年卖一回,一回他挣一万,到死他不会喝风啜沫。这样看,从中剥走五千元的下作"月佬",就不但不下作并功德无量了。

要了一百元无赖的老头看上去就不那么赖了。小渔看他头发如漆,梳得很老派;身上酒气让香水盖掉了。西装穿得周正,到底也倜傥过。老头目光直咄咄的,眉毛也被染过和梳理过,在脸上盖出两块浓荫。他形容几乎是正派和严峻的。从他不断抿拢的嘴唇,小渔看出他呼吸很短,太紧张的缘故。最后老头照规矩拥抱了她。看到一张老脸向她压下来,她心里难过起来。她想他那么大岁数还要在这丑剧中这样艰辛卖力地演,角色对他来说,太重了。他已经累得喘不上气了。多可悲呀——她还想,他活这么大岁数只能在这种丑剧中扮个新郎,而没指望真去做回新郎。这辈子他都不会有这个指望了,所以他才把这角色演得那么真,在戏中过现实的瘾。老头又干又冷的嘴唇触上她的唇时,她再也不敢看他。什么原因,妨碍了他成为一个幸福的父亲和祖父呢?他身后竟没有一个人,来起哄助兴的全是黄皮肤的,她这边的。他真孤苦得那样彻底啊。瑞塔也没来,她来,算是谁呢。当小渔睁开眼,看到老头眼里有点怜惜,似乎看谁毁了小渔这么个清清洁洁的少女,他觉得罪过。

过场全走完后,人们拥"老夫少妻"到门外草坪上。说好要照些相。小渔和老头在一辆碰巧停在草坪边缘的"奔驰"前照了两张,之后陪来的每个人都窜到车前去喊:"我也来一张!"无论如何,这生这世有那一刻拥有过它,就是夸口、吹牛皮,也不是毫无凭据。只有江伟没照,慢慢拖在人群尾巴上。

小渔此时才发现他那样的不快活。和老头分手时,大家拿中国话和他嘻哈:"拜拜,老不死你可硬硬朗朗的,不然您那间茅房,我们可得去占领啦……"江伟恶狠狠地嘎嘎笑起来。

当晚回到家,小渔照样做饭炒菜。江伟运动筷子的手却是瞎的。终于,他停下散漫的谈天。叫她去把口红擦擦干净。她说哪来的口红?她回来就洗了澡。他筷子一拍喊:"去

第三单元 小说

给我擦掉！"

小渔瞪着他，根本不认识这个人了。江伟冲进厕所，撕下了截手纸，扳住她脸，用力擦她嘴唇连鼻子脸颊也一块扯进去。小渔想：他明明看见桌上有餐纸。她没挣扎，她生怕一挣扎他心里那点憋屈会发泄不净。她想哭，但见他伏在她肩上，不自恃地饮泣，她觉得他伤痛得更狠更深，把哭的机会给他吧。不然两人都哭，谁来哄呢。她用力扛着他的哭泣，他烫人的抖颤，他冲天的委屈。

第二天清早，江伟起身去打工时吻了她。之后他仰视天花板，眼神懵着说："还有三百六十四天。"小渔懂他指什么。一年后，她可以上诉离婚，再经过一段时间出庭什么的，她就能把自己从名义上也撤出那婚姻勾当。但无论小渔怎样温存体贴，江伟与她从此有了那么点生分：一点阴阳怪气的感伤。他会在兴致很好时冒一句："你和我是真的吗？你是不是和谁都动真的。"他问时没有威胁和狠劲，而是虚弱的，让小渔疼他疼坏了。他是那种虎生生的男性，发蛮倒一切正常。他的笑也变了，就像现在这样：眉心抽着，两根八字纹顺鼻两翼拖下去，有点尴尬又有点歹意。

江伟没跟站在站口迎接妻子下车的小渔屁股上捏出块么大果。他们一块儿走。小渔照例不提醒她手里拎着两个大包。江伟也照例是甩手走到楼下才发现："咳，你怎么不叫我拿！"然后夺去所有的包。小渔累了一样笑，累了一样上楼上得很慢。因为付给老头和那个机构的钱一部分是借的，他俩的小公寓搬进三条汉子来分担房租。一屋子脚味。小渔刚打算收拾，江伟就说："他们花钱雇你打扫啊？"

三条汉子之一在制衣厂剪线头，一件羊毛衫粘得到处是线头，小渔动手去摘，江伟也火："你是我的还是公用的？"

小渔只好硬下心，任它臭、脏、乱。反正你又不住这儿，江伟常说，话里梗梗地有牢骚。好像小渔情愿去住老头的房。"结婚"第二周，老头跑来，说移民局一清早来了人，直问他"妻子"哪去了。老头说上早班，下次他们夜里来，总不能再说"上夜班"吧？移民局探子只看见了几件女人衣裙，瑞塔的，他拿眼比试衣裙长度，又去比试结婚照上小渔的高度，然后问："你妻子是中国人，怎么尽穿意大利裙子？"

江伟只好送小渔过三条街，到老头房子里去了。老头房虽破烂却是独居，两间卧室。小渔那间卧室的卫生间不带淋浴，洗澡要穿过老头的房。江伟严格检查了那上面的锁，还好使，也牢靠。他对她说：老东西要犯坏，你就跳窗子，往我这儿跑，一共三条街，他撵上你也跑到了。小渔笑着说：不会的。江伟说凭什么不会？听见这么年轻女人洗澡，瘫子都起来了！

"不会的，还有瑞塔。"小渔指指正阴着脸在厨房炸鱼的瑞塔说。瑞塔对小渔就像江伟对老头一样，不掩饰地提防。小渔搬进去，老头便不让她在他房里过夜，说移民局再来了，故事就太难讲了。

半年住下来，基本小乱大治。小渔每天越来越早地回老头那儿去。江伟处挤，三条汉子走了一条，另一条找个自己干裁缝的女朋友，天天在家操作缝纫机。房里多了噪音少了脏臭，都差不多，大家也没什么啰嗦。只是小渔无法在那里读书。吃了晚饭，江伟去上学，她便回老头那儿。她在那儿好歹有自己的卧室，若老头与瑞塔不闹不打，那儿还清

静。她不懂他们打闹的主题。为钱？为房子漏？为厨房里蟑螂造反？为下水道反刍？为两人都无正路谋生，都逼对方出去奔伙食费？活到靠五十的瑞塔从未有过正经职业，眼下她帮阔人家做意大利菜和糕饼。她赚多赚少，要看多少家心血来潮办意式家宴。

偶然地，小渔警觉到他俩吵一部分为她。有回小渔进院子，她已习惯摸黑上门阶。但那晚门灯突然亮了，进门见老头站在门里，显然听到她脚步赶来为她开的灯。怕她摔着、磕碰着？怕她胆小怕黑？怕她鄙薄他：穷得连门灯也开不起？她走路不响的，只有悄然仔细的等候，才把时间掐得那么准，为她开灯。难道他等候了她？为什么等她，他不是与瑞塔玩牌玩得好好的？进自己屋不久，她听见"哞"一声，瑞塔母牲口一样嚎起来。然后是吵。吵吵吵，意大利语吵起来比什么语言都热烈奔放解恨。第二天早晨，老头缩在桌前，正将装"结婚照"的镜框往一块安，玻璃没指望安上了。她没敢问怎么了。怎么了还用问？她慢慢去捡地上的玻璃渣，跟她有过似的。

"瑞塔，她生气了？"她问。老头眼从老花镜上端、眉弓下端探出来，那么吃力。可不能问：是为你给我开了门灯(爱护？关切？献殷勤？)，本来这事就够不三不四了，她再问，再弄准确些，只能使大家都窘死。

老头耸耸肩，表示：还有比生气更正常的吗？她僵站一会，说："还是叫瑞塔住回来吧？"其实并不难混过移民局的检查，他们总不会破门而入，总要先用门铃通报。门铃响，大家再做戏。房子乱，哪堆垃圾里都藏得进瑞塔。不、不、不。老头越"不"越坚决。小渔敛声了。她搁下只信封，轻说："这两周的房钱。"

老头没去看它。

等她走到门厅，回头，见他已将钞票从信封里挖出，正点数。头向前伸。像吃什么一样生怕掉渣儿而去就盘子。她知道他急于搞清钱数是否如他期待。上回他涨房价，江伟跑来和他讨价还价，最后总算没动粗。这时她见老头头颈恢复原位，像吃饱吃够了，自个儿跟自个儿笑起来。小渔只想和事，便按老头要的价付了房钱，也不打算告诉江伟。不就十块钱吗？就让老头这般没出息地快乐一下吧。

瑞塔吵完第二天准回来，接下来的两三天会特别美好顺溜。这是老头拉琴她唱歌的日子。他们会这样拉呀唱的没够：摊着一桌子碟子、杯子，一地纸牌、酒瓶，垃圾桶臭得瘟一样。小渔在屋里听得感动，心想：他们每一天都过得像末日，却在琴和歌里多情。他俩多该结婚啊，因为除了他们彼此欣赏，世界就当没他们一样。他俩该生活在一起，谁也不嫌谁，即使自相残杀，也可以互舔伤口。

据说老头在"娶"小渔之前答应了娶瑞塔，他们相好已有多年。却因为她夹在中间，使他们连那一塌糊涂的幸福也没有了。

小渔心里的惭愧竟真切起来。她轻手轻脚走到厨房，先把垃圾袋拎了出去。她总是偷偷干这些事，不然瑞塔会觉得她侵犯她的主权，争夺主妇位置。等她把厨房清理一净，洗了手，走出来，见两人面对面站在窗口。提琴弓停了，屋里还有个打抖的尾音不自散去。他们歌唱了他们的相依为命，这会儿像站着安睡了。小渔很感动，很感动。

是老头先看见了小渔。他推开正吻他的瑞塔，张惶失措地看着这个似乎误闯进来的少女。再举起琴和弓，他仅为了遮掩难堪和羞恼。没拉出音，他又将两臂垂下。小渔想他怎

第三单元 小说

么啦？那脸上更迭的是自卑和羞愧吗？在少女这样一个真正生命面前，他自卑着自己，抑或还有瑞塔，那变了质的空掉了的生命——似乎，这种变质并不是衰老带来的，却和堕落有关。然而，小渔委屈着尊严，和他"结合"，也可以称为一种堕落。但她是偶然的、有意识的；他却是必然的、下意识的。下意识的东西怎么去纠正？小渔有足够的余生纠正一个短暂的人为的堕落，他却没剩多少余生了。他推开瑞塔，还似乎怕他们丑陋的享乐吓着小渔；又仿佛，小渔清新地立在那儿，那么青春、无残，使他意识到她不配做那些，那些是小渔这样有真实生命和青春的少女才配做的。

其实那仅是一瞬。一瞬间哪里容得下那么多感觉呢？一瞬间对你抓住的是实感还是错觉完全不负责任。这一瞬对瑞塔就是平昌常的一瞬。她邀请小渔也参加进来，催促老头拉个小渔熟悉的曲子，还给小渔倒了一大杯酒。

"太晚了，我要睡了，"她谢绝，"明天我要打工。"

回到屋，不久听老头送瑞塔出门。去卫生间刷牙，见老头一个人坐在厨房喝酒，两眼空空的。"晚安。"他说，并没有看小渔。

"晚安。"她说，"该睡啦，喝太多不好。"她曾经常这样对不听话的病人讲话。

"我背痛。我想大概睡得太多了。"

小渔犹豫片刻还是走过去。他赤着膊，骨头清清楚楚，肚皮却瘪着。他染过的头发长了，花得像芦花鸡。他两只小臂像毛蟹。小渔边帮他揉背边好奇地打量他。他说了声"谢谢"，她便停止了。他又道一回"晚安"，并站起身。她正要答，他却拉住她手。她险些大叫，但克制了，因为他从姿势到眼神都没有侵略性。"你把这里弄得这么干净；你总是把每个地方弄干净。为什么呢？还有三个月，你不就要搬走了吗？"

"你还要在这里住下去啊。"小渔说。

"你还在门口种了花。我死了，花还会活下去。你会这样讲，对吧？"小渔笑笑："嗯。"她可没有这么想过。想这样做那样做她就做了。老头慢慢笑。是哪种笑呢？人绝处逢生？树枯木逢春？他一手握小渔的手，一手又去把盏。很轻地喝一口后，他问："你父亲什么样，喝酒吗？"

"不！"她急着摇头，并像孩子反对什么一样，坚决地撮起五官。

老头笑出了响亮的哈哈，在她额上吻一下。

小渔躺在床上心仍跳。老头怎么了？要不要报告江伟？江伟会在带走她之前把老头鼻子揍塌吗？"老畜生，豆腐捡嫩的吃呐！"他会这样骂。可那叫"吃豆腐"吗？她温习刚才的场面与细节，老头像变了个人。没了她所熟悉的那点淡淡的无耻。尽管他还赤膊，龌龊邋遢，但气质里的龌龊邋遢却不见了。他问：你父亲喝酒吗？没问你男友如何。他只拿自己和她父亲排比而不是男友。也许什么使他想做一回长辈。他的吻也是长辈的。

周末她没对江伟提这事。江伟买了一辆旧车，为去干挣钱多的养路工。他俩现在只能在车上做他俩的事了。"下个月就能还清钱。"他说，却仍展不开眉。看他肤色晒得像土人，汗毛一根也没了，小渔紧紧搂住他。似乎被勾起一堆窝囊感慨，她使劲吻他。

十月是春天，在悉尼。小渔走着，一辆发出拖拉机轰鸣的车停在她旁边。老头的车。

"你怎么不乘火车？"他让她上车后问。

199

她说她已步行上下工好几个月了，为了省车钱。老头一下沉默了。他涨了三次房钱，叫人来修屋顶、通下水道、灭蟑螂，统统都由小渔付一半花销。她每回接过帐单，不吭声立刻就付钱，根本不向江伟吐一个字。他知道了就是吵和骂，瞪着小渔骂老头，她宁可拿钱买清静。她瞒着所有人吃苦，人总该不来烦她了吧。不然怎样呢？江伟不会说，我戒烟、我不去夜总会、我少和男光棍们下馆子，钱省下你好乘车。他不会的，他只会去闹，闹得赢闹不赢是次要的。"难怪，你瘦了。"在门口停车，老头才说。他一路在想这事。她以为他会说：下月你留下车钱再交房钱给我吧。但没有这话，老头那渗透贫穷的骨肉中不存在这种慷慨。他顶多在买进一张旧沙发时，不再把帐单给小渔了。瑞塔付了一半沙发钱，从此她便盘据在那沙发上抽烟、看报、染脚趾甲手指甲，还有望影。

一天她望着小渔从她面前走过，进卫生间，突然扬起眉，笑一下。小渔淋浴后，总顺手擦洗浴盆和脸盆。梳妆镜上总是雾腾腾溅满牙膏沫；台子上总有些毛渣，那是老头剪鼻孔毛落下的；地上的彩色碎指甲是瑞塔的。她最想不通的是白色香皂上的污秽指纹，天天洗，天天会再出现。她准备穿衣时，门响一下。门玻璃上方的白漆剥落一小块，她凑上一只眼，却和玻璃那面一只正向内窥的眼撞上。小渔"哇"一嗓子，喊出一股血腥。那眼大得吞人一样。她身子慌张地往衣服里钻，门外人却嘎嘎笑起来，拢拢神，她认出是瑞塔的笑。"开开门，我紧急需要用马桶！"

瑞塔撩起裙子坐在马桶上，畅快淋漓地排泄，声如急雨。舒服地长吁和打几个战栗后，她一对大黑眼仍咬住小渔，嚼着和品味她半裸的身子。"我只想看看，你的奶和臀是不是真的，嘻……"

小渔不知拿这个连内裤都不穿的女人怎么办。见她慌着穿衣，瑞塔说："别怕，他不在家。"老头现在天天出门，连瑞塔也不知他去忙什么了。

"告诉你：我要走了。我要嫁个挣钱的体面人去。"瑞塔说。坐在马桶上趾高气扬起来。小渔问，老头怎么办？

"他？他不是和你结婚了吗？"她笑得一脸坏。

"那不是真的，你知道的……"和那老头"结婚"？一阵浓烈的耻辱袭向小渔。

"哦，他妈的谁知道真的假的！"瑞塔在马桶上架起二郎腿，点上根烟。一会就洒下一层烟灰到地上。"他对我像畜生对畜生，他对你像人对人！"

"我快搬走了！要不，我明天就搬走了！……"

再一次，小渔想，都是我夹在中间把事弄坏了。"瑞塔，你别走，你们应该结婚，好好生活！"

"结婚？那是人和人的事。畜生和畜生用不着结婚，他们不配结婚，在一块配种，就是了！我得找那么个人：跟他在一块，你不觉得自己是个母畜生。怪吧，跟人在一块，畜生就变得像人了；和畜生在一块，人就变了畜生。"

"可是瑞塔，他需要人照顾，他老了呀……"

"对了，他老了！两个月后法律才准许你们分居；再有一年才允许你们离婚。剩给我什么呢？他说，他死了只要能有一个人参加他的葬礼，他就不遗憾了。我就做那个唯一参加他葬礼的人？"

第三单元 小说

"他还健康,怎么会死呢?"

"他天天喝,天天会死!"

"可是,怎么办,他需要你,喜欢你……"

"哦,去他的!"

瑞塔再没回来。老头酒喝得很静。小渔把这静理解成伤感。收拾卫生间,小渔将瑞塔的一只空粉盒扔进垃圾袋,可很快它又回到原位。小渔把这理解为怀念。老头没提过瑞塔,却不止一回脱口喊:"瑞塔,水开啦。"他不再在家里拉琴,如瑞塔一直期望的:出去挣钱了。小渔偶尔发现老头天天出门,是去卖艺。

那是个周末,江伟开车带小渔到海边去看手工艺展卖。那里有人在拉小提琴,海风很大,旋律被刮得一截一截,但小渔听出那是老头的琴音。走了大半个市场,并未见拉琴人,总是曲调忽远忽近在人缝里钻。直到风大起来,还来了阵没头没脑的雨,跑散躲雨的人一下空出一整条街,老头才显现出来。

小渔被江伟拉到一个冰淇淋摊子的大伞下。"咳,他!"江伟指着老头惊诧道,"拉琴讨饭来啦。也不赖,总算自食其力!"

老头也忙着要找地方避雨。小渔叫了他一声,他没听见。江伟斥她道:"叫他做什么?我可不认识他!"

忙乱中的老头帽子跌到了地上。去拾帽子,琴盒的按钮开了,琴又摔出来。他捡了琴,捧婴儿一样看它伤了哪儿。一股乱风从琴盒里卷了老头的钞票就跑。老头这才把心神从琴上收回,去撵钞票回来。

雨渐大,路奇怪地空寂,只剩了老头,在手舞足蹈地捕蜂捕蝶一样捕捉风里的钞票。

小渔刚一动就被按住:"你不许去!"江伟说,"少丢我人。人还以为你和这老叫花子有什么关系呢!"她还是挣掉了他。她一张张追逐着老头一天辛苦换来的钞票。在老头看见她,认出浑身透湿的她时,摔倒下去。他半蹲半跪在那里,仰视她,似乎那些钱不是她捡了还他的,而是赐他的。她架起他,一边回头去寻江伟,发现江伟待过的地方空荡了。

江伟的屋也空荡着。小渔等了两小时,他未回。她明白江伟心里远不止这点别扭。瑞塔走后的一天,老头带回一盆吊兰,那是某家人搬房扔掉的。小渔将两只凳叠起,登上去挂花盆,老头两手掌住她脚腕。江伟正巧来,门正巧没锁,老头请他自己进来,还说,喝水自己倒吧,我们都忙着。

"我们,他敢和你'我们'?你俩'我们'起来啦?"车上,江伟一脸恶心地说。"俩人还一块浇花,剪草坪,还坐一间屋,看电视的看电视,读书的读书,难怪他'我们'……"小渔惊吓坏了:他竟对她和老头干起了跟踪监视!"看样子,老夫少妻日子过得有油有盐!"

"瞎讲什么?"小渔头次用这么炸的声调和江伟说话。但她马上又缓下来:"人嘛,过过总会过和睦……"

"跟一个老王八蛋、老无赖,你也能往一块活?"他专门挑那种能把意思弄误差的字眼来引导他自己的思路。

201

"江伟！"她喊。她还想喊：你要冤死人的！但汹涌的眼泪堵了她的咽喉。车轰一声，她不哭了。生怕哭得江伟心更毛。他那劲会过去的，只要让他享受她全部的温存。什么都不会耽误他享受她，痛苦、恼怒都不会。他可以一边发大脾气一边享受她。"你究竟是个什么样的女人呢？"他在她身上痉挛着问。

小渔到公寓楼下转，等江伟。他再说绝话她也绝不回嘴。男人说出那么狠的话，心必定痛得更狠。她直等到半夜仍等个空。回到老头处，老头半躺在客厅长沙发上，脸色很坏。他对她笑笑。

她也对他笑笑。有种奇怪的会意在这两个笑当中。

第二天她下班回来，见他毫无变化地躺着，毫无变化地对她笑笑。他们再次笑笑。到厨房，她发现所有的碟子、碗、锅都毫无变化地搁着，老头没有用过甚至没有碰过它们。他怎么啦？她冲出去欲问，但他又笑笑。一个感觉舒适的人才笑得出这个笑。她说服自己停止无中生有的异感。

她开始清扫房子，想在她搬出去时留下个清爽些、人味些的居处给老头。她希望任何东西经过她手能变得好些；世上没有理应被糟蹋掉的东西，包括这个糟蹋了自己大半生的老头。

老头看着小渔忙。他知道这是她在这儿的最后一天，这一天过完，他俩就两清了。她将留在身后一所破旧但宜人的房舍和一个孤寂但安详的老头。

老头变了。怎么变的小渔想不懂。她印象中老头老在找遗失的东西：鞋拔子、老花镜、剃须刀。有次一把椅子散了架，椅垫下他找到了四十年他一直在找的一枚微型圣像，他喜悦得那样暧昧和神祕，连瑞塔都猜不透那指甲大的圣像所含的故事。似乎偶然地，他悄悄找回了遗失了更久的一部分他自己。那一部分的他是宁静、文雅的。

现在他会拎着还不满的垃圾袋出去，届时他会朝小渔看看，像说：你看，我也做事了，我在好好生活了。他仿佛真的在好好做人：再不挨门去拿邻居家的报看，也不再敲诈偶尔停车在他院外的人。他仍爱赤膊，但小渔回来，他马上找衣服穿。他仍把电视音量开得惊天动地，但小渔卧室灯一暗，他立刻将它拧得近乎哑然。一天小渔上班，见早晨安静的太阳里走着拎提琴的老人，自食其力使老人有了副安泰认真的神情和庄重的举止。她觉得那样感动：他是个多正常的老人：那种与世界、人间处出了正当感情的老人。

小渔在院子草地上耙落叶时想，他会好好活下去，即使没有了瑞塔，没有了她。无意中，她瞅进窗里，见老头在动，在拼死一样动。他像在以手臂拽起自己身体，很快却失败了。他又试，一次比一次猛烈地试，最后妥协了，躺成原样。

原来他是动不了了！小渔冲回客厅，他见她，又那样笑。他这样一直笑到她离去；让她安安心心按时离去？……她打了急救电话，医生护士来了，证实了小渔的猜想：那雨里的一跤摔出后果来了，老头中了风。他们还告诉她：老头情况很坏，最理想的结果是一周后发现他还活着，那样的话，他会再一动不动地活些日子。他们没用救护车载老头去医院，说是反正都一样了。

老头现在躺回了自己的床。一些连着橡皮管和瓶子的支架竖在他周围。护士六小时会来观察一次，递些茶饭，换换药水。

第三单元 小说

"你是他什么人？"护士问。对老头这样的穷病号，她像个仁慈的贵妇人。

老头和她都赖着不说话。电话铃响了，她被烧了一样拔腿就跑。

"你东西全收拾好了吧？"江伟在一个很吵闹的地方给她打电话。听她答话没有，他话又躁起来："给你两钟头，理好行李，到门口等我！我可不想见他！……"你似乎也不想见我，小渔想。从那天她搀扶老头回来，他没再见她。她等过他几回，总等不着他。电话里问他是不是很忙，他会答非所问地说：我他妈的受够了！好像他是这一年唯一的牺牲。好像这种勾当单单苦了他。好像所有的割让都是他做的。"别忘了，"江伟在那片吵闹中强调，"去问他讨回三天房钱，你提前三天搬走的！"

"他病得很重，可能很危险……"

"那跟房钱有什么相干？"

她又说，他随时有死的可能；他说，跟你有什么相干？对呀对呀，跟我有什么相干。这样想着，她回到自己卧室，东抓西抓地收拾了几件衣服，突然搁下它们，走到老头屋。

护士已走了。老头像已入睡。她刚想离开，他却睁了眼。完了，这回非告别不可了。她心里没一个词儿。

"我以为你已经走了！"老头先开了口。她摇摇头。摇头是什么意思？是不走吗？她根本没说她要留下，江伟却问：你想再留多久？陪他守他、养他老送他终？……

老头摸出张纸片，是张火车月票。他示意小渔收下它。当她接过它时，他脸上出现一种认错后的轻松。

"护士问我你是谁，我说你是房客。是个非常好的好孩子。"老头说。

小渔又摇头。她真的不知自己是不是好。江伟刚才在电话里咬牙切齿，说她居然能和一个老无赖处那么好，可见是真正的"好"女人了。他还对她说，两小时后，他开车到门口，假如门口没她人，他掉车头就走。然后他再不来烦她；她愿意陪老头多久就多久，他再一次说他受够了。

老头目送她走到门口。她欲回身说再见，见老头的拖鞋一只底朝天。她去摆正它时，忽然意识到老头或许再用不着穿鞋；她这分周到对老头只是个刺痛的提醒。对她自己呢？这举动是个借口：她需要借口多陪伴他一会，为他再多做点什么。

"我还会回来看你……"

"别回来……"他眼睛去看窗外，似乎说：外面多好，出去了，干嘛还进来？

老头的手动了动，小渔感到自己的手也有动一动的冲动。她的手便去握老头的手了。

"要是……"老头看着她，满嘴都是话，却不说了。他眼睛大起来，仿佛被自己的不知天高地厚吓住了。她没问——"要是"是问不尽的。要是你再多住几天就好了。要是我死了你会记得我吗？要是我幸运地有个葬礼，你来参加吗？要是将来你看到任何一个孤零零的老人，你会由他想到我吗？

小渔点点头，答应了他的"要是"。

老头向里一偏头，蓄满在他深凹的眼眶里的泪终于流出来。

【注释】

[1] 本文选自陕西师范大学出版社2008年版《少女小渔》，严歌苓著。

【题解】

严歌苓在移居美国后的第 3 年即 1992 年，发表了引起广泛关注的反映海外新移民生活的短篇小说《少女小渔》。小说从第三人称叙事者的角度，讲述了一个少女的异国情缘。陈思和曾这样评价道："这部作品笔墨集中地刻画出了中外文化撞击的特殊情境，它的故事情节紧紧围绕异域生活中最敏感，也是最具文化冲突尖锐性的身份及情感认同问题，揭示出处于弱势文化地位上的海外华人，在面对强大的西方文明时所感受到的错综复杂的情感，以及在这种境遇中获得跨越文化障碍的内心沟通的艰难性与可能性。"

【思考练习题】

结合小渔的形象，把握严歌苓对女性生存困境的思考。

简·爱[1](节选)

夏洛蒂·勃朗特

夏洛蒂·勃朗特(1816—1855)，英国小说家。生于贫苦的牧师家庭，曾在寄宿学校学习，后任教师和家庭教师。1847 年，夏洛蒂·勃朗特出版了著名的长篇小说《简·爱》，轰动文坛。之后她的弟弟和两个妹妹相继去世，在死亡的阴影和困惑下，她坚持完成了《雪莉》(1849)一书，寄托了她对妹妹艾米莉的哀思。另有作品《维莱特》(1853)和《教师》(1857)。其作品主要描写贫苦的小资产者的孤独、反抗和奋斗，善于以抒情的笔法描写自然景物，具有浓厚的感情色彩。

明丽的仲夏照耀着英格兰，天空如此明净，阳光如此灿烂，在我们这个波涛围绕的岛国，本来是难得有这样的好天气的，而近来却接连很多天都是这样，仿佛是意大利的天气来到了英国——就像一群欢快的过路候鸟从南方飞来，在阿尔比恩[2]的悬崖上暂时歇上一歇。干草全都收进来了，桑菲尔德四周的田地都已收割干净，露出了一片绿色。大路让太阳晒得又白又硬。树木郁郁葱葱，树篱和林子枝繁叶茂，一片浓阴，与它们之间洒满阳光的明亮的牧草地，正好形成鲜明的对比。

施洗约翰节[3]的前夕，阿黛尔在干草村小路上采了半天野草莓，采累了，太阳一下山就去睡了。我看着她睡着后，才离开她，来到花园里。

这是二十四小时中最美好的时刻——"白天已耗尽了它炽热的烈火"[4]，露水清凉地降落在喘不过气来的平原和烤焦了的山顶上。在太阳没有披上华丽的云彩就朴素地沉落的地方，展现出一片壮丽的紫色，只有在一座小山峰上的一点上，正燃烧着红宝石和熊熊炉火般的光辉。那片紫色慢慢扩展着，愈来愈高，愈来愈远，愈来愈淡，直至覆盖了整整半爿天空。东方则有它自己湛蓝悦目的美，有它自己那不大炫耀的宝石，一颗独自正在徐徐升起的星星。它过不多久就将以月亮而自豪，不过这会儿它还在地平线下。

我在石子小径上散了一会儿步，可是有一股幽幽的、熟悉的香味——雪茄烟味——从一扇窗子里飘了出来。我看到书房的窗子打开有一手宽光景。我知道可能会有人在那儿窥

第三单元 小说

视我,于是我马上离开,走进果园。庭园里再没有哪个角落比这儿更隐蔽、更像伊甸园的了。这儿树木茂密,鲜花盛开。它的一边有一堵高墙,把它和院子隔开,另一边则有一条山毛榉林荫道形成的屏障,使它和草坪分开。果园的尽头是一道低矮篱笆,这是它跟孤寂的田野间唯一的分界线。有一条蜿蜒的小路通向篱笆,小路的两边长着月桂树,路的尽头耸立着一棵高大的七叶树,树的根部围着一圈坐凳。在这儿,你可以自由漫步而不让人看见。在这蜜露降临、万籁俱寂、暮色渐浓的时候,我觉得自己仿佛可以永远在这浓荫下流连下去。果园的一个高处较为开阔,初升的月亮在这儿洒下了一片银辉。我被吸引着走向那儿,正穿行在花丛和果树之间时,我的脚步不由得停了下来——既不是因为听到什么,也不是因为看到了什么,而是因为再次闻到了一股引起警觉的香味。

多花蔷薇、青蒿、茉莉、石竹和玫瑰一直都在奉献着晚间的芳香,可是这股新的香味既不是来自灌木,也不是花香,这是——我非常熟悉——罗切斯特先生的雪茄香味。我看着四周,侧耳细听,我看到的只是枝头挂满正在成熟的果实的果树,听到的是半英里外林子里一只夜莺的歌唱。看不见一个移动的人影,听不见任何走近的脚步声,可是那香味却愈来愈浓。我得赶快逃走。我正举步朝通向灌木丛的边门走去,却一眼看见罗切斯特先生正走了进来。我向旁边一闪,躲进常青藤深处。他不会逗留很久,一定很快就会回去的,只要我坐在那儿不动,他决不会看见我的。

可是并非如此——黄昏对他像对我一样可爱,这个古老的花园对他也同样迷人。他继续信步朝前走着,一会儿托起醋栗树枝,看看枝头那大如李子的累累果实,一会儿从墙头摘下一颗熟透的樱桃,一会儿又朝一簇花朵弯下身去,不是去闻闻它们的香气,就是欣赏一下花瓣上的露珠。一只很大的飞蛾从我身边嗡嗡地飞过,停落在罗切斯特先生脚边的一株花上。他看见后,俯身朝它仔细地察看着。

"现在他正背朝着我,"我想,"而且又在专心地看着。要是我轻轻地走,也许能悄悄地溜掉,不让他发现。"

我踩着小径边上的草丛走,以免路上的石子发出声响把我暴露。他正站在离我的必经之路有一两码远的花坛间,那只飞蛾显然把他给吸引住了。"我一定可以顺利地走过去的。"我心里暗想。尚未升高的月亮把他的影子长长地投映在地上,当我跨过他的影子时,他头也不回地轻声说:

"简,过来看看这小东西。"

我刚才并没弄出声音,他的背后又没长眼睛,莫非他的影子也有感觉么?开始我吓了一跳,接着便朝他身边走去。

"瞧瞧它的翅膀,"他说,"它倒让我想起了西印度群岛的一种昆虫。在英国,这么大、色彩这么艳丽的夜游神,是不能见到的。瞧!它飞走了。"

蛾子飞走了,我也怯生生地退身离去。可是罗切斯特先生一直跟着我。两人走到小门边时,他说:

"回转去吧,这么可爱的夜晚,呆坐在屋子里太可惜了。在这种日落紧接月出的时刻,决不会有人想到要去睡觉的。"

我有一个缺点:虽然有时候我的舌头能对答如流,可有时候却不幸地怎么也找不出一个借口。而且这种失误往往总是发生在某些紧要关头，在特别需要有一句机敏的话或巧妙的托词来摆脱难堪困境的时候。我不想在这种时候，在这座树影幢幢的果园单独跟罗切斯特先生一起散步，可是我又找不出一个理由让我作为借口离开他。我缓缓地拖着脚步跟在后面，脑子里苦苦思索着，想找出一个脱身之计。可是他看上去却那么镇静，那么严肃，倒让我因自己的心慌意乱感到愧疚起来。看来邪念——假如有邪念存在或者即将有邪念出现的话——只在我心中，他的心中根本没有这种想法，很平静。

"简，"当我们踏上两旁有月桂树的小径缓缓地朝矮篱笆和那棵七叶树漫步走去时，他又开口说起话来，"在夏天，桑菲尔德是个挺可爱的地方，是不是？"

"是的，先生。"

"你一定有些依恋上这座宅院了吧？……你是个对大自然的美颇有眼光，而且又很容易产生依恋心情的人。"

"我的确依恋它。"

"而且，尽管我不明白是怎么回事，但我看得出来，你对那个傻孩子阿黛尔，甚至还有那位头脑简单的费尔法克斯太太，已经有了几分感情，是吧？"

"是的，先生，尽管方式不同，我对她们两个都很喜爱。"

"那离开她们你会感到难受吧？"

"是的。"

"真遗憾！"他说，叹了口气，停了一会儿。"世上的事总是这样，"他又继续说道，"你刚在一个合意的歇息处安顿下来，马上就有一个声音朝你呼唤，要你起身继续上路，因为休息的时间已经过完了。"

"我得继续上路吗，先生？"我问道，"我得离开桑菲尔德？"

"我认为你得离开，简。我很抱歉，简妮特，不过我认为你确实得离开。"

这真是个打击，可是我并没有让它把我打垮。

"好吧，先生，你的命令一下，我就可以走。"

"现在就下了——我必须今天晚上就下。"

"这么说，你是要结婚了，先生？"

"正—是—如—此——一点—不—错。凭着你的一贯敏锐，你这是一语破的。"

"快了吗，先生？"

"很快，我的……哦，爱小姐。你也许还记得，简，我本人或者是传闻最初清楚地向你透露的情况：我打算把我的老单身汉的脖子伸进神圣的套索里，有意进入神圣的结婚阶段——把英格拉姆小姐拥抱在怀里(她那么大的个儿够我抱的，不过这没关系——像我的漂亮的布兰奇这样一个宝贝，是谁也不会嫌她个儿大的)。总之，呃，就像我刚才说的……听我说呀，简！你干吗扭过头去，是在找寻更多的飞蛾吗？那只是只瓢虫，孩子，'正在飞回家'。[5]我是想提醒你，是你带着你那让我敬重的审慎，带着符合你的职责和身份的明智、远见和谦虚，首先向我提出，如果我娶了英格拉姆小姐，你和小阿黛尔最好是马上离开。你这提议中对我爱人的为人所暗含的诋毁，我并不想多作计较。真的，在你远离我之后，简妮特，我会尽量去忘掉它，而只注意其中的明智，这种明智我已把它作为我行动的

第三单元　小说

准则。阿黛尔得进学校，而你，简小姐，得另找新职位。"

"好的，先生，我马上就登广告。在这期间，我想……"我正想说"我想我也许可以暂时待在这儿，等找到新的安身的地方再走吧"，但是我突然住了口，感到不能冒险去说这样长长的一句话，因为我的声音已经不太听从我的使唤了。

"大约再过一个月，我就要当新郎了，"罗切斯特先生继续说道，"在这以前，我会亲自为你找一个工作和安身的地方的。"

"谢谢你，先生，我很抱歉给你……"

"哦，用不着道歉！我认为，一个雇员能像你这样忠于职守，她就有权要求她的雇主提供一点他不费举手之劳就能做到的帮助。说实话，我已经从我未来的岳母那儿听说，有一个我认为很适合你的位置，是在爱尔兰的康诺特的苦果山庄，教狄奥尼修斯·奥高尔太太的五个女儿。我想你会喜欢爱尔兰的，听说那儿的人都很热心肠。"

"可是路很远啊，先生。"

"没关系——像你这样有见识的姑娘总不会怕航行和路远吧。"

"不是怕航行，而是怕路远，再说，还有大海隔开了……隔开了英格兰，隔开了桑菲尔德，还有……"

"什么？"

"还有你，先生。"

我这话几乎是不由自主说出的，而且，同样不由自主地，我的眼泪也夺眶而出。不过我并没有哭出声来，以免被他听见。我压抑着抽泣。一想到奥高尔太太和苦果山庄，我心里就一阵发冷。想到看来注定将横贯在我和走在身边的这位主人之间的茫茫大海，我更觉得心寒。而最使我心寒的，是想起那更辽阔的海洋——阻隔在我和我无法避免、自然而然爱着的人中间的财产、地位和习俗。

"路很远啊。"我又说了一句。

"的确很远。你一去了爱尔兰康诺特的苦果山庄，我就再也见不到你了，简，这是肯定无疑的。我决不会去爱尔兰，我向来就不太喜欢这个国家。我们一直是好朋友，简，是不是？"

"是的，先生。"

"朋友们在离别的前夕，总喜欢在一起度过余下的一点时间。来吧——趁那天空的星星越来越闪亮，让我们从从容容地谈谈这次航行和离别，谈上那么半个来小时。这儿是那棵七叶树，这儿有围着它老根的坐凳。来吧，今天晚上我们就在这儿安安静静地坐上一坐，今后我们可注定再也不能一起坐在这儿了啊。"

他招呼我坐下，然后自己也坐了下来。

"去爱尔兰路途遥远，简妮特，我很过意不去，让我的小朋友去做那么令人厌倦的旅行。不过，我没法安排得更好了，这又有什么办法呢？你觉得你有点跟我相像吗，简？"

这一次我没敢答话，我心里异常激动。

"因为，"他说，"对你，有时候我有一种奇怪的感觉——尤其是像现在这样你靠我很近的时候，仿佛我左肋下有根弦，跟你那小小身躯的同一地方的一根弦紧紧相连，无法解开。一旦那波涛汹涌的海峡和两百英里的陆地，把我们远远地分隔两地，我真怕这根维系着两人的弦会一下绷断。我心里一直就有一种惴惴不安的想法，担心到那时我内心准会流血。至于你嘛——你会把我忘得一干二净的。"

"我永远不会的，先生，你知道……"我说不下去了。

"简，你听见那夜莺在林子里歌唱吗？听！"

我听着听着就啜泣起来，因为我再也抑制不住心中的悲伤，我不得不屈服了。剧烈的痛苦使我从头到脚浑身都颤抖着。等到我能说出话来时，我也只能表示出一个强烈的愿望：但愿我从来未出生过，从未来到过桑菲尔德。

"因为你离开它感到难过？"

我心中的痛苦和爱情激起的强烈感情，正在要求成为我的主宰，正在竭力要支配一切，要想压倒一切，战胜一切，要求生存、要求升迁，最后成为统治者。当然——还要说话。

"离开桑菲尔德我感到伤心。我爱桑菲尔德。我爱它。因为我在这儿过了一段——至少是短暂的一段——愉快而充实的生活。我没有受到歧视，我没有给吓得呆若木鸡，没有硬把我限制在低下庸俗的人中间，没有被排斥在和聪明、能干、高尚的人的交往之外。我能面对面地跟我所尊敬的人，我所喜爱的人——跟一个独特、活跃、宽厚的心灵交谈。我认识了你，罗切斯特先生，想到非得永远离开你，这让我感到害怕和痛苦。我看出我非离开不可，可是这就像是看到我非死不可一样。"

"你从哪儿看出非这样不可呢？"他突然问道。

"从哪儿？是你，先生，让我明明白白看出的。"

"在什么事情上？"

"在英格拉姆小姐的事情上，在一位高贵漂亮的女人——你的新娘身上。"

"我的新娘！什么新娘？我没有新娘！"

"可是你就会有的。"

"对，——我就会有的！——我就会有的！"他紧咬着牙关。

"那我就非走不可了，你自己亲口说过的。"

"不，你非留下不可！我要为这发誓——这誓言我一定遵守。"

"我跟你说，我非走不可！"我有点生气地反驳道。"你认为我会留下来，成为一个对你来说无足轻重的人吗？你认为我只是一架机器——一架没有感情的机器？你认为我能忍受让人把我的一口面包从嘴里抢走，让人把我的一滴活命水从杯子里泼掉吗？你以为因为我穷、低微、不美、短小，我就没有灵魂，没有心吗？——你想错了！——我跟你一样有灵魂，——也完全一样有一颗心！要是上帝赐给了我一点美貌和大量财富，我也会让你感到难以离开我，就像我现在难以离开你一样。我现在不是凭着习俗、常规，甚至也不是凭着肉体凡胎跟你说话，而是我的心灵在跟你的心灵说话，就好像我们都已离开人世，两人平等地一同站在上帝跟前——因为我们本来就是平等的！"

"因为我们本来就是平等的！"罗切斯特先生重复了一句——"就这样，"他补充说，将我一把抱住，紧紧搂在怀中，嘴唇紧贴着我的嘴唇，"就这样，简！"

第三单元 小说

"对，就这样，先生，"我回答说，"可又不是这样，因为你是个已经结了婚的人，或者等于是结了婚的人，娶的是一个配不上你的女人，一个意气不相投的女人——我不相信你真正爱她，因为我曾耳闻目睹过你讥笑她。我瞧不起这种结合，所以我比你好——让我走！"

"去哪儿，简？去爱尔兰吗？"

"对——去爱尔兰。我已经说出了我的心里话，现在去哪儿都行。"

"简，安静点，别这么挣扎了，像只绝望中狂躁的小鸟似的，拼命抓扯着自己的羽毛。"

"我可不是小鸟，也没有落进罗网。我是个有独立意志的自由人，我现在就要按自己的意志离开你。"

我又使劲一挣扎，终于挣脱出来，昂首直立在他的面前。

"那你就按你的意志来决定你的命运吧。"他说，"我向你献上我的心，我的手和分享我全部家产的权利。"

"你这是在演一出滑稽戏，看了只会让我发笑。"

"我这是在请求你一辈子跟我在一起——成为另一个我和我最好的终身伴侣。"

"对这件终身大事，你已经作出了你的选择，你就应该信守它。"

"简，请安静一会儿，你太激动了。我也要安静一下。"

一阵风顺着月桂树中间的小径吹来，颤抖着穿过七叶树的枝叶，飘然而去——吹向渺茫的远方——消失了。只有夜莺的歌声是这时唯一的声响。我听着听着，又哭了起来。罗切斯特先生默默地坐着，温柔而又认真地看着我。他有好一会儿没有作声，最后终于说：

"到我身边来，简，让我们作些解释，求得互相理解吧。"

"我决不再到你身边去了。现在我已忍痛离开，不可能回去了。"

"可是。简，我是唤你来做我的妻子，我想要娶的只是你。"

我没有作声。我想他准是在捉弄我。

"来吧，简——过来。"

"你的新娘拦在我们中间。"

他站起身来，一步跨到我面前。

"我的新娘就在这儿，"他说着，再次把我拉进他怀里，"因为和我相配，和我相似的人在这儿。简，你愿意嫁给我吗？"

我仍不作回答，还是扭动着要挣脱他，因为我依然不相信。

"你怀疑我吗，简？"

"完全怀疑。"

"你不相信我？"

"一点也不相信。"

"我在你眼里是个撒谎者？"他激动地说，"小怀疑家，你会相信的。我对英格拉姆小姐有什么爱情呢？没有，这你是知道的。她对我又有什么爱情呢？也没有，正如我想方设法已经证实的那样。我有意让一个谣言传到她耳朵里，说我的财产还不到人们料想的三分之一，然后我就亲自去看结果怎么样，结果她跟她母亲全都冷若冰霜。我决不会——也不可能——娶英格拉姆小姐。是你——你这古怪的，几乎不像尘世的小东西！——只有你，我才爱得像爱自己的心肝！你——尽管又穷又低微、既矮小也不美——我还是要恳求你答应我做你的丈夫。"

"什么，我！"我失声叫了起来。看到他的认真——特别是他的粗鲁——我开始有点相信他的真诚。"怎么会是我？我在这个世界上除了你，连一个朋友也没有——如果你是我的朋友的话。除了你给我的那点工资外，我连一个先令也没有啊！"

"是你，简。我一定要让你属于我——完完全全属于我一个人。你愿意属于我吗？说愿意，快说！"

"罗切斯特先生，让我看看你的脸。转过来朝着月光。"

"为什么？"

"因为我想看看你脸上的神情。转过来！"

"看吧，你将发现它不见得比一张皱巴巴、乱涂过的纸更容易看得明白。看吧，只要你快一点，因为我感到难受。"

他脸上神情激动，满脸通红，五官在抽搐，眼里闪现着奇异的光芒。

"哦，简，你是在折磨我！"他嚷了起来，"你在用寻根究底而又信任、宽厚的目光折磨我！"

"我怎么会折磨你呢？只要你是诚挚的，你的求婚是真心的，我对你的感情只能是感激和挚爱——绝不会是折磨！"

"感激！"他嚷了起来，接着又发狂似的补充说，"简，快答应我，说，爱德华——叫我名字——爱德华，我愿意嫁给你。"

"你是认真的吗？你真的爱我？你真心诚意希望我做你的妻子？"

"是的，要是一定要发誓你才能满意，那我就发誓。"

"好吧，先生，我愿意嫁给你。"

"叫我爱德华——我的小妻子！"

"亲爱的爱德华！"

"到我这儿来——现在整个儿投到我怀里来吧。"他说。随后他拿脸贴着我的脸，用最深沉的语调在我耳边继续说："使我幸福吧，我也会使你幸福的。"

"上帝，饶了我吧！"一会儿他又接着说，"别让人来干涉我。我得到她了，我要好好守住她。"

"没有人会来干涉的，先生。我没有亲属会来阻挠。"

"没有——那就太好了。"他说。要不是我那么深深地爱他，也许我会觉得他那狂喜的口气和神情有点太野了，然而，靠着他坐在那儿，从离别的噩梦中醒来——忽然被召入团圆的乐园——我此刻想到的只是那任我畅饮的无穷幸福。他一遍又一遍地问："你幸福吗，简？"我一次又一次地回答："幸福。"接着他又喃喃地说道："我会赎罪的——会得到上帝宽恕的。难道不是我发现她没有朋友、冷清凄凉、得不到安慰的么？难道我能不去保卫她，爱护她和安慰她么？难道我心中没有爱情，我的决心还不够坚定么？这会在上

帝的法庭上得到赎罪的。我知道上帝是准许我这么做的。至于人间的评判——我才不去管它。别人的议论——我毫不在乎。"

可是这夜色是怎么啦？月亮还没下落，我们就已被笼罩在一片黑暗之中。尽管靠得那么近，我却几乎看不见我主人的脸。是什么使得那棵七叶树如此痛苦不安？它挣扎着，呻吟着。狂风在月桂树中间的小径上呼啸，急速地从我们头上掠过。

"我们得进屋去，"罗切斯特先生说，"变天了。我本可以跟你一直坐到天亮的，简。"

"我也一样，"我想，"本可以跟你一直坐下去。"本来我也许会这么说出来的，但一道耀眼青色闪电突然从我望着的云堆里窜出，紧接着一声噼里啪啦的爆裂声，然后是近处的一阵轰隆隆的雷声。我除了赶紧把闪花了的眼睛贴在罗切斯特先生的肩上藏起外，别的什么也顾不上了。

大雨倾盆而下。他催我赶快走上小径，穿过庭院，逃进屋子。但没等我们进门，全身就已经完全湿透了。正当他在大厅里帮我摘下披巾，抖掉我散开的头发上的雨水时，费尔法克斯太太从她的房间里走了出来。一开始，我没有看见她，罗切斯特先生也没有看见她。灯亮着，钟正打十二点。

"快去脱下你身上的湿衣服。"他说，"临别以前，道一声晚安——晚安，我亲爱的！"

他连连地吻我。当我正从他怀中挣脱出身来时，抬头一看，那位寡妇就站在那儿，脸色苍白，神情严肃而又吃惊。我只对她笑了笑，便跑上楼去。"另找时间再解释吧。"我心里想。可是当我走进自己的房间后，一想到她哪怕是会暂时误解她看到的情况，我心中也仍然感到一阵极度的不安。但是欢乐很快就把其他的心情一扫而空。尽管在持续两小时的暴风雨中，狂风呼啸怒吼，雷声既近又沉，电光频频猛闪，大雨如瀑倾泻，我却并不感到害怕，也没有丝毫畏惧。在这风狂雨暴的时刻，罗切斯特先生曾三次来到我的门前，问我是否平安无事，而这就足以令人安慰，就足应付一切的力量。

第二天早上，我还没起床，小阿黛尔就跑进房来告诉我，果园尽头那棵大七叶树昨天夜里遭了雷击，被劈掉了一半。

(宋兆霖译)

【注释】

[1] 本文选自上海文艺出版社 2007 年版《简·爱》，[英]夏洛蒂·勃朗特著，宋兆霖译。

[2] 阿尔比恩：英格兰或者不列颠的旧称。

[3] 施洗约翰节：每年的 6 月 24 日。

[4] "白天已耗尽了它炽热的烈火"：引自英国诗人托·坎贝尔(1777—1844)的《土耳其夫人》一诗。

[5] "正在飞回家"：这是当时流行的儿歌中的词句，"瓢虫，瓢虫，快快飞回家……"

【题解】

本文节选自《简·爱》第 23 章。《简·爱》采用自叙和回忆的形式，让主人公直接

向读者讲述童年的苦难、慈善学校的冷酷,使人有身临其境之感。小说心理描写细致,抒情气息浓郁,感情跌宕起伏,语言简朴生动,景物描写具有地方色彩。作者塑造了一个外表不美,但有着火热的激情和不屈不挠的性格的女性形象。她虽然出身贫寒,却具有勇敢、正直、不安于现状、不甘受辱、为争取平等权利而奋斗的坚强性格。

【思考练习题】

1. 阅读全文,你怎样看待简·爱的尊严观?
2. 结合实际,谈谈你怎样看待简·爱与罗切斯特的爱情。

老人与海[1](节选)

海 明 威

海明威(1899—1961),美国小说家、诺贝尔文学奖获得者。生于芝加哥附近的一个医生家庭,参加过第一次世界大战,并长期担任驻欧记者,曾以记者身份参加第二次世界大战和西班牙内战。晚年患多种疾病,精神抑郁,于1961年自杀。20世纪20年代海明威文学创作早期,代表作有《在我们的时代里》《春潮》《没有女人的男人》和长篇小说《太阳照常升起》《永别了,武器》等。1939年创作了长篇小说《丧钟为谁而鸣》。他还根据在非洲的见闻写了《死在午后》《非洲的青山》《乞力马扎罗的雪》。第二次世界大战后,其代表作《老人与海》获得1954年诺贝尔文学奖。

他眼下已看不见海岸的那一道绿色了,只看得见那些青山的仿佛积着白雪的山峰,以及山峰上空像是高耸的雪山般的云块。海水颜色深极了,阳光在海水中幻成彩虹七色。那数不清的斑斑点点的浮游生物,由于此刻太阳升到了头顶上空,都看不见了,眼下老人看得见的仅仅是蓝色海水深处幻成的巨大的七色光带,还有他那几根笔直垂在有一英里深的水中的钓索。

渔夫们管所有这种鱼都叫金枪鱼,只有等到把它们卖出,或者拿来换鱼饵时,才分别叫它们各自的专用名字。这时它们又沉下海去了。阳光此刻很热,老人感到脖颈上热辣辣的,划着划着,觉得汗水一滴滴地从背上往下淌。

我大可随波逐流,他想,管自睡去,预先把钓索在脚趾上绕上一圈,有动静时可以把我弄醒。不过今天是第八十五天,我该一整天好好钓鱼。就在这时,他凝视着钓索,看见其中有一根挑出在水面上的绿色钓竿猛地往水中一沉。

"来啦,"他说,"来啦。"说着从桨架上取下双桨,没有让船颠簸一下。他伸手去拉钓索,把它轻轻地夹在右手大拇指和食指之间。他感到钓索并不抽紧,也没什么分量,就轻松地握着。跟着它又动了一下。这回是试探性的一拉,拉得既不紧又不重,他就完全明白这是怎么回事了。在一百英寻的深处有条大马林鱼正在吃包住钓钩尖端和钩身的沙丁鱼,这个手工制的钓钩是从一条小金枪鱼的头部穿出来的。

老人轻巧地攥着钓索,用左手把它从竿子上轻轻地解下来。他现在可以让它穿过他手指间滑动，不会让鱼感到一点儿牵引力。

在离岸这么远的地方，它长到本月份，个头一定挺大了，他想。吃鱼饵吧，鱼啊。吃吧。请你吃吧。这些鱼饵多新鲜，而你啊，待在这六百英尺的深处，在这漆黑黑的冷水里。在黑暗里再绕个弯子，拐回来把它们吃了吧。

他感到微弱而轻巧地一拉，跟着较猛烈地一拉，这时准是有条沙丁鱼的头很难从钓钩上扯下来。然后没有一丝动静了。

"来吧，"老人说出声来，"再绕个弯子吧。闻闻这些鱼饵。它们不是挺鲜美吗？趁它们还新鲜的时候吃了，回头还有那条金枪鱼。又结实，又凉快，又鲜美。别怕难为情，鱼儿。把它们吃了吧。"

他把钓索夹在大拇指和食指之间等待着。同时盯看它和其他那几根钓索，因为这鱼可能已游到了高一点的地方或低一点的地方。跟着又是那么轻巧地一拉。

"它会咬饵的，"老人说出声来，"求天主帮它咬饵吧。"然而它没有咬饵。它游走了，老人没感到有任何动静。

"它不可能游走的，"他说，"天知道它是不可能游走的。它正在绕弯子呐。也许它以前上过钩，还有点儿记得。"

跟着他感到钓索轻轻地动了一下，他高兴了。

"它刚才不过是在转身，"他说，"它会咬饵的。"

感到这轻微的一拉，他很高兴，接着他感到有些猛拉的感觉，很有分量，叫人难以相信。这是鱼本身的重量造成的，他就松手让钓索朝下溜，一直朝下，朝下溜，从那两卷备用钓索中的一卷上放出钓索。它从老人的指间轻轻地滑下去的时候，他依旧感到很大的分量，尽管他的大拇指和食指施加的压力简直小得觉察不到。

"多棒的鱼啊，"他说，"它正把鱼饵斜叼在嘴里，带着它在游走呐。"

它就会掉过头来把饵吞下去的，他想。他没有把这句话说出声来，因为他知道，一桩好事如果说破了，也许就不会发生了。他知道这条鱼有多大，他想象到它嘴里横衔着金枪鱼，在黑暗中游走。这时他觉得它停止不动了，可是分量还是没变。跟着分量越来越重了，他就再放出一点钓索。他一时加强了大拇指和食指上的压力，于是钓索上的分量增加了，一直传到水中深处。

"它咬饵啦，"他说，"现在我来让它美美地吃一顿。"

他让钓索在指间朝下溜，同时伸出左手，把两卷备用钓索的一端紧系在旁边那根钓索的两卷备用钓索上。他如今准备好了。他眼下除了正在使用的那钓索卷儿，还有三个四十英寻长的卷儿可供备用。

"再吃一些吧，"他说，"美美地吃吧。"

吃了吧，这样可以让钓钩的尖端扎进你的心脏，把你弄死，他想。轻松愉快地浮上来吧，让我把鱼叉刺进你的身子。得了。你准备好了？你进餐得时间够长了吗？

"着啊！"他说出声来，用双手使劲猛拉钓索，收进了一码，然后连连猛拉，使出胳膊上的全副劲儿，拿身子的重量作为支撑，挥动双臂，轮换地把钓索往回拉。

什么用也没有。那鱼只顾慢慢地游开去，老人无法把它往上拉一英寸。他这钓索很结实,是制作来钓大鱼的,他把它套在背上猛拉,钓索给绷得太紧,上面竟蹦出水珠来。

随后它在水里渐渐发出一阵拖长的咝咝声,但他依旧攥着它,在座板上死劲撑住了自己的身子,仰着上半身来抵消鱼的拉力。船儿慢慢地向西北方向驶去。

大鱼一刻不停地游着,鱼和船在平静的水面上慢慢地行进。另外那几个鱼饵还在水里,没有动静,用不着应付。

"但愿那孩子在这儿就好了,"老人说出声来,"我正被一条鱼拖着走,成了一根系纤绳的短柱啦。我可以把钓索系在船舷上。不过这一来鱼儿会把它扯断的。我得拼命牵住它,必要的时候给它放出钓索。谢谢老天,它还在朝前游,没有朝下沉。"

如果它决意朝下沉,我该怎么办?我不知道。如果它潜入海底,死在那儿,我该怎么办?我不知道。可是我必须干些什么。我能做的事情多着呢。

他攥住了勒在背脊上的钓索,紧盯着它直往水中斜去,小船呢,不停地朝西北方驶去。

这样能叫它送命,老人想。它不能一直这样干下去。然而过了四个钟点,那鱼照样拖着这条小船,不停地向大海游去,老人呢,依然紧紧攥着勒在背脊上的钓索。"我是中午把它钓上的,"他说,"可我始终还没见过它。"

他在钓上这鱼以前,把草帽拉下,紧扣在脑瓜上,这时勒得他的脑门好痛。他还觉得口渴,就双膝跪下,小心不让扯动钓索,尽量朝船头爬去,伸手去取水瓶。他打开瓶盖,喝了一点儿,然后靠在船头上休息。他坐在从桅座上拔下的绕着帆的桅杆上,竭力不去想什么,只顾熬下去。

等他回顾背后时,一看陆地已没有一丝踪影了。这没有关系,他想。我总能靠着哈瓦那的灯火回港的。太阳下去还有两个钟点,也许不到那时鱼就会浮上来。如果它不上来,也许会随着月出浮上来。如果它不这样干,也许会随着日出浮上来。我手脚没有抽筋,我感到身强力壮。是它的嘴给钓住了啊。不过拉力这样大,该是条多大的鱼啊。它的嘴准是死死地咬住了钢丝钓钩。但愿能看到它。但愿能知道我这对手是什么样儿的,哪怕只看一眼也好。

老人凭着观察天上的星斗,看出那鱼整整一夜始终没有改变它的路线和方向。太阳下去后,天气转凉了,老人的背脊、胳膊和衰老的腿上的汗水都干了,感到发冷。白天里,他曾把盖在鱼饵匣上的麻袋取下,摊在阳光里晒干。太阳下去了,他把麻袋系在脖子上,让它披在背上,他并且小心地把它塞在如今正挂在肩上的钓索下面。有麻袋垫着钓索,他就可以弯腰向船头靠去,这样简直可说很舒服了。这姿势实在只能说是多少叫人好受一点儿,可是他自以为简直可说很舒服了。

我拿它一点没办法,它也拿我一点没办法,他想。只要它老是这样干下去,双方都一点没办法。

他有一回站起身来,隔着船舷撒尿,然后抬眼望着星斗,核对他的航向。钓索从他肩上一直钻进水里,看来像一道磷光。鱼和船此刻行动放慢了。哈瓦那的灯火也不大辉煌,他于是明白,海流准是在把他们双方带向东方。如果我就此看不见哈瓦那炫目的灯光,我们一定是到了更东的地方,他想。因为,如果这鱼的路线没有变的话,我准会好几个钟点看得见灯光。不知今天的棒球大联赛结果如何,他想。干这行当有台收音机才美哪。接着他想,老是惦记着这玩意儿。想想你正在干的事情吧。你哪能干蠢事啊。

然后他说出声来:"但愿孩子在就好了。可以帮我一手,让他见识见识这种光景。"

谁也不该上了年纪独个儿待着,他想。不过这也是避免不了的。为了保养体力,我一定要记住趁金枪鱼没坏时就吃。记住了,哪怕你只想吃一点点,也必须在早上吃。记住了,他对自己说。

夜间,两条海豚游到小船边来,他听见它们翻腾和喷水的声音。他能辨别出那雄的发出的喧闹的喷水声和那雌的发出的喘息般的喷水声。

"它们都是好样的,"他说,"它们嬉耍,打闹,相亲相爱。它们是我们的兄弟,就像飞鱼一样。"

跟着他怜悯起这条被他钓住的大鱼来了。它真出色,真奇特,而且有谁知道它年龄多大呢,他想。我从没钓到过这样强大的鱼,也没见过行动这样奇特的鱼。也许它太机灵,不愿跳出水来。它可以跳出水来,或者来个猛冲,把我搞垮。不过,也许它曾上钩过好多次,所以知道应该如何搏斗。它哪会知道它的对手只有一个人,而且是个老头儿。不过它是条多大的鱼啊,如果鱼肉良好的话,在市场上能卖多大一笔钱啊,它咬起饵来像条雄鱼,拉起钓索来也像雄鱼,搏斗起来一点也不惊慌。不知道它有没有什么打算,还是就跟我一样地不顾死活?

他想起有一回钓到了一对大马林鱼中的一条。雄鱼总是让雌的先吃,那条上了钩的正是雌鱼,它发了狂,惊慌失措而绝望地挣扎着,不久就筋疲力尽了,那条雄鱼始终待在它身边,在钓索下窜来窜去,陪着它在水面上一起打转。这雄鱼离钓索好近,老人生怕它会用它的尾巴把钓索割断,这尾巴像大镰刀般锋利,大小和形状都和大镰刀差不多。老人用鱼钩把雌鱼钩上来,用棍子揍它,握住了那边缘如沙纸似的轻剑般的长嘴,连连朝它头顶打去,直打得它的颜色变成和镜子背面的红色差不多,然后由孩子帮忙,把它拖上船去,这当儿,雄鱼一直待在船舷边。跟着,当老人忙着解下钓索、拿起鱼叉的时候,雄鱼在船边高高地跳到空中,看看雌鱼在哪里,然后掉下去,钻进深水里,它那淡紫色的翅膀,实在正是它的胸鳍,大大地张开来,于是它身上所有的淡紫色的宽条纹都露出来了。它是美丽的,老人想起,而它始终待在那儿不走。

它们这情景是我看到的最伤心的了,老人想。孩子也很伤心,因此我们请求这条雌鱼原谅,马上把它宰了。

"但愿孩子在这儿就好了。"他说出声来,把身子安靠在船头的边缘已被磨圆的木板上,通过勒在肩上的钓索,感到这条大鱼的力量,它正朝着它所选择的方向稳稳地游去。

由于我干下了欺骗它的勾当,它不得不作出选择了,老人想。

它选择的是待在黑暗的深水里,远远地避开一切圈套、罗网和诡计。我选择的是赶到谁也没到过的地方去找它。到世界上没人去过的地方。现在我跟它给拴在一起了,从中午起就是如此。而且我和它都没有谁来帮忙。

也许我不该当渔夫,他想。然而这正是我生来该干的行当。我一定要记住,天亮后就吃那条金枪鱼。

离天亮还有点时候,有什么东西咬住了他背后的一个鱼饵。他听见钓竿啪的折断了,于是那根钓索越过船舷朝外直溜。他摸黑拔出鞘中的刀子,用左肩承担着大鱼所有的拉力,身子朝后靠,就着木头的船舷,把那根钓索割断了。然后把另一根离他最近的钓索也割断了,摸黑把这两个没有放出去的钓索卷儿的断头系在一起。他用一只手熟练地干着,在牢牢地打结时,一只脚踩住了钓索卷儿,免得移动。他现在有六卷备用钓索了。他刚才割断的那两根有鱼饵的钓索各有两卷备用钓索,加上被大鱼咬住鱼饵的那根上的两卷,它们全都接在一起了。

等天亮了,他想,我要好歹回到那根把鱼饵放在水下四十英寻深处的钓索边,把它也割断了,连接在那些备用钓索卷儿上。我将丢掉两百英寻出色的卡塔卢尼亚[2]钓索,还有钓钩和导线。这些都是能再置备的。万一钓上了别的鱼,把这条大鱼倒搞丢了,那再往哪儿去找呢?我不知道刚才咬饵的是什么鱼。很可能是条大马林鱼,或者剑鱼,或者鲨鱼。我根本来不及琢磨。我不得不赶快把它摆脱掉。

他说出声来:"但愿那孩子在这里。"

可是孩子并不在这里,他想。你只有你自己一个人,你还是好歹回到最末的那根钓索边,不管天黑不黑,把它割断了,系上那两卷备用钓索。

他就这样做了。摸黑干很困难,有一回,那条大鱼掀动了一下,把他拖倒在地,脸朝下,眼睛下划破了一道口子。鲜血从他脸颊上淌下来。但还没流到下巴上就凝固了,干掉了,于是他挪动身子回到船头,靠在木船舷上歇息。他拉好麻袋,把钓索小心地挪到肩上另一个地方,用肩膀把它固定住,握住了小心地试试那鱼拉曳的分量,然后伸手到水里测度小船航行的速度。

不知道这鱼为什么刚才突然摇晃了一下,他想。敢情是钓索在它高高隆起的背脊上滑动了一下。它的背脊当然痛得及不上我的。然而不管它力气多大,总不能永远拖着这条小船跑吧。眼下凡是会惹出乱子来的东西都除掉了,我却还有好多备用的钓索,一个人还能有什么要求呢。

"鱼啊,"他轻轻地说出声来,"我跟你奉陪到死。"依我看,它也要跟我奉陪到死的,老人想,他等待着天明。眼下正当破晓前的时分,天气很冷,他把身子紧贴着木船舷来取暖。它能熬多久,我也能熬多久,他想。天色微明中,钓索伸展着,朝下通到水中。小船平稳地移动着,初升的太阳一露边儿,阳光直射在老人的右肩上。

"它在朝北走啊。"老人说。海流会把我们远远地向东方送去,他想。但愿它会随着海流拐弯。这样可以说明它越来越疲乏了。

等太阳升得更高了,老人发觉这鱼并不越来越疲乏。只有一个有利的征兆。钓索的斜度说明它正在较浅的地方游着。这不一定表示它会跃出水来。但它也许会这样。

"天主啊,叫它跳跃吧,"老人说,"我的钓索够长,可以对付它。"

也许我把钓索稍微拉紧一点儿,让它觉得痛,它就会跳跃了,他想。既然是白天了,就让它跳跃吧,这样它会把沿着背脊的那些液囊装满了空气,它就没法沉到海底去死了。

他动手拉紧钓索,可是自从他钓上这条鱼以来,钓索已经绷紧到快要绷断的地步,他向后仰着身子来拉,感到它硬邦邦的,就知道没法拉得更紧了。我千万不能猛地一拉,他

第三单元 小说

想。每猛拉一次，会把钓钩划出的口子弄得更宽些，等它当真跳跃起来，它也许会把钓钩甩掉。反正太阳出了，我觉得好过些，这一回我不用盯着太阳看了。

钓索上粘着黄色的海藻，可是老人知道这只会给鱼增加一些拉力，所以很高兴。正是这种黄色的果囊马尾藻在夜间发出很强的磷光。

"鱼啊，"他说，"我爱你，非常尊敬你。不过今天无论如何要把你杀死。"

但愿如此，他想。一只小鸟从北方朝小船飞来。那是只鸣禽，在水面上飞得很低。老人看出它非常疲乏了。

鸟儿飞到船艄上，在那儿歇一口气。然后它绕着老人的头飞了一圈，落在那根钓索上，在那儿它觉得比较舒服。"你多大了？"老人问鸟儿，"你这是第一次出门吗？"

他说话的时候，鸟儿望着他。它太疲乏了，竟没有细看这钓索，就用小巧的双脚紧抓住了钓索，在上面摇啊晃的。"这钓索很稳当，"老人对它说，"太稳当啦。夜里风息全无，你怎么会这样疲乏啊。鸟儿都怎么啦？"

因为有老鹰，他想，飞到海上来追捕它们。但是这话他没跟这鸟儿说，反正它也不懂他的话，而且很快就会知道老鹰的厉害。

"好好儿歇歇吧，小鸟，"他说，"然后投身进去，碰碰运气，像任何人或者鸟或者鱼那样。"

他靠说话来鼓劲，因为他的背脊在夜里变得僵直，眼下真痛得厉害。

"鸟儿，乐意的话就住在我家吧，"他说，"很抱歉，我不能趁眼下刮起小风的当儿，扯起帆来把你带回去。可是我总算有个朋友在一起了。"

就在这当儿，那鱼陡地一歪，把老人拖倒在船头上，要不是他撑住了身子，放出一段钓索，早把他拖到海里去了。钓索猛地一抽时，鸟儿飞走了，老人竟没有看到它飞走。

他用右手小心地摸摸钓索，发现手上正在淌血。

"这么说这鱼给什么东西弄伤了。"他说出声来，把钓索往回拉，看能不能叫鱼转回来。但是拉到快绷断的当儿，他就握稳了钓索，身子朝后倒，来抵消钓索上的那股拉力。

"你现在觉得痛了吧，鱼，"他说，"老实说，我也是如此啊。"

他掉头寻找那只小鸟，因为很乐意有它来作伴。鸟儿飞走了。

你没有待多久，老人想。但是你去的地方风浪较大，要飞到了岸上才平安。我怎么会让那鱼猛地一拉，划破了手？我一定是越来越笨了。要不，也许是因为只顾望着那只小鸟，想着它的事儿。现在我要关心自己的活儿，过后得把那金枪鱼吃下去，这样才不致没力气。

"但愿那孩子在这儿，并且我手边有点儿盐就好了。"他说出声来。

他把沉甸甸的钓索挪到左肩上，小心地跪下，在海水里洗手，把手在水里浸了一分多钟，注视着血液在水中漂开去，海水随着船的移动在他手上平稳地拍打着。

"它游得慢多了。"他说。

老人巴不得让他的手在这盐水中多浸一会儿，但害怕那鱼又陡地一歪，于是站起身，打叠起精神，举起那只手，朝着太阳。只不过被钓索勒了一下，割破了肉。然而正是手上最得用的地方。他知道需要这双手来干成这桩事，不喜欢还没动手就让手给割破。

"现在，"等手晒干了，他说，"我该吃小金枪鱼了。我可以用鱼钩把它钓过来，在这儿舒舒服服地吃。"

　　他跪下来，用鱼钩在船艄下找到了那条金枪鱼，小心不让它碰着那几卷钓索，把它钩到自己身边来。他又用左肩挎住了钓索，把左手和胳臂撑在座板上，从鱼钩上取下金枪鱼，再把鱼钩放回原处。他把一膝压在鱼身上，从它的脖颈竖割到尾部，割下一条条深红色的鱼肉。这些肉条的断面是楔形的，他从脊骨边开始割，直割到肚子边，他割下了六条，把它们摊在船头的木板上，在裤子上擦擦刀子，拎起鱼尾巴，把骨头扔在海里。

　　"我想我是吃不下一整条的，"他说，用刀子把一条鱼肉一切为二。他感到那钓索一直紧拉着，他的左手抽起筋来。这左手紧紧握住了粗钓索，他厌恶地朝它看着。

　　"这算什么手啊，"他说，"随你去抽筋吧。变成一只鸟爪吧。对你可不会有好处。"

　　快点，他想，望着斜向黑暗的深水里的钓索。快把它吃了，会使手有力气的。不能怪这只手不好，你跟这鱼已经打了好几个钟点的交道啦。不过你是能跟它周旋到底的。马上把金枪鱼吃了。

　　他拿起半条鱼肉，放在嘴里，慢慢地咀嚼。倒并不难吃。好好儿咀嚼，他想，把汁水都咽下去。如果加上一点儿酸橙或者柠檬或者盐，味道可不会坏。

　　"手啊，你感觉怎么样？"他问那只抽筋的手，它僵直得几乎跟死尸一般，"我为了你再吃一点儿。"他吃着他切成两段的那条鱼肉的另外一半。他细细地咀嚼，然后把鱼皮吐出来。

　　"觉得怎么样，手？或者现在还答不上来？"他拿起一整条鱼肉，咀嚼起来。

　　"这是条壮实而血气旺盛的鱼，"他想，"我运气好，捉到了它，而不是条鲯鳅。鲯鳅太甜了。这鱼简直一点也不甜，元气还都保存着。"

　　然而最有道理的还是讲究实用，他想。但愿我有点儿盐。我还不知道太阳会不会把剩下的鱼肉给晒坏或者晒干，所以最好把它们都吃了，尽管我并不饿。那鱼现在又平静又安稳。我把这些鱼肉统统吃了，就有充足的准备啦。

　　"耐心点吧，手，"他说，"我这样吃东西是为了你啊。"我巴望也能喂那条大鱼，他想。它是我的兄弟。可是我不得不把它弄死，我得保持精力来这样做。他认真地慢慢儿把那些楔形的鱼肉条全都吃了。

　　他直起腰来，把手在裤子上擦了擦。

　　"行了，"他说，"你可以放掉钓索了，手啊，我要单单用右臂来对付它，直到你不再胡闹。"他把左脚踩住刚才用左手攥着的粗钓索，身子朝后倒，用背部来承受那股拉力。"天主帮助我，让这抽筋快好吧，"他说，"因为我不知道这条鱼还要怎么着。"

　　不过它似乎很镇静，他想，而且在按着它的计划行动。可是它的计划是什么，他想。我的又是什么？我必须随机应变，拿我的计划来对付它的，因为它个儿这么大。如果它跳出水来，我能弄死它。但是它始终待在下面不上来。那我也就跟它奉陪到底。

　　他把那只抽筋的手在裤子上擦擦，想使手指松动松动。可是手张不开来。也许随着太阳出来它能张开，他想。也许等那些养人的生金枪鱼肉消化后，它能张开。如果我非靠这

第三单元　小说

只手不可，我要不惜任何代价把它张开。但是我眼下不愿硬把它张开。让它自行张开，自动恢复过来吧。我毕竟在昨夜把它使用得过度了，那时候不得不把各条钓索解开，系在一起。

他眺望着海面，发觉他此刻是多么孤单。但是他可以看见漆黑的海水深处的彩虹七色、面前伸展着的钓索和那平静的海面上的微妙的波动。由于贸易风的吹刮，这时云块正在积聚起来，他朝前望去，见到一群野鸭在水面上飞，在天空的衬托下，身影刻画得很清楚，然后模糊起来，然后又清楚地刻画出来，于是他发觉，一个人在海上是永远不会感到孤单的。

他想到有些人乘小船驶到了望不见陆地的地方，会常得害怕。他明白在天气会突然变坏的那几月里，他们是有理由害怕的。可是如今正当刮飓风的月份，而不刮的时候，这些月份正是一年中天气最佳的时候。

如果将刮飓风，而你正在海上的话，你总能在好几天前就看见天上有种种迹象。人们在岸上可看不见，因为他们不知道该找什么，他想。陆地上一定也看得见异常的现象，那就是云的式样不同。但是眼前不会刮飓风。

他望望天空，看见一团团白色的积云，形状像一堆堆可人心意的冰淇淋，而在高高的上空，高爽的九月的天空衬托着一团团羽毛般的卷云。

"轻风，"他说，"这天气对我比对你更有利，鱼啊。"他的左手依然在抽筋，但他正在慢慢地把它张开。

我恨抽筋，他想。这是对自己身体的背叛行为。由于食物中毒而腹泻或者呕吐，是在别人面前丢脸。但是抽筋，在西班牙语中叫 calambre，是丢自己的脸，尤其是一个人独自待着的时候。

要是那孩子在这儿，他可以给我揉揉胳臂，从前臂一直往下揉，他想。不过这手总会松开的。

随后，他用右手去摸钓索，感到上面的分量变了，这才看见在水里的斜度也变了。跟着，他俯身朝着钓索，把左手啪地紧按在大腿上，看见倾斜的钓索在慢慢地向上升起。"它上来啦，"他说，"手啊，快点。请快一点。"

钓索慢慢儿稳稳上升，接着小船前面的海面鼓起来了，鱼出水了。它不停地往上冒，水从它身上向两边直泻。它在阳光里亮光光的，脑袋和背部呈深紫色，两侧的条纹在阳光里显得宽阔，带着淡紫色。它的长嘴像棒球棒那样长，逐渐变细，像一把轻剑，它把全身从头到尾都露出水面，然后像潜水员般滑溜地又钻进水去，老人看见它那大镰刀般的尾巴没入水里，钓索开始往外飞速溜去。

"它比这小船还长两英尺。"老人说。钓索朝水中溜得既快又稳，说明这鱼并没有受惊。老人设法用双手拉住钓索，用的力气刚好不致被鱼扯断。他明白，要是他没法用稳定的劲儿使鱼慢下来，它就会把钓索全部拖走，并且绷断。

它是条大鱼，我一定要制服它，他想。我一定不能让它明白它有多大的力气，明白如果飞逃的话，它能干出什么来。我要是它，我眼下就要使出浑身的力气，一直飞逃到什么东西绷断为止。但是感谢上帝它们没有我们这些要杀害它们的人聪明，尽管它们比我们高尚,更有能耐。

老人见过许多大鱼。他见过许多超过一千磅的,前半辈子也曾逮住过两条这么大的,不过从未独自一个人逮住过。现在正是独自一个人,看不见陆地的影子,却在跟一条比他曾见过、曾听说过的更大的鱼紧拴在一起,而他的左手依旧卷曲着,像紧抓着的鹰爪。

可是它就会复原的,他想。它当然会复原,来帮助我的右手。有三样东西是兄弟:那条鱼和我的两只手。这手一定会复原的。真可耻,它竟会抽筋。鱼又慢下来了,正用它惯常的速度游着。

弄不懂它为什么跳出水来,老人想。简直像是为了让我看看它个儿有多大才跳的。反正我现在是知道了,他想。但愿我也能让它看看我是个什么样的人。不过这一来它会看到这只抽筋的手了。让它以为我是个比现在的我更富有男子汉气概的人,我就能做到这一点。但愿我就是这条鱼,他想,使出它所有的力量,而要对付的仅仅是我的意志和我的智慧。

他舒舒服服地靠在木船舷上,忍受着袭来的痛楚感,那鱼稳定地游着,小船穿过深色的海水缓缓前进。随着东方吹来的风,海上起了小浪,到中午时分,老人那抽筋的左手复原了。

"这对你是坏消息,鱼啊。"他说,把钓索从披在他肩上的麻袋上挪了一下位置。

他感到舒服,但也很痛苦,然而他根本不承认是痛苦。

"我并不虔诚,"他说,"但是我愿意念十遍《天主经》和十遍《圣母经》,使我能逮住这条鱼,我还许下心愿,如果逮住了它,一定去朝拜科布莱的圣母。这是我许下的心愿。"他机械地念起祈祷文来。有些时候他太倦了,竟背不出祈祷文,他就念得特别快,使字句能顺口念出来。《圣母经》要比《天主经》容易念,他想。

"万福玛利亚,满被圣宠者,主与尔偕焉。女中尔为赞美,尔胎子耶稣,并为赞美。天主圣母玛利亚,为我等罪人,今祈天主,及我等死候。阿们。"然后他加上了两句:"万福童贞圣母,请您祈祷叫这鱼死去。虽然它是那么了不起。"

念完了祈祷文,他觉得舒坦多了,但依旧像刚才一样地痛,也许更厉害一点儿,于是他背靠在船头的木舷上,机械地活动起左手的手指。

此刻阳光很热了,尽管微风正在柔和地吹起。

"我还是把挑出在船艄的细钓丝重新装上钓饵的好,"他说,"如果那鱼打算在这里再过上一夜,我就需要再吃点东西,再说,水瓶里的水也不多了。我看这儿除了鲯鳅,也逮不到什么别的东西。但是,如果趁它新鲜的时候吃,味道不会差。我希望今夜有条飞鱼跳到船上来。可惜我没有灯光来引诱它。飞鱼生吃味道是呱呱叫的,而且不用把它切成小块。我眼下必须保存所有的精力。天啊,我当初不知道这鱼竟这么大。""可是我要把它宰了,"他说,"不管它多么了不起,多么神气。"

然而这是不公平的,他想。不过我要让它知道人有多少能耐,人能忍受多少磨难。

"我跟那孩子说过来着,我是个不同寻常的老头儿,"他说,"现在是证实这话的时候了。"

他已经证实过上千回了,这算不上什么。眼下他正要再证实一回。每一回都是重新开

始，他这样做的时候，从来不去想过去。

但愿它睡去，这样我也能睡去，梦见狮子，他想。为什么如今梦中主要只剩下了狮子？别想了，老头儿，他对自己说。眼下且轻轻地靠着木船舷歇息，什么都不要想。它正忙碌着。你越少忙碌越好。

时间已是下午，船依旧缓慢而稳定地移动着。不过这时东风给船增加了一份阻力，老人随着不大的海浪缓缓漂流，钓索勒在他背上的感觉变得舒适而温和些了。

下午有一回，钓索又升上来了。可是那鱼不过是在稍微高一点的平面上继续游着。太阳晒在老人的左胳臂和左肩和背脊上。所以他知道这鱼转向东北方了。

既然这鱼他看见过一回，他就能想象它在水里游的样子。它那翅膀般的胸鳍大张着，直竖的大尾巴划破黝黑的海水。不知道它在那样深的海里能看见多少东西，老人想。它的眼睛真大，马的眼睛要小得多，但在黑暗里看得见东西。从前我在黑暗里能看得很清楚。可不是在乌漆麻黑的地方。不过简直能像猫一样看东西。

阳光和他手指不断的活动，使他那抽筋的左手这时完全复原了，他就着手让它多负担点拉力，并且耸耸背上的肌肉，使勒索挪开一点儿，把痛处换个地方。

"你要是没累乏的话，鱼啊，"他说出声来，"那你真是不可思议啦。"

他这时感到非常疲乏，他知道夜色就要降临，所以竭力想些别的事儿。他想到棒球的两大联赛，就是他用西班牙语所说的 GranLigas，他知道纽约市的扬基队正在迎战底特律的老虎队。

这是联赛的第二天，可我不知道比赛的结果如何。但是我一定要有信心，一定要对得起那了不起的迪马吉奥[3]，他即使脚后跟长了骨刺，再疼痛，也能把一切做得十全十美。骨刺是什么玩意儿？他问自己。西班牙语叫做 unespuela-dehueso。我们没有这玩意儿。它痛起来跟斗鸡脚上装的距铁刺扎进人的脚后跟时一样厉害吗？我想我是忍受不了这种痛苦的，也不能像斗鸡那样，一只眼睛或两只被啄瞎后仍旧战斗下去。人跟伟大的鸟兽相比，真算不上什么。我还是情愿做那只待在黑暗的深水里的动物。

"除非有鲨鱼来，"他说出声来，"如果有鲨鱼来，愿天主怜悯它和我吧。"

你以为那了不起的迪马吉奥能守着一条鱼，像我守着这一条一样长久吗？他想。我相信他能，而且更长久，因为他年轻力壮。加上他父亲当过渔夫。不过骨刺会不会使他痛得太厉害？

"我说不上来，"他说出声来，"我从来没有长过骨刺。"

太阳落下去的时候，为了给自己增强信心，他回想起那回在卡萨布兰卡的一家酒店里，跟那个码头上力气最大的人，从西恩富戈斯[4]来的大个子黑人比手劲的光景。整整一天一夜，他们把手拐儿搁在桌面一道粉笔线上，胳膊朝上伸直，两只手紧握着。双方都竭力将对方的手使劲朝下压到桌面上。好多人在赌谁胜谁负，人们在室内的煤油灯下走出走进，他打量着黑人的胳膊和手，还有这黑人的脸。最初的八小时过后，他们每四小时换一个裁判员，好让裁判员轮流睡觉。他和黑人手上的指甲缝里都渗出血来，他们俩正视着彼此的眼睛，望着手和胳膊，打赌的人在屋里走出走进，坐在靠墙的高椅子上旁观。四壁漆着明亮的蓝色，是木制的板壁，几盏灯把他们的影子投射在墙上。黑人的影子非常大，随着微风吹动挂灯，这影子也在墙上移动着。

一整夜，赌注的比例来回变换着，人们把朗姆酒送到黑人嘴边，还替他点燃香烟。黑人喝了朗姆酒，就拼命地使出劲儿来，有一回把老人的手(他当时还不是个老人，而是"冠军"圣地亚哥)扳下去将近三英寸。但老人又把手扳回来，恢复势均力敌的局面。他当时确信自己能战胜这黑人，这黑人是个好样的，伟大的运动家。天亮时，打赌的人们要求当和局算了，裁判员摇头不同意，老人却使出浑身的力气来，硬是把黑人的手一点点朝下扳，直到压在桌面上。这场比赛是在一个礼拜天的早上开始的，直到礼拜一早上才结束。好多打赌的人要求算是和局，因为他们得上码头去干活，把麻袋装的糖装上船，或者上哈瓦那煤行去工作。要不然人人都会要求比赛到底的。但是他反正把它结束了，而且赶在任何人上工之前。

此后好一阵子，人人都管他叫"冠军"，第二年春天又举行了一场比赛。不过打赌的数目不大，他很容易就赢了，因为他在第一场比赛中打垮了那个西恩富戈斯来的黑人的自信心。此后，他又比赛过几次，以后就此不比赛了。他认为如果一心想要做到的话，他能够打败任何人，他还认为，这对他要用来钓鱼的右手有害。他曾尝试用左手作了几次练习赛。但是他的左手一向背叛他，不愿听他的吩咐行动，他不信任它。

这会儿太阳就会把手好好晒干的，他想。它不会再抽筋了，除非夜里太冷。不知道这一夜会发生什么事。

一架飞机在他头上飞过，正循着航线飞向迈阿密，他看着它的影子惊起成群成群的飞鱼。

"有这么多的飞鱼，这里该有鲯鳅。"他说，带着钓索倒身向后靠，看能不能把那鱼拉过来一点儿。但是不行，钓索照样紧绷着，上面抖动着水珠，都快绷断了。船缓缓地前进，他紧盯着飞机，直到看不见为止。

坐在飞机里一定感觉很怪，他想。不知道从那么高的地方朝下望，海是什么样子？要不是飞得太高，他们一定能清楚地看到这条鱼。我希望在两百英寻的高度飞得极慢极慢，从空中看鱼。在捕海龟的船上，我待在桅顶横桁上，即使从那样的高度也能看到不少东西。从那里朝下望，鲯鳅的颜色更绿，你能看清它们身上的条纹和紫色斑点，你可以看见它们整整一群在游水。怎么搞的，凡是在深暗的水流中游得很快的鱼都有紫色的背脊，一般还有紫色条纹或斑点？鲯鳅在水里当然看上去是绿色的，因为它们实在是金黄色的。但是当它们饿得慌，想吃东西的时候，身子两侧就会出现紫色条纹，像大马林鱼那样。是因为愤怒，还是游得太快，才使这些条纹显露出来的呢？

就在断黑之前，老人和船经过好大一片马尾藻，它在风浪很小的海面上动荡着，仿佛海洋正同什么东西在一条黄色的毯子下做爱，这时候，他那根细钓丝给一条鲯鳅咬住了。他第一次看见它是在它跃出水面的当儿，在最后一线阳光中确实像金子一般，在空中弯起身子，疯狂地扑打着。它惊慌得一次次跃出水面，像在做杂技表演，他呢，慢慢地挪动身子，回到船艄蹲下，用右手和右胳臂攥住那根粗钓索，用左手把鲯鳅往回拉，每收回一段钓丝，就用光着的左脚踩住。等到这条带紫色斑点的金光灿烂的鱼给拉到了船艄边，绝望地左右乱窜乱跳时，老人探出身去，把它拎到船艄上。它的嘴被钓钩挂住了，抽搐地动

第三单元 小说

着,急促地连连咬着钓钩,还用它那长而扁的身体、尾巴和脑袋拍打着船底,直到他用木棍打了一下它的金光闪亮的脑袋,它才抖了一下,不动了。

老人把钓钩从鱼嘴里拔出来,重新安上一条沙丁鱼作饵,把它甩进海里。然后他挪动身子慢慢地回到船头。他洗了左手,在裤腿上擦干。然后他把那根粗钓索从右手挪到左手,在海里洗着右手,同时望着太阳沉到海里,还望着那根斜入水中的粗钓索。

"那鱼还是老样子,一点儿也没变。"他说。但是他注视着海水如何拍打在他手上,发觉船走得显然慢些了。

"我来把这两支桨交叉绑在船艄,这样在夜里能使它慢下来,"他说,"它能熬夜,我也能。"

最好稍等一会儿再把这鲯鳅开膛剖肚,这样可以让鲜血留在鱼肉里,他想。我可以迟一会儿再干,眼下且把桨扎起来,在水里拖着,增加阻力。眼下还是让鱼安静些的好,在日落时分别去过分惊动它。对所有的鱼来说,太阳落下去的时分都是难熬的。

他把手举起来晾干了,然后攥住钓索,尽量放松身子,听任自己被拖向前去,身子贴在木船舷上,这样船承担的拉力和他自己承担的一样大,或者更大些。

我渐渐学会该怎么做了,他想。反正至少在这一方面是如此。再说,别忘了它咬饵以来还没吃过东西,而且它身子庞大,需要很多的食物。我已经把这整条金枪鱼吃了。明天我将吃那条鲯鳅。他管它叫"黄金鱼"。也许我该在把它开膛时吃上一点儿。它比那条金枪鱼要难吃些。不过话得说回来,没有一桩事是容易的。

"你觉得怎么样,鱼?"他开口问,"我觉得很好过,我左手已经好转了,我有够一夜和一个白天吃的食物。拖着这船吧,鱼。"

他并不真的觉得好过,因为钓索勒在背上疼痛得几乎超出了能忍痛的极限,进入了一种使他不放心的麻木状态。不过,比这更糟的事儿我也曾碰到过,他想。我一只手仅仅割破了一点儿,另一只手的抽筋已经好了。我的两腿都很管用。再说,眼下在食物方面我也比它占优势。

这时天黑了,因为在九月里,太阳一落,天马上就黑下来。他背靠着船头上给磨损的木板,尽量休息个够。第一批星星露面了,他不知道猎户座左脚那颗星[5]的名字,但是看到了它,就知道其他星星不久都要露面,他又有这些遥远的朋友来做伴了。

"这条鱼也是我的朋友,"他说出声来,"我从没看见过或听说过这样的鱼。不过我必须把它弄死。我很高兴,我们不必去弄死那些星星。"

想想看,如果人必须每天去弄死月亮,那该多糟,他想。月亮会逃走的。不过想想看,如果人必须每天去弄死太阳,那又怎么样?我们总算生来是幸运的,他想。

于是他替这条没东西吃的大鱼感到伤心,但是要杀死它的决心绝对没有因为替它伤心而减弱。它能供多少人吃啊,他想。可是他们配吃它吗?不配,当然不配。凭它的举止风度和它的高度的尊严来看,谁也不配吃它。

我不懂这些事儿,他想。可是我们不必去弄死太阳或月亮或星星,这是好事。在海上过日子,弄死我们自己真正的兄弟,已经够我们受的了。

现在,他想,我该考虑考虑那在水里拖着的障碍物了。这玩意儿有它的危险,也有它

的好处。如果鱼使劲地拉，造成阻力的那两把桨在原处不动，船不像从前那样轻的话，我可能会被鱼拖走好长的钓索，结果会让它跑了。保持船身轻，会延长我们双方的痛苦，但这是我的安全所在，因为这鱼能游得很快，这本领至今尚未使出过。不管出什么事，我必须把这鲯鳅开膛剖肚，免得坏掉，并且吃一点长长力气。

　　现在我要再歇一个钟点，等我感到鱼稳定了下来，才回到船艄去干这事，并决定对策。在这段时间里，我可以看它怎样行动，是否有什么变化。把那两把桨放在那儿是个好计策；不过已经到了该安全行事的时候。这鱼依旧很厉害。我看见过钓钩挂在它的嘴角，它把嘴闭得紧紧的。钓钩的折磨算不上什么。饥饿的折磨，加上还得对付它不了解的对手，才是天大的麻烦。歇歇吧，老家伙，让它去干它的事，等轮到该你干的时候再说。

　　他认为自己已经歇了两个钟点。月亮要等到很晚才爬上来，他没法判断时间。实在他并没有好好休息，只能说是多少歇了一会儿。他肩上依旧承受着鱼的拉力，不过他把左手按在船头的舷上，把对抗鱼的拉力的任务越来越让小船本身来承担了。

　　要是能把钓索拴住，那事情会变得多简单啊，他想。可是只消鱼稍微歪一歪，就能把钓索绷断。我必须用自己的身子来缓冲这钓索的拉力，随时准备用双手放出钓索。

　　"不过你还没睡觉呢，老头儿，"他说出声来，"已经熬过了半个白天和一夜，现在又是一个白天，可你一直没睡觉。你必须想个办法，趁鱼安静稳定的时候睡上一会儿。如果你不睡觉，你会搞得脑筋糊涂起来。"

　　我脑筋够清醒的，他想。太清醒啦。我跟星星一样清醒，它们是我的兄弟。不过我还是必须睡觉。它们睡觉，月亮和太阳都睡觉，连海洋有时候也睡觉，那是在某些没有激浪，平静无波的日子里。

　　可别忘了睡觉，他想。强迫你自己睡觉，想出些简单而稳妥的办法来安排那根钓索。现在回到船艄去处理那条鲯鳅吧。如果你一定要睡觉的话，把桨绑起来拖在水里可就太危险啦。

　　我不睡觉也能行，他对自己说。不过这太危险啦。他用双手双膝爬回船艄，小心避免猛地惊动那条鱼。它也许正半睡半醒的，他想。可是我不想让它休息。必须要它拖曳着一直到死去。

　　回到了船艄，他转身让左手攥住紧勒在肩上的钓索，用右手从刀鞘中拔出刀子。星星这时很明亮，他清楚地看见那条鲯鳅，就把刀刃扎进它的头部，把它从船艄下拉出来。他用一只脚踩在鱼身上，从肛门朝上，倏的一刀直剖到它下颌的尖端。然后他放下刀子，用右手掏出内脏，掏干净了，把鳃也干脆拉下了。他觉得鱼胃在手里重甸甸、滑溜溜的，就把它剖开来。里面有两条小飞鱼。它们还很新鲜、坚实，他把它们并排放下，把内脏和鱼鳃从船艄扔进水中。它们沉下去时，在水中拖着一道磷光。鲯鳅是冰冷的，这时在星光里显得像麻风病患者般灰白，老人用右脚踩住鱼头，剥下鱼身上一边的皮。他然后把鱼翻转过来，剥掉另一边的皮，把鱼身两边的肉从头到尾割下来。

　　他把鱼骨悄悄地丢到舷外，注意看它是不是在水里打转。但是只看到它慢慢沉下时的磷光。跟着他转过身来，把两条飞鱼夹在那两片鱼肉中间，把刀子插进刀鞘，慢慢儿挪动身子，回到船头。他被钓索上的分量拉得弯了腰，右手拿着鱼肉。

第三单元 小说

回到船头后,他把两爿鱼肉摊在船板上,旁边搁着飞鱼。然后他把勒在肩上的钓索换一个地方,又用左手攥住了钓索,手搁在船舷上。接着他靠在船舷上,把飞鱼在水里洗洗,留意着水冲击在他手上的速度。他的手因为剥了鱼皮而发出磷光,他仔细察看水流怎样冲击他的手。水流并不那么有力了,当他把手的侧面在小船船板上擦着的时候,星星点点的磷质漂浮开来,慢慢朝船艄漂去。

"它越来越累了,要不就是在休息,"老人说,"现在我来把这鲼鳅全吃了,休息一下,睡一会儿吧。"

在星光下,在越来越冷的夜色里,他把一爿鱼肉吃了一半,还吃了一条已经挖去了内脏、切掉了脑袋的飞鱼。"鲼鳅煮熟了吃味道多鲜美啊,"他说,"生吃可难吃死了。以后不带盐或酸橙,我绝对不再乘船了。"

如果我有头脑,我会整天把海水瓶挂在船头上,等它干了就会有盐了,他想。不过话得说回来,我是直到太阳快落山时才钓到这条鲼鳅的。但毕竟是准备工作做得不足。然而我把它全细细咀嚼后吃下去了,没有恶心作呕。

东方天空中云越来越多,他认识的星星一颗颗地不见了。眼下仿佛他正驶进一个云彩的大峡谷,风已经停了。

"三四天内会有坏天气,"他说,"但是今晚和明天还不要紧。现在来安排一下,老家伙,睡它一会儿,趁这鱼正安静而稳定的时候。"

他把钓索紧握在右手里,然后拿大腿抵住了右手,把全身的重量压在船头的木板上。跟着他把勒在肩上的钓索移下一点儿,用左手撑住了钓索。

只要钓索给撑紧着,我的右手就能握住它,他想。如果我睡着时它松了,朝外溜去,我的左手会把我弄醒的。这对右手是很吃重的。但是它是吃惯了苦的。哪怕我能睡上二十分钟或者半个钟点,也是好的。他朝前把整个身子夹住钓索,把全身的重量放在右手上,于是他入睡了。

他没有梦见狮子,却梦见了一大群海豚,伸展八到十英里长,这时正是它们交配的季节,它们会高高地跳到半空中,然后掉回到它们跳跃时在水里形成的水涡里。

接着他梦见他在村子里,躺在自己的床上,正在刮北风,他感到很冷,他的右臂麻木了,因为他的头枕在它上面,而不是枕头上。

在这以后,他梦见那道长长的黄色海滩,看见第一头狮子在傍晚时分来到海滩上,接着其他狮子也来了,于是他把下巴搁在船头的木板上,船抛下了锚停泊在那里,晚风吹向海面,他等着看有没有更多的狮子来,感到很快乐。

月亮升起有好久了,可他只顾睡着,鱼平稳地向前拖着,船驶进云彩的峡谷里。

他的右拳猛的朝他的脸撞去,钓索火辣辣地从他右手里溜出去,他惊醒过来了。他的左手失去了知觉,他就用右手拼命拉住了钓索,但它还是一个劲儿地朝外溜。他的左手终于抓住了钓索,他仰着身子把钓索朝后拉,这一来钓索火辣辣地勒着他的背脊和左手,这左手承受了全部的拉力,给勒得好痛。他回头望望那些钓索卷儿,它们正在滑溜地放出钓索。正在这当儿,鱼跳起来了,使海面大大地迸裂开来,然后沉重地掉下去。接着它跳了一次又一次,船走得很快,然而钓索依旧飞也似地向外溜,老人把它拉紧到就快绷断的程度，他一次次把它拉紧到就快绷断的程度。他被拉得紧靠在船头上，脸庞贴在那片切下的鲼鳅肉上，他没法动弹。我们等着的事儿发生啦，他想。我们来对付它吧。

让它为了拖钓索付出代价吧，他想。让它为了这个付出代价吧。

他看不见鱼的跳跃，只听得见海面的迸裂声，和鱼掉下时沉重的水花飞溅声。飞快地朝外溜的钓索把他的手勒得好痛，但是他一直知道这事迟早会发生，就设法让钓索勒在起老茧的部位，不让它滑到掌心或者勒在手指头上。

如果那孩子在这儿，他会用水打湿这些钓索卷儿，他想。是啊。如果孩子在这儿。如果孩子在这儿。

钓索朝外溜着，溜着，溜着，不过这时越来越慢了，他正在让鱼每拖走一英寸都得付出代价。现在他从木船板上抬起头来，不再贴在那片被他脸颊压烂的鱼肉上了。然后他跪着，然后慢慢儿站起身来。他正在放出钓索，然而越来越慢了。他把身子慢慢挪到可以用脚碰到那一卷卷他看不见的钓索的地方。钓索还有很多，现在这鱼不得不在水里拖着这许多摩擦力大的新钓索了。

是啊，他想。到这时它已经跳了不止十二次，把沿着背脊的那些液囊装满了空气，所以没法沉到深水中，在那儿死去，使我没法把它捞上来。它不久就会转起圈子来，那时我一定想法对付它。不知道它怎么会这么突然地跳起来的。敢情饥饿使它不顾死活了，还是在夜间被什么东西吓着了？也许它突然感到害怕了。不过它是一条那样沉着、健壮的鱼，似乎是毫无畏惧而信心十足的。这很奇怪。

"你最好自己也毫无畏惧而信心十足，老家伙。"他说。

"你又把它拖住了，可是你没法收回钓索。不过它马上就得打转了。"

老人这时用他的左手和肩膀拽住了它，弯下身去，用右手舀水洗掉粘在脸上的压烂的鲼鳅肉。他怕这肉会使他恶心，弄得他呕吐，丧失力气。擦干净了脸，他把右手在船舷外的水里洗洗，然后让它泡在这盐水里，一面注视着日出前的第一线曙光。它几乎是朝正东方走的，他想。这表明它疲乏了，随着潮流走。它马上就得打转了。那时我们才真正开始干啦。等他觉得把右手在水里泡的时间够长了，他把它拿出水来，朝它瞧着。

"情况不坏，"他说，"疼痛对一条汉子来说，算不上什么。"

他小心地攥着钓索，使它不致嵌进新勒破的任何一道伤痕，把身子挪到小船的另一边，这样他能把左手伸进海里。

"你这没用的东西，总算干得还不坏。"他对他的左手说。

"可是曾经有一会儿，我得不到你的帮助。"

为什么我不生下来就有两只好手呢？他想。也许是我自己的过错，没有好好儿训练这只手。可是天知道它曾有过够多的学习机会。然而它今天夜里干得还不错，仅仅抽了一回筋。要是它再抽筋，就让这钓索把它勒断吧。

他想到这里，明白自己的头脑不怎么清醒了，他想起应该再吃一点鲼鳅。可是我不能，他对自己说。情愿头昏目眩，也不能因恶心欲吐而丧失力气。我还知道吃了胃里也搁不住，因为我的脸曾经压在它上面。我要把它留下以防万一，直到它腐臭了为止。不过要想靠营养来增强力气，如今已经太晚了。你真蠢，他对自己说。把另外那条飞鱼吃了吧。

第三单元　小说

它就在那儿，已经洗干净，就可以吃了，他就用左手把它捡起，吃起来，细细咀嚼着鱼骨，从头到尾全都吃了。

它几乎比什么鱼都更富有营养，他想。至少能给我所需要的那种力气。我如今已经做到了我能做到的一切，他想。让这鱼打起转来，就来交锋吧。

自从他出海以来，这是第三次出太阳，这时鱼打起转来了。

他根据钓索的斜度还看不出鱼在打转。这为时尚早。他仅仅感觉到钓索上的拉力微微减少了一些，就开始用右手轻轻朝里拉。钓索像往常那样绷紧了，可是拉到快绷断的当儿，却渐渐可以回收了。他把钓索从肩膀和头上卸下来，动手平稳而和缓地回收钓索。他用两只手大幅度地一把把拉着，尽量使出全身和双腿的力气来拉。他一把把地拉着，两条老迈的腿儿和肩膀跟着转动。

"这圈子可真大，"他说，"它可总算在打转啦。"

跟着钓索就此收不回来了，他紧紧拉着，竟看见水珠儿在阳光里从钓索上迸出来。随后钓索开始往外溜了，老人跪下了，老大不愿地让它又渐渐回进深暗的水中。

"它正绕到圈子的对面去了。"他说。我一定要拼命拉紧，他想。拉紧了，它兜的圈子就会一次比一次小。也许一个钟点内我就能见到它。我眼下一定要稳住它，过后我一定要弄死它。

但是这鱼只顾慢慢地打着转，两小时后，老人浑身汗湿，疲乏得入骨了。不过这时圈子已经小得多了，而且根据钓索的斜度，他能看出鱼一边游一边在不断地上升。

老人看见眼前有些黑点子，已经有一个钟点了，汗水中的盐分沤着他的眼睛，沤着眼睛上方和脑门上的伤口。他不怕那些黑点子。他这么紧张地拉着钓索，出现黑点子是正常的现象。但是他已有两回感到头昏目眩，这叫他担心。

"我不能让自己垮下去，就这样死在一条鱼的手里，"他说，"既然我已经叫它这样漂亮地过来了，求天主帮助我熬下去吧。我要念一百遍《天主经》和一百遍《圣母经》。不过眼下还不能念。"

就算这些已经念过了吧，他想。我过后会念的。

就在这当儿，他觉得自己双手攥住的钓索突然给撞击、拉扯了一下。来势很猛，有一种强劲的感觉，很是沉重。

它正用它的长嘴撞击着铁丝导线，他想。这是免不了的。它不能不这样干。然而这一来也许会使它跳起来，我可是情愿它眼下继续打转的。它必须跳出水面来呼吸空气。但是每跳一次，钓钩造成的伤口就会裂得大一些，它可能把钓钩甩掉。"别跳，鱼啊，"他说，"别跳啦。"

鱼又撞击了铁丝导线好几次，它每次一甩头，老人就放出一些钓索。

我必须让它的疼痛老是在一处地方，他想。我的疼痛不要紧。我能控制。但是它的疼痛能使它发疯。

过了片刻，鱼不再撞击铁丝，又慢慢地打起转来。老人这时正不停地收进钓索。可是他又感到头晕了。他用左手舀了些海水，洒在脑袋上。然后他再洒了点，在脖颈上揉擦着。

"我没抽筋，"他说，"它马上就会冒出水来，我熬得住。你非熬下去不可。连提也别再提了吧。"

他靠着船头跪下，暂时又把钓索挎在背上。我眼下要趁它朝外兜圈子的时候歇一下，等它兜回来的时候再站起身来对付它，他这样下了决心。

他巴不得在船头上歇一下，让鱼自顾自兜一个圈子，并不回收一点钓索。但是等到钓索松动了一点，表明鱼已经转身在朝小船游回来，老人就站起身来，开始那种左右转动交替拉曳的动作，他的钓索全是这样收回来的。

我从来没有这样疲乏过，他想，而现在刮起贸易风来了。但是正好靠它来把这鱼拖回去。我多需要这风啊。

"等它下一趟朝外兜圈子的时候，我要歇一下。"他说。

"我觉得好过多了。再兜两三圈，我就能逮住它。"他的草帽被推到后脑勺上去了，他感到鱼在转身，随着钓索一扯，他在船头上一屁股坐下了。

你现在忙你的吧，鱼啊，他想。你转身时我再来对付你。海浪大了不少。不过这是晴天吹的微风，他得靠它才能回去。

"我只消朝西南航行就成，"他说，"人在海上是决不会迷路的，何况这是个长长的岛屿[6]。"

鱼兜到第三圈，他才第一次看见它。

他起先看见的是一个黑乎乎的影子，它需要那么长的时间从船底下经过，他简直不相信它有这么长。

"不能，"他说，"它哪能这么大啊。"

但是它当真有这么大，这一圈兜到末了，它冒出水来，只有三十码远，老人看见它的尾巴露出在水面上。这尾巴比一把大镰刀的刀刃更高，是极淡的浅紫色，竖在深蓝色的海面上。它朝后倾斜着，鱼在水面下游的时候，老人看得见它庞大的身躯和周身的紫色条纹。它的脊鳍朝下耷拉着，巨大的胸鳍大张着。

这回鱼兜圈子回来时，老人看见它的眼睛和绕着它游的两条灰色的乳鱼。它们有时候依附在它身上。有时候倏地游开去。有时候会在它的阴影里自在地游着。它们每条都有三英尺多长，游得快时全身猛烈地甩动着，像鳗鱼一般。

老人这时在冒汗，但不光是因为晒了太阳，还有别的原因。鱼每回沉着、平静地拐回来时，他总收回一点钓索，所以他确信再兜上两个圈子，就能有机会把鱼叉扎进去了。

可是我必须把它拉得极近，极近，极近，他想。我千万不能扎它的脑袋。我该扎进它的心脏。

"要沉着，要有力，老头儿。"他说。

又兜了一圈，鱼的背脊露出来了，不过它离小船还是太远了一点。再兜了一圈，还是太远，但是它露出在水面上比较高些了，老人深信，再收回一些钓索，就可以把它拉到船边来。

他早就把鱼叉准备停当，叉上的那卷细绳子给搁在一只圆筐内，一端紧系在船头的系

第三单元 小说

缆柱上。

这时鱼正兜了一个圈子回来，既沉着又美丽，只有它的大尾巴在动。老人竭尽全力把它拉得近些。有那么一会儿，鱼的身子倾斜了一点儿。然后它竖直了身子，又兜起圈子来。

"我把它拉动了，"老人说，"我刚才把它拉动了。"

他又感到头晕，可是他竭尽全力拽住了那条大鱼。我把它拉动了，他想。也许这一回我能把它拉过来。拉呀，手啊，他想。站稳了，腿儿。为了我熬下去吧，头。为了我熬下去吧。你从没晕倒过。这一回我要把它拉过来。

但是，等他把浑身的力气都使出来，趁鱼还没来到船边，还很远时就动手了，使出全力拉着，那鱼却侧过一半身子，然后竖直了身子游开去。

"鱼啊，"老人说，"鱼，你反正是死定了。难道你非得把我也害死吗？"

照这样下去是会一事无成的，他想。他嘴里干得说不出话来，但是此刻他不能伸手去拿水来喝。我这一回必须把它拉到船边来，他想。它再多兜几圈，我就不行了。不，你行的，他对自己说。你永远行的。在兜下一圈时，他差一点把它拉了过来。可是这鱼又竖直了身子，慢慢地游走了。

你要把我害死啦，鱼啊，老人想。不过你有权利这样做。我从没见过比你更庞大、更美丽、更沉着或更崇高的东西，老弟。来，把我害死吧。我不在乎谁害死谁。

你现在头脑糊涂起来啦，他想。你必须保持头脑清醒。保持头脑清醒，要像个男子汉，懂得怎样忍受痛苦。或者像一条鱼那样，他想。

"清醒过来吧，头，"他用自己也简直听不见的声音说，"清醒过来吧。"

鱼又兜了两圈，还是老样子。

我弄不懂，老人想。每一回他都觉得自己快要垮了。我弄不懂。但我还要试一下。

他又试了一下，等他把鱼拉得转过来时，他感到自己要垮了。那鱼竖直了身子，又慢慢地游开去，大尾巴在海面上摇摆着。

我还要试一下，老人对自己许愿，尽管他的双手这时已经软弱无力，眼睛也不好使，只看得见间歇的一起一落。

他又试了一下，又是同样情形。原来如此，他想，还没动手就感到要垮下来了，我还要再试一下。

他忍住了一切痛楚，拿出剩余的力气和丧失已久的自傲，用来对付这鱼的痛苦挣扎，于是它游到了他的身边，在他身边斯文地游着，它的嘴几乎碰着了小船的船壳板，它开始在船边游过去，身子又长，又高，又宽，银色底上有着紫色条纹，在水里看来长得无穷无尽。

老人放下钓索，一脚踩住了，把鱼叉举得尽可能地高，使出全身的力气，加上他刚才鼓起的力气，把它朝下直扎进鱼身的一边，就在大胸鳍后面一点儿的地方，这胸鳍高高地竖立着，高齐老人的胸膛。他感到那铁叉扎了进去，就把身子倚在上面，把它扎得更深一点，再用全身的重量把它压下去。

于是那鱼闹腾起来，尽管死到临头了，它仍从水中高高跳起，把它那惊人的长度和宽度，它的力量和美，全都暴露无遗。它仿佛悬在空中，就在小船中老人的头顶上空。然后，它砰的一声掉在水里，浪花溅了老人一身，溅了一船。

老人感到头晕，恶心，看不大清楚东西。然而他放松了鱼叉上的绳子，让它从他划破了皮的双手之间慢慢地溜出去，等他的眼睛好使了，他看见那鱼仰天躺着，银色的肚皮朝上。鱼叉的柄从鱼的肩部斜截出来，海水被它心脏里流出的鲜血染红了。起先，这摊血黑魆魆的，如同这一英里多深的蓝色海水中的一块礁石。然后它像云彩般扩散开来。那鱼是银色的，一动不动地随着波浪浮动着。

老人用他偶尔看得清的眼睛仔细望着。接着他把鱼叉上的绳子在船头的系缆柱上绕了两圈，然后把脑袋搁在双手上。

"让我的头脑保持清醒吧，"他靠在船头的木板上说，"我是个疲乏的老头儿。可是我杀死了这条鱼，它是我的兄弟，现在我得去干辛苦的活儿了。"

现在我得准备好套索和绳子，把它绑在船边，他想。即使我这里有两个人，把船装满了水来把它拉上船，然后把水舀掉，这条小船也绝对容不下它。我得做好一切准备，然后把它拖过来，好好绑住，竖起桅杆，张起帆驶回去。

(吴劳译)

【注释】

[1] 本文选自上海译文出版社 2004 年版《海明威文集——老人与海》，[美]欧内斯特·米勒尔·海明威著，吴劳译。

[2] 卡塔卢尼亚：西班牙古地区名，包括今东北部四省。

[3] 迪马吉奥：迪马吉奥脚踵上的骨刺虽然通过手术割去，但后来有时仍有疼痛的感觉。

[4] 西恩富戈斯：位于哈瓦那东南，是古巴中部滨加勒比海的优良港口。

[5] 那颗星：原文为 Rigel，我国天文学称之为参宿七，光度极亮。

[6] 岛屿：指古巴这个东西向的大岛。

【题解】

《老人与海》写古巴老渔夫圣地亚哥在连续 84 天没捕到鱼的情况下，终于独自钓上了一条大马林鱼。但这鱼实在太大，把他的小船在海上拖了 3 天才筋疲力尽，最终被他杀死，绑在小船的一边。在归程中，这条鱼一再遭到鲨鱼的袭击，最后回港时只剩鱼头、鱼尾和一条脊骨。这虽然是一个故事简单、篇幅不大的作品，但含义丰富，是一部寓意深远的古典悲剧式的小说，也是一支感人至深的英雄主义赞歌。节选部分着重描写了老人与大马林鱼的斗争。

【思考练习题】

1. 分析老人梦境的象征意义。
2. 文中的大量独白起到什么作用？
3. 结合海明威塑造的"硬汉子"形象，体会小说的深刻意蕴。

第三单元 小说

米龙老爹[1]

莫泊桑

莫泊桑(1850—1893),19 世纪后半期法国优秀的批判现实主义作家。生于法国上诺曼府滨海塞纳省耶普城的一个没落贵族家庭。1870 年普法战争爆发,应征入伍。退伍后,先后在海军部和教育部任职,同时拜母亲的好友、著名作家福楼拜为师,刻苦学习写作。1880 年,以《羊脂球》独占鳌头,一鸣惊人。此后 10 年内,莫泊桑共写作短篇小说 300 多篇、长篇小说 6 部、游记 3 本以及许多文学评论和政论文章。1893 年 7 月 6 日因精神病严重发作去世。

莫泊桑的短篇小说代表作有《羊脂球》《一家人》《我的叔叔于勒》《米龙老爹》《两个朋友》《项链》等。莫泊桑的长篇小说具有比较高的成就。他共创作了 6 部长篇:《一生》《俊友》(又译《漂亮朋友》)、《温泉》《皮埃尔和若望》《像死一般坚强》和《我们的心》。他的短篇小说以笔触细腻、章法多变、舒展自如、自成一体而享誉世界,他因此与欧·亨利、契诃夫一起被誉为"世界三大短篇小说巨匠"。

一个月以来,烈日在田地上展开了炙人的火焰。喜笑颜开的生活都在这种火雨下面出现了,绿油油的田野一望无际,蔚蓝的天色一直和地平线相接。那些在平原上四处散布的诺曼底省的田庄,在远处看来像是一些围在细而长的山毛榉树的圈子里的小树林子。然而走到跟前,等到有人打开了天井边的那扇被虫蛀坏的栅栏门,却自信是看见了一个广阔无边的花园,因为所有那些像农夫的躯体一样骨干嶙峋的古老苹果树正都开着花。乌黑钩曲的老树干在天井里排列成行,在天空之下展开它们那些雪白而且粉红的光彩照人的圆顶。花的香气和敞开的马房里的浓厚气味以及正在发酵的兽肥的蒸气混在一块儿——兽肥的上面歇满了成群的母鸡。

已经是日中了。那一家人正在门前的梨树的阴影下面吃午饭:男女家长,四个孩子,两个女长工和三个男长工。他们几乎没有说话。他们吃着菜羹,随后他们揭开了那盘做荤菜的马铃薯煨咸肉。

一个女长工不时立起身来,走到储藏饮食物品的房里,去斟满那只盛苹果酒的大罐子。

男人,年约四十的强健汉子,端详他房屋边的一枝赤裸裸的没有结实的葡萄藤,它曲折得像一条蛇,在屋檐下面沿着墙伸展。

末了他说:"老爹这枝葡萄,今年发芽的时候并不迟,也许可以结果子了。"

妇人也回过头来端详,却一个字也不说。

那枝葡萄,正种在老爹从前被人枪决的地方。

那是一八七〇年打仗时候的事。普鲁士人占领了整个地方。法国的裴兑尔白将军正领着北军抵抗他们。

普军的参谋处正驻扎在这个田庄上。庄主是个年老的农人,名叫彼德的米龙老爹,竭力款待他们，安置他们。

一个月以来，普军的先头部队留在这个村落里做侦察工作。法军却在相距十法里内外一带地方静伏不动；然而每天夜晚，普兵总有好些骑兵失踪。

凡是那些分途到附近各处去巡逻的人，若是他们只是两三个成为一组出发的，都从没有转来过。

到早上，有人在一块地里，一个天井旁边，一条壕沟里，寻着了他们的尸首。至于他们的马也伸着腿倒在大路上，项颈被人一刀割开了。

这类的暗杀举动，仿佛是被一些同样的人干的，然而普兵没有法子破案。

地方上感到恐怖了。许多乡下人，每每因为一个简单的告发就被普兵枪决了，妇女们也被他们拘禁起来了，他们原来想用恐吓手段使儿童们有所透露，结果却什么也没有发现。

但是某一天早上，他们瞧见了米龙老爹躺在自己马房里，脸上有一道刀伤。

两个刺穿了肚子的普国骑兵在一个和这庄子相距三公里远的地方被人寻着了。其中的一个，手里还握着他那把血迹模糊的马刀。可见这一个是曾经格斗过的，自卫过的。

一场军事审判立刻在这庄子前面的露天里开庭了，那老头子被人带过来了。

他的年龄是六十八岁。身材矮瘦，脊梁是略带弯曲的，两只大手简直像一对蟹螯。一头稀疏得像是乳鸭羽绒样的乱发，头皮随处可见。项颈上的枯黄而起皱的皮肤显出好些粗的静脉管，一直延到腮骨边失踪却又在鬓脚边出现。在本地，他是一个以难于妥协和吝啬出名的人。

他们教他站在一张由厨房搬到外面的小桌子跟前，前后左右有四个普兵看守。五个军官和团长坐在他的对面。

团长用法国话发言了：

"米龙老爹，自从到了这里以后，我们对于您，除了夸奖以外真没有一句闲话。在我们看来，您对于我们始终是殷勤的，并且甚至可以说是很关心的。但是您今日却有一件很可怕的事被人告发了，自然非问个明白不成。您脸上带的那道伤是怎样来的呢？"

那个乡下人一个字也不回答。

团长接着又说：

"您现在不说话，这就定了您的罪，米龙老爹，但是我要您回答我，您听见没有？您知道今天早上在伽尔卫尔附近寻着的那两个骑兵是谁杀的吗？"

那老翁干脆地答道：

"是我。"

团长吃了一惊，缄默了一会，双眼盯着这个被逮捕的人了。米龙老爹用他那种乡下人发呆的神气安闲自在地待着，双眼如同向他那个教区的神父说话似的低着没有抬起来。唯可以看出他心里慌张的，就是他如同喉管完全被人扼住了一般，显而易见地在那儿不断地咽口水。

这老翁的一家人：儿子约翰，儿媳妇和两个孙子，都惊慌失措地立在他后面十步内外的地方。

第三单元 小说

团长接着又说：

"您可也知道这一月以来，每天早上，我们部队里那些被人在田里寻着的侦察兵是被谁杀了的吗？"

老翁用同样的乡愚式的安闲自在态度回答：

"是我。"

"全都是您杀的吗？"

"全都是，对呀，都是我。"

"您一个人？"

"我一个人。"

"您从前怎样着手干的，告诉我吧。"

这一回，那汉子现出了心焦的样子，因为事情非得多说话不可，这显然使他为难。他咬着嘴唇说：

"我现在哪儿还知道？我从前做的正同发现了的事一样。"

团长接着说：

"我通知您，您非全盘告诉我们不可。您很可以立刻就打定主意。您从前怎样开始的呢？"

那汉子向着他那些立在后面注意的家属不放心地瞧了一眼，又迟疑了一会儿，后来突然打定了主意：

"我记得那是某一天夜晚，你们到这里来的第二天夜晚，也许在十点钟光景。您和您的弟兄们，用过我二百五十多个金法郎的草料和一条牛、两只羊。我当时想道：他们就是接连再来拿我一百个，我一样要向他们讨回来。并且那时候我心上还有别样的盘算，等会儿我再对您说。我望见了你们有一个骑兵坐在我的仓后面的壕沟边抽烟斗。我取下了我的镰刀，蹑着脚从后面掩过去，使他听不见一点声音。蓦地一下，只有一下，我就如同割下一把小麦似的割下了他的脑袋，他当时连说一下'喔'的功夫都没有。您只须在水荡里去寻：您就会发现他和一块顶住栅栏门的石头一齐装在一只装煤的口袋里。"

"我那时就有了我的打算。我剥下了他全身的服装，从靴子剥到帽子，后来一齐送到了那个名叫马丁的树林子里的石灰窑的地道后面藏好。"

那老翁不做声了。那些感到惊惶的军官面面相觑了。后来讯问又开始了，下文就是他们所得的口供：

那汉子干了这次谋杀敌兵的勾当，心里就存着这个观念："杀些普鲁士人吧！"他像一个热忱爱国而又智勇兼备的农人一样憎恨他们。正如他说的一样，他是有他的打算的。他等了几天。

普军听凭他自由来去，随意出入，因为他对于战胜者的退让是用很多的服从和殷勤态度表示的，他并且由于和普兵常有往来学会了几句必要的德国话。现在，他每天傍晚总看见有些传令兵出发，他听明白那些骑兵要去的村落名称以后，就在某一个夜晚出门了。

他由他的天井里走出来，溜到了树林里，进了石灰窑，再钻到了窑里那条长地道的末端，最后在地上寻着了那个死兵的服装和配备，就把自己穿戴停当。

后来他在田里徘徊一阵，为了免得被人发觉，他沿着那些土坎子爬着走，他听见极小的声响，就像一个偷着打猎的人一样放心不下。

到他认为钟点已经到了的时候，于是向着大路前进，后来就躲在矮树丛里。他依然等着。末了，在夜半光景，一阵马蹄的"大走"[2]声音在路面的硬土上响起来了。为了判度前面来的是否只有一个单独的骑兵，这汉子先把耳朵贴在地上，随后他就准备起来。

骑兵带着一些紧要文件用"大走"步儿走过来了。那汉子睁眼张耳地走过去。等到相隔不过十来步，米龙老爹就横在大路上像受了伤似的爬着走，一面用德国话喊着："救命呀！救命呀！"骑兵勒住了马，认明白那是一个失了坐骑的德国兵，以为他是受了伤的，于是滚鞍下马，毫不疑虑地走近前来，他刚刚俯着身躯去看这个素不认识的人，肚皮当中却吃了米龙老爹的马刀的弯弯儿的长刃。他倒下来了，立刻死了，最后仅仅颤抖着挣扎了几下。

于是这个诺曼底人感到一种老农式的无声快乐因而心花怒放了，自己站起来了，并且为了闹着玩儿又割断了那尸首的头颈。随后他把尸首拖到壕沟边就扔在那里面。

那匹安静的马等候他的主人。米龙老爹骑了上去。教它用"大颠"[3]的步儿穿过平原走开了。

一小时以后，他又看见两个归营的骑兵并辔而来。他一直对准他们赶过去，又用德国话喊着："救人！救人"那两个普兵认明了军服，让他走近前来，绝没有一点疑忌。于是他，老翁，像弹丸一般在他们两人之间溜过去，一马刀一手枪，同时干翻了他们两个人。

随后他又宰了那两匹马，那都是德国马！然后从容地回到了石灰窑，把自己骑过的那匹马藏在那阴暗的地道中间。他在那里脱掉军服，重新披上了他自己那套破衣裳，末了回家爬到床上，一直睡到第二天早晨。

他有四天没有出门，等候那场业已开始侦查的公案的结束，但是，第五天，他又出去了，并且又用相同的计略杀了两个普兵。从此他不再住手了，每天夜晚，他总遛到外面去找机会，骑着马在月光下面驰过荒废无人的田地，时而在这里，时而在那里，如同一个迷路的德国骑兵，一个专门猎取人头的猎人似的，杀过了一些普鲁士人。每次，工作完了以后，这个年老的骑士任凭那些尸首横在大路上，自己却回到了石灰窑，藏起了自己的坐骑和军服。

第二天日中光景，他安闲地带些清水和草料去喂那匹藏在地道中间的马，为了要它担负重大的工作，他是不惜工本去喂它的。

但是，被审的前一天，那两个被他袭击的人，其中有一个有了戒备，并且在乡下老翁的脸上割了一刀。

然而他把那两个一齐杀死了！他依然又转来藏好了那匹马，换好了他的破衣裳，但是回家的时候，他衰弱得精疲力竭了，只能勉强拖着脚步走到了马房跟前，再也不能回到房子里。

有人在马房里发现了他浑身是血，躺在那些麦秸上面……

等到他口供完了之后，他突然抬起头来自负地瞧着那些普鲁士军官。

那团长抚弄着自己的髭须，向他问：

第三单元 小说

"您再没有旁的话要说吗?"

"没有。再也没有,账算清了:我一共杀了十六个,一个不多,一个不少。"

"您可知道自己快要死吗?"

"我没有向您要求赦免。"

"您当过兵吗?"

"当过,我从前打过仗。并且从前也就是你们杀了我的爹,他老人家是一世皇帝[4]的部下。我还应该算到上一个月,你们又在艾弗勒附近杀了我的小儿子法朗索阿。从前你们欠了我的账,现在我讨清楚了。我们现在是收支两讫。"

军官们彼此面面相觑了。

"八个算是替我的爹讨还了账。八个算是替我儿子讨还的。我们是收支两讫了。我本不要找你们惹事,我!我不认识你们!我也不知道你们是从哪儿来的。现在你们已经在我家里,并且要这样、要那样,像在你们自己家里一般。我如今在那些人身上复了仇。我一点也不后悔。"老翁接着又说。

老翁挺起了关节不良的脊梁,并且用一种谦卑的英雄态度在胸前叉起了两只胳膊。

那几个普鲁士人低声谈了好半天。其中有一个上尉,他也在上一个月有一个儿子阵亡,这时,他替这个志气高尚的穷汉辩护。

于是团长站起来走到米龙老爹身边,并且低声向他说:"听明白,老头儿,也许有个法子救您性命,就是要……"

但是那老翁绝不细听,向着战胜的军官竖直了两只眼睛,这时候,一阵微风搅动了他头颅上的那些稀少的头发,他那副带着刀伤的瘦脸儿突然大起收缩显出一副怕人的难看样子,他终于鼓起了他的胸膛,向那普鲁士人劈面唾了一些唾沫。

团长呆了,扬起一只手,而那汉子又向他脸上唾了第二次。

所有的军官都站起了,并且同时喊出了好些道命令。

不到一分钟,那个始终安闲自在的老翁被人推到了墙边,那时候他才向着他的长子约翰,他的儿媳妇和他的两个孙子微笑了一阵,他们都惶惑万分地望着他,他终于立刻被人枪决了。

(李青崖译)

【注释】

[1] 本文选自湖南文艺出版社 2001 年版《世界文学经典名著·莫泊桑短篇小说选》,[法]居伊·德·莫泊桑著,李青崖译。

[2] 大走:马同时用前后各一腿前进,术语叫"速步",又称"走";再就"走"的快慢,分为"大走"和"小走"。

[3] 大颠:马同时抬起两条前腿向前纵步,叫"颠",即快速向前纵步。

[4] 一世皇帝:指拿破仑一世。

【题解】

《米龙老爹》取材于普法战争,讲述的是老农民米龙老爹不甘敌人的野蛮侵略,勇敢

235

而巧妙地杀死 16 个普鲁士骑兵，最后从容就义的故事。作者通过这一故事，成功地刻画了一个机智勇敢、大义凛然的民族英雄形象，热情讴歌了法国人民的爱国主义精神。

【思考练习题】

1. 概括米龙老爹的性格特征。
2. 把握小说以第一人称与第三人称叙述方法交互使用的特点和作用。

一个陌生女人的来信[1]（节选）

茨 威 格

茨威格（1881—1942），奥地利著名作家、小说家、传记作家、文艺评论家。1881 年生于维也纳一个富裕的犹太工厂主家庭。青年时代在维也纳和柏林攻读哲学和文学，后去西欧、北非、印度、美洲等地游历。第一次世界大战爆发后，发表了反战剧本《耶雷米亚》。1938 年流亡英国，1941 年到达巴西。1942 年在孤寂与理想破灭的境况下与妻子双双自杀。

茨威格在诗、短论、小说、戏剧和人物传记写作方面均有过人的造诣，尤以小说和人物传记见长。他的作品有《三位大师》《罗曼·罗兰》《三个描摹自己生活的诗人》，中短篇小说集《最初的经历》《马来狂人》《恐惧》《一个陌生女人的来信》《情感的迷惘》《象棋的故事》，长篇小说《爱与同情》等。

我的儿子昨天死了——这也是你的儿子。亲爱的，这是那三夜销魂荡魄缱绻柔情的结晶，我向你发誓，人在死神的阴影笼罩之下是不会撒谎的。他是我俩的孩子，我向你发誓，因为自从我委身于你之后，一直到孩子离开我的身体，没有一个男子碰过我的身体。被你接触之后，我自己也觉得我的身体是神圣的，我怎么能把我的身体同时分赠给你和别的男人呢？你是我的一切，而别的男人只不过是我的生活中匆匆来去的过客。他是我俩的孩子，亲爱的，是我那心甘情愿的爱情和你那无忧无虑的、任意挥霍的、几乎是无意识的缱绻柔情的结晶，他是我俩的孩子，我们的儿子，我们唯一的孩子。你于是要问了——也许大吃一惊，也许只不过有些诧异——你要问了，亲爱的，这么多年漫长的岁月，我为什么一直把这孩子的事情瞒着你，直到今天才告诉你呢？此刻他躺在这里，在黑暗中沉睡，永远沉睡，准备离去，永远也不回来，永不回来！可是你叫我怎么能告诉你呢？像我这样一个女人，心甘情愿地和你过了三夜，不加反抗，可说是满心渴望地向你张开我的怀抱，像我这样一个匆匆邂逅的无名女人，你是永远、永远也不会相信，她会对你，对你这么一个不忠实的男人坚贞不渝的，你是永远也不会坦然无疑地承认这孩子是你的亲生之子的！即使我的话使你觉得这事似真非假，你也不可能完全消除这种隐蔽的怀疑；我见你有钱，企图把另一笔风流账转嫁在你的身上，硬说他是你的儿子。你会对我疑心，在你我之间会存在一片阴影，一片淡淡的怀疑的阴影。我不愿意这样。再说，我了解你；我对你十分了解，你自己对自己还没了解到这种地步；我知道你在恋爱之中只喜欢轻松愉快，无忧无虑，欢娱游戏，突然一下子当上了父亲，突然一下子得对另一个人的命运负责，你一定觉

第三单元 小说

得不是滋味。你这个只有在无拘无束自由自在的情况下才能呼吸生活的人，一定会觉得和我有了某种牵连。你一定会因为这种牵连而恨我——我知道，你会恨我的，会违背你自己清醒的意志恨我的。也许只不过几个小时，也许只不过短短几分钟，你会觉得我讨厌，觉得我可恨——而我是有自尊心的，我要你一辈子想到我的时候，心里没有忧愁。我宁可独自承担一切后果，也不愿变成你的一个累赘。我希望你想起我来，总是怀着爱情，怀着感激：在这点上，我愿意在你结交的所有的女人当中成为独一无二的一个。可是当然了，你从来也没有想过我，你已经把我忘得一干二净。

　　我不是责怪你，我的亲爱的，我不责怪你。如果有时候从我的笔端流露出一丝怨尤，那么请你原谅我吧！——我的孩子，我们的孩子死了，在摇曳不定的烛光映照下躺在那里；我冲着天主，握紧了拳头，曾大声叫屈于，我心情悲愁，感觉昏乱。请原谅我的怨诉，原谅我吧！我也知道，你心地善良，打心眼里乐于助人。你帮助每一个人，即便是素不相识的人来求你，你也给予帮助。可是你的善心好意是如此的奇特，它公开亮在每个人的面前，人人可取，要取多少取多少，你的善心好意广大无边，可是，请原谅，它是不爽快的。它要人家提醒，要人家自己去拿。你只有在人家向你求援、向你恳求的时候，你才帮助别人，你帮助人家是出于害羞、出于软弱，而不是出于心愿。让我坦率地跟你说吧，在你眼里，困厄苦难中的人们，不见得比你快乐幸福中的兄弟更加可爱。像你这种类型的人，即使是其中心地最善良的人，求他们的帮助也是很难的。有一次，我还是个孩子，我通过窥视孔看见有个乞丐拉你的门铃，你给了他一些钱。他还没开口，你就很快把钱给了他，可是你给他钱的时候，有某种害怕的神气，而且相当匆忙，巴不得他马上走，仿佛你怕正视他的眼睛似的。你帮助人家的时候表现出来的惶惶不安、羞怯腼腆、怕人感谢的样子，我永远也忘不了。所以我从来也不去找你。不错，我知道，你当时是会帮助我的，即使不能确定，这是你的孩子，你也会帮助我的。你会安慰我，给我钱，给我一大笔钱，可是总会带着那种暗暗的焦躁不耐的情绪，想把这桩麻烦事情从身边推开。是啊，我相信，你甚至会劝我及时把孩子打掉。我最害怕的莫过于此了——因为只要你要求，我什么事情不会去干呢！我怎么可能拒绝你的任何请求呢！而这孩子可是我的命根子，因为他是你的骨肉啊，他又是你，又不再是你。你这个幸福的无忧无虑的人，我一直不能把你留住，我想，现在你永远交给我了，禁锢在我身体里，和我的生命连在一起。这下子我终于把你抓住了，我可以在我的血管里感觉到你在生长，你的生命在生长，我可以哺育你、喂养你、爱抚你、亲吻你，只要我的心灵有这样的渴望。你瞧，亲爱的正因为如此，我一知道我怀了一个你的孩子，我便感到如此的幸福，正因为如此，我才把这件事瞒着你：这下你再也不会从我身边溜走了。

　　当然，亲爱的，这些日子并不是我脑子里预先感觉的那样，尽是些幸福的时光，也有几个月充满了恐怖和苦难，充满了对人们的卑劣的憎恶。我的日子很不好过。临产前几个月我不能再到店里去上班，要不然会引起亲戚们的注意，把这事告诉我家。我不想向我母亲要钱——所以我便靠变卖手头有的那点首饰来维持我直到临产时那段时间的生活。产前一个礼拜，我最后的几枚金币被一个洗衣妇从柜子里偷走了，我只好到一个产科医院去生孩子，只有一贫如洗的女人，被人遗弃遭人遗忘的女人万不得已才到那儿去，就在这些穷困潦倒的社会渣滓当中，孩子、你的孩子呱呱坠地了。那儿真叫人活不下去：陌生、陌生，一切全都陌生，我们躺在那儿的那些人，互不相识，孤独苦寂，互相仇视，只是被穷困、被同样的苦难驱赶到这间抑郁沉闷的、充满了哥罗仿和鲜血的气味、充满了喊叫和呻唤的病房里来。穷人不得不遭受的凌侮，精神上和肉体上的耻辱，我在那儿都受到了。我忍受着和娼妓之类的病人朝夕相处之苦，她们卑鄙地欺侮着命运相同的病友；我忍受着年轻医生的玩世不恭的态度，他们脸上挂着讥讽的微笑，把盖在这些没有抵抗能力的女人身上的被单掀起来，带着一种虚假的科学态度在她们身上摸来摸去；我忍受着女管理员的无厌的贪欲——啊，在那里，一个人的羞耻心被人们的目光钉在十字架上，备受他们的毒言恶语的鞭笞。只有写着病人姓名的那块牌子还算是她，因为床上躺着的只不过是一块抽搐颤动的肉，让好奇的人东摸西摸，只不过是观看和研究的一个对象而已——啊，那些在自己家里为自己温柔地等待着的丈夫生孩子的妇女不会知道，孤立无援，无力自卫，仿佛在实验桌上生孩子是怎么回事！我要是在哪本书里念到地狱这个词，直到今天我还会突然不由自主地想到那间挤得满满的、水汽弥漫的，充满了呻唤声、笑语声和惨叫声的病房，我就在那里吃足了苦头，我会想到这座使羞耻心备受凌迟的屠宰场。

原谅我，请原谅我说了这些事。可是也就是这一次，我才谈到这些事，以后永远也不再说了。我对此整整沉默了十一年，不久我就要默不作声直到地老天荒：总得有这么一次，让我嚷一嚷，让我说出来，我付出了多大的代价，才得到这个孩子，这个孩子是我的全部的幸福，如今他躺在那里，已经停止了呼吸。我看见孩子的微笑，听见他的声音，我在幸福陶醉之中早已把那些苦难的时刻忘得一干二净；可是现在，孩子死了，这些痛苦又历历如在眼前，我这一次、就是这一次，不得不从心眼里把它们叫喊出来。可是我并不抱怨你，我只怨天主，是天主使这痛苦变得如此无谓。我不怪你，我向你发誓，我从来也没有对你生过气、发过火。即使在我的身体因为阵痛扭作一团的时刻，即使在痛苦把我的灵魂撕裂的瞬间，我也没有在天主的面前控告过你；我从来没有后悔过那几夜，从来没有谴责过我对你的爱情。我始终爱你，一直赞美着你我相遇的那个时刻。要是我还得再去一次这样的地狱，并且事先知道，我将受到什么样的折磨，我也不惜再受一次，我的亲爱的，再受一次，再受千百次！

(张玉书译)

【注释】

[1] 本文选自上海译文出版社 2008 年版《一个陌生女人的来信》，[奥]斯蒂芬·茨威格著，张玉书译。

【题解】

茨威格善于从心理角度再现人物的性格和生活遭遇，特别擅长刻画女性心理，塑造女性形象。《一个陌生女人的来信》是其代表作之一，属于心理分析小说，讲述的是一个陌生的女人，在她生命的最后时刻，饱蘸着一生的痴情，写下了一封凄婉动人的长信，向一位著名的作家袒露了自己绝望的爱慕之情。高尔基曾由衷地赞赏这篇小说"真是一篇惊人的杰作"。

第三单元 小说

【思考练习题】

1. 作者是如何刻画"陌生女人"这一形象的？
2. 如何理解这篇小说独特的叙述方式？

一个文官的死[1]

契诃夫

契诃夫(1860—1904)，俄国小说家、戏剧家，19 世纪末期批判现实主义作家。出生于小市民家庭，1879 年入莫斯科大学学医，1884 年毕业后从医并开始文学创作。1904 年 6 月，契诃夫因肺炎病情恶化，前往德国的温泉疗养地黑森林的巴登维勒治疗，7 月 15 日去世。他和法国的莫泊桑，美国的欧·亨利齐名，为世界三大短篇小说巨匠之一。

契诃夫早期作品多是短篇小说，如《胖子和瘦子》《一个文官的死》《苦恼》《万卡》《变色龙》《普里希别叶夫中士》等。后期转向戏剧创作，主要作品有《伊凡诺夫》《海鸥》《万尼亚舅舅》《三姊妹》《樱桃园》等，其剧作含有浓郁的抒情味和丰富的潜台词，回味无穷，剧本故事虽取材于日常生活，情节朴素，进展平稳，却富有深刻的象征意义。

在一个挺好的傍晚，有一个也挺好的庶务官，名叫伊万·德米特里奇·切尔维亚科夫，坐在戏院正厅第二排，举起望远镜，看《哥纳维勒的钟》[2]。他一面看戏，一面感到心旷神怡。可是忽然间……在小说里常常可以遇到这个"可是忽然间"。作者们是对的：生活里充满多少意外的事啊！可是忽然间，他的脸皱起来，眼珠往上翻，呼吸停住……他取下眼睛上的望远镜，低下头去，于是……啊嚏！！！诸位看得明白，他打了个喷嚏。不管是谁，也不管是在什么地方，打喷嚏总归是不犯禁的。农民固然打喷嚏，警察局长也一样打喷嚏，就连三品文官偶尔也要打喷嚏。大家都打喷嚏。切尔维亚科夫一点也不慌，拿出小手绢来擦了擦脸，照有礼貌的人的样子往四下里瞧一眼，看看他的喷嚏搅扰别人没有。可是这一看不要紧，他心慌了。他看见坐在他前边，也就是正厅第一排的一个小老头正用手套使劲擦他的秃顶和脖子，嘴里嘟嘟哝哝。切尔维亚科夫认出小老头是在交通部任职的文职将军[3]布里兹扎洛夫。

"我把唾沫星子喷在他身上了！"切尔维亚科夫暗想，"他不是我的上司，是别处的长官，可是这仍然有点不合适。应当赔个罪才是。"

切尔维亚科夫就嗽一下喉咙，把身子向前探出去，凑着将军的耳根小声说：

"对不起，大人，我把唾沫星子溅在您身上了……我是出于无心……"

"没关系，没关系……"

"请您看在上帝面上原谅我。我本来……我不是有意这样！"

"哎，您好好坐着，劳驾！让我听戏！"

切尔维亚科夫心慌意乱，傻头傻脑地微笑，开始看舞台上。他在看戏，可是他再也感觉不到心旷神怡了。他开始惶惶不安,定不下心来。到休息时间,他走到布里兹扎洛夫跟前,在他身旁走了一忽儿,压下胆怯的心情,叽叽咕咕说:

"我把唾沫星子溅在您身上了,大人……请您原谅……我本来……不是要……"

"哎,够了……我已经忘了,您却说个没完!"将军说,不耐烦地撇了撇下嘴唇。

"他忘了,可是他眼睛里有一道凶光啊,"切尔维亚科夫暗想,怀疑地瞧着将军,"他连话都不想说。应当对他解释一下,说我完全是无意的……说这是自然的规律,要不然他就会认为我是有意啐他了。现在他不这么想,可是过后他会这么想的!"

切尔维亚科夫回到家里,就把他的失态告诉他的妻子。他觉得妻子对待所发生的这件事似乎过于轻率。她先是吓一跳,可是后来听明白布里兹扎洛夫是"在别处工作"的,就放心了。

"不过你还是去一趟,赔个不是的好,"她说,"他会认为你在大庭广众之下举动不得体!"

"说的就是啊!我已经赔过不是了,可是不知怎么,他那样子有点古怪……他连一句合情合理的话也没说。不过那时候也没有工夫细谈。"

第二天,切尔维亚科夫穿上新制服,理了发,到布里兹扎洛夫那儿去解释……他走进将军的接待室,看见那儿有很多人请托各种事情,将军本人夹在他们当中,开始听取各种请求。将军问过几个请托事情的人以后,就抬起眼睛看着切尔维亚科夫。

"昨天,大人,要是您记得的话,在'乐园'[4]里,"庶务官开始报告说,"我打了个喷嚏,而且……无意中溅您一身唾沫星子……请您原……"

"简直是胡闹……上帝才知道是怎么回事!您有什么事要我效劳吗?"将军扭过脸去对下一个请托事情的人说。

"他话都不愿意说!"切尔维亚科夫暗想,脸色发白。"这是说,他生气了……不行,这种事不能就这样丢开了事……我要对他解释一下……"

等到将军同最后一个请托事情的人谈完话,举步往内室走去,切尔维亚科夫就走过去跟在他身后,叽叽咕咕说:

"大人!倘使我斗胆搅扰大人,那我可以说,纯粹是出于懊悔的心情!……这不是故意的,您要知道才好!"

将军做出一副要哭的脸相,摇了摇手。

"您简直是在开玩笑,先生!"他说着,走进内室去,关上身后的门。

"这怎么会是开玩笑呢?"切尔维亚科夫暗想。"根本连一点开玩笑的意思也没有啊!他是将军,可是竟然不懂!既是这样,我也不想再给这个摆架子的人赔罪了!去他的!我给他写封信就是,反正我不想来了!真的,我不想来了!"

切尔维亚科夫这样想着,走回家去。那封给将军的信,他却没有写成。他想了又想,怎么也想不出这封信该怎样写才对。他只好第二天亲自去解释。

"我昨天来打搅大人,"他等到将军抬起问询的眼睛瞧着他,就叽叽咕咕说,"并不是像您所说的那样为了开玩笑。我是来道歉的,因为我打喷嚏,溅了您一身唾沫星子……至于开玩笑,我想都没想过。我敢开玩笑吗?如果我们居然开玩笑,那么结果我们对大人

物就……没一点敬意了……"

"滚出去！！"将军脸色发青，周身打抖，突然大叫一声。

"什么？"切尔维亚科夫低声问道，吓得愣住了。

"滚出去！"将军顿着脚，又说一遍。

切尔维亚科夫肚子里似乎有个什么东西掉下去了。他什么也看不见，什么也听不见，退到门口，走出去，到了街上，慢腾腾地走着……他信步走到家里，没脱掉制服，往长沙发上一躺，就此……死了。

(汝龙 译)

【注释】

[1] 本文选自人民文学出版社 2000 年版《契诃夫小说选》，[俄国]巴甫洛维奇·契诃夫著，汝龙译。

[2] 《哥纳维勒的钟》：一出三幕小歌剧。法国作曲家普朗盖特(1847—1903)所作的轻歌剧。

[3] 文职将军：帝俄的文官，相当于三品或四品文官。

[4] 乐园：帝俄时代夏季露天花园和剧院常用的名字。

【题解】

《一个文官的死》是契诃夫于 1883 年创作的一篇短篇小说。契诃夫关注小人物的命运，小说通过描绘切尔维亚科夫这样的小人物，刻画了当时社会上小人物的奴性心理。契诃夫的创作目光不仅仅停留在小人物被侮辱、被损害的一面，还揭露了造成这种心理的是沙皇专制制度，并对这种制度进行了嘲讽和鞭挞。

【思考练习题】

1. 谈谈《一个文官的死》的社会意义和现实意义。
2. 结合《一个文官的死》，体会契诃夫小说幽默讽刺的语言艺术。

伊豆的舞女[1]

川端康成

川端康成(1899—1972)，日本新感觉派作家、著名小说家，日本唯美主义文学的代表之一。出生于大阪，幼年父母双亡，祖父母去世之后跟随伯父。1920 年考入东京帝国大学英文系，次年即转入国文系，并发表了自己的处女作《招魂祭一景》。1926 年发表成名作短篇小说《伊豆的舞女》。1972 年 4 月 16 日在逗子市的工作室用煤气结束了自己的生命。

川端康成一生创作小说一百多篇，有创作集《情感的装饰》，短篇小说《水晶幻想》《禽兽》，中篇小说《山之音》《睡美人》等。1968 年，川端康成凭借名作《雪国》《千只鹤》《古都》，成为日本第一个诺贝尔文学奖的获得者，也是继泰戈尔之后第二个获此殊荣的东方作家。其作品富有抒情性，追求人生升华的美，善于以景物的衬托描摹、刻画人物心理，并以他的虚无、哀愁、敏锐的意识，增强其作品颓废的美感。

一

山路变得弯弯曲曲，快到天城岭了。这时，骤雨白亮亮地笼罩着茂密的杉林，从山麓向我迅猛地横扫过来。

那年我二十岁，头戴高等学校[2]的制帽，身穿藏青碎白花纹上衣和裙裤，肩挎一个学生书包。我独自到伊豆旅行，已是第四天了。在修善寺温泉歇了一宿，在汤岛温泉住了两夜，然后登着高齿木屐爬上了天城山。重叠的山峦，原始的森林，深邃的幽谷，一派秋色，实在让人目不暇接。可是，我的心房却在猛烈跳动。因为一个希望在催促我赶路。这时候，大粒的雨点开始敲打着我。我跑步登上曲折而陡峭的山坡，好不容易爬到了天城岭北口的一家茶馆，吁了一口气，呆若木鸡地站在茶馆门前。我完全如愿以偿。巡回艺人一行正在那里小憩。

舞女看见我呆立不动，马上让出自己的坐垫，把它翻过来，推到了一旁。

"噢……"我只应了一声，就在这坐垫上坐下。由于爬坡气喘和惊慌，连"谢谢"这句话也卡在嗓子眼里说不出来了。我就近跟舞女相对而坐，慌张地从衣袖里掏出一支香烟。舞女把随行女子跟前的烟灰碟推到我面前。我依然没有言语。舞女看上去约莫十七岁光景。她梳理着一个我叫不上名字的大发髻，发型古雅而又奇特。这种发式，把她那严肃的鹅蛋形脸庞衬托得更加玲珑小巧，十分匀称，真是美极了。令人感到她活像小说里的姑娘画像，头发特别丰厚。舞女的同伴中，有个四十出头的妇女、两个年轻的姑娘；还有一个二十五六岁的汉子，他身穿印有长冈温泉旅馆号的和服外褂。

舞女这一行人至今我已见过两次。初次是在我到汤岛来的途中，她们正去修善寺，是在汤川桥附近遇见的。当时有三个年轻的姑娘。那位舞女提着鼓。我不时地回头看看她们，一股旅行的情趣油然而生。然后是翌日晚上在汤岛，她们来到旅馆演出。我坐在楼梯中央，聚精会神地观赏着那位舞女在门厅里跳舞。

……她们白天在修善寺，今天晚上来到汤岛，明天可能越过天城岭南行去汤野温泉。在天城山二十多公里的山路上，一定可以追上她们的。我就是这样浮想联翩，急匆匆地赶来的。赶上避雨，我们在茶馆里相遇了。我心里七上八下。

不一会儿，茶馆老太婆把我领到另一个房间去。这房间大概平常不用，没有安装门窗。往下看去，优美的幽谷深不见底。我的肌肤起了鸡皮疙瘩，牙齿咯咯作响，浑身颤抖了。我对端茶进来的老太婆说了声："真冷啊！"

"唉哟！少爷全身都淋湿了。请到这边取取暖，烤烤衣服吧。"老太婆话音未落，便拉着我的手，把我领到她们的起居室去了。

这个房间里装有地炉，打开拉门，一股很强的热气便扑面而来。我站在门槛边踟蹰不前。只见一位老大爷盘腿坐在炉边。他浑身青肿，活像个溺死的人。他那两只连瞳孔都黄浊的、像是腐烂了的眼睛，倦怠地朝我这边瞧着。身边的旧信和纸袋堆积如山。说他是被埋在这些故纸堆里，也不过分。我呆呆地只顾望着这个山中怪物，怎么也想象不出他还是个活人。

"让你瞧见这副有失体面的模样……不过,他是我的老伴,你别担心。他相貌丑陋,已经动弹不了,请将就点吧。"老太婆这么招呼说。

据老太婆谈,老大爷患了中风症,半身不遂。他身边的纸山,是各县寄来的治疗中风症的药方,以及从各县邮购来的盛满治疗中风症药品的纸袋。听说,凡是治疗中风症的药方,不管是从翻山越岭前来的旅客的口中听到的,或是从新闻广告中读到的,他都一一打听,照方抓药。这些信和纸袋,他一张也不扔掉,都堆放在自己的身边。凝视着它们打发日子。天长日久,这些破旧的废纸就堆积如山了。

老太婆讲了这番话,我无言以对,在地炉边上一味把脑袋耷拉下来。越过山岭的汽车,震动着房子。我落入沉思:秋天都这么冷,过个多久白雪将铺满山头,这位老大爷为什么不下山呢?我的衣衫升腾起一股水蒸气,炉火旺盛,烤得我头昏脑涨。老太婆在铺面上同巡回演出的女艺人攀谈起来:"哦,先前带来的姑娘都这么大了吗?长得蛮标致的。你也好起来了,这样娇美。姑娘家长得真快啊。"

不到一小时的工夫,传来了巡回演出艺人整装出发的声响。我再也坐不住了。不过,只是内心纷乱如麻,却没有勇气站起来。我心想:虽说她们长期旅行走惯了路,但毕竟还是女人,就是让她们先走一二公里,我跑步也能赶上。我身在炉旁,心却是焦灼万分。尽管如此,她们不在身旁,我反而获得了解放,开始胡思乱想。老太婆把她们送走后,我问她:

"今天晚上那些艺人住在什么地方呢?"

"那种人谁知道会住在哪儿呢,少爷。什么今天晚上,哪有固定住处的哟。哪儿有客人,就住在哪儿呗。"

老太婆的话,含有过于轻蔑的意思,甚至煽起了我的邪念:既然如此,今天晚上就让那位舞女到我房间里来吧。

雨点变小了,山岭明亮起来。老太婆一再挽留我说:"再待十分钟,天空放晴,定会分外绚丽。"可是,说什么我再也坐不住了。

"老大爷,请多保重,天快变冷了。"我由衷地说了一句,站了起来。老大爷呆滞无神。动了动枯黄的眼睛,微微点了点头。

"少爷!少爷!"老太婆边喊边追了过来,"你给这么多钱,我怎么好意思呢。真对不起啊。"

她抱住我的书包,不想交给我。我再三婉拒,她也不答应,说要把我直送到那边。她反复唠叨着同样的话,小跑着跟在我后头走了一町远。

"怠慢了,实在对不起啊!我会好生记住你的模样。下次路过,再谢谢你。下次你一定来呀。"

我只是留下一个五角钱的银币,她竟如此惊愕,感动得热泪都快要夺眶而出。而我只想尽快赶上舞女。老太婆步履蹒跚,反而难为我了。我们终于来到了山岭的隧道口。

"太谢谢了。老大爷一个人在家,请回吧。"我说过之后,老太婆好歹才放开了书包。

走进黑魆魆的隧道，冰凉的水滴滴答答地落下来。前面是通向南伊豆的出口，露出了小小的亮光。

二

山路从隧道出口开始，沿着崖边围上了一道刷成白色的栏杆，像一道闪电似地伸延过去。极目展望，山麓如同一副模型，从这里可以窥见艺人们的倩影。走了不到七百米，我追上了她们一行。但我不好突然放慢脚步，便佯装冷漠的样子，赶过了她们。独自走在前头二十米远的汉子，一看见我，就停住了步子。

"您走得真快……正好，天放晴了。"

我如释重负，开始同这汉子并肩行走。这汉子连珠炮似地向我问东问西。姑娘们看见我们两人谈开了，便从后面急步赶了上来。

这汉子背着一个大柳条包。那位四十岁的妇人，抱着一条小狗。大姑娘挎着包袱。另一个姑娘拎着柳条包。各自都拿着大件行李，舞女则背着鼓和鼓架。四十岁的女人慢慢地也同我搭起话来。

"他是高中生呐。"大姑娘悄声对舞女说。

我一回头，舞女边笑边说："可能是吧。这点事我懂得。学生哥常来岛上的。"

这一行是大岛波浮港人。她们说，她们春天出岛，一直在外，天气转冷了，由于没做过冬准备，计划在下田待十天左右，就从伊东温泉返回岛上。一听说是大岛，我的诗兴就更浓了。我又望了望舞女秀美的黑发，询问了大岛的种种情况。

"许多学生哥都来这儿游泳呢。"舞女对女伴说。

"是在夏天吧？"我回头问了一句。

舞女有点慌张地小声回答说："冬天也……"

"冬天也？……"

舞女依然望着女伴，舒开了笑脸。

"冬天也能游泳吗？"我重问了一遍。

舞女脸颊绯红，非常认真地轻轻点了点头。

"真糊涂，这孩子。"四十岁的女人笑了。

到汤野，要沿着河津川的山涧下行十多公里。翻过山岭，连山峦和苍穹的色彩也是一派南国的风光。我和那汉子不住地倾心畅谈，亲密无间。过了荻乘、梨本等寒村小庄，山脚下汤野的草屋顶，便跳入了眼帘。我断然说出要同她们一起旅行到下田。汉子喜出望外。

来到汤野的小客店前，四十岁的女人脸上露出了惜别的神情。那汉子便替我说：

"他说，他要跟我们搭伴呐。"

她漫不经心地答道："敢情好。'出门靠旅伴，处世靠人缘'嘛。连我们这号微不足道的人，也能给您消愁解闷呐。请进来歇歇吧。"

姑娘们都望了望我，显出若无其事的样子。她们一句话也没说，只是羞答答地望着我。

第三单元　小说

　　我和大家一起登上客店的二楼，把行李卸了下来。铺席、隔扇又旧又脏。舞女从楼下端茶上来。她刚在我的面前跪坐下来，脸就臊红了，手不停地颤抖，茶碗险些从茶碟上掉下来，于是她就势把它放在铺席上了。茶碗虽没落下，茶却洒了一地。看见她那副羞涩柔媚的表情，我都惊呆了。

　　"哟，讨厌。这孩子有恋情哩。瞧，瞧……"四十岁的女人吃惊地紧蹙起双眉，把手巾扔了过来。舞女捡起手巾，拘谨地揩了揩铺席。

　　我听了这番意外的话，猛然联想到自己。我被山上老太婆煽起的遐思，戛然中断了。

　　这时候，四十岁的女人仔细端详了我一番，抽冷子说："这位书生穿藏青碎白花纹布衣，真是潇洒英俊啊。"

　　她还反复地问身旁的女人："这碎白花纹布衣，同民次的是一模一样。瞧，对吧，花纹是不是一样呢？"

　　然后，她对我说："我在老家还有一个上学的孩子。现在想起来了，你这身衣服的花纹，同我孩子那身碎白花纹是一模一样的。最近藏青碎白花纹布好贵，真难为我们啊。"

　　"他上什么学校？"

　　"上普通小学五年级。"

　　"噢，上普通小学五年级，太……"

　　"是上甲府的学校。我长年住在大岛，老家是山梨县的甲府。"

　　小憩一小时之后，汉子带我到了另一家温泉旅馆。这以前，我只想着要同艺人们同住在一家小客店里。我们从大街往下走过百来米的碎石路和石台阶，踱过小河边公共浴场旁的一座桥。桥那边就是温泉旅馆的庭院。

　　我在旅馆的室内浴池洗澡，汉子跟着进来了。他说，他快二十四岁了，妻子两次怀孕，不是流产，就是早产，胎儿都死了。他穿着印有长闪温泉字号的和服外褂，起先我以为他是长冈人。从长相和言谈来看，他是相当有知识的。我想，他要么是出于好奇，要么是迷上了卖艺的姑娘，才帮忙拿行李跟着来的。

　　洗完澡，我马上吃午饭。早晨八点离开汤岛，这会儿还不到下午三点。

　　汉子临回去时，从庭院里抬头望着我，同我寒暄了一番。

　　"请拿这个买点柿子尝尝吧！从二楼扔下去，有点失礼了。"我说罢，把一小包钱扔了下去。汉子谢绝了，想要走过去，但纸包却已落在庭院里，他又回头捡了起来。

　　"这样不行啊。"他说着把纸包抛了上来，落在茅屋顶上。

　　我又一次扔下去。他就拿走了。

　　黄昏时分，下了一场暴雨。巍巍群山染上了一层白花花的颜色。远近层次已分不清了。前面的小河，眼看着变得浑浊，成为黄汤了。流水声更响了。这么大的雨，舞女们恐怕不会来演出了吧。我心里这么想，可还是坐立不安，一次又一次地到浴池去洗澡。房间里昏昏沉沉的。同邻室相隔的隔扇门上，开了一个四方形的洞，门框上吊着一盏电灯。两个房间共用一盏灯。

　　暴雨声中，远处隐约传来了咚咚的鼓声。我几乎要把挡雨板抓破似地打开了它，把身子探了出去。鼓声迫近了。风雨敲打着我的头。我闭目聆听，想弄清那鼓声是从什么地方传来，又是怎样传来的。良久，又传来了三弦琴声。还有女人的尖叫声、嬉闹的欢笑声。我明白了，艺人们被召到小客店对面的饭馆，在宴会上演出。可以辨出两三个女人的声音和三四个男人的声音。我期待着那边结束之后，她们会到这边来。但是，那边的筵席热闹非凡，看来要一直闹腾下去。女人刺耳的尖叫声像一道道闪电，不时地划破黑魆魆的夜空。我心情紧张，一直敞开门扉，惘然呆坐着。每次听见鼓声，心胸就豁然开朗。

"啊，舞女还在宴席上坐着敲鼓呐。"

鼓声停息，我又不能忍受了。我沉醉在雨声中。

不一会儿，连续传来了一阵紊乱的脚步声。他们是在你追我赶，还是在绕圈起舞呢？嗣后，又突然恢复了宁静。我的眼睛明亮了，仿佛想透过黑暗，看穿这寂静意味着什么。我心烦意乱，那舞女今晚会不会被人玷污呢？

我关上挡雨板，钻进被窝，可我的心依然阵阵作痛。我又去浴池洗了个澡，暴躁地来回划着温泉水。雨停了，月亮出来了。雨水冲洗过的秋夜，分外皎洁，银亮银亮的。我寻思：就是赤脚溜出浴池赶到那边去，也无济于事。这时，已是凌晨两点多钟了。

三

翌日上午九时许，汉子又到我的住处来访。我刚起床，邀他一同去洗澡。南伊豆是小阳春天气，一尘不染，晶莹透明，实在美极了。在浴池下方的上涨的小河，承受着暖融融的阳光。昨夜的烦躁，自己也觉得如梦似幻。我对汉子说："昨夜里闹腾得很晚吧？"

"怎么，都听见了？"

"当然听见啰。"

"都是本地人。本地人净瞎闹，实在没意思。"

他装出无所谓的样子。我沉默不响。

"那伙人已经到对面的温泉浴场去了……瞧，似乎发现我们了，还在笑呐。"

顺着他手指的方向，我看见河对面那公共浴场里，热气腾腾的，七八个光着的身子若隐若现。

一个裸体女子突然从昏暗的浴场里面跑了出来，站在更衣处伸展出去的地方，做出一副要向河岸下方跳去的姿势。她赤条条的一丝不挂，伸展双臂，喊叫着什么。她，就是那舞女。洁白的裸体，修长的双腿，站在那里宛如一株小梧桐。我看到这幅景象，仿佛有一股清泉荡涤着我的心。我深深地吁了一口气，噗嗤一声笑了。她还是个孩子呐。她发现我们，满心喜悦，就这么赤裸裸地跑到日光底下，踮起足尖，伸直了身躯。她还是个孩子呐。我更是快活、兴奋，又嘻嘻地笑了起来。脑子清晰得好像被冲刷过一样。脸上始终漾出微笑的影子。

舞女的黑发非常浓密，我一直以为她已有十七八岁了呢。再加上她装扮成一副妙龄女子的样子，我完全猜错了。

我和汉子回到了我的房间。不多久，姑娘到旅馆的庭院里观赏菊圃来了。舞女走到桥当中。四十岁的女人走出公共浴场，看见了她们两人。舞女紧缩肩膀，笑了笑。让人看起来像是在说：要挨骂的，该回去啦。然后，她疾步走回去了。

四十岁的女人来到桥边扬声喊道："您来玩啊！"

"您来玩啊！"大姑娘也同样说了一句。

姑娘们都回去了。那汉子到底还是静坐到傍晚。

晚间，我和一个纸张批发商下起围棋来，忽然听见旅馆的庭院里传来的鼓声。我刚要站起来，就听见有人喊道："巡回演出的艺人来了。"

"嗯，没意思，那玩意儿。来，来，该你下啦。我走这儿了。"纸商说着指了指棋盘。他沉醉在胜负之中了。我却心不在焉。艺人们好像要回去，那汉子从院子里扬声喊了一句："晚安！"

我走到走廊上，招了招手。艺人们在庭院里耳语了几句，就绕到大门口去。三个姑娘从汉子身后挨个向走廊这边说了声："晚安。"便垂下手施了个礼，看上去一副艺妓的风情。棋盘上刹时出现了我的败局。

"没法子，我认输了。"

"怎么会输呢。是我方败着嘛。走哪步都是细棋。"

纸商连瞧也不瞧艺人一眼，屈指敲数起棋盘上的棋子来，他下得更加谨慎了。姑娘们把鼓和三弦琴拾掇好，放在屋角上，然后开始在象棋盘上玩五子棋。我本是赢家，这会儿却输了。纸商还一味央求说："怎么样，再下一盘，再下一盘吧。"

我只是笑了笑。纸商死心了，站起身来。

姑娘们走到了棋盘边。

"今晚还到什么地方演出吗？"

"还要去的，不过……"汉子说着，望了望姑娘们。

"怎么样，今晚就算了，我们大家玩玩就算了。"

"太好了，太高兴了。"

"不会挨骂吧？"

"骂什么？反正没客，到处跑也没用嘛。"

于是，她们玩起五子棋来，一直闹到十二点多才走。

舞女回去后，我毫无睡意，脑子格外清醒，走到廊子上试着喊了喊：

"老板！老板！"

"哦……"一个年近六旬的老人从房间里跑出来，精神抖擞地应了一声。

"今晚来个通宵，下到天亮吧。"

我也变得非常好战了。

四

我们相约翌日早晨八点从汤野出发。我将高中制帽塞进了书包，戴上在公共浴场旁边店铺买来的便帽，向沿街的小客店走去。二楼的门窗全敞开着。我无意之间走了上去，只见艺人们还睡在铺席上。我惊慌失措，呆呆地站在廊道里。

舞女就躺在我脚跟前的那个卧铺上，她满脸绯红，猛地用双手捂住了脸。她和中间那位姑娘同睡一个卧铺。脸上还残留着昨夜的艳抹浓妆，嘴唇和眼角透出了些许微红。这副富有情趣的睡相，使我魂牵梦萦。她有点目眩似的，翻了翻身，依旧用手遮住了脸面，滑出被窝，坐到走廊上来。

"昨晚太谢谢了。"她说着，柔媚地施了个礼。我站立在那儿，惊慌得手足无措。

汉子和大姑娘同睡一个卧铺。我没看见这情景之前，一点儿也不知道他们俩是夫妻。

"对不起。本来打算今天离开，可是今晚有个宴会，我们决定推迟一天。如果您非今儿离开不可，那就在下田见吧。我们订了甲州屋客店，很容易找到的。"四十岁的女人从睡铺上支起了半截身子说。

我顿时觉得被人推开了似的。

"不能明天再走吗？我不知道阿妈推迟了一天。还是有个旅伴好啊。明儿一起走吧。"

汉子说过后，四十岁的女人补充了一句："就这么办吧。您特意同我们做伴，我却自行决定延期，实在对不起……不过，明天无论发生什么情况，我们也得起程。因为我们的宝宝在旅途中夭折了，后天是七七，老早就打算在下田做七七了。我们这么匆匆赶路，就是要赶在这之前到达下田。也许跟您谈这些有点失礼，看来我们特别有缘分。后天也请您参加拜祭吧。"

于是，我也决定推迟出发，到楼下去。我等候他们起床，一边在肮脏的帐房里同客店的人闲聊起来。汉子邀我去散步。从马路稍往南走，有一座很漂亮的桥。我们靠在桥栏杆上，他又谈起自己的身世。他说，他本人曾一度参加东京新派剧[3]剧团。据说，这剧种至今仍经常在大岛港演出。刀鞘像一条腿从他们的行李包袱里露出来[4]。有时，也在宴席上表演仿新派剧，让客人观赏。柳条包里装有戏装和锅碗瓢勺之类的生活用具。

"我耽误了自己，最后落魄潦倒。家兄则在甲府出色地继承了家业。家里用不着啰。"

"我一直以为你是长冈温泉的人呐。"

"是么？那大姑娘是我老婆，她比你小一岁，十九岁了。第二个孩子在旅途上早产，活了一周就断气了。我老婆的身子还没完全恢复过来呢。那位是我老婆的阿妈。舞女是我妹妹。"

"嗯，你说有个十四的妹妹？……"

"就是她呀。我总想不让妹妹干这行，可是还有许多具体问题。"

然后他告诉我，他本人叫荣吉，妻子叫千代子，妹妹叫薰子。另一个姑娘叫百合子，十七岁，唯独她是大岛人，雇用来的。荣吉非常伤感，老是哭丧着脸，凝望着河滩。

我们一回来，看见舞女已洗去白粉，蹲在路旁抚摸着小狗的头。我想回到自己的房间去。便说：

"来玩吧。"

"嗯，不过，一个人……"

"跟你哥哥一起来嘛。"

"马上就来。"

不大一会儿，荣吉到我下榻的旅馆来了。

"大家呢？"

"她们怕阿妈唠叨，所以……"

然而，我们两人正摆五子棋，姑娘们就过了桥，嘎嘎地登上二楼来了。和往常一样，她们郑重地施了礼，接着依次跪坐在走廊上，踟蹰不前。第一个站起来的，是千代子。

"这是我的房间，请、请不要客气，进来吧。"

玩了约莫一个小时，艺人们到这旅馆的室内浴池洗澡去了。她们再三邀我同去，因为有三个年轻女子，所以我搪塞了一番，说我过一会儿再去。舞女马上一个人上楼来，转达千代子的话说：

"嫂嫂说请你去，好给你搓背。"

我没去浴池，同舞女下起五子棋来。出乎意料，她是个强手。循环赛时，荣吉和其他妇女轻易地输给我了。下五子棋，我实力雄厚，一般人不是我的对手。我跟她下棋，可以不必手下留情，尽情地下，心情是舒畅的。房间里只有我们两人。起初，她离棋盘很远，要伸长手才能下子。渐渐地她忘却了自己，一心扑在棋盘上。她那显得有些不自然的秀美的黑发，几乎触到我的胸脯。她的脸倏地绯红了。

"对不起，我要挨骂啦。"她说着扔下棋子，飞跑出去。阿妈站在公共浴场前。千代子和百合子也慌里慌张地从浴池里走上来，没上二楼就逃回去了。

这天，荣吉从一早直到傍晚，一直在我的房间里游乐。又纯朴又亲切的旅馆老板娘告诫我说：请这种人吃饭，白花钱！入夜，我去小客店。舞女正在向她的阿妈学习三弦琴。她一眼瞧见我，就停下手了。阿妈说了她几句，她才又抱起三弦琴。歌声稍为昂扬，阿妈就说：

"不是叫你不要扯开嗓门唱吗！可你……"

从我这边，可以望见荣吉被唤到对面饭馆的三楼客厅里念什么台词。

"那是念什么？"

"那是……谣曲呀。"

"念谣曲，气氛不谐调嘛。"

"他是个多面手，谁知他会演唱什么呢。"

这时，一个四十开外的汉子打开隔扇，叫姑娘们去用餐。

他是个鸟商，也租了小客店的一个房间。舞女带着筷子同百合子一起到贴邻的小房间吃火锅。她和百合子一起返回这边房间的途中，鸟商轻轻地拍了拍舞女的肩膀。阿妈板起可怕的面孔说：

"喂，别碰这孩子！人家还是个姑娘呢。"

舞女口口声声地喊着大叔大叔，请求鸟商给她朗读《水户黄门漫游记》。但是，鸟商读不多久，便站起来走了。舞女不好意思地直接对我说"接着给我朗读呀"，便一个劲儿请求阿妈，好像要阿妈求我读。我怀着期待的心情，把说书本子拿起来。舞女果然轻快地靠近我。我一开始朗读，她就立即把脸凑过来，几乎碰到我的肩膀，表情十分认真，眼睛里闪出了光彩，全神贯注地凝望着我的额头，一眨也不眨。好像这是她请人读书时的习惯动作。刚才她同鸟商也几乎是脸碰脸的。我一直在观察她。她那双娇媚地闪动着的、亮晶晶的又大又黑的眼珠，是她全身最美的地方。双眼皮的线条，也优美得无以复加。她笑起来像一朵鲜花。用笑起来像一朵鲜花这句话来形容她，是恰如其分的。

不多久，饭馆女佣接舞女来了。舞女穿上衣裳，对我说："我这就回来，请等着我，接着给我读。"

然后，走到走廊上，垂下双手施礼说："我走了。"

"你绝不能再唱啦！"阿妈叮嘱了一句。舞女提着鼓，微微地点点头。阿妈回头望着我说：

"她现在正在变嗓音呢……"

舞女在饭馆二楼正襟危坐，敲打着鼓。我可以望见她的背影，恍如就在跟她贴邻的宴席上。鼓声牵动了我的心，舒畅极了。

"鼓声一响，宴席的气氛就活跃起来。"阿妈也望了望那边。

千代子和百合子也到同一宴席上去了。

约莫过了一小时，四人一起回来了。

"只给这点儿……"舞女说着，把手里攥着的五角钱银币放在阿妈的手掌上。我又朗读了一会儿《水户黄门漫游记》。她们又谈起宝宝在旅途中夭折的事来。据说，千代子生的婴儿十分苍白，连哭叫的力气也没有。即使这样，他还活了一个星期。

对她们，我不好奇，也不轻视，完全忘掉她们是巡回演出艺人了。我这种不寻常好意，似乎深深地渗进了她们的心。不觉间，我已决定到大岛她们的家去。

"要是老大爷住的那间就好喽。那间很宽敞，把老大爷撵走就很清静，住多久都行，还可以学习呢。"她们彼此商量了一阵子，然后对我说，"我们有两间小房，山上那间是闲着的。"

她们还说，正月里请我帮忙，因为大家已决定在波浮港演出。

后来我明白了，她们的巡回演出日子并不像我最初想象的那么艰辛，而是无忧无虑的，旅途上更是悠闲自在。他们是母女兄妹，一缕骨肉之情把她们连结在一起。只有雇来的百合子总是那么腼腆，在我面前常常少言寡语。

夜半更深，我才离开小客店。姑娘们出来相送。舞女替我摆好了木屐。她从门口探出头来，望了望一碧如洗的苍穹。

"啊，月亮……明儿就去下田啦，真快活啊！要给宝宝做七七，让阿妈给我买把梳子，还有好多事呐。您带我去看电影好不好？"

巡回演出艺人辗转伊豆、相模的温泉浴场，下田港就是她们的旅次。

这个镇子，作为旅途中的故乡，它飘荡着一种令人爱恋的气氛。

五

艺人们各自带着越过天城山时携带的行李。小狗把前腿搭在阿妈交抱的双臂上，一副缱绻的神态。走出汤野，又进入了山区。海上的晨曦，温暖了山腹。我们纵情观赏旭日。在河津川前方，河津的海滨历历在目。

"那就是大岛呀。"

第三单元 小说

"看起来竟是那么大。您一定来啊。"舞女说。

秋空分外澄澈,海天相连之处,烟霞散彩,恍如一派春色。从这里到下田,得走二十多公里。有段路程,大海忽隐忽现。千代子悠然唱起歌来。

她们问我:途中有一条虽然险峻却近两公里路程的山间小径,是抄近路还是走平坦的大道?我当然选择了近路。

这条乡间小径,铺满了落叶,壁峭路滑,崎岖难行。我下气不接上气,反而豁出去了。我用手掌支撑着膝头,加快了步子。眼看一行人落在我的后头,只听见林间送来说话的声音。舞女独自撩起衣服下摆,急匆匆地跟上了我。她走在我身后,保持不到两米的距离,她不想缩短间隔,也不愿拉开距离。我回过头去同她攀谈,她吃惊似地嫣然一笑,停住脚步回答我。舞女说话时,我等着她赶上来,她却依然驻足不前。非等我起步,她才迈脚。小路曲曲弯弯,变得更加险峻,我越发加快步子。舞女还是在后头保持二米左右的距离,埋头攀登。重峦叠嶂,寂无声息。其余的人远远落在我们的后面,连说话的声音也听不见了。

"家在东京什么地方?"

"不,我在学校住。"

"东京我也熟识,赏花时节我还去跳过舞呢……是在儿时,现在什么也不记得了。"

后来,舞女断断续续地问了一通:"令尊健在吧?""您去过甲府吗?"她还谈起到了下田要去看电影,以及婴儿夭折一类的事。

爬到山巅,舞女把鼓放在枯草丛中的凳子上,用手巾擦了一把汗。她似乎要掸掉自己脚上的尘土,却冷不防地蹲在我跟前,替我抖了抖裙裤下摆。我连忙后退。舞女不由自主地跪在地上,索性弯着身子给我掸去身上的尘土,然后将撩起的衣服下摆放下,对站着直喘粗气的我说:"请坐!"

一群小鸟从凳子旁飞起来。这时静得只能听见小鸟停落在枝头上时摇动枯叶的沙沙声。

"为什么要走得那么快呢?"

舞女觉得异常闷热。我用手指咚咚地敲了敲鼓,小鸟全飞了。

"啊,真想喝水。"

"我去找找看。"

转眼间,舞女从枯黄的杂树林间空手而归。

"你在大岛干什么?"

于是,舞女突然列举了三两个女孩子的名字,开始谈了起来。我摸不着头脑。她好像不是说大岛,而是说甲府的事。

又好像是说她上普通小学二年级以前的小学同学的事。完全是东拉西扯,漫无边际。

约莫等了十分钟,三个年轻人爬到了山顶。阿妈还晚十分钟才到。

下山时,我和荣吉有意殿后,一边慢悠悠地聊天,一边踏上归程。刚走了两百多米,舞女从下面跑了上来。

"下面有泉水呢。请走快点,大家都等着你呢。"

一听说有泉水，我就跑步奔去。清澈的泉水，从林荫掩盖下的岩石缝隙里喷涌而出。姑娘们都站立在泉水的周围。

"来，您先喝吧。把手伸进去，会搅浑的。在女人后面喝，不干净。"阿妈说。

我用双手捧起清凉的水，喝了几口。姑娘们眷恋着这儿，不愿离开。她们拧干手巾，擦擦汗水。

下了山，走到下田的市街，看见好几处冒出了烧炭的青烟。我们坐在路旁的木料上歇脚。舞女蹲在路边，用粉红的梳子梳理着狮子狗的长毛。

"这样会把梳齿弄断的！"阿妈责备说。

"没关系。到下田买把新的。"

还在汤野的时候，我就想跟她要这把插在她额发上的梳子。所以她用这把梳子梳理狗毛，我很不舒服。

我和荣吉看见马路对面堆放着许多捆矮竹，就议论说：这些矮竹做手杖正合适，便抢先一步站起身来。舞女跑着赶上，拿来了一根比自己身材还长的粗竹子。

"你干么用？"荣吉这么一问，舞女有点着慌，把竹子摆在我前面。

"给您当手杖用。我捡了一根最粗的拿来了。"

"可不行啊。拿粗的人家会马上晓得是偷来的。要是被发现，多不好啊。送回去！"

舞女折回堆放矮竹捆的地方以后，又跑了过来。这回她给我拿了一根中指般粗的。她身子一晃，险些倒在田埂上，气喘吁吁地等待着其他妇女。

我和荣吉一直走在她们的前面，相距十多米远。

"把那颗牙齿拔掉，装上金牙又有什么关系呢？"舞女的声音忽然飞进了我的耳朵。我扭回头来，只见舞女和千代子并肩行走，阿妈和百合子相距不远，随后跟着。她们似乎没有察觉我回头，千代子说："那倒是，你就那样告诉他，怎么样？"

她们好像在议论我。可能是千代子说我的牙齿不整齐，舞女才说出装金牙的话吧。她们无非是议论我的长相，我不至于不愉快。由于已有一种亲切之情，我也就无心思去倾听。她们继续低声谈论了一阵子，我听见舞女说：

"是个好人。"

"是啊，是个好人的样子。"

"真是个好人啊，好人就是好嘛。"

这言谈纯真而坦率，很有余韵。这是天真地倾吐情感的声音。连我本人也朴实地感觉到自己是个好人。我心情舒畅，抬眼望了望明亮的群山。眼睑微微作痛。我已经二十岁了，再三严格自省，自己的性格被孤儿的气质扭曲了。我忍受不了那种令人窒息的忧郁，才到伊豆来旅行的。因此，有人根据社会上的一般看法，认为我是个好人，我真是感激不尽。山峦明亮起来，已经快到下田海滨了。我挥动着刚才那根竹子，斩断了不少秋草尖。

途中，每个村庄的入口处都竖立着一块牌子：

"乞丐、巡回演出艺人禁止进村！"

六

"甲州屋"小客店坐落在下田北入口处不远。我跟在艺人们之后,登上了像顶楼似的二楼。那里没有天花板,窗户临街。我坐在窗边上,脑袋几乎碰到了房顶。

"肩膀不痛吗?"

"手不痛吗?"

阿妈三番五次地叮问舞女。

舞女打出敲鼓时那种漂亮的手势。

"不痛。还能敲,还能敲嘛。"

"那就好。"

我试着把鼓提起来。

"唉呀,真重啊。"

"比您想象的重吧。比你的书包还重呐。"舞女笑了。

艺人们和住在同一客店的人们亲热地相互打招呼。全是些卖艺人和跑江湖的家伙。下田港就像是这种候鸟的窝。客店的小孩小跑着走进房间,舞女把铜币给了他。我刚要离开"甲州屋",舞女就抢先走到门口,替我摆好木屐,然后自言自语似地柔声说道:

"请带我去看电影吧。"

我和荣吉找了一个貌似无赖的男子带了一程路,到了一家旅店,据说店主是前镇长。浴罢,我和荣吉一起吃了午饭,菜肴中有新上市的鱼。

"明儿要做法事,拿这个去买束花上供吧。"我说道,将一小包为数不多的钱让荣吉带回去。我自己则不得不乘明早的船回东京,因为我的旅费全花光了。我对艺人们说学校里有事,她们也不好强留我了。

午饭后不到三小时,又吃了晚饭。我一个人过了桥,向下田北走去,攀登下田的富士山,眺望海港的景致。归途经过"甲州屋",看见艺人们在吃鸡火锅。

"您也来尝尝怎么样?女人先下筷虽不洁净,不过可以成为日后的笑料哩。"阿妈说罢,从行李里取出碗筷,让百合子洗净拿来。

明天是宝宝夭折四十九天,哪怕推迟一天走也好嘛。大家又这样劝我。可是我还是拿学校有事做借口,没有答应她们。阿妈来回唠叨说:

"那么,寒假大家到船上来迎您,请通知我们日期。我们等着呐。就别去住什么旅馆啦,我们到船上去接您呀。"

房间里只剩下千代子和百合子,我邀她们去看电影,千代子按住腹部让我看:

"我身体不好,走那么些路,我实在受不了。"

她脸色苍白,有点筋疲力尽。百合子拘束地低下头来。舞女在楼下同客店里的小孩游玩,一看见我,她就央求阿妈让她去看电影。结果脸上掠过一抹失望的阴影,茫然若失地回到了我这边,替我摆好了木屐。

"算了,让他带她一个人去不好吗?"荣吉插进来说。阿妈好像不应允。为什么不能带她一个人去呢?我觉得不可思议。我刚要迈出大门,这时舞女抚摸着小狗的头。她显得很淡漠,我没敢搭话。她仿佛连抬头望我的勇气也没有了。

我一个人看电影去了。女解说员在煤油灯下读着说明书。我旋即走出来，返回旅馆。我把胳膊肘支在窗台上，久久地远眺着街市的夜景。这是黑暗的街市。我觉得远方不断隐约地传来鼓声。不知怎的，我的眼泪扑簌簌地滚下来了。

七

动身那天早晨七点钟，我正在吃早饭，荣吉从马路上呼喊我。他穿了一件带家徽的黑外褂，这身礼服像是为我送行才穿的。姑娘们早已芳踪渺然。一种剜心的寂寞，从我心底里油然而生，荣吉走进我的房间，说：

"大家本来都想来送行的，可昨晚睡得太迟，今早起不来，让我赔礼道歉来了。她们说等着您冬天再来。一定来呀。"

早晨，街上秋风萧瑟。荣吉在半路上给我买了四包敷岛牌纸烟、柿子和"熏牌"清凉剂。

"我妹妹叫薰子，"他笑眯眯地对我说，"在船上吃橘子不好。柿子可以防止晕船，可以吃。"

"这个送给你吧。"

我脱下便帽，戴在荣吉的头上。然后从书名里取出学生制帽，把皱折展平。我们两人都笑了。

快到码头，舞女蹲在岸边的情影赫然映入我的心中。我们走到她身边以前，她一动不动，只顾默默地把头耷拉下来。

她依旧是昨晚那副化了妆的模样，这就更加牵动我的情思。眼角的胭脂给她的秀脸添了几分天真、严肃的神情，使她像在生气。荣吉说：

"其他人也来了吗？"

舞女摇了摇头。

"大家还睡着吗？"

舞女点了点头。

荣吉去买船票和舢板票的工夫，我找了许多话题同她攀谈，她却一味低头望着运河入海处，一声不响。每次我还没把话讲完，她就一个劲点头。

这时，一个建筑工人模样的汉子走了过来：

"老婆子，这个人合适哩。"

"同学，您是去东京的吧？我们信赖您，拜托您把这位老婆子带到东京，行不行吗？她是个可怜巴巴的老婆子。她儿子早先在莲台寺的银矿上干活，这次染上了流感，儿子、儿媳都死掉了。留下三个这么小不丁点的孙子。无可奈何，俺们商量，还是让她回老家。她老家在水户。老婆子什么也不清楚，到了灵岸岛，请您送她乘上开往上野站的电车就行了。给您添麻烦了。我们给您作揖。拜托啦。唉，您看到她这般处境，也会感到可怜的吧。"

老婆子呆愣愣地站在那里，背上背着一个吃奶的婴儿。左右手各拖着一个小女孩，小的约莫三岁，大的也不过五岁光景。那个污秽的包袱里带着大饭团和咸梅。五六个矿工在安慰着老婆子。我爽快地答应照拂她。

"拜托啦。"

"谢谢，俺们本应把她们送到水户的，可是办不到啊。"矿工都纷纷向我致谢。

舢板猛烈地摇晃着。舞女依然紧闭双唇，凝视着一个方向。我抓住绳梯，回过头去，舞女想说声再见，可话到嘴边又咽了回去，然后再次深深地点了点头。舢板折回去了。荣吉频频地摇动着我刚才送给他的那顶便帽。直到船儿远去，舞女才开始挥舞她手中白色的东西。

轮船出了下田海面，我全神贯注地凭栏眺望着海上的大岛，直到伊豆半岛的南端，那大岛才渐渐消失在船后。同舞女离别，仿佛是遥远的过去了。老婆子怎样了呢？我窥视船舱，人们围坐在她的身旁，竭力抚慰她。我放下心来，走进了贴邻的船舱。相模湾上，波浪汹涌起伏。一落坐就不时左跌右倒。船员依次分发着金属小盆[5]。我用书包当枕头，躺了下来。

脑子空空，全无时间概念了。泪水簌簌地滴落在书包上。脸颊凉飕飕的，只得将书包翻了过来。我身旁睡着一个少年，他是河津一家工厂老板的儿子，大老远准备去东京参加入学考试。他看见我头戴一高制帽，对我抱有好感。我们交谈了几句之后，他说：

"你是不是遭到什么不幸啦？"

"不，我刚刚同她离别了。"

我非常坦率地说了。就是让人瞧见我在抽泣，我也毫不在意了。我若无所思，只满足于这份闲情逸致，静静地睡上一觉。

我不知道海面什么时候昏沉下来。网代和热海已经耀着灯光。我的肌肤感到一股凉意，肚子也有点饿了。少年给我打开竹叶包的食物。我忘了这是人家的东西，把紫菜饭团抓起来就吃。吃罢，钻进了少年学生的斗篷里，产生了一股美好而又空虚的情绪，无论别人多么亲切地对待我，我都非常自然地接受了。明早我将带着老婆子到上野站去买前往水户的车票，这也是完全应该做的事。我感到一切的一切都融为一体了。

船舱里的煤油灯熄灭了。船上的生鱼味和潮水味变得更加浓重。在黑暗中，少年的体温温暖着我。我任凭泪泉涌流。我的头脑恍如变成了一池清水，一滴滴溢了出来，后来什么都没有留下，顿时觉得舒畅了。

(叶渭渠译)

【注释】

[1] 本文选自人民文学出版社 1999 年版《川端康成小说经典》第三卷，[日]川端康成著，叶渭渠译。

[2] 高等学校：即旧制大学预科。

[3] 新派剧：是与歌舞伎相抗衡的现代戏。

[4] 刀鞘：是新派剧表演武打时使用的道具，露出刀鞘，表明他们也演新派剧武打。

[5] 金属小盆：供晕船者呕吐用。

【题解】

　　《伊豆的舞女》是川端康成早期的代表作,也是一篇带有半自传性质的小说,与《雪国》《千只鹤》分别描写了少年、中年与老年的爱情及心理。作品情节简单,讲述了一名青年学生独自在伊豆旅游时邂逅一位少年舞女的故事,伊豆的青山绿水与少男少女间纯洁的爱慕之情交织在一起,互相辉映,带给读者一份清新,同时也净化了读者的心灵,把他们带入一个空灵美好的唯美世界。

【思考练习题】

　　1. 作者通过"我"和舞女的纯真的爱情故事表达了怎样的思想感情?
　　2. 本文通过对日本艺妓生活的描写,表现了怎样的社会现实?
　　3. 结合本文,分析川端康成的创作特色。

第四单元　戏　　剧

游园[1](节选)

汤显祖

汤显祖(1550—1616),字义仍,号若士,别署清远道人,江西临川人。明代戏曲家。万历十一年(1583)进士,历任南京太常博士、詹事府主簿、礼部祠祭司主事。万历十九年(1591)因抨击朝政,被贬为广东徐闻县典史。万历二十一年(1593)被任命为浙江遂昌知县,任职五年。晚年以茧翁为号。其创作成就主要在戏曲方面,代表作《紫钗记》《南柯记》《牡丹亭》《邯郸记》,合称"临川四梦",以《牡丹亭》最为著名。

【绕地游】(旦上)梦回莺啭,乱煞年光遍[2]。人立小庭深院。(贴)炷尽沉烟[3],抛残绣线,恁今春关情似去年?

【乌夜啼】(旦)晓来望断梅关[4],宿妆[5]残。(贴)你侧着宜春髻子[6],恰凭阑。(旦)剪不断,理还乱[7],闷无端。(贴)已吩咐催花莺燕借春看。(旦)春香,可曾叫人扫除花径?(贴)吩咐了。(旦)取镜台衣服来。(贴取镜台衣服上)"云髻罢梳还对镜,罗衣欲换更添香[8]。"镜台衣服在此。

【步步娇】(旦)袅晴丝[9]吹来闲庭院,摇漾春如线。停半晌,整花钿。没揣菱花[10],偷人半面,迤逗[11]的彩云偏。(行介)步香闺怎便把全身现!

(贴)今日穿插的好。

【醉扶归】(旦)你道翠生生出落的裙衫儿茜[12],艳晶晶花簪八宝填[13],可知我常一生儿爱好是天然[14]。恰三春好处[15]无人见。不提防沉鱼落雁[16]鸟惊喧,则怕的羞花闭月花愁颤。

(贴)早茶时了,请行。(行介)你看:画廊金粉半零星,池馆苍苔一片青。踏草怕泥[17]新绣袜,惜花疼煞小金铃[18]。(旦)不到园林,怎知春色如许!

【皂罗袍】原来姹紫嫣红[19]开遍,似这般都付与断井颓垣。良辰美景奈何天,赏心乐事谁家[20]院!恁般景致,我老爷和奶奶,再不提起。(合)朝飞暮卷[21],云霞翠轩;雨丝风片,烟波画船!锦屏人[22]忒看的这韶光贱!

(贴)是花都放了,那牡丹还早。

【好姐姐】(旦)遍青山啼红了杜鹃[23],荼蘼外烟丝[24]醉软。春香呵,牡丹虽好,他春归怎占的先[25]!(贴)成对儿莺燕呵。(合)闲凝眄[26],生生燕语明如剪,呖呖莺歌溜的圆。

(旦)去罢。(贴)这园子委是观之不足也。(旦)提他怎的!(行介)

【隔尾】观之不足由他缱[27],便赏遍十二亭台是枉然。到不如兴尽回家闲过遣。

(作到介)(贴)开我西阁门,展我东阁床[28]。瓶插映山紫[29],炉添沉水香。小姐,你歇息片时,俺瞧老夫人去也。(下)

【注释】

[1] 本文选自人民文学出版社1998年版《牡丹亭》，汤显祖著。

[2] "乱煞年光遍"：缭乱的春光到处都是。

[3] 沉烟：沉水香，熏衣用的香料，比较名贵。

[4] 梅关：即大庾岭，宋代在这里设有梅关。在本剧故事发生地点江西省南安府(大庾)的南面。

[5] 宿妆：隔夜的残妆。这里指杜丽娘早晨懒于梳洗。

[6] 宜春髻子：饰有宜春彩燕的发髻。相传立春那天，妇女剪彩绸作燕子状，戴在髻上，上贴"宜春"二字。见《荆楚几时记》。

[7] "剪不断，理还乱"：南唐后主李煜《相见欢》中的两句。这里比喻杜丽娘无法摆脱由于长期禁锢而产生的苦闷。

[8] "云髻罢梳还对镜，罗衣欲换更添香"：薛逢诗《宫词》中的两句，见《全唐诗》卷二十。云髻：指妇女的发髻卷曲如云。更添香：重新添些香料。

[9] 晴丝：游丝、飞丝，也即后文所说的烟丝，虫类所吐的丝缕，常在空中飘游。在春天晴朗的日子最易看见。

[10] 没揣：不意，蓦然。菱花：镜子。古时用铜镜，背面所铸花纹一般为菱花，因此称菱花镜，或用菱花作镜子的代称。

[11] 迤逗(yǐ dòu)：引惹，挑逗，元曲中也作拖逗。

[12] 翠生生出落的裙衫儿茜(qiàn)：翠生生，极言彩色鲜艳。苏轼诗："一朵妖红翠欲流。"用法正同，见《苏诗编注集成》卷十一《和述古冬日牡丹》四首。《老学庵笔记》卷八："鲜翠，犹言鲜明也。"出落的，显出，衬托出。茜，茜红色，鲜明。

[13] 艳晶晶花簪八宝填：镶嵌着多种宝石的簪子。

[14] 天然：天性使然。

[15] 三春好处：比喻自己的青春美貌。

[16] 沉鱼落雁：小说戏曲中用来形容女人的美貌。庄子《齐物论》："毛嫱、丽姬，人之所美者，鱼见之深入，鸟见之高飞。"下文的羞花闭月同此意。

[17] 泥：污染的意思，这里作动词用。

[18] 惜花疼煞小金铃：《开元天宝遗事》"天宝初，宁王……于后园中纫红丝为绳，密缀金铃，挈于花梢之上。每有鸟鹊翔集，则令园吏掣令索以挈之。盖异花之故也。"疼，为异花常常掣铃，连小金铃都被拉得疼煞了。这是夸大的描写。

[19] 姹紫嫣红：花色鲜艳的样子。

[20] 谁家：哪一家。一说作"甚么"解，见张相《诗词曲语辞汇释》的"谁家"条。

[21] 朝飞暮卷：借用唐王勃《滕王阁诗》"画栋朝飞南浦云，朱帘暮卷西山雨"之句。

[22] 锦屏人：泛指幽居深闺，不能领略自然美景的人。

[23] 啼红了杜鹃：开遍了红色的杜鹃花。从杜鹃(鸟)泣血联想起来的。

[24] 荼蘼(tú mí)：花名，属蔷薇科，也作荼蘪或酴醿，羽状复叶，新枝及叶柄有刺，夏日开花，白色，重瓣。这里指荼蘼架。烟丝：即游丝。

[25] 牡丹虽好，他春归怎占的先：此句意为牡丹虽好，但它开花太迟了，怎能占春花中第一呢？这里暗示杜丽娘对美丽青春被耽误的幽怨和伤感。皮日休牡丹诗有"独占人间第一春"句。

[26] 凝眄(miàn)：注视。眄，斜视。

[27] 缱(qiǎn)：留恋、牵绊。

[28] 开我西阁门，展我东阁床：出自《木兰诗》"开我东阁门，坐我西阁床"。

[29] 映山紫：映山红(杜鹃红)的一种。

【题解】

《牡丹亭》是汤显祖"至情论"的代表之作，全剧共 55 场，通过少女杜丽娘为了追求爱情和婚姻幸福死而复生的离奇动人的故事，揭露了封建礼教压抑人性的罪恶，表现了青年男女冲破封建礼教罗网的决心，歌颂了他们为追求自由的爱情而舍生忘死的斗争精神，具有强烈的反封建意识。本文选自《牡丹亭》第十出《惊梦》，这里只选了前半出(由【绕地游】和【山坡羊】两套组成)中的【绕地游】一套。

【思考练习题】

1. 结合本文，谈谈汤显祖的"至情论"体现在哪些方面。
2. 阅读《牡丹亭》全剧，分析杜丽娘的人物形象。

原野[1[(节选)

曹 禺

曹禺(1910—1996)，原名万家宝，祖籍湖北潜江。现当代著名剧作家、戏剧教育家。1933 年在清华大学西洋文学系学习期间，创作了处女作四幕话剧《雷雨》。1935 年写成剧本《日出》，与《雷雨》前后辉映于剧坛，奠定了曹禺在中国话剧史上的地位。1936 年曹禺写了他的唯一一部涉及农村阶级斗争的剧作《原野》。抗战爆发后，著有《全民总动员》(合写)、《正在想》《蜕变》《镀金》《北京人》等，并将巴金的小说《家》改编成剧本。1947 年发表剧本《桥》，写了电影剧本《艳阳天》并被改编上映。新中国成立后，创作了《明朗的天》《胆剑篇》(执笔)、《王昭君》等剧作。

第三幕

人 物

仇　虎 —— 一个逃犯。

白傻子 —— 小名狗蛋，在原野里牧羊的白痴。

焦大星 —— 焦阎王的儿子。

焦花氏 —— 焦大星的新媳妇。

焦　母 —— 大星的母亲，一个瞎子。
常　五 —— 焦家的老朋友。
各种幻象。(不说话的)
持伞提红灯的人。
焦母的人形。(举着个黑子)
洪　老。
大汉甲、乙、丙。
仇　荣 —— 仇虎的父亲。
仇姑娘 —— 十五岁，仇虎的妹妹。
焦阎王 —— 连长，焦大星的父亲。
抬土囚犯"火车头""老窝瓜""麻子爹""小寡妇""赛张飞""野驴"……十数人。
抬水囚犯二人。
狱　警。
牛头、马面二人。
判　官。
青面小鬼甲、乙。
阎　罗(地藏王)。

第一景

同日，夜半一时后，当仇虎跟焦花氏一同逃奔黑林子里。

林内岔路口，——森林黑幽幽，两丈外望见灰蒙蒙的细雾自野地升起，是一层阴暗的面纱，罩住森林里原始的残酷。森林是神秘的，在中间深邃的林丛中隐匿着乌黑的池沼，阴森森在林间透出一片粼粼的水光，怪异如夜半一个惨白女人的脸。森林充蓄原始的生命，森林向天冲，巨大的枝叶遮断天上的星辰。由池沼里反射来惨幽幽的水光，隐约看出眼前昏雾里是多少年前磨场的废墟，小圆场生满半人高的白蒿，笨重的盘磨衰颓地睡在草莽上，野草间突起小土堆，下面或是昔日磨场主人的白骨。这里盘踞着生命的恐怖，原始人想象的荒唐；于是森林里到处蹲伏着恐惧，无数的矮而胖的灌树似乎在草里伺藏着，像多少无头的战鬼，风来时，滚来滚去，如一堆一堆黑团团的肉球。右面树根下埋着一口死井，填满石块。井畔爬密了蔓草，奇形怪状的杈枝在灰雾里掩藏。举头望，不见天空，密匝匝的白杨树伸出巨大如龙鳞的树叶，风吹来时，满天响起那肃杀的"哗啦，哗啦"幽昧可怖的声音，于是树叶的隙缝间渗下来天光，闪见树干上发亮的白皮，仿佛环立着多少白衣的幽灵。右面引进来一条荒芜的草径，直通左面，中间有一条较宽的废路，引入更深邃的黑暗。在舞台的前面，下边立起参差不齐的怪石屏挡着，上边吊下来狰狞的杈枝，看进去像一个巨兽张开血腥的口。

〔开幕时，风吹过来，满天响起白杨树叶的杀声，林里黑影到处闪动着。这时雾渐散

开，待到风息，昏雾又沉沉地遮掩下远方的景物。

〔风声静下来，远远听见断续的枪声，近处有些动物在蹿奔，低低地喘息。

〔焦花氏由右面荒径上跟跄走出，她背着小白包袱，树叶间漏下来的天光，闪见她满脸油亮，额上汗淋淋的。血红色的衣褂紧贴在身上，右襟扣脱开。她惊惶地喘息，像一只受伤的花豹，衣服有一处为荆棘撕裂，上面勾连着草梗和野刺。她立在当中，惶惑四顾，不知哪一条路可以引出黑林，她拿出一条大块花手绢擦抹眼前的汗珠。

焦花氏　(喘息，呼出一口长气)啊！好黑！(惊疑地)这是什么地方！(忽而看见重甸甸的黑影里闪出一条条白衣的东西，低声急促地)虎子！虎子！(等候答声，但是没有。远处发了一枪，流弹在空气里穿过，发出呜呜的啸声，她不敢再喊，她向后退，后背碰着了白皮的树干，她悚地回转身来探视。一阵疾风扫过来，满天响起那萧杀可怖、惨厉的声音，她仰头上望，身旁环立着白衣的树干，闪着光亮，四面乱抖森林野草的黑影，她惊恐地呼喊起来)虎子！虎——子！虎——子！(这阵风吹过去，树林忽而静下来，又低低而急促地)虎子！虎子！

〔静默。

〔右面传来的声音：(疲倦地叹出一口气)嗯！干什么？

焦花氏　(向前进一步)虎子！你在哪儿？

〔右面的声音：(低哑地)就在这儿。金子，你先回来。

焦花氏　(镇静自己)我看不见路，眼前没有一点亮。(却向右走)

〔右面的声音：(听是足步声，警告)你站好不用动。

焦花氏　(低声)干什么？

〔右面的声音：(低声)像是我们后边跟着人。

焦花氏　人？(大惧)跟了人！

〔右面的声音：(低沉)你看！灯！红灯！

焦花氏　(向右望)红灯？(右面忽然有人狂叫)

〔右面的声音：(连接打着那狂叫人的嘴巴)你叫，你还叫！

〔顿时寂静若死。

焦花氏　(急促地)怎么？怎么啦？

〔右面的声音：(镇静地)不要紧！是常五，常五想作死！

(忽然对常五，低声，狺狺地)常五你叫，你再叫！妈的，(又一巴掌)你只要重重喘一口气，我一枪就干了你！

焦花氏　怎么，你还没有把他放走？

〔右面的声音：快出林子了！出林子就放他。(对常五)走！走！

〔仇虎由右面背着身走进来，右手托着枪，左手时而向后摸着那插在"腰里硬"的匕首，头不时向后瞥。仇虎到了林中，忽然显得异常调和，衣服背面有个裂口，露出黑色的肌肉。长袖撕成散条，破布束着受伤的腕，粗大的臂膊如同两条铁的柱，魁伟的背微微地伛偻。后脑勺突成直角像个猿人，由后面望他，仿佛风卷过来一根乌烟旋成的柱。回转身，才看见他的大眼睛里藏蓄着警惕和惊惧。时而，恐怖抓牢他的心灵，他忽而也如他的祖先——那原始的猿人，对着夜半的森野震战着，他的神色显出极端的不安。希望，追忆，恐怖，愤恨连续不断地袭击他的想象，使他的幻觉突然异乎常态地活动起来。

在黑的原野里，我们寻不出他一丝的"丑"，反之，逐渐发现他是美的，值得人的高贵的同情的。他代表着一种被重重压迫的真人，在林中重演他所遭受的不公。在序幕中那种狡恶、机诈的性质逐渐消失，正如焦花氏在这半夜的磨折里由对仇虎肉体的爱恋而升华为灵性的。

〔常五在仇虎后，正面出场。他的黑袍已经破碎，形色非常恐惧，拖着双手，呆望仇虎，蹒跚走入。

焦花氏　虎子！虎子！你在哪儿？我瞧不见你。
仇　虎　(走进来，转过头)这儿。
焦花氏　(跑到仇虎面前，抓着他)虎子，可怕死我了。
仇　虎　(一脸的汗水)金子，我觉得背后有人跟着我们。
焦花氏　那会是谁？
仇　虎　(低声)我们走哪儿，那红灯也在哪儿。
焦花氏　天，那不会是——
仇　虎　(睁大眼)你说——
　　　　〔远远有一声枪响。
仇　虎　(忽然一手扯住焦花氏)金子！
焦花氏　走！走！他们又跟上来了。(常五提起精神听)
仇　虎　不！不！再听听。
　　　　〔远远又一声枪。
焦花氏　他们就在后面！(拉着仇虎)赶快走。
常　五　(惧怯地)大星媳妇，这一气跑了二十来里，我……我再走不动了。
仇　虎　老鬼，你听着！(谛听)
　　　　〔远处又一枪，声更辽远。
仇　虎　(放了心)不要紧，这一帮狗越走越远，他们奔向西了。
焦花氏　(不安地)虎子，我们什么时候走出去呀？
仇　虎　快了！我想再走三里就差不多了。坐下！(坐在盘磨上，两手捧着头沉思)
常　五　仇……仇大爷，你……你们想把我带到哪儿去？
仇　虎　(抬起头)带你上西天。
常　五　大……大星媳妇，这个——你，你得替我说说，大星媳妇。
仇　虎　(爆发)老鬼！叫你不要提，不要提！
常　五　(望着焦花氏)可是大星媳妇！——
仇　虎　(倏地立起，举起枪对常五)你这个老东西！你大星大星地喊什么？
常　五　哦，叫我不提大星呀！哦，那自然就不提，不提他！可是你说要我上西天，上西天，(对焦花氏)你说说，(不自主地)我的大星媳妇！

第四单元　戏剧

仇　虎　(忍不下，向常五头上面立发一枪)你！
常　五　(摸着自己)我——我的头。
焦花氏　虎子，你怎么啦？你怎么又放枪？
仇　虎　我——我不知道怎么回事，一提到他——他——我就(坐下)犯糊涂，犯——
焦花氏　(撇开话头)虎子，你让常五伯回去吧？
仇　虎　嗯，(低头)我是想让他回去。
常　五　真的？
仇　虎　嗯！
常　五　现在？
仇　虎　嗯。
焦花氏　可是常五伯，大黑天，您——
常　五　(连忙)不，不要紧，我可以宿在老神仙的土庙里。(向焦花氏)那么，回头见！我——我走了。(拔脚便走向右面)
仇　虎　(忽然)站住！你说什么，你宿在哪儿？
常　五　我说庙，我宿在老神仙的庙！
焦花氏　(对常五)您——您走吧！
仇　虎　(低声)老神仙？
常　五　(莫名其妙)就是阎王老婆整天找的那个老神仙，他——他的庙。
仇　虎　(忽然怪异地笑)金子，这黑林子我们进对了。
焦花氏　怎么？
仇　虎　(森严地)瞎子一定也在这林子里。
焦花氏　嗯，我知道。
仇　虎　(仿佛看见了)我总觉得她抱着黑子，会一步一步地跟着我们。(忽然打了个冷战)说不定，那、那红灯就是她！她！
焦花氏　(望望他，又低下头)我——我早知道！
仇　虎　你怎么早不说？
焦花氏　我怕告诉你。
仇　虎　怕！怕！(强自镇静)怕什么？
焦花氏　(低声，恐怖地)她说过，孩子救不活，我们到哪儿，她也跟到哪儿。
仇　虎　(迅速对常五)庙在哪儿？
常　五　不远。就——就在旁边。
仇　虎　(迅速地)你刚才看见瞎婆子抱着黑子出了门么？
常　五　(向后退)看——看见。
仇　虎　(抓着他的胳臂)上哪儿？
常　五　(指着)上西。
仇　虎　西是哪儿？
常　五　(嗫嚅地)我看，狗蛋打着灯笼引她进——进了林子。

仇　虎　进了林子?
常　五　嗯。
仇　虎　(放了手,回头望着更深的黑林)好!好!(走到井畔)
焦花氏　常五伯,您、您走吧!(常五向右走)
常　五　(低声问焦花氏)怎么,小——小黑子死了?
焦花氏　(低声)小——小黑子——
仇　虎　(跳起,狂乱地)你们说什么,说什么?小黑子不是我害的,小黑子不是我害的。(跳到井石上,举起两手)啊,天哪!我只杀了孩子的父亲,那是报我仇门两代的冤仇!我并没有害死孩子,叫孩子那么样死!我没有!天哪!(跳下,恳求地)黑子死得惨,是她奶奶动的手,不怪我,这不怪我!(坐在井石上低头)
焦花氏　(觉得出常五惊吓的样子)常五伯,你快走吧,小心他——
常　五　(连忙)是、是,我走!
仇　虎　你说什么?
常　五　(吓住)我——我没有说什么。
仇　虎　(忽然立起)滚!快滚!
　　　　〔常五由右跑下,仇又坐在井石上。
焦花氏　你怎么啦?
仇　虎　我渴的很,(摸着自己的心)渴的很!(撕身上的破布)哦,哪儿可以弄来一口水,一口凉水。(撕下来布,揩脸上的汗)
焦花氏　(警告地)虎子,不要擦!不要擦!
仇　虎　(望着地)怎么?
焦花氏　小心你手上的血会擦到脸上。
仇　虎　怕什么,这血擦在哪儿不是一样叫人看出来。血洗得掉,这"心"跟谁能够洗得明白。啊,这林子好黑!没有月亮,没有星星。(叹一口气)
　　　　〔仇虎耳旁低微的声音:(如同第二幕末尾,大星在屋内梦呓。叹口长气,似乎在答话,幽幽然)嗯,黑啊!好黑!
仇　虎　(惊愕)你听!
焦花氏　听什么?
仇　虎　你……你没有听见——"黑——好黑"!
　　　　〔仇虎耳旁低声:(更幽幽地)好黑!好黑的世界!
仇　虎　(如若催眠,喃喃地)嗯,"好黑的世界"!(恐惧地)天啊!
焦花氏　(莫名其妙)虎子!你、你说什么,这——这是大——大星的话?
仇　虎　怎么,你——你听不见?
焦花氏　虎子,你别发糊涂!你听见了什么?
仇　虎　没有什么。心里不知为什么只发慌?我——我像是——
焦花氏　虎子,你怎么啦?你刚才为什么忽然跟常五说那一大堆子的话?
仇　虎　我、我不知道。我口渴,我刚才头发昏。

第四单元　戏剧

焦花氏　你为什么又提起大星，说你杀——杀了大——大星！
仇　虎　(眩惑)我——我杀了大——大星？
　　　　〔仇虎耳旁低微声：(梦呓，窒塞地喘息)……快……快！……我的刀！我的刀……
仇　虎　(喃喃地)"……我的刀！我的刀"！
焦花氏　(几乎同时说)你又跟他提起小——小黑子。
仇　虎　(低而慢地)小黑子？
　　　　〔仇虎耳旁低微声：嗯——，好黑呀！(苦痛地叹口长气)
仇　虎　(忽然跳起，向着黑暗的林丛)啊，大星，我没有害死他，小黑子不是我弄死的，大星，你不该跟着我！大星！我们俩是一小的好朋友，我现在害了你，不是我心黑，是你爹爹，你那阎王爹爹造下的孽！小黑子死的惨，是你妈动的手！我仇虎对得起你，你不能跟着我！你不能——(不知不觉拿出手枪)
焦花氏　(吓得向后退，喘息)虎子，你——你怎么？你想什么？小黑子不是你害的天知道，地知道！你想干小做什么！你还不想跑，我的命在你手里，虎子，自己别叫自己吓着，你别"磨烦"，(迟延时间的意思)再"磨烦"，天亮了，叫他们看见，我们两个就算完了。
仇　虎　(望着黑暗)我知道，我知道。可是(悔恨地)小黑子——
焦花氏　虎子，你还不快走！想什么？
仇　虎　走！走！这不是个好地方，咱们得赶快离开这儿。
焦花氏　(支开他的想头)天亮就可以到车站。
仇　虎　不等天亮就会到。
焦花氏　(强作高兴)我们要飞哪儿，就飞哪儿。
仇　虎　(打起精神)嗯，要飞哪儿，就飞哪儿。
焦花氏　(忽然，指着辽远的处所)你听！
仇　虎　什么！
　　　　〔渐渐听出远处火车在林外迅疾地奔驰。
焦花氏　车，火车。
仇　虎　(谛听，点头)嗯，火车！(嘘出一口气)可离着我们还远着得呢！
焦花氏　那么，走，赶出林子。
仇　虎　嗯，走！赶出林子就是活路。
　　　　〔一阵野风迅疾地从林间扫过，满天响起那肃杀可怖，"飒飒"的叶声，由上面漏下乱雨点般的天光，黑影在四处乱抖。
焦花氏　天！(抓紧仇虎的腕)
仇　虎　这是风！你怕？
焦花氏　(挺起头)不，乘着树上漏下来这点亮，咱们跑！(二人携手跑，走了两步，焦花氏拉住仇虎，惊惧地叫喊)站住！虎子！(退了一步)虎子，(低声)你看，前面是什么？

仇　虎	(凝定了神)树叶，草！
焦花氏	(指着)不，那一堆一堆的。
仇　虎	什么？
焦花氏	(惧恐地)那一堆一堆的黑脑袋。
仇　虎	(坚定地)那是石头。
焦花氏	(指着那些在风里抖擞矮而胖的灌树，喘息)你看，那是什么？一堆一堆的黑圆的肉球，乱摇乱摆，向——向我们这边滚。
仇　虎	瞎说，那是树！走！(二人轻悄悄地走了一步，仇虎忽然又停下。由右面隐隐传来擂鼓的声音，非常单调，起首甚微弱，逐渐响起来，一直在这个景里响个不停)别动！
焦花氏	怎么？
仇　虎	你听，这是什么？
	〔鼓声单调地在林中回响。
焦花氏	(悸住)鼓！
仇　虎	(有些惧怯，低声)鼓！
焦花氏	(微弱地)庙里的鼓！
仇　虎	(回首望焦花氏)半夜里这是干什么？
焦花氏	(警惕地)瞎子进了庙了。
	〔鼓声渐响。
仇　虎	这鼓打得好瘆人！
焦花氏	怪！鼓越打越响了。
仇　虎	(深思)鼓能够把黑子打活了么？
焦花氏	谁知道，这是那个怪物替瞎子做法呢。
仇　虎	做什么法？
焦花氏	(哺哺)念经，打鼓，拜斗，叫魂，一会儿她会出来叫的。
仇　虎	(希望地)魂叫得回来么？
焦花氏	叫不回来还叫不死么？
仇　虎	(谛听，不自主地)这鼓！这鼓！
焦花氏	(看他奇怪)你还听什么？还不快走，走！为什么你的脚在地上生了根！
仇　虎	嗯，这个地方有点古怪！我们得走！我们得——
	〔外面惨厉的声音：(远远地)回来呀！黑子！黑子你回来！
焦花氏	(低声)天，她、她出来了！
	〔外面的声音：(长悠悠地)孩子！回来！我的孩子，你回来！
仇　虎	(怖惧地)她、她就离我们不远。
	〔外面的声音：(几乎是嚎嚷)黑子！我的黑子！你回来！
焦花氏	(忽然向右看)灯！红灯！
仇　虎	(向右望)对。就是它，就是这个灯！

焦花氏　(一面看一面说)前面那个人拿着灯笼！(对仇虎)他们越走越近了。(对仇虎)你看前面的是谁？

仇　虎　狗——狗蛋！

〔外面的声音：(更近)回来呀，黑子！你不能不回来！黑子！

仇　虎　(颤颤)她——她来了！

焦花氏　(抓着仇虎)来！树后边！快！

〔二人躲在树后面。

〔白傻子举着红灯笼领焦母由右走出。焦母头发散乱，衣服也被野生的荆棘刺破，她一手放在狗蛋的肩上，一手搭下来，两眼瞠视前面，泪水在眼下挂着。风过时，火光时时由树上漏下，照见一个瞎子和一个白痴并肩而行。焦母苦痛地锁住眉头，如一个悲哀的面具，白傻子还是一副颠顶的行色，眼傻傻地偷看着焦母，嘴里夹七夹八地不知念些什么。

焦　母　(声音嘶哑，震颤出一种失望的鬼音)回来，黑子，我的心肝，你回来！回来！我的肉，你快回来！(一面走，一面喊)你回来，我的小孙孙！我的小孙孙。(叹非哭，嚎非嚎的声音)你千万要回来呀！

〔白傻子领她向左面走出。

仇　虎　(由树隙露出头，恐惧)啊，这简直是到了地狱。

焦花氏　(也探出身子)走！

仇　虎　(恐惧)走？可——你听！

〔外面白傻子的声音：前边路不好走，还是回庙去，回庙去。

〔白傻子又领焦母由左上。

白傻子　你听，鼓、鼓！别……别走远！回！回不去了。

焦　母　(仍在嘶喊)回来！我的孙孙！不是奶奶害的你！回来，我的孙孙，是那个心毒的虎子，老天不容的鬼害的你，回来，我的黑子！奶奶等着你，我的孙孙，你回来！

〔白傻子领着焦母由右下。

焦花氏　(由树丛中走出，低声)虎子！她走了！出来！

〔仇虎由树丛中走出。惊惧，悔恨与原始的恐怖交替袭击他的心，在这一刹那间几乎使他整个变了性格，幻觉更敏锐起来，他仿佛成了个石人，呆立在那里。

焦花氏　走！

仇　虎　走！(仍不动)

焦花氏　(催促)走啊！

仇　虎　(抬起头)你听，这是什么？

焦花氏　鼓！

仇　虎　嗯，鼓！鼓！(喃喃地仿效鼓声)"咚！咚！……"

焦花氏　你为什么不走！

仇　虎　(向左面看)你看，那面来了一个人！

焦花氏　(莫名其妙)怎么？

仇　虎　　也打着个红灯笼。

焦花氏　没有，黑烘烘的，哪儿来的灯笼。

仇　虎　　(坚执)有！有！怪，他还拿着一把伞。

焦花氏　伞？(不相信地)大晴天拿着个伞干什么？

仇　虎　　嗯，他举着伞，提着灯笼，他朝我们这边走，这边走。(直眼望着)

焦花氏　虎子，你——你别这样，你——

仇　虎　　真的，他——他来了！(更怪异地望着)

焦花氏　(怯惧地)虎子！

仇　虎　　你看！

〔于是有个人形由左面悄悄移上，正如仇虎形容，举伞提灯笼，伞遮着上半身，看不见，只下半身露出一条蓝布的裤。那人形停住了步。

仇　虎　　喂，借光！弟兄！出这林子怎么走？

焦花氏　虎子，你别吓唬我，你——你是跟谁说话？

仇　虎　　你没有看见眼面前有个人？

焦花氏　没——没有。

仇　虎　　(指着那执伞的人形)怪，这不是！

焦花氏　哪儿？

仇　虎　　(又指)这儿！(对着那个人形)喂，弟兄，你怎么不说话？

焦花氏　(恳求)喂，虎子，你到底跟谁说话，你——你别吓唬我？

仇　虎　　怎么，你看不见，就在我们眼前！

焦花氏　就在我们眼前？

仇　虎　　喂，弟兄，你别挡着自己的脸，你说话！出了林子得怎么走？

焦花氏　虎子！

〔人形向仇虎身旁走去。

仇　虎　　你看，(回头向焦花氏)他走过来了。(在回头的时刻，那人形已走到仇虎的面前——伞挡着前面，观众看不见他——立好。仇虎回望，正与此人打个对面，还看得不清楚，只嘘了一口气，倒退一步)喂，弟——兄！(那人形突然把红灯笼提到自己的脸上照，仇虎看个正好，虎子忽然惨厉地怪叫，声音幽长可怖，响彻林间)啊——啊——啊——啊！

〔随着喊声，那持伞举着红灯笼的人形倏地不见。蓦然野风疾迅地吹过来，满林顿时啸起肃杀的乱响——

焦花氏　(退后，惊惧)虎子！

仇　虎　　(睁大了恐怖的眼)走！快走！

焦花氏　(在疾风中)你看见了什么？

仇　虎　　(悸住)走！说不得！走！走！

〔满林乱抖着重重的黑影，闪见仇虎拉着焦花氏由中间的荒路狂奔下。

〔鼓声单调地由远处传来。

【注释】

[1] 本文选自中国青年出版社 2004 年版《曹禺经典作品选》，曹禺著。

【题解】

《原野》共三幕，创作于 1937 年，是作者唯一的一部以农村生活为题材的剧本。本文选自第三幕第一景，主要渲染仇虎逃进森林时内心的恐惧情绪，带有浓厚的神秘色彩。如果说《雷雨》主要体现了作者对中国封建家庭的认识，《日出》主要体现了作者对中国现代都市社会的认识，那么《原野》则主要体现了作者对人的精神承受力的理性探讨，写出了"人与人的恢复与恢恨"(曹禺语)。

【思考练习题】

1. 第一段景物描写的作用是什么？
2. 分析仇虎的心理活动以及造成这种心理的因素。

名优之死[1] (节选)

田 汉

田汉(1898—1968)，本名田寿昌，曾用笔名伯鸿、陈瑜、漱人、汉仙等，湖南长沙人，话剧作家、电影剧本作家、小说家。1916 年留学日本，1922 年回国，1926 年组织南国电影剧社，从事话剧创作和演出活动，创作话剧《咖啡店之一夜》《获虎之夜》《苏州夜话》。1927 年他的剧作《名优之死》演出获得成功。1930 年至 1932 年创作有《梅雨》《回春之声》《年夜饭》《姐妹》《顾正红之死》《暴风雨中的七个女性》等话剧和歌剧《扬子江的暴风雨》。抗战时期及战后有话剧《芦沟桥》《江汉渔歌》《新雁门关》《丽人行》等。新中国成立后，主要作品有话剧《关汉卿》《文成公主》及戏曲《白蛇传》《谢瑶环》等。

  午后二时。
  刘振声之家，刘凤仙居室，锦帐低垂。
  〔刘振声之另一女弟子刘芸仙由右门轻轻登场，至榻前略掀帐子，唤刘凤仙起床。
刘芸仙 姐姐，姐姐，起来呀。
刘凤仙 (在床上闭着眼睛答应)唔。
刘芸仙 起来呀，先生叫你起来吊嗓呀。
刘凤仙 唔，就起来了。(可是动也不动)
刘芸仙 怎么又不起来呢？时候真不早了。
刘凤仙 (带愠)晓得了。
  〔刘芸仙只好暂下。
  〔帐子里面的刘凤仙仍无起意。

〔一会儿刘芸仙又轻轻走至榻前。

刘芸仙　姐姐，姐姐，起来呀，怎么还没有起来呢？

刘凤仙　(刚入好梦，被其叫醒)尽在这里叫什么！好容易睡一忽儿又给你吵醒了。

刘芸仙　先生要我来催你的呀。

刘凤仙　催、催什么命！一会儿不就起来啦？

刘芸仙　一会儿一会儿的，洗脸水都凉了。

刘凤仙　凉了不好再打。

刘芸仙　我哪有工夫。

刘凤仙　你没有工夫，谁有工夫？人家每天黑更半夜地回来，教你打盆洗脸水都没工夫？——

刘芸仙　(忍气换水)好，水打好哪，快起来吧，姐姐。张先生等了好一会儿了，见你没有起来，他找间壁左老板去了。

刘凤仙　好，别冤鬼似的在这里吵了，我就起来了。

〔刘芸仙见叫也没有用，废然再退。

〔帐子里的刘凤仙仍无起意。

〔一会儿刘老板自己上来了。刘芸仙跟在后面。

刘振声　(走到榻前，略掀帐子，慈母似的)凤仙，凤仙！起来呀。

〔刘凤仙不语。

刘振声　(略推刘凤仙)凤仙，凤仙！该起来了。快三点了。

刘凤仙　唔哦。先生，我一会儿就起来。

刘振声　就起来？咳，这"就"字是最坏事的。

刘凤仙　(孩子似的)昨晚睡得太晚了。

刘振声　谁不睡得晚？我也是三点才睡，可是凭怎样睡得晚，早上十点总得起来的。

刘凤仙　谁都像您？胡老板他们起得比我还晚呢。

刘振声　所以我说我们戏班里的习惯太坏了。再说，胡老板原本是每天一早就练功的，好些年不间断，所以工夫扎实，后来有了嗜好才起得晚了，因此功夫也回去了，嗓子也差了。你又不抽大烟，干吗单学他起得晚呢？

刘凤仙　(撒娇地)先生，我也学学他抽大烟好不好？(作抽烟声)

刘振声　好，那么一来你就有出息了。快起来，再不起来我要掀被窝了。

刘凤仙　嗡……(一翻身，又向里面睡去了)

〔刘振声离了她，坐到床边茶几椅上。刘芸仙给他点上香烟，桌钟敲三点。

刘振声　(喝了一口茶，对帐子里)凤仙，听，三点了。再隔几个钟头，昨晚排的戏就得上了。快起来走一走吧。

刘凤仙　那样的新戏马马虎虎得了。

刘振声　马马虎虎？凤仙儿……新戏跟我们开路，更不应该马虎，晓得吗？(有许多话想说又不愿意说似的，但终于这么吐出来一部分)你还是听我的话爱重咱们的玩意儿吧。学咱们这一行，玩意儿就是性命。别因为有了一点小名气就把自己的命根

第四单元　戏剧

　　　　子给毁了。玩意儿真好人家总会知道的，把玩意儿丢生了，名气越大越加不受用，你看多少有名的角儿不都是这样垮了的吗？……人总得有德行。怎么叫有德行呢？就是越有名气越用功，我望你有名气，可更望你用功。

刘凤仙　难道我没有用过功么？

刘振声　你自然用过功，你从前真是个有心眼儿的孩子，真不枉我教你一场。我望你成功比望我自己还要切，所以责备你就不能不严。凤仙，你比从前变多了。从前不管是下雨下雪，天还没亮，你就起来跟妹妹一块儿去喊嗓子，练功。现在你睡到这时候还不起来；从前你听我的话，现在你好像觉得我的话都是害你的了，你不知道那些恭维你的话才真是害你的呢。

刘凤仙　(不服)我知道了。

刘振声　但愿你知道才好。

　　　　〔琴师携琴上。

刘振声　啊，张先生你来了。

琴　师　来了，我到左老板那边坐了一会儿。

刘振声　左老板在家吗？

琴　师　在家。

刘振声　我当他到会里去了呢。他们不是组织了一个丑行联合会，今天开会吗？

琴　师　不，改了明天了。

刘振声　这个我倒很赞成。

琴　师　听说占行也要组织联合会了。

刘振声　这办法很好，从前咱们唱戏的靠大人先生们保护，可他们总是嘴里说得好，骨子里看不起咱们，吃咱们的。现在该咱们自己联合起来保护自己了。

琴　师　是呀，就是我们搞场面的现在也组织会了。

刘振声　场面也有会了吗？那好。……凤仙，快起来吧。张先生来了。

刘凤仙　(在被内)唔。

琴　师　我来了两趟了。我以为大小姐这会儿该起来了，怎么还歇着吗？哈哈。

刘振声　昨晚唱完了又接着排戏，睡得晚了些。

刘凤仙　(掀帐笑窥)啊呀，张先生这么早就来了吗？

琴　师　哎呀，大小姐，还早呢，都快吃晚饭了。

刘振声　快起来吊一吊吧。

刘凤仙　好，这就起来了。(一面披衣，揉眼)人家还没有睡够呢。叫妹妹先吊吧。张先生，您坐一会儿，我去洗洗脸就来。

　　　　(穿着拖鞋匆匆由右门下)

　　　　〔琴师调好琴。

刘振声　那么芸仙，你吊吊吧。

刘芸仙　好。

琴　师　(一面弄琴)那么唱什么呢？……

刘振声　就把昨天学的《昭关》后段吊一吊吧。
琴　师　(奏弦)好，来呀。
刘芸仙　(唱)一事无成两鬓斑……
刘振声　口劲还不坏。
　　　　〔刘凤仙已洗好脸，上来。
　　　　〔刘芸仙停。
刘凤仙　唱呀。
　　　　〔刘芸仙继续唱完。
刘振声　还不错。不过尖团字还得分清楚一些。比方"马到长江"的"江"字就没有念好。(对刘凤仙)这一下该你了。
琴　师　来个什么呢？
刘凤仙　还是《汾河湾》吧。
琴　师　哪一段？
刘凤仙　唱四句好哪。
　　　　〔琴师拉西皮原板。
刘凤仙　(唱)儿的父投军无音信，全仗着儿打雁奉养娘亲，将弓袋和鱼膘付儿拿定，不等待红日落儿要早早回程。
琴　师　今儿个嗓子满好呀。
刘振声　像她这个年纪是应该好的。可是嗓子这玩艺儿好比爱闹蹩扭的牲口，你要不每天溜溜它，它就不听使唤，越大了越这样。
　　　　〔阿福上。
阿　福　老板，陈老板来找您来了。
刘振声　哦。那么张先生你多多指点她们吧。(下)
琴　师　好，您别客气。那么大小姐再吊一吊？
刘凤仙　好，妹妹再吊吧。(望望衣镜里)瞧我披头散发的。(下)
琴　师　把前儿教你的《法门寺》温一温，怎么样，二姑娘？
刘芸仙　头里起吗？
琴　师　"郿坞县"起吧。
刘芸仙　(唱)郿坞县在马上神魂不定。……
琴　师　这儿这样唱。(订正一句)
刘芸仙　(再唱)可怜我七品官不如黎民。
琴　师　对，唱下去。
刘芸仙　(唱到)叫衙役将人犯与爷……
　　　　〔这时刘凤仙从妆阁走出来。
刘凤仙　(匆匆地，对刘芸仙)妹妹，你快到永康去一趟，问问那鬼裁缝，我的旗袍倒是什么时候做好。他倒是还要不要我照顾他生意。快去。好妹妹。
刘芸仙　我不去。他不是说过明天就得吗？

第四单元　戏剧

刘凤仙　我知道，去催催他，要他给赶一赶，说姐姐今天要。
刘芸仙　等一天有什么要紧，我不去。
刘凤仙　你不去！姐姐帮过你多少忙，要你跑这几步路也不干？我看你这孩子给先生宠的要上天了。
刘芸仙　瞧我不是在吊嗓吗？
刘凤仙　得了，你成角儿还早哩。忙在这一时半刻的？
刘芸仙　一会儿就上戏了，要旗袍有啥用？你也忙在这一时半刻的？
刘凤仙　唉，气死我了，你这不要脸的家伙竟敢顶起我来了。
刘芸仙　谁顶你？本来嘛，今天你又不出门，要新旗袍干嘛呀？
刘凤仙　你怎么知道我不出门？你居然替我做起主来了，真是个要脸的东西！
刘芸仙　哼！看谁不要脸！
琴　师　好，得了，得了，别闹了。二姑娘今天打住，明天再吊吧。千万别为小事伤了姊妹的和气。
刘芸仙　都是我不对，都是我不对！
刘凤仙　那么是我不对了，我得罪了你了？
琴　师　好了，好了，这都是我不对，我不该来请你们吊嗓。好了，我走了，我五点还有点事。真是，你们姊妹俩好好的闹什么呢？从前我们弟兄两个在一块的时候也老爱闹，好像这世界上就多了他一样，现在剩下我一个人，想要找一个兄弟说说话也没有了。
刘凤仙　您说的是，可是，她太不听话了，她太没出息了！
刘芸仙　哼，你听话？你有出息？
刘凤仙　不要脸的东西！
刘芸仙　你要脸？
琴　师　好了，好了，别闹了，都是我的不好，我去了就好了。大小姐回头园子里见。二姑娘回见。
刘凤仙　回见。
〔琴师下。
〔刘凤仙送琴师至门口，阖上门，回头很凶恶地走近刘芸仙。
刘凤仙　你这鬼东西，你敢说我不要脸。我什么地方不要脸？你说说。(揪她耳朵)
〔刘芸仙大哭。
刘凤仙　瞧你这不要脸的东西，人家还没有打着你，你就哭起来了。让先生听见了好栽我的不是，对不对？年纪这么小，心倒好险啊。
刘芸仙　可没有你那么险。
刘凤仙　我什么地方险？什么地方险？
〔外面敲门声。
刘凤仙　(对刘芸仙)快出去看谁来了！
〔刘芸仙匆匆退场。

〔刘凤仙急忙对镜略整衣襟。

〔刘芸仙鼓着嘴进来。

刘凤仙　(回头)谁来了？

刘芸仙　还不是那个坏蛋来了。

〔杨大爷很熟识地不待请，早进来了。

杨大爷　凤仙。

刘凤仙　哦，您来了，杨大爷。

杨大爷　刚起来吗？

刘凤仙　起来了老半天了。您请坐吧。

杨大爷　(坐)啊呀，二小姐有什么不舒服吗？

刘凤仙　她呀，生气了。

杨大爷　跟谁生气？该不是生了我的气吧。啊，我又忘了给你买朱古力糖，该打该打。

刘芸仙　谁爱吃你的，还朱古力、羊古力哩。

杨大爷　对，明天晚上没有戏，我请姐姐跟你去看回力球。

刘芸仙　我不要看回力球。

杨大爷　那么后天咱们上丽娥丽姐，好不好？

刘凤仙　客人来了，怎么不倒茶啊？

〔刘芸仙倒了一杯茶使气地往桌子上一放。

刘凤仙　怎么啦！要你上永康你不高兴，要你倒茶也不高兴吗？回头你可高兴吃饭？

刘芸仙　我可没有吃你的饭！我吃的是先生的饭。

刘凤仙　先生的饭就是我的饭！

刘芸仙　哼，这我倒不晓得。

刘凤仙　(对杨大爷)您看这孩子有什么用？真把我给气死了。

杨大爷　真是，二小姐，年纪小脾气倒不小呢。

刘芸仙　我脾气小不小不关你的事！

杨大爷　姑娘们脾气太大了容易老啊，二小姐。

刘凤仙　杨大爷别和这没有出息的噜嗦了。您今天打哪儿来的？

杨大爷　我是打家里来"专诚拜谒"的。

刘凤仙　不见得吧。

杨大爷　你去问阿土，我每天离了你这里就回到家里；离了家里就到你这里来了。

刘凤仙　今天怎么来的这么早呢？

杨大爷　前天在后台，《春申报》的老王不是问你要《玉堂春》的戏照吗？今天我陪你到光艺去拍那么一张，好不好？

刘凤仙　我就等着您哩。行头跟头面我叫阿蓉早给预备好了。

杨大爷　拍完《玉堂春》，我们也来一张吧。就是这个打扮吗？

刘凤仙　在永康做了一件新旗袍，要明天才得。我叫芸仙去催一催，她不去，我们刚才还吵嘴哩。

第四单元　戏剧

杨大爷　没关系，做得了再拍嘛。
刘凤仙　就去吗？
杨大爷　就去呀。我的新车子也开来了。
刘凤仙　哦，待一会儿，喝点酒去吧。我们家里有好酒。
杨大爷　有好酒？你爱喝酒吗？
刘凤仙　您知道我是从来不喝酒的，先生不许喝。说喝酒坏嗓子，唱戏的人坏了嗓子就是坏了命根子。尤其是我们唱青衣的，嗓子坏了人家想捧也没法儿捧了，对不对？
杨大爷　对呀。那么刘老板喝酒吗？他好像也是不喝的。去年有一回我跪着劝他，他还不喝哩。(望刘芸仙)那么莫非你们二小姐倒是个酒仙吗？难怪她脾气这么大了。
刘芸仙　瞎说！谁要喝酒。
杨大爷　那么，你们家哪来的好酒呢？人家送给你们的吗？
刘凤仙　不，是我买了预备送给人家的。芸仙，把我橱子里那瓶洋酒给我拿来，先让杨大爷尝，是不是好酒。
刘芸仙　咱们家哪有酒？
刘凤仙　我昨天买的。
刘芸仙　我不晓得。姐姐，你自己拿去吧。
刘凤仙　唔，好。现在不和你闹。(自己很快地从橱里拿出一瓶酒来)这不是酒！真是不会做事的丫头。……
　　　　〔刘芸仙一句话要出口却收回了。
刘凤仙　杨大爷您看看是不是好酒？
杨大爷　(接瓶一看)哦呀，正是我最爱喝的威斯忌！你哪里买来的？
刘凤仙　那晚在舞场，我见您顶爱喝这种酒，昨天我上百货公司就顺便买了这一瓶，想送给您。我也不知道是怎么个称呼，只记得酒的颜色和瓶子的装潢。没有买错吗？
杨大爷　(喝了一杯)不错，不错，正是这种酒，凤仙，你真聪明。(再喝一杯)啊，凤仙，你不但聪明而且多情。
刘芸仙　(学着)不但多情，而且是个大浑蛋！
杨大爷　哈哈，二小姐的嘴可真是不含糊。来来来，喝一杯，咱们和气和气吧。
刘芸仙　谁跟你和气？
刘凤仙　好了，咱们走吧。别和这孩子生气了。她是先生的爱臣，谁也惹不起她的。
　　　　〔刘芸仙要说什么了，但……
刘凤仙　我们先到园子里去吧。头面和衣裳都在那儿呢。
杨大爷　好，叫车子转一转就得了。
刘凤仙　哦，杨大爷，您看我这件大衣做得好不好？
杨大爷　这就是前回做的那件吗？好极了。颜色太漂亮了。
刘凤仙　可是先生不大喜欢……
杨大爷　(低声鬼脸)那有什么关系，我喜欢就成。(替她穿上大衣)好，走了。
刘凤仙　等一等。(重复理一理秀发)好，走吧。(走至门口回头见刘芸仙怒视，急带笑向她)

275

|好妹妹，别这么吹胡子瞪眼的了，多难看呀。

刘芸仙　我不要好看。

刘凤仙　这有什么意思呢？姐姐平日不是对你挺好吗？我问你，妹妹，回头先生回来了，你对他说我上哪儿去了？

刘芸仙　我说你坐那个大坏蛋的车一块儿走了。

刘凤仙　好，你真那么说我可饶不了你。好妹妹，别淘气了。姐姐回头替你做一件挺挺好看的衣裳，你可别告诉先生说我同杨大爷出去了，你就说我到永康去试旗袍样子去了，好不好？

〔刘芸仙低头不答。

刘凤仙　好妹妹，听话呀，回头我带些好东西你吃。姐是最疼你的，不是吗？

杨大爷　(在门口)凤仙，走呀。

刘凤仙　(对杨大爷)就来了。(回头)妹妹，别忘了。

〔刘凤仙下场。

〔刘芸仙望着他们出去，叹了一声气。替刘凤仙叠被窝。

〔刘振声匆匆登场见帐子内叠被的以为是刘凤仙。

刘振声　凤仙！凤仙！(见不是，问)你姐姐呢？

刘芸仙　姐姐——出去了。

刘振声　(也没有留神，随便坐下)又出去了吗？陈太太想找她呢。陈老板家里的孩子今天满周岁，请我们去吃晚饭。她上哪儿去了？到街上买东西去了吗？

刘芸仙　(含糊地)唔……

刘振声　倒杯茶来。

刘芸仙　好。(取桌上杯倒去酒，换上茶)

刘振声　(一饮而尽，忽感异味)唔？怎么有酒味呀？

〔刘芸仙不语。

刘振声　(见威斯忌瓶)这酒哪来的？你们在家里瞒着我喝酒吗？

刘芸仙　我——我不喝。我——我从没有喝过酒，先生。

刘振声　那么你姐姐喝酒？她什么时候学会喝酒的？怎么不告诉我？

刘芸仙　姐姐——也——也不喝。

刘振声　那么谁喝酒来着？左老板来过吗？

刘芸仙　不，没有来过。

刘振声　那么——谁来过了？

〔刘芸仙不语。

刘振声　这酒是谁买的？

刘芸仙　姐姐买的。

刘振声　她自己不喝，买给谁的？

〔刘芸仙不语。

刘振声　她一个人出去的吗？

刘芸仙　不。

刘振声　那么同谁出去的？

〔刘芸仙不语。

刘振声　(沉痛地)芸仙！我辛辛苦苦把你姐姐拉扯大，教她走上玩意儿的正路。好容易她翅膀硬了，她就离开正路，也离开我了，不对我说实话了。你——我把你也辛辛苦苦领到今天，你还没有成名，还用得着我，难道说，你——你也不肯对我说实话了吗？

〔刘芸仙悲从中来……

刘振声　凭你说，我把你们领大是想拿你们卖钱吗？是想靠你们养活我吗？都不是啊。我没有儿女，我只想多培养出几个有天分的，看重玩意儿的孩子，只想在这世界上得一两个实心的徒弟。这个想头也不算是太过分吧。怎么临了，连你这孩子都骗起我来了吗？

刘芸仙　先生，我怎么敢骗您？不过我不想您晓得这些事，晓得了您心里要难过的呀。

刘振声　你只说，这酒是姐姐买给谁的？

刘芸仙　这是她买给那时常来的那坏蛋的。

刘振声　唔。……那么，她是同那姓杨的出去了。

刘芸仙　坐他的汽车一块出去的，说是去照相。

刘振声　她还说了些什么没有？

刘芸仙　她要我别告诉先生。

刘振声　(悲声)是呀，你本不该告诉我的呀，你本应该瞒着我的呀。(狂笑)哈哈哈！(将威斯忌瓶对着口喝)

刘芸仙　(急上前跪，拉刘振声手哭)先生……

——幕　落

【注释】

[1]　本文选自北京师范大学出版社 2001 年版《中国现代文学作品选》，王富仁、刘勇主编。

【题解】

《名优之死》是田汉的三幕话剧。这是一出具有深刻社会内涵并且富有诗意的悲剧。主人公京剧演员刘振声，是一位视艺术为生命的人。他注重戏德、戏品，对待艺术严肃认真，并精心培育了刘凤仙这样的后起之秀。但是刘凤仙在小有名气之后却心猿意马，刘振生眼睁睁地看着她最终屈服于黑暗势力的腐蚀，自甘堕落，使他抱恨而死。本文选自第二幕，围绕刘凤仙起床的一段戏，刻画了几个人物的形象。

【思考练习题】

1. 作者是如何塑造刘凤仙这一典型人物的？有什么深刻的社会意义？
2. 本出戏展现了怎样的矛盾冲突？

绝对信号[1[(节选)

高 行 健

高行健(1940—),祖籍江苏泰州,出生于江西赣州。法籍华裔剧作家、画家、小说家、翻译家、导演和评论家。早期在国内以创作先锋戏剧著称,2000年获得诺贝尔文学奖。高行健与铁路话剧团刘会远合作创作了《车站》《绝对信号》等话剧,后又写了《野人》。1980年后定居巴黎,1992年曾获法国政府艺术大奖。他的主要剧目有《彼岸》(1986)、《生死界》(1991)、《对话与反诘》(1992)、《周末四重奏》(1995)等。

人　物

黑子　　　二十一岁　待业青年
小号　　　二十一岁　见习车长
蜜蜂姑娘　二十岁　　待业青年
车匪　　　三十七岁
车匪的同伙一人(此人在戏中无台词)

时　间

一个春天的黄昏和夜晚。

地　点

一列普通货车的最后一节守车上。

蜜蜂　(点头,等车长走后,立刻低声地)真想不到,我高兴死了。
小号　我在路上碰上你弟弟,说你回来过,你怎么招呼也不打一个?
蜜蜂　(抿嘴笑)这不是见到了吗?
小号　蜜蜂,你可不怎么样啊!
蜜蜂　怎么不怎么样?
小号　太不够意思!
蜜蜂　哟,真对不起!(调皮地)可咱们在这儿见到了还不一样?不是更有意思?(立刻收敛地)真的,见到你真高兴。
小号　真的?
蜜蜂　(转话题)真的,你的工作一定很有意思吧?当车长啦?
小号　见习的。
蜜蜂　同我们到处流浪的,是不一样啊!穿上一身制服,等胸前再挂上个车长的牌子,就该不认识咱们啦!
小号　算了吧,蜜蜂,别对我来这副腔调。
蜜蜂　别生气,我可没有挖苦你的意思呀!
小号　你看,还有谁在?

第四单元 戏剧

蜜蜂　(惊喜地)黑子!

黑子　(转过脸,抑制着自己失措的神情,尽量平淡地)你好!

蜜蜂　(声音更轻,像回声)你好!

小号　我们有半年没见面了。

蜜蜂　(摆出大姑娘矜持的样子)是的。秋天,冬天,又是春天。

黑子　(冷冷地)春天也是人家的。

小号　黑子,别煞风景了。

蜜蜂　黑子,你哪去呀?

黑子　找饭碗去!

小号　(依然热情地)养蜂队的姑娘们都好吗?过得惯这种流浪生活?

蜜蜂　(情绪低落,心不在焉地)老爷子很高兴,有这群快活的姑娘整天围着他转。

小号　我问的是蜜蜂姑娘们,没有小伙子,你们不寂寞吗?

蜜蜂　我们有蜜蜂作伴。我们把蜜蜂叫流浪汉,我们就是流浪姐儿们,(止不住又恢复了热情的天地,兴奋地)喔,你们不知道春天有多美,我们在山谷里鞍鞍伴了一上天,满山都是映山红,在阳光下,红的像胭脂,红得叫人心醉。喔,有花儿的地方就有蜜蜂;蜜蜂飞到的地方,就有我们蜂姐儿。我们姑娘们在一起可疯呢,真是疯姐儿,我们自己编歌儿,想到什么就唱什么,说话也唱,干活也唱。

小号　唱一个吧。

蜜蜂　别价。都是我们蜂姐儿们的歌儿,你们不知道,顶风吆喝就得唱,声音才送得出去,在山谷里有回声,啊,你们听见过回声吗?像是自己的声音,又不全像,你能听见自己的声音!喔,小号,你还吹号吗?给我们伴奏那才棒哪,不像你们家单元房,左邻右舍,前楼后楼,关着门窗人家也嫌吵,跟我们吹号去吧。

小号　可惜你们不收,收我就去!

蜜蜂　咱们容得下你这位车长吗?!

小号　又来了!

蜜蜂　那是我们姑娘们的天地。

小号　小伙子也不要?

蜜蜂　不要,一个也不要!

小号　只要老爷儿们?

蜜蜂　就要老爷们。说真的,咱们带队的关大爷可真是个好老大爷,他还教我们念唐诗来着。

小号　你们这又哪里去?

蜜蜂　赶花期去呀!油菜花开了,金黄的一片,嗡嗡的蜜蜂声,在耳边转,真醉人,油菜花酿的蜜可香呢!

小号　你们够浪漫的啊!

蜜蜂　当然浪漫。这么广大的世界,都叫咱们碰到一起了,茫茫的夜色中,在一节守车的车厢里,(说给黑子听)您这位车长,捎带两个乘客,一位是打货票的流浪姐儿,一

位兴许是不打票的流浪汉……

小号　蜜蜂，你的嘴可真不饶人。

蜜蜂　谁叫咱们是蜂姐儿呢？蜜蜂可是会蜇人的啊！

小号　别忘了，蜂蜜是甜的。

蜜蜂　别腻味了。

〔迎面来车，列车交会时的轰响。

车长　会车去！(对小号)守车上不是谈情说爱的地方！要说，赶明儿个到公园里去。

〔小号拿信号灯走到车门口，等着会车，列车交会时快速的节奏和巨大的轰响，蜜蜂凝视着黑子。一束白光照着蜜蜂的脸，列车交会的声音突然减弱，蜜蜂急速的心跳声越来越响。以下是他们俩的心声，演员在表演时应使注意力高度集中，同时用眼神说话，对话可以用气声，以区别这以前的表演。

蜜蜂　(内心的话)黑子，你怎么啦？你不高兴见到我？

〔这束白光又移到黑子的脸上，黑子躲避蜜蜂的目光。黑子强劲的心跳声。

黑子　(内心的话)你来的真不是时候，(立刻又柔情地)蜜蜂……

〔两人都在白色的光圈中，互相凝视，两颗心"怦怦"跳动的巨大的声音。

蜜蜂　(内心的话)你为什么不说话？

黑子　(内心的话)不要问！(爆发地)啊，蜜蜂，什么也别问，就这么看着我！

蜜蜂　(内心的话，闭上眼睛)你想我吗？

黑子　(内心的话，点头)想。

蜜蜂　(内心的话，缓缓睁开眼睛)我也是，想极了，没有一天不想，每时每刻……

黑子　(内心的话)真想拥抱你。

蜜蜂　(内心的话)别这样，对我说点什么吧！

黑子　(内心的话)真想你！

蜜蜂　(内心的话)朝我笑一笑。

黑子　(内心的话，转过脸)真捉弄人，这就是我的命。

蜜蜂　(内心的话，祈求地)你笑一笑！

黑子　(内心的话，望着她)我笑不起来。

蜜蜂　(内心的话)你一丝笑容也没有……

黑子　(内心的话)蜜蜂……(不自然地苦笑)

〔蜜蜂忍受不了，把头扭过去，白色的光圈跟着消逝。交会的列车驶过，心跳声也骤然消失，两人恢复常态，依然坐着，谁也不望着谁，列车行驶的节奏声比这之前行车节奏多了一个停顿，即半拍的休止。

车长　姑娘，你是待业青年养蜂队的？

蜜蜂　(心不在焉)噢，多谢您关照，我去给姑娘打饭，排了半天队，给漏了乘了。

车长　你也是铁路职工子弟？

蜜蜂　我父亲是跑客车的。

车长　当个列车员，女孩子倒挺合适的，你怎么没顶替呢？

第四单元 戏剧

蜜蜂 他今年才五十。
车长 那是顶替不了。养蜂这活儿得长年在野外,可不是女孩子们干的活呀。
蜜蜂 有人说马路上摆个摊子,做小买卖去,成天见人就吆喝,更寒碜。(望黑子一眼)咱不愿现这个眼。
车长 一个姑娘家,长年在外,餐风宿露的,总不是事。你家里放心得下吗?
蜜蜂 家里还有弟妹三个,我这么大的人了,总不能待在家里吃闲饭,您说呢?
车长 倒也是。
蜜蜂 人吃的是这份志气。
车长 可话说回来了,一个姑娘家早晚点得成个家呗?
蜜蜂 师傅,看样子您要给我说对象呢!(笑)
车长 已经有了?
蜜蜂 远在天边,近在眼前。(笑)您真逗!
车长 要是看中了,就别逗着玩,得认认真真的。
蜜蜂 是得认认真真的。先得看有没有个正经工作,再问问有没有房了,过日子总得有地方住呀;房里也不能空荡荡的,好歹说得过去,有那么几件家具。要不就那么点工资,过日子都凑合,往后怎么置得起?
车长 是呀,现今娶个媳妇没个千儿八百的,还真娶不起。
蜜蜂 您还说少了呢,还有手表、自行车、缝纫机、录音机、电视机呢。关键是有个好丈人。丈母娘得是洗尿片子,看孩子的。(笑)您看我这儿说相声呢!(正经地)不是所有的姑娘都这么贱气,千儿八百的就能买得来。没有真正的感情是什么也白搭!师傅,您说是吗?
车长 是这话,姑娘,像你这样的姑娘不多见啊!
蜜蜂 那是,您并不了解我们。(说给黑子听)一个女孩子真要爱上了一个小伙子,就是住帐篷、喝白菜汤,也照样能过。您说是么?
车长 干吗喝白菜汤呀?这么好的姑娘,准能找到个好小伙子,配得上你。(对小号)都听见啦?好好干,过不了一年就能当上个车长了。这可是正正经经的工作啊!进站了,回信号。
车匪 我出去透透气!
车长 在车上走道得留神。

〔小号走上平台。车站上的灯光从瞭望窗口照在黑子脸上,黑子眯起眼。列车进岔道,摇晃着。令人烦躁的撞击声,行车的节奏仿佛破碎了。小号站在平台上,向站上回信号,列车出站,车厢里立刻变得昏暗了。黑子靠在椅子上,闭上眼睛,仿佛要入睡的样子,舞台上全黑。以下是黑子的回忆。舞台中央,蓝色的光圈中,黑子拥抱着蜜蜂,闭着眼睛。以下的表演,尤其是前面的一段,是有节制的,声音遥远,动作也较少,以便同现实相区别。

蜜蜂 (推开黑子)你听,鱼跳水的声音。
黑子 太静了!我更喜欢海。

281

蜜蜂	我们将来到海边上去玩吧！
黑子	我们结婚的那天，向大海宣布我们的婚礼！
蜜蜂	(偎依着他)黑子，你真好。
黑子	(陶醉地抱住她)我要娶你。
蜜蜂	唔。
黑子	你不相信？
蜜蜂	(点头)相信。
黑子	将来我们也得有个家。
蜜蜂	将来等你找到了工作，我想那时候我也会有工作的，咱们就可以结婚。
黑子	可我不知道还要等多久，我已经等了三年多了。我太天真不应该让我姐姐顶替。
蜜蜂	别这么说。这都已经过去了。
黑子	我也得自私点，为什么就该着我牺牲？
蜜蜂	我不愿意你怨恨你姐姐，她怪可怜的。
黑子	谁可怜我们？我倒是想不那么自私，可不自私谁管我呀！
蜜蜂	你不是说你最讨厌人可怜你吗？只要我们在一起，只要你爱我，我就幸福极了。
黑子	傻丫头，我们得活下去呀！我不该把工作让给她，她的朋友已经有工作了，他们可以过得下去！
蜜蜂	我也可以挣钱去，合作摊贩不知道还要不要人？你去不去？
黑子	见人就吆喝："卖了！卖了！"寒碜，我不干那事儿。我到车站货场上去卖块儿，也比这强。我想象得出你父亲是一副什么脸色。
蜜蜂	咱们俩的事，咱们自己做主。
黑子	你父亲绝不会同意的，他已经说了，不让我再跨进你家门槛。
蜜蜂	(立刻)他没这么说过……
黑子	(打断她)他说了，他还叫人传话给我老子听：叫他们家黑子别再上我们家串门了。他娶的起我们家姑娘吗？我不能叫我们家姑娘喝西北风去！
蜜蜂	我们俩的事，他管不着，这又不是他们那个时代！
黑子	我真想弄把钱朝他砸过去。
蜜蜂	(偎依着，轻声地)无论如何，我已经是你的人了。
黑子	你不后悔吗？
蜜蜂	不后悔。
黑子	可我要找不到工作呢？
蜜蜂	那我也等你一辈子。
黑子	那不耽误了你一辈子，叫你太痛苦了……
蜜蜂	你怎么说这样的话？你还不相信？
黑子	老天对我太不公平了，为什么我就不能比别人生活得更好？
黑子	(沉思地)我得弄到一笔钱，等我有了钱，我们就结婚，我们得像个样地结婚！也让你爸爸看看……

蜜蜂　你别提他了。
黑子　我不能委屈了你，让你跟着我受苦。
蜜蜂　黑子，别这么说，我愿意。
黑子　不，我不愿意。这之前，你不要把我们的关系告诉小号。
蜜蜂　(闭上眼睛，撒娇地)我要让他明白，让他死了那份心。
黑子　(急躁地)不要告诉他！
蜜蜂　(也凝视着他)为什么？
黑子　(和缓地)等我们结婚的时候再告诉他。你答应我。
蜜蜂　(固执地摇头)我不！
黑子　(抓住她的胳膊，摇着她)你答应我！你明白吗！
蜜蜂　(猛烈地摇头)不明白！
黑子　(迟疑地)小号对我说过……
蜜蜂　(扬起眉头)说什么？
黑子　说他爱你……
黑子　(发狠地)你同他在一起会比跟我幸福的！
蜜蜂　你不应该说这样的话！不应该说这样的话！(使劲挣脱他，呜咽着跑下)
〔黑子呆望着她消失在黑暗中。车匪进入光圈，从背后一巴掌猛拍黑子的肩膀。

【注释】

[1]　本文选自上海文艺出版社 1986 年版《探索戏剧集》，上海文艺出版社编。

【题解】

《绝对信号》创作于 1982 年年底，故事发生在一列火车的尾部车厢里。写一个困顿、失意的青年黑子，从失足到新生，从内心充满矛盾、反反复复到毅然决然地同车匪决裂的心路历程。围绕着黑子、小号、蜜蜂之间的恋爱关系以及老车长与车匪的较量展开紧张而激烈的矛盾冲突。本文所选的是蜜蜂刚上火车时的片段，包括蜜蜂和小号的对话、蜜蜂和黑子的内心对白、蜜蜂和车长的对话、黑子内心的想象，剧本借此突显了人物形象，刻画了人物心理。

【思考练习题】

1. 谈谈剧中对人物"内心的话"的处理艺术。
2. 结合本文，试分析现代舞台剧的创作特点。

奥狄浦斯王[1](节选)

索福克勒斯

索福克勒斯(约前 496—前 406)，古希腊剧作家。出生于雅典西北郊的克罗诺斯，受过良好的教育，擅长音乐、体育及舞蹈。于公元前 443 年出任以雅典为盟主的"德利亚联

盟"的财政总管,后来又两次担任重要的将军职务。索福克勒斯擅长写悲剧,一生共写了120多部剧本,现存完整的剧本有《埃阿斯》《安提戈涅》《俄狄浦斯王》《埃勒克特拉》《特拉喀斯少女》《菲罗克忒忒斯》《俄狄浦斯在科罗诺斯》共7部。

人　物(以上场先后为序)

祭司 —— 宙斯的祭司。
一群乞援人 —— 特拜人。
奥狄浦斯 —— 拉伊奥斯的儿子,伊奥卡斯特的儿子与丈夫,特拜城的王,科任托斯城国王波吕波斯的养子。
侍从数人 —— 奥狄浦斯的侍从。
克瑞昂 —— 伊奥卡斯特的兄弟。
歌队 —— 由特拜长老十五人组成。
特瑞西阿斯 —— 特拜城的先知。
童子 —— 特瑞西阿斯的领路人。
伊奥卡斯特 —— 奥狄浦斯的母亲与妻子。
侍女 —— 伊奥卡斯特的侍女。
报信人 —— 波吕波斯的牧人。
仆人数人 —— 奥狄浦斯的仆人。
传报人 —— 特拜人。

布　景

特拜王宫前院。

时　代

英雄时代。

三　第一场

奥狄浦斯　你是这样祈祷;只要你肯听我的话,对症下药,就能得救,脱离灾难。
　　我对这个消息和这场灾祸是不明白的,我只能这样说;如果没有一点线索,我一个人就追不了很远。我成为特拜公民是在这件案子发生以后。让我向全体公民这样宣布:你们里头如果有谁知道拉布达科斯的儿子拉伊奥斯是被谁杀死的,我要他详细报上来;即使他怕告发了凶手反被凶手告发,也应当报上来;他不但不会受到严重的惩罚,而且可以安然离开祖国[2]。
　　如果有人知道凶手是外邦人,也不用隐瞒,我会重赏他,感激他。但是,你们如果隐瞒——如果有人为了朋友或为了自己有所畏惧而违背我的命令,且听我要怎样处置:在我做国王掌大权的领土以内,我不许任何人接待那罪人——不论他是谁——不许同他交谈,也不许同他一起祈祷、祭神,或是为他举行净罪礼[3];人人都得把他赶出门外,认清他是我们的污染,正像皮托的

神示最近告诉我们的。我要这样来当天神和死者的助手。

我诅咒那没有被发现的凶手,不论他是单独行动,还是另有同谋,他这坏人定将过着悲惨不幸的生活。我发誓,假如他是我家里的人,我愿忍受刚才加在别人身上的诅咒。

我为自己,为天神,为这块天神所厌弃的荒芜土地,把这些命令交给你们去执行。

即使天神没有催促你们办这件事,你们的国王,最高贵的人被杀害了,你们也不该把这污染就此放下,不去清除;你们应当追究。我如今掌握着他先前的王权,娶了他的妻子,占有了他的床榻共同播种,如果他求嗣的心[4]没有遭受挫折,那么同母的子女就能把我们连结成为一家人;但是厄运落到了他头上;我为他作战,就像为自己的父亲作战一样,为了替阿革诺尔的玄孙、老卡德摩斯的曾孙、波吕多罗斯的孙子、拉布达科斯的儿子报仇[5],我要竭力捉拿那杀害他的凶手。

对那些不服从的人,我求天神不叫他们的土地结果实,不叫他们的女人生孩子;让他们在现在的厄运中毁灭,或者遭受更可恨的命运。

至于你们这些特拜人——你们拥护我的命令——愿我们的盟友正义之神和一切别的神对你们永远慈祥,和你们同在。

歌 队 长	主上啊,你既然这样诅咒,我就说了吧:我没有杀害国王,也指不出谁是凶手。这问题是福波斯提出的,他应当告诉我们,事情到底是谁做的。
奥狄浦斯	你说的对;可是天神不愿做的事,没人能强迫他们。
歌 队 长	我愿提出第二个好办法。
奥狄浦斯	假如还有第三个办法,也请讲出来。
歌 队 长	我知道,特瑞西阿斯和福波斯王一样,有先见之明,主上啊,问事的人可以从他那里把事情打听明白。
奥狄浦斯	这件事我并不是没有想到。克瑞昂提议以后,我已两次派人去请他;我一直在纳闷,怎么还没看见他。
歌 队 长	我们听见的已经是旧话,失去了意义。
奥狄浦斯	那是什么话?我要打听每一个消息。
歌 队 长	听说国王是被几个旅客杀死的。
奥狄浦斯	我也听说;可是没人见到过证人。
歌 队 长	那凶手如果胆小害怕,听见你这样诅咒,就不敢在这里停留了。
奥狄浦斯	他既然敢作敢为,也就不怕言语恐吓。
歌 队 长	可是有一个人终会把他指出来。他们已经把神圣的先知请来了,人们当中只有他才知道真情。

(童子带领特瑞西阿斯自观众右方上)

奥狄浦斯	啊,特瑞西阿斯,天地间一切可以言说和不可言说的秘密,你都明察,你虽然看不见,也能觉察出我们的城邦遭了瘟疫;主上啊,我们发现你是我们唯

一的救星和保护人。你不会没有听见报信人说过，福波斯已经回答了我们的询问，说这场瘟疫是唯一的挽救办法，全看我们能不能找出杀害拉伊奥斯的凶手，把他们处死，或者放逐出境。如今就请利用鸟声[6]或你所掌握的别的预言术，拯救自己，拯救城邦，拯救我，清除死者留下的一切污染吧！我们全靠你了。一个人最大的事业就是尽他所能，尽他所有帮助别人。

特瑞西阿斯	哎呀，聪明没有用处的时候，做一个聪明人真是可怕呀！这道理我明白，可是我却忘记了；要不然，我就不会来。
奥狄浦斯	怎么？你一来就这么懊丧。
特瑞西阿斯	让我回家吧；你答应我，你容易对付过去，我也容易对付过去。
奥狄浦斯	你有话不说；你的语气不对头，对养育你的城邦不友好。
特瑞西阿斯	因为我看你的话说得不合时宜；所以我才不说，免得分担你的祸事。
奥狄浦斯	你要是知道这秘密，看在天神面上，不要走，我们全都跪下来求你。
特瑞西阿斯	你们都不知道。我不暴露我的痛苦——也是免得暴露你的。
奥狄浦斯	你说什么？你明明知道这秘密，却不告诉我们，岂不是有意出卖我们，破坏城邦吗？
特瑞西阿斯	我不愿使自己苦恼，也不愿使你苦恼。为什么还要白费唇舌追问呢？你不会从我嘴里知道那秘密的。
奥狄浦斯	坏透了的东西，你的脾气跟石头一样！你不告诉我们吗？你是这样心硬，这样顽强吗？
特瑞西阿斯	你怪我脾气坏，却不明白你"自己的"同你住在一起，只知道挑我的毛病。
奥狄浦斯	谁听了你这些不尊重城邦的话，能不生气？
特瑞西阿斯	我虽然保守秘密，事情也总会水落石出。
奥狄浦斯	既然总会水落石出，你就该告诉我。
特瑞西阿斯	我决不往下说了；你想大发脾气就发吧。
奥狄浦斯	是呀，我很生气，我要把我的意见都讲出来：我认为你是这罪行的策划者，人是你杀的，虽然不是你亲手杀的。如果你的眼睛没有瞎，我敢说准是你一个人干的。
特瑞西阿斯	真的吗？我叫你遵守自己宣布的命令，从此不许再跟这些长老说话，也不许跟我说话，因为你就是这地方不洁的罪人。
奥狄浦斯	你厚颜无耻，出口伤人。你逃得了惩罚吗？
特瑞西阿斯	我逃得了，知道真情就有力量。
奥狄浦斯	谁教给你的？不会是靠法术知道的吧。
特瑞西阿斯	是你，你逼我说出了我不愿意说的话。
奥狄浦斯	什么话？你再说一遍，我就更明白了。
特瑞西阿斯	我说你就是你要寻找的杀人凶手。
奥狄浦斯	你两次诽谤人，是要受惩罚的。
特瑞西阿斯	还要我说下去，使你生气吗？

第四单元　戏剧

奥狄浦斯	你要说就说，反正都是白费唇舌。
特瑞西阿斯	我说你是在不知不觉之中和你最亲近的人可耻地住在一起，却看不见自己的灾难。
奥狄浦斯	你以为你能这样说下去，不受惩罚吗？
特瑞西阿斯	是的，只要知道真情就有力量。
奥狄浦斯	别人有力量，你却没有，你又瞎又聋又懵懂。
特瑞西阿斯	你这会骂人的可怜虫，回头大家就会这样回敬你。
奥狄浦斯	漫长的黑夜笼罩着你一生，你伤害不了我，伤害不了任何看得见阳光的人。
特瑞西阿斯	命中注定，你不会在我手中身败名裂，阿波罗有力量，他会完成这件事。
奥狄浦斯	这是克瑞昂的诡计，还是你的？
特瑞西阿斯	克瑞昂没有害你，是你自己害自己。
奥狄浦斯	(自语)啊，财富，王权，人事的竞争中超越一切技能的技能[7]，你们多么受人嫉妒；为了羡慕这城邦自己送给我的权力，我信赖的老朋友克瑞昂，偷偷爬过来，要把我推倒，他收买了这个诡计多端的术士，为非作歹的叫化子[8]，他只认得金钱，在法术上却是个瞎子。 (向特瑞西阿斯)喂，告诉我，你几时证明过你是个先知？那只诵诗的狗[9]在这里的时候，你为什么不说话，不拯救人民？它的谜语并不是任何过路人破得了的，正需要先知的法术，可是你并没有借鸟的帮助、神的启示显出这种才干来。直到我无知无识的奥狄浦斯来了，不懂得鸟语，只凭智慧就破了那谜语，征服了它。你想推倒我，站在克瑞昂的王位旁边。你想和那主谋的人一起清除这污染，我看你是一定会后悔的。要不是看你上了年纪，早就叫你遭受苦刑，叫你知道你是多么狂妄无礼！
歌队长	看来，奥狄浦斯啊，他和你都是说气话。这样的话没有必要，我们应该考虑怎样好好地执行阿波罗的指示。
特瑞西阿斯	你是国王，可是我们双方的发言权无论如何应该平等；因为我也享受有这样的权利。我是洛克西阿斯[10]的仆人，不是你的；用不着在克瑞昂的保护下挂名[11]。你骂我瞎子，可是我告诉你，你虽然有眼也看不见你的灾难，看不见你住在哪里，和什么人同居。你知道你是从什么根里长出来的吗？你不知道，你是你的已死和活着的亲属的仇人；你父母的诅咒会左右地鞭打你，可怕地向你追来，把你赶出这地方；你现在虽然看得见，可是到了那时候，你眼前只是一片黑暗。等你发觉了你的婚姻——在平安的航行之后，你在家里驶进了险恶的港口——那时候，哪一个收容所没有你的哭声？基泰戎山上哪一处没有你的回音？你猜想不到那无穷无尽的灾难，它会使你和你自己的身份平等，使你和自己的儿女成为平辈[12]。 尽管骂克瑞昂，骂我瞎说吧，反正世间再没有比你受苦的人了。
奥狄浦斯	听了他的话，谁能忍受？(向特瑞西阿斯)该死的东西，还不快退下，离开我的家？

特瑞西阿斯	要不是你召我来，我根本不会来。
奥狄浦斯	我不知道你会说这些蠢话；要不然，我决不会请你到我家里来。
特瑞西阿斯	在你看来，我很愚蠢；可是在你父母看来，我却很聪明。
奥狄浦斯	什么父母？等一等！谁是我父亲？
特瑞西阿斯	今天就会暴露你的身份，也叫你身败名裂。
奥狄浦斯	你老是说些谜语，意思含含糊糊。
特瑞西阿斯	你不是最善于破谜吗？
奥狄浦斯	尽管拿这件事骂我吧，你总会从这里头发现我的伟大。
特瑞西阿斯	正是那运气害了你。
奥狄浦斯	只要能拯救城邦，那也没什么关系。
特瑞西阿斯	我该走了，孩子，领我走吧。
奥狄浦斯	好，让他领你走；你在这里又碍事又讨厌！你走了也免得叫我烦恼。
特瑞西阿斯	可是我要说完我的话才走，我不怕你皱眉头[13]；你不能伤害我。告诉你吧：你刚才大声威胁，通令要捉拿的，杀害拉伊奥斯的凶手就在这里；表面看来，他是个侨民，一转眼就会发现他是个土生的特拜人，再也不能享受他的好运了。他将从明眼人变成瞎子，从富翁变成乞丐，到外邦去，用手杖探着路前进。他将成为和他同住的儿女的父兄，他生母的儿子和丈夫，他父亲的凶手和共同播种的人。
	我这话你进去想一想；要是发现我说假话，再说我没有预言的本领也不迟。

(童子带领先知自观众右方下，奥狄浦斯偕众侍从进宫)

(罗念生译)

【注释】

[1] 本文选自人民文学出版社1998年版《古希腊戏剧选》，[古希腊]埃斯库罗斯等著，罗念生、杨宪益、王焕生译。

[2] 他不但不会受到严重的惩罚，而且可以安然离开祖国：奥狄浦斯的意思是说，即使告发者被发现是凶手的帮凶，但因告发有功，将只被流放，不受严重的惩罚。

[3] 净罪礼：古希腊人把祭坛上的柴火浸到水里，再用那水来净洗杀人罪。

[4] 求嗣的心：奥狄浦斯还不知道拉伊奥斯生过儿子。

[5] 为了替阿革诺尔的玄孙，老卡德摩斯的曾孙，波吕多罗斯的孙子，拉布达科斯的儿子报仇：原文是"为了替古阿革诺尔的儿子老卡德摩斯的儿子波吕多罗斯的儿子拉布达科斯的儿子报仇"。

[6] 利用鸟声：先知能借鸟声卜吉凶。

[7] 技能的技能：指统治的技能，兼指奥狄浦斯破谜的技能。

[8] 化子：本义特指库柏勒的女祭司，她每月向人化缘。

[9] 诵诗的狗：指会背诵古体诗的狮身人面妖兽。

[10] 洛克西阿斯：阿波罗的别名。

[11] 在克瑞昂的保护下挂名：居住在雅典的外国人须请一位雅典公民作保护人，若遇讼事，本人不能自行答辩，须由保护人代替。奥狄浦斯告发特瑞西阿斯是克瑞昂的党羽，他既不是外国人，自然有自行答辩的权利。诗人在此处把他自己的时代的法律习惯运用到英雄时代。

[12] 和自己的儿女成为平辈：指奥狄浦斯娶母为妻的灾难。

[13] 我不怕你皱眉头：这瞎眼先知仿佛能看见奥狄浦斯的容貌。

【题解】

《奥狄浦斯王》是索福克勒斯剧作中最具震撼力的一部，是一曲人与命运作殊死斗争的悲歌。奥狄浦斯是一个诚实、聪明的国王，有坚韧的意志和对神明的虔敬，他真诚地想为城邦消弭灾祸，却导致自己的毁灭。在索福克勒斯的悲剧里，命运的力量既是不可抗拒的，又是难以解释的。

【思考练习题】

1. 分析剧中主人公的性格和不向命运屈服的精神。
2. 理解先知的话中之意，把握此剧关于"命运"的主题。
3. 悲剧有什么特点？结合本剧谈谈你的理解。

玩偶之家[1]（节选）

易 卜 生

易卜生（1828—1906），挪威剧作家和诗人，有"世界现代戏剧之父"之称。出生于挪威的小城镇希恩。15 岁辍学离家当药店学徒，并开始了剧本创作。在做卑尔根挪威剧院首任驻院剧作家期间，他创作了《卡提利那》《仲夏之夜》《埃斯特罗的英格夫人》《海尔格兰的海盗》《爱的喜剧》《觊觎王位的人》等剧作。1857 年转到首都剧院担任编导，1862 年剧院破产。易卜生于 1864 年离开挪威，开始了国外之旅，这期间他创作了《布朗德》《皮尔·金特》《青年同盟》等剧作。1875 年移居慕尼黑并开始"社会问题剧"的写作，创作出被誉为易卜生"四大名剧"的《社会支柱》《玩偶之家》《群鬼》《人民公敌》。晚年的剧作有《野鸭》《海上女人》《海达·盖布勒》《当死人醒来的时候》等。1906 年，易卜生病逝于挪威首都奥斯陆。他在西欧戏剧史上被认为是与莎士比亚、莫里哀并列的三大剧作家之一。

人物表

托伐·海尔茂
娜拉——他的妻子
阮克医生
林丹太太
尼尔·柯洛克斯泰

海尔茂夫妇的三个孩子
安娜——孩子们的保姆
爱伦——女佣人
脚夫

事情发生在克立斯替阿尼遏海尔茂的家里。

第三幕

海尔茂　别走！(向门洞里张望)你要干什么？
娜　拉　(在里屋)我去脱掉跳舞的服装。
海尔茂　(在门洞里)好，去吧。受惊的小鸟儿，别害怕，定定神，把心静下来。你放心，一切事情都有我。我的翅膀宽，可以保护你。(在门口走来走去)喔，娜拉，咱们的家多可爱，多舒服！你在这儿很安全，我可以保护你，像保护一只从鹰爪子底下救出来的小鸽子一样。我不久就能让你那颗扑扑跳的心定下来，娜拉，你放心。到了明天，事情就不一样了，一切都会恢复老样子。
　　我不用再说我已经饶恕你，你心里自然会明白我不是说假话。难道我舍得把你撵出去？别说撵出去，就说是责备，难道我舍得责备你？娜拉，你不懂得男子里的好心肠。要是男人饶恕了他老婆——真正饶恕了她，从心坎儿里饶恕了她——他心里会有一股没法子形容的好滋味。从此以后他老婆越发是他私有的财产。做老婆的就像重新投了胎，不但是她丈夫的老婆，并且还是她丈夫的孩子。从今以后，你就是我的孩子，我的吓坏了的可怜的小宝贝。别着急，娜拉，只要你老老实实对待我，你的事情都有我作主，都有我指点，(娜拉换了家常衣服走进来)怎么，你还不睡觉？又换衣服干什么？
娜　拉　不错，我把衣服换掉了。
海尔茂　这么晚还换衣服干什么？
娜　拉　今晚我不睡觉。
海尔茂　可是，娜拉——
娜　拉　(看自己的表)时候还不算晚。托伐，坐下，咱们有好些话要谈一谈。(她在桌子一头坐下)
海尔茂　娜拉，这是什么意思？你的脸色铁板冰冷的——
娜　拉　坐下。一下子说不完。我有好些话跟你谈。
海尔茂　(在桌子那一头坐下)娜拉，你把我吓了一大跳。我不了解你。
娜　拉　这话说得对，你不了解我，我也到今天晚上才了解你。别打岔。听我说下去托伐，咱们必须把总账算一算。
海尔茂　这话怎么讲？
娜　拉　(顿了一顿)现在咱们面对面坐着，你心里有什么感想？

第四单元　戏剧

海尔茂　我有什么感想？
娜　拉　咱们结婚已经八年了，你觉得不觉得，这是头一次咱们夫妻正正经经谈谈话？
海尔茂　正正经经！这四个字怎么讲？
娜　拉　这整整的八年——要是从咱们认识的时候算起，其实还不止八年——咱们从来没在正经事情上头谈过一句正经话。
海尔茂　难道要我经常把你不能帮我解决的事情麻烦你？
娜　拉　我不是指着你的业务说。我说的是，咱们从来没坐下来正正经经细谈谈过一件事。
海尔茂　我的好娜拉，正经事跟你有什么相干？
娜　拉　咱们的问题就在这儿！你从来就没了解过我。我受尽了委屈，先在我父亲手里，后来又在你手里。
海尔茂　这是什么话！你父亲和我这么爱你，你还说受了我们的委屈！
娜　拉　(摇头)你们何尝真爱过我，你们爱我只是拿我当消遣。
海尔茂　娜拉，这是什么话！
娜　拉　托伐，这是老实话。我在家跟父亲过日子的时候，他把他的意见告诉我，我就跟着他的意见走，要是我的意见跟他不一样，我也不让他知道，因的他知道了会不高兴。他叫我"泥娃娃孩子"，把我当作一件玩意儿，就像我小时候玩儿我的泥娃娃一样。后来我到你家来住着——
海尔茂　用这种字眼形容咱们的夫妻生活简直不像话！
娜　拉　(满不在乎)我是说，我从父亲手里转移到了你手里。跟你在一块儿，事情都由你安排。你爱什么我也爱什么，或者假装爱什么——我不知道是真还是假——也许有时候真，有时候假。现在我回头想一想，这些年我在这儿简直像个要饭的叫化子，要一口，吃一口。托伐，我靠着给你耍把戏过日子。
　　　　可是你喜欢我这么做。你和我父亲把我害苦了。我现在这么没出息都要怪你们。
海尔茂　娜拉，你真不讲理，真不知好歹！你在这儿过的日子难道不快活？
娜　拉　不快活。过去我以为快活，其实不快活。
海尔茂　什么！不快活！
娜　拉　说不上快活，不过说说笑笑凑小热闹罢了。你一向待我很好。可是咱们的家只是一个玩儿的地方，从来不谈正经事。在这儿我是你的"玩偶老婆"，正像我在家里是我父亲的"玩偶女儿"一样。我的孩子又是我的泥娃娃。你逗着我玩儿，我觉得有意思，正像我逗孩子们，孩子们也觉得有意思。托伐，这就是咱们的夫妻生活。
海尔茂　你这段话虽然说得太过火，倒也有点儿道理。可是以后的情形就不一样了。玩耍的时候过去了，现在是受教育的时候了。
娜　拉　谁的教育？我的教育还是孩子们的教育？
海尔茂　两方面的，我的好娜拉。
娜　拉　托伐，你不配教育我怎样做个好老婆。

海尔茂　你怎么说这句话？

娜　拉　我配教育我的孩子吗？

海尔茂　娜拉！

娜　拉　刚才你不是说不敢再把孩子交给我吗？

海尔茂　那是气头儿上的话，你老提它干什么！

娜　拉　其实你的话没说错。我不配教育孩子。要想教育孩子，先得教育我自己。你没资格帮我的忙。我一定得自己干。所以现在我要离开你。

海尔茂　(跳起来)你说什么？

娜　拉　要想了解我自己和我的环境，我得一个人过日子，所以我不能再跟你待下去。

海尔茂　娜拉！娜拉！

娜　拉　我马上就走。克里斯蒂纳一定会留我过夜。

海尔茂　你疯了！我不让你走！你不许走！

娜　拉　你不许我走也没用。我只带自己的东西。你的东西我一件都不要，现在不要，以后也不要。

海尔茂　你怎么疯到这步田地！

娜　拉　明天我要回家去——回到从前的老家去。在那儿找点事情做也许不太难。

海尔茂　喔，像你这么没经验——

娜　拉　我会努力去吸取。

海尔茂　丢了你的家，丢了你丈夫，丢了你儿女！不怕人家说什么话！

娜　拉　人家说什么不在我心上。我只知道我应该这么做。

海尔茂　这话真荒唐！你就这么把你最神圣的责任扔下不管了？

娜　拉　你说什么是我最神圣的责任？

海尔茂　那还用我说？你最神圣的责任是你对丈夫和儿女的责任。

娜　拉　我还有别的同样神圣的责任。

海尔茂　没有的事！你说的是什么责任？

娜　拉　我说的是我对自己的责任。

海尔茂　别的不用说，首先你是一个老婆，一个母亲。

娜　拉　这些话现在我都不信了。现在我只信，首先我是一个人，跟你一样的一个人——至少我要学做一个人。托伐，我知道大多数人赞成你的话，并且书本里也是这么说。可是从今以后我不能一味相信大多数人说的话，也不能一味相信书本里说的话。什么事情我都要用自己脑子想一想，把事情的道理弄明白。

海尔茂　难道你不明白你在自己家庭的地位？难道在这些问题上没有颠扑不破的道理指导你？难道你不信仰宗教？

娜　拉　托伐，不瞒你说，我真不知道宗教是什么。

海尔茂　你这话怎么讲？

娜　拉　除了行坚信礼的时候牧师对我说的那套话，我什么都不知道。牧师告诉过我，宗教是这个，宗教是那个。等我离开这儿一个人过日子的时候，我也要把宗教问题

第四单元　戏剧

仔细想一想。我要仔细想一想，牧师告诉我的话究竟对不对，对我合用不合用。

海尔茂　喔，从来没听说过这种话！并且还是从这么个年轻女人嘴里说出来的！要是宗教不能带你走正路，让我唤醒你的良心来帮助你——你大概还有点道德观念吧？要是没有，你就干脆说没有。

娜　拉　托伐，这小问题不容易回答。我实在不明白。这些事情我摸不清。我只知道我的想法跟你的想法完全不一样。我也听说，国家的法律跟我心里想的不一样，可是我不信那些法律是正确的。父亲病得快死了，法律不许女儿给他省烦恼。丈夫病得快死了，法律不许老婆想法子救他的性命！我不信世界上有这种不讲理的法律。

海尔茂　你说这些话像个小孩子。你不了解咱们的社会。

娜　拉　我真不了解。现在我要去学习。我一定要弄清楚，究竟是社会正确，还是我正确。

海尔茂　娜拉，你病了，你在发烧说胡话。我看你像精神错乱了。

娜　拉　我的脑子从来没像今天晚上这么清醒、这么有把握。

海尔茂　你这么清醒、这么有把握，居然要丢掉丈夫和儿女？

娜　拉　一点不错。

海尔茂　这么说，只有一句话讲得通。

娜　拉　什么话？

海尔茂　那就是你不爱我了。

娜　拉　不错，我不爱你了。

海尔茂　娜拉！你忍心说这话！

娜　拉　托伐，我说这话心里也难受，因为你一向待我很不错。可是我不能不说这句话。现在我不爱你了。

海尔茂　(勉强管住自己)这也是你清醒的有把握的话？

娜　拉　一点不错。所以我不能再在这儿待下去。

海尔茂　你能不能说明白我究竟做了什么事使你不爱我？

娜　拉　能，就因为今天晚上奇迹没出现，我才知道你不是我理想中的那种人。

海尔茂　这话我不懂，你再说清楚点。

娜　拉　我耐着性子整整等了八年，我当然知道奇迹不会天天有，后来大祸临头的时候，我曾经满怀信心地跟自己说："奇迹来了！"柯洛克斯泰把信扔在信箱里以后，我决没想到你会接受他的条件。我满心以为你一定会对他说："尽管宣布吧"，而且你说了这句话之后，还一定会——

海尔茂　一定会怎么样？叫我自己的老婆出丑丢脸，让人家笑骂？

娜　拉　我满心以为你说了那句话之后，还一定会挺身出来，把全部责任担在自己肩膀上，对大家说，"事情都是我干的。"

海尔茂　娜拉——

娜　拉　你以为我会让你替我担当罪名吗？不，当然不会。可是我的话怎么比得上你的话那么容易叫人家相信？这正是我盼望它发生又怕它发生的奇迹。为了不让奇迹发生，我经准备自杀。

海尔茂　娜拉，我愿意为你日夜工作，我愿意为你受穷受苦。可是男人不能为他爱的女人牺牲自己的名誉。

娜　拉　千千万万的女人都为男人牺牲过名誉。

海尔茂　喔，你心里想的嘴里说的都像个傻孩子。

娜　拉　也许是吧。可是你想的和说的也不像我可以跟他过日子的男人。后来危险过去了——你不是怕我有危险，是怕你自己有危险——不用害怕了，你又装作没事人儿了。你又叫我跟从前一样乖乖地做你的小鸟儿，做你的泥娃娃，说什么以后要格外小心保护我，因为我那么脆弱不中用。(站起来)托伐，就在那当口，我好像忽然从梦里醒过来，我简直跟一个陌生人同居了八年，给他生了三个孩子。喔，想起来真难受！我恨透了自己没出息！

海尔茂　(伤心)我明白了，我明白了，在咱们中间出现了一道深沟。可是，娜拉，难道咱们不能把它填平吗？

娜　拉　照我现在这样子，我不能跟你做夫妻。

海尔茂　我有勇气重新再做人。

娜　拉　在你的泥娃娃离开你之后——也许有。

海尔茂　要我跟你分手！不，娜拉，不行！这是不能设想的事情。

娜　拉　(走进右边屋子)要是你不能设想，咱们更应该分开。(拿着外套、帽子和旅行小提包又走出来，把东西搁在桌子旁边椅子上)

海尔茂　娜拉，娜拉，现在别走。明天再走。

娜　拉　(穿外套)我不能在陌生人家里过夜。

海尔茂　难道咱们不能像哥哥妹妹那么过日子？

娜　拉　(戴帽子)你知道那种日子长不了。(围披肩)托伐，再见。我不去看孩子了。我知道现在照管他们的人比我强得多。照我现在这样子，我对他们一点儿用处都没有。

海尔茂　可是，娜拉，将来总有一天——

娜　拉　那就难说了。我不知道我以后会怎么样。

海尔茂　无论怎么样。你还是我的老婆。

娜　拉　托伐，我告诉你。我听人说，要是一个女人像我这样从她丈夫家里走出去，按法律说，她就解除了丈夫对她的一切义务。不管法律是不是这样，我现在把你对我的义务全部解除。你不受我拘束，我也不受你拘束。双方都有绝对的自由。拿去，这是你的戒指。把我的也还我。

海尔茂　连戒指也要还？

娜　拉　要还。

海尔茂　拿去。

娜　拉　好。现在事情完了。我把钥匙都搁这儿。家里的事，佣人都知道——她们比我更熟悉。明天我动身之后，克里斯蒂纳会来给我收拾我从家里带来的东西。我会叫

她把东西寄给我。

海尔茂　完了！完了！娜拉，你永远不会再想我了吧？

娜　拉　喔，我会时常想到你，想到孩子们，想到这个家。

海尔茂　我可以给你写信吗？

娜　拉　不，千万别写信。

海尔茂　可是我总得给你寄点儿——

娜　拉　什么都不用寄。

海尔茂　你手头不方便的时候我得帮点忙。

娜　拉　不必，我不接受陌生人的帮助。

海尔茂　娜拉，难道我永远只是个陌生人？

娜　拉　(拿起手提包)托伐，那就要等奇迹中的奇迹发生了。

海尔茂　什么叫奇迹中的奇迹？

娜　拉　那就是说，咱们俩都得改变到——喔，托伐，我现在不信世界上有奇迹了。

海尔茂　可是我信。你说下去！咱们俩都得改变到什么样子——！

娜　拉　改变到咱们在一块儿过日子真正像夫妻。再见。(她从门厅走出去)

海尔茂　(倒在靠门的一张椅子里，双手蒙着脸)娜拉！娜拉！(四面望望，站起身来)屋子空了。她走了。(心里闪出一个新希望)啊！奇迹中的奇迹——

(楼下砰的一响传来关大门的声音)

(潘家洵译)

【注释】

[1]　本文选自人民文学出版社 2006 年版《易卜生戏剧集》(第 2 卷)，潘家洵译。

【题解】

《玩偶之家》是三幕剧本，又译作《傀儡之家》或《娜拉》，是易卜生最具代表性的剧本。本文选的是第三幕，这一幕描写了海尔茂夫妇的家庭关系由和睦转为决裂，通过娜拉逐渐觉醒的过程，深刻揭露了资产阶级社会的法律、宗教、爱情、婚姻等的虚伪和不合理。剧本主题突出，人物鲜明，结构严密，情节集中，语言精练。

【思考练习题】

1. 娜拉为什么要出走？
2. 结合人物形象，分析该剧本的社会现实意义。